W9-BRJ-354

HOUGHTON MIFFLIN HARCOURT

SENDEROS

Autoras

Alma Flor Ada

F. Isabel Campoy

HOUGHTON MIFFLIN HARCOURT
School Publishers

Printed in the U.S.A.

ISBN 10: 0-547-33780-9
ISBN 13: 978-0-547-33780-7

2 3 4 5 6 7 8 9 10 1421 19 18 17 16 15 14 13 12 11
4500312430 B C D E F G

HOUGHTON MIFFLIN HARCOURT

SENDEROS

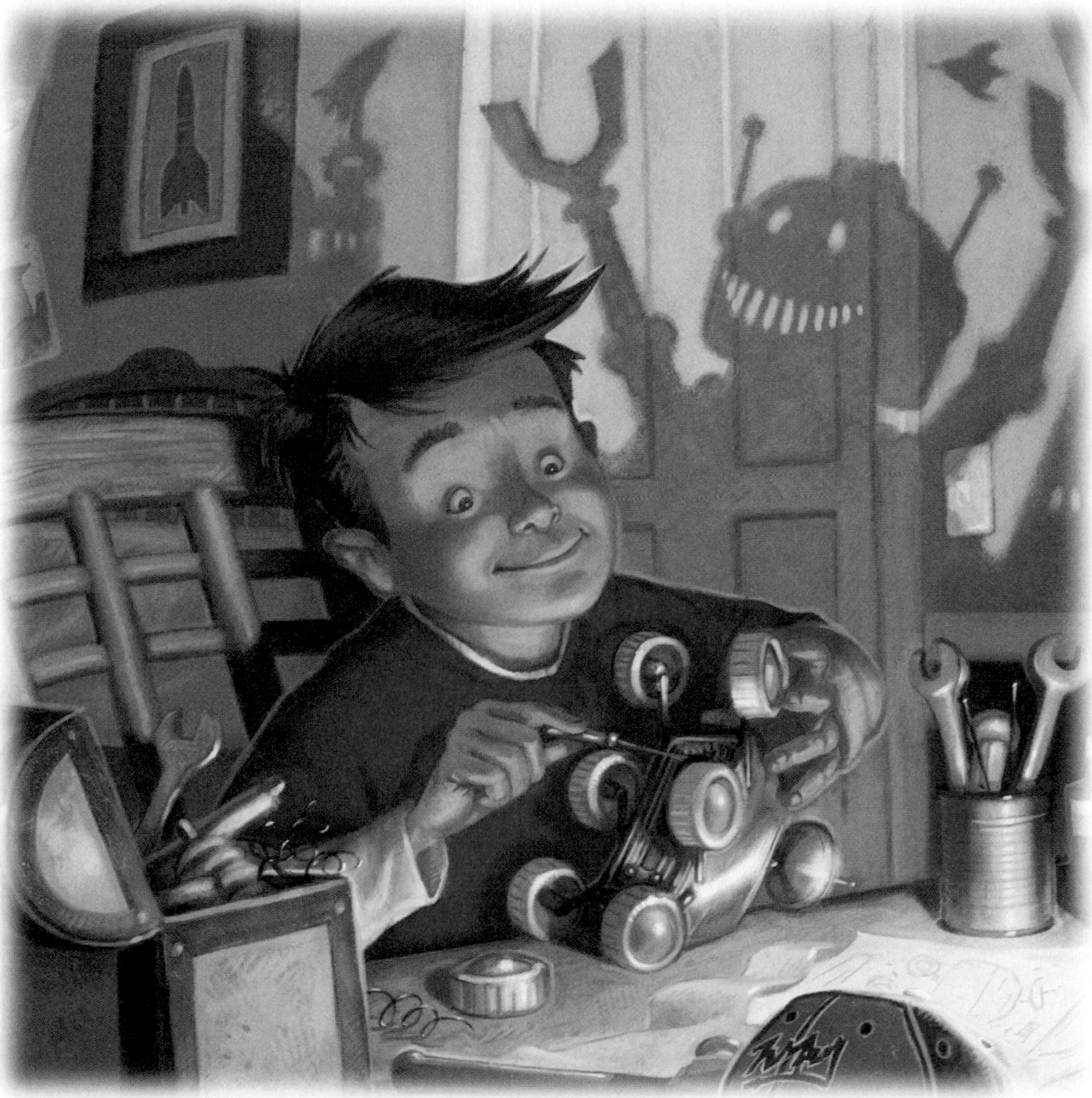

HOUGHTON MIFFLIN HARCOURT
School Publishers

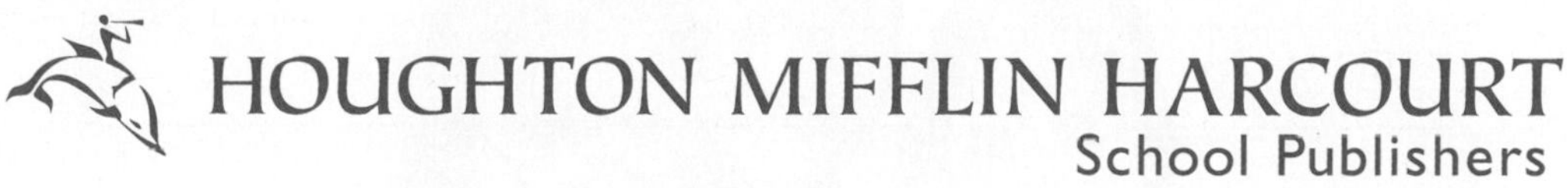

Tender una mano

Gran idea Ayudar revela lo mejor de nosotros.

Lección 1

Vocabulario en contexto 18
Comprensión: Estructura del cuento • Resumir 21

Gracias a Winn-Dixie FICCIÓN REALISTA 22
por Kate DiCamillo
Es tu turno 33

Gracias a BookEnds TEXTO INFORMATIVO 34
Hacer conexiones 37
Gramática/Escribir para expresar 38

Lección 2

Vocabulario en contexto 42
Comprensión: Propósito de la autora • Verificar/Aclarar 45

Mi hermano Martin: Una hermana recuerda su niñez junto al reverendo Dr. Martin Luther King Jr BIOGRAFÍA 46
por Christine King Farris • ilustrado por Chris Soentpiet
Es tu turno 59

Langston Hughes: poeta y soñador POESÍA 60
Hacer conexiones 63
Gramática/Escribir para expresar 64

Lección 3

Vocabulario en contexto . . . 68
Comprensión: Causa y efecto • Visualizar . . . 71

Cuando tía Lola vino de visita a quedarse
FICCIÓN REALISTA . . . 72
por Julia Álvarez • ilustrado por David Díaz
Es tu turno . . . 81

Pizza Pizzazz TEXTO INFORMATIVO . . . 82
Hacer conexiones . . . 85
Gramática/Escribir para expresar . . . 86

Lección 4

Vocabulario en contexto . . . 90
Comprensión: Tema • Analizar/Evaluar . . . 93

¡El valor de L.E.A.! OBRA DE TEATRO . . . 94
por Crystal Hubbard • ilustrado por Eric Velásquez
Es tu turno . . . 105

Narices sagaces: Perros de búsqueda y rescate
TEXTO INFORMATIVO . . . 106
Hacer conexiones . . . 109
Gramática/Escribir para expresar . . . 110

Lección 5

Vocabulario en contexto . . . 114
Comprensión: Comprender a los personajes • Inferir/Predecir . . 117

Stormalong CUENTO EXAGERADO . . . 118
por Mary Pope Osborne • ilustrado por Greg Newbold
Es tu turno . . . 133

Hoderi, el pescador OBRA DE TEATRO . . . 134
Hacer conexiones . . . 137
Gramática/Escribir para expresar . . . 138

LECTURA DINÁMICA . . . 142
Conclusión de la unidad . . . 144

Unidad 2

¿Entiendes lo que quiero decir?

Gran idea Nos expresamos de muchas maneras.

Lección 6

Vocabulario en contexto 146
Comprensión: Comparar y contrastar • Inferir/Predecir 149

Érase una vez un simpático motociclista

CUENTO DE HADAS 150
por Kevin O'Malley • ilustrado por Kevin O'Malley, Carol Heyer y Scott Goto
Es tu turno 163

Diane Ferlatte: Narradora de cuentos

TEXTO INFORMATIVO 164
Hacer conexiones 167
Gramática/Escribir para responder 168

Lección 7

Vocabulario en contexto 172
Comprensión: Hechos y opiniones • Resumir 175

Próximas atracciones: Preguntas sobre cine

TEXTO INFORMATIVO 176
por Frank W. Baker
Es tu turno 187

Las maravillas de la animación TEXTO INFORMATIVO 188

Hacer conexiones 191
Gramática/Escribir para responder 192

Lección 8

Vocabulario en contexto 196
Comprensión: Comprender a los personajes • Visualizar 199

Mi tío Romie y yo FICCIÓN REALISTA 200
por Claire Hartfield • ilustrado por Jerome Lagarrigue
Es tu turno 213

Artistas al aire libre TEATRO DEL LECTOR 214
Hacer conexiones 217
Gramática/Escribir para responder 218

Lección 9

Vocabulario en contexto 222
Comprensión: Conclusiones y generalizaciones • Preguntar 225

Estimado Sr. Winston FICCIÓN REALISTA 226
por Ken Roberts • ilustrado por Andy Hammond
Es tu turno 237

Guía práctica de las víboras del suroeste
TEXTO INFORMATIVO 238
Hacer conexiones 241
Gramática/Escribir para responder 242

Lección 10

Vocabulario en contexto 246
Comprensión: Propósito de la autora • Analizar/Evaluar 249

¡José! Nacido para la danza BIOGRAFÍA 250
por Susanna Reich • ilustrado por Raúl Colón
Es tu turno 261

Ritmo y danza POESÍA 262
Hacer conexiones 265
Gramática/Escribir para responder 266

LECTURA DINÁMICA 270
Conclusión de la unidad 272

Unidad 3

ENCUENTROS CON LA NATURALEZA

Gran idea La naturaleza nos sorprende.

Lección 11

Vocabulario en contexto 274

Comprensión: Hechos y opiniones • Inferir/Predecir 277

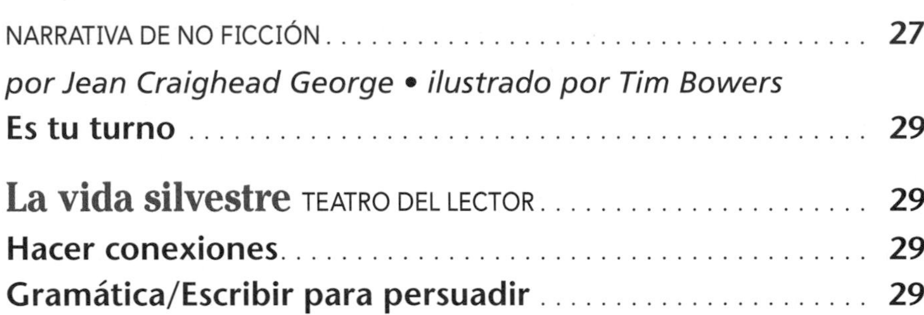

“El búho al que le gustaba la televisión” de Hay una tarántula en mi cartera

NARRATIVA DE NO FICCIÓN 278

por Jean Craighead George • ilustrado por Tim Bowers

Es tu turno 291

La vida silvestre TEATRO DEL LECTOR 292

Hacer conexiones 295

Gramática/Escribir para persuadir 296

Lección 12

Vocabulario en contexto 300

Comprensión: Secuencia de sucesos • Visualizar 303

Cuando la Tierra se estremeció: El terremoto de San Francisco de 1906 FICCIÓN HISTÓRICA 304

por Laurence Yep • ilustrado por Yuan Lee

Es tu turno 315

Los tornados de Texas TEXTO INFORMATIVO 316

Hacer conexiones 319

Gramática/Escribir para persuadir 320

Lección 13

Vocabulario en contexto 324
Comprensión: Causa y efecto • Resumir 327

Diario de la Antártida: Cuatro meses en el fondo del mundo NARRATIVA DE NO FICCIÓN 328
escrito e ilustrado por Jennifer Owings Dewey
Es tu turno 339

El maratón glacial TEXTO INFORMATIVO 340
Hacer conexiones 343
Gramática/Escribir para persuadir 344

Lección 14

Vocabulario en contexto 348
Comprensión: Características del texto y de los elementos gráficos • Preguntar 351

Vida y momentos de la hormiga TEXTO INFORMATIVO 352
escrito e ilustrado por Charles Micucci
Es tu turno 365

La paloma y la hormiga FÁBULA 366
Hacer conexiones 369
Gramática/Escribir para persuadir 370

Lección 15

Vocabulario en contexto 374
Comprensión: Ideas principales y detalles • Verificar/Aclarar 377

Ecología para niños TEXTO INFORMATIVO 378
por Federico Arana
Es tu turno 389

Maravilloso tiempo POESÍA 390
Hacer conexiones 393
Gramática/Escribir para persuadir 394

LECTURA DINÁMICA 398
Conclusión de la unidad 400

Unidad 4

¡NUNCA te rindas!

Gran idea Hay más de un secreto para triunfar.

Lección 16

Vocabulario en contexto 402
Comprensión: Comparar y contrastar • Verificar/Aclarar 405

Un caballo llamado Libertad FICCIÓN HISTÓRICA 406
por Pam Muñoz Ryan • ilustrado por Marc Scott
Es tu turno 417

Spindletop TEXTO INFORMATIVO 418
Hacer conexiones 421
Gramática/Escribir para contar 422

Lección 17

Vocabulario en contexto 426
Comprensión: Secuencia de sucesos • Resumir 429

El trabajo de Ira: De perro de servicio a perro guía NARRATIVA DE NO FICCIÓN 430
por Dorothy Hinshaw Patent • fotografías de William Muñoz
Es tu turno 441

El coyote pegajoso TEATRO DEL LECTOR 442
Hacer conexiones 445
Gramática/Escribir para contar 446

Lección 18

Vocabulario en contexto 450
Comprensión: Comprender a los personajes • Preguntar 453

La corredora de la Luna FICCIÓN REALISTA 454
por Carolyn Marsden • ilustrado por Cornelius Van Wright
Es tu turno 465

El Día de la Luna TEXTO INFORMATIVO 466
Hacer conexiones 469
Gramática/Escribir para contar 470

Lección 19

Vocabulario en contexto 474
Comprensión: Persuadir • Inferir/Predecir 477

Cosechando esperanza: La historia de César Chávez BIOGRAFÍA 478
por Kathleen Krull • ilustrado por Yuyi Morales
Es tu turno 489

El huerto de la escuela TEXTO INFORMATIVO 490
Hacer conexiones 493
Gramática/Escribir para contar 494

Lección 20

Vocabulario en contexto 498
Comprensión: Ideas principales y detalles • Visualizar 501

Sacagawea BIOGRAFÍA 502
por Lise Erdrich • ilustrado por Julie Buffalohead
Es tu turno 517

Poesía indígena sobre la naturaleza POESÍA 518
Hacer conexiones 521
Gramática/Escribir para contar 522

LECTURA DINÁMICA 526
Conclusión de la unidad 528

Unidad 5

El CAMBIO a nuestro alrededor

Gran idea Experimentamos cambios y los causamos.

Lección 21

Vocabulario en contexto ... 530
Comprensión: Tema • Resumir ... 533

El mundo según Humphrey FANTASÍA ... 534
por Betty G. Birney • ilustrado por Teri Farrell-Gittins
Es tu turno ... 547
Cambiar de canal ANUNCIOS PUBLICITARIOS ... 548
Hacer conexiones ... 551
Gramática/Escribir para informar ... 552

Lección 22

Vocabulario en contexto ... 556
Comprensión: Causa y efecto • Inferir/Predecir ... 559

¡Yo podría hacerlo! Esther Morris logra que las mujeres voten BIOGRAFÍA ... 560
por Linda Arms White • fotografías de Nancy Carpenter
Es tu turno ... 571
Trabajando por el voto OBRA DE TEATRO ... 572
Hacer conexiones ... 575
Gramática/Escribir para informar ... 576

Lección 23
Vocabulario en contexto 580
Comprensión: Características gráficas • Verificar/Aclarar 583
El árbol eterno TEXTO INFORMATIVO 584
por Linda Vieira • ilustrado por Christopher Canyon
Es tu turno 599
Árboles altísimos POESÍA 600
Hacer conexiones 603
Gramática/Escribir para informar 604

Lección 24
Vocabulario en contexto 608
Comprensión: Comparar y contrastar • Analizar/Evaluar 611
Owen y Mzee NARRATIVA DE NO FICCIÓN 612
por Isabella Hatkoff, Craig Hatkoff y la Dra. Paula Kahumbu • fotografías de Peter Greste
Es tu turno 623
Reserva marina TEXTO INFORMATIVO 624
Hacer conexiones 627
Gramática/Escribir para informar 628

Lección 25
Vocabulario en contexto 632
Comprensión: Propósito del autor • Preguntar 635
Cuánto se divertían CIENCIA FICCIÓN 636
por Isaac Asimov • selección ilustrada por Alan Flinn
Es tu turno 645
Tecnología para todos los estudiantes
TEXTO INFORMATIVO 646
Hacer conexiones 649
Gramática/Escribir para informar 650

LECTURA DINÁMICA 654
Conclusión de la unidad 656
Glosario G1

¡Hola, lector!

Estás por empezar un viaje de lectura que te llevará desde el mundo submarino de un cuento popular japonés hasta las zonas inexploradas estadounidenses de Sacagawea, en 1804. En el camino, aprenderás cosas asombrosas a medida que te transformas en mejor lector. Tu viaje de lectura empieza con un cuento sobre un perro extraordinario llamado Winn-Dixie. Tienes por delante muchas otras aventuras de lectura. ¡Solo da vuelta a la página!

Atentamente,

Los autores

Unidad 1

Tender una mano

Gran idea
Ayudar revela lo mejor de nosotros.

Lecturas conjuntas

Lección 
1

Gracias a Winn-Dixie
Ficción realista
página 22

Gracias a BookEnds
Texto informativo: Estudios Sociales
página 34

Lección 
2

Mi hermano Martin
Biografía: Estudios Sociales
página 46

Langston Hughes: poeta y soñador
Poesía
página 60

Lección 
3

Cuando tía Lola vino de visita a quedarse
Ficción realista
página 72

Pizza Pizzazz
Texto informativo: Ciencias
página 82

Lección 
4

¡El valor de L.E.A.!
Obra de teatro
página 94

Narices sagaces
Texto informativo: Estudios Sociales
página 106

Lección 
5

Stormalong
Cuento exagerado
página 118

Hoderi, el pescador
Obra de teatro/Cuento popular: Cuentos tradicionales
página 134

Lección 1

VOCABULARIO CLAVE

consolar
mencionar
provocar
como debe ser
pensar
haber
seguro
avanzado
característico
talento

Librito de vocabulario

Tarjetas de contexto

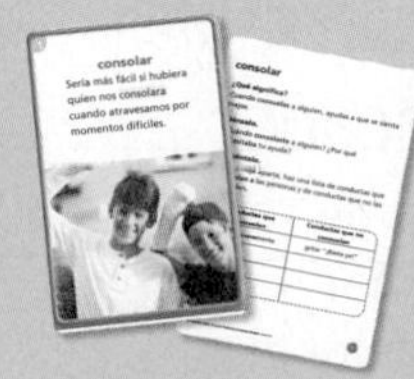

Vocabulario en contexto

1
consolar

Sería más fácil si hubiera quien nos consolara cuando atravesamos por momentos difíciles.

2
mencionar

Estoy segura de que no mencioné del todo los errores de mi amiga. Me los guardé para mí misma.

3
provocar

El niño estaba disgustado y no le provocaba beber nada. Dejó toda su bebida.

4
como debe ser

Dos nuevos amigos se presentan como debe ser: con un apretón de manos.

- Estudia cada Tarjeta de contexto.
- Usa dos palabras del Vocabulario para contar una experiencia que hayas tenido.

5
pensar

Para enviarle un saludo por correo electrónico a un amigo, esta niña piensa en lo que va a escribir.

6
haber

Para disfrutar mejor de este excelente día y respirar aire fresco, había que pasear en bicicleta.

7
seguro

Mi amiga estaba muy segura de que se divertiría muchísimo en el parque de atracciones.

8
avanzado

Un niño puede descubrir que una persona mayor puede tener un nivel avanzado de ajedrez y enseñarle a jugar.

9
característico

Es característico de las jóvenes tomarse fotos divertidas, como lo hacen estas dos niñas.

10
talento

Estos amigos comparten su talento por la música. Esta cualidad les da muchos momentos de diversión.

Contexto

VOCABULARIO CLAVE **¿Qué es un buen amigo?** ¿Buscas a alguien que tenga destrezas avanzadas o que tenga un talento especial? ¿Alguien que esté siempre de buen humor? ¿Alguien que trate de consolar a los demás y de ser amable como debe ser? Piensa que si todas las amistades tuvieran las mismas características, podrías predecir correctamente en qué consiste la amistad y quién sería un buen amigo.

Sin embargo, no es seguro, o indudable, que una persona que recién conoces se convierta en tu amiga. La amistad es algo más peculiar. Una vez, una niña me había mencionado que se sentía bien con determinada persona y por esa razón le provocaba ser su amiga. ¿Crees que solo por eso ella podría estar segura?

Esta gráfica de barras muestra qué valora una persona de la amistad. ¿Qué importancia tiene cada característica de la amistad en comparación con las demás? ¿Cuál es la característica más importante?

Comprensión

DESTREZA CLAVE Estructura del cuento

Mientras lees *Gracias a Winn-Dixie*, pregúntate cuáles son las partes más importantes del cuento. ¿Quiénes son los personajes principales? ¿Dónde se desarrolla la acción? En el argumento del cuento, ¿cuáles son los sucesos más importantes? Usa un organizador gráfico como el siguiente para hacer un seguimiento de los elementos del cuento.

Personajes:	Escenario:
• •	• •
Argumento: • •	

ESTRATEGIA CLAVE Resumir

Puedes usar la información de tu organizador gráfico como ayuda para resumir, o describir brevemente, los sucesos principales de *Gracias a Winn-Dixie*. Al final de cada página, haz una pausa para resumir lo que acabas de leer para asegurarte de que lo entiendes. Tu resumen debe incluir a los personajes, lo que dijeron y lo que les sucedió.

VOCABULARIO CLAVE

consolar	mencionar
provocar	como debe ser
pensar	haber
seguro	avanzado
característico	talento

DESTREZA CLAVE

Estructura del cuento
Examina los detalles acerca de los personajes, la ambientación y el argumento.

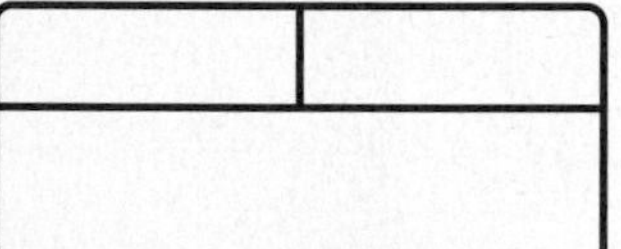

ESTRATEGIA CLAVE

Resumir Con tus propias palabras relata las partes importantes del cuento.

GÉNERO

Ficción realista Es un cuento que presenta sucesos que podrían ocurrir en la vida real.

CONOCE A LA AUTORA

Kate DiCamillo

Kate DiCamillo creció en Florida, donde tiene lugar este cuento. Escribió *Gracias a Winn-Dixie* durante una época en que, por primera vez en su vida, no tuvo un perro como mascota. DiCamillo cree que observar el mundo atentamente y prestar atención a las cosas son las dos maneras más importantes de convertirse en un buen escritor.

Gracias a WINN-DIXIE

POR KATE DICAMILLO

Pregunta esencial

¿Cómo se ayudan los amigos?

Opal es una niña de diez años que acaba de llegar a Naomi, un pueblo de Florida. Como todavía no tiene amigos, se siente muy sola. Su único amigo es un perro muy grande al que ha llamado Winn-Dixie, como el supermercado donde lo encontró.

Pasé mucho tiempo ese verano en la Biblioteca Conmemorativa Herman W. Block. El nombre Biblioteca Conmemorativa Herman W. Block pareciera referirse a un sitio impresionante, pero no lo es. Solo es una vieja casita llena de libros donde hay una encargada, la señorita Franny Block. Es una anciana muy bajita de pelo gris muy corto y fue la primera amiga que hice en Naomi.

Todo empezó cuando a Winn-Dixie no le gustó que yo entrara en la biblioteca, porque él no podía. Yo le enseñé a asomarse a una de las ventanas, apoyándose en sus patas traseras, para que pudiera verme mientras yo elegía mis libros. Se sentía bien siempre y cuando me pudiera ver. Pero, el caso es que la primera vez que la señorita Franny Block vio a Winn-Dixie parado sobre sus patas traseras mirando por la ventana, no pensó que fuera un perro. Creyó que era un oso.

Esto es lo que sucedió: Yo estaba seleccionando mis libros canturreando para mí misma y de repente oí un grito agudo y espantoso. Fui corriendo hasta la parte delantera de la biblioteca y allí estaba la señorita Franny Block, sentada en el suelo, detrás de su mesa.

—¿Señorita Franny? —dije—. ¿Se encuentra bien?

—¡Un oso! —contestó.

—¿Un oso? —pregunté.

—¡Ha vuelto! —dijo ella.

—¿Ha vuelto? —pregunté—. ¿Dónde está?

—Ahí fuera —dijo señalando con el dedo a Winn-Dixie que, apoyado en sus patas traseras, me buscaba desde la ventana.

—Señorita Franny Block —dije—, eso no es un oso. Es un perro. Mi perro, Winn-Dixie.

—¿Estás segura? —preguntó.

—Sí, señora —respondí—, estoy segura. Es mi perro. Lo reconocería en cualquier sitio.

DETENTE Y PIENSA

Estructura del cuento ¿Qué problema solucionó Winn-Dixie al pararse a mirar por la ventana? ¿Cómo influencia este suceso a lo que puede suceder después?

La señorita Franny seguía sentada, temblorosa y desconcertada.

—Venga —dije—. Déjeme ayudarla. No pasa nada.

Le tendí una mano. La señorita Franny se agarró a ella y la levanté del suelo de un tirón. No pesaba casi nada. Una vez de pie, empezó a comportarse como si se sintiera muy avergonzada, diciendo que yo debía pensar que era una vieja tonta que confundía un perro con un oso, pero que había tenido una mala experiencia hacía mucho tiempo con un oso que había entrado en la Biblioteca Conmemorativa Herman W. Block y que jamás había conseguido superarla del todo.

—¿Cuándo pasó eso? —le pregunté.

—Bien —contestó la señorita Franny—, es una historia muy larga.

—Bueno, no importa —dije—. Mi mamá y yo nos parecemos en eso porque me gustan los cuentos. Pero antes de que empiece a contármela, ¿podría pasar Winn-Dixie y escucharla también? Se siente solo sin mí.

—No sé qué decirte —contestó la señorita Franny—. No se permite la entrada de perros en la Biblioteca Conmemorativa Herman W. Block.

—Se portará bien —respondí—, es un perro que va a la iglesia.

Y antes de que pudiera decir sí o no, salí, agarré a Winn-Dixie y entré con él. Se dejó caer en el suelo de la biblioteca, con un "juuuummppff" y un suspiro, justo a los pies de la señorita Franny. La señorita Franny miró hacia abajo y dijo: —Verdaderamente es un perro muy grande.

—Sí, señora —contesté— y también tiene un corazón muy grande.

—Bien —respondió la señorita Franny. Se inclinó y le dio unos golpecitos a Winn-Dixie en la cabeza. Y Winn-Dixie movió el rabo de un lado a otro y olfateó los pequeños pies de la anciana, que dijo—: Déjame que vaya a buscar una silla y me siente para poder contarte esta historia como debe ser.

—Hace muchos años, cuando Florida estaba todavía en estado salvaje, lo único que había eran palmeras y mosquitos tan grandes que podían agarrarte y llevarte volando —empezó contando la señorita Franny Block—. Yo era una muchachita no mayor que tú, y mi padre, Herman W. Block, me dijo que iba a regalarme lo que le pidiera para mi cumpleaños. Cualquier cosa que yo quisiera.

DETENTE Y PIENSA

Técnica de la autora Los autores a veces usan **escenas retrospectivas** para contar sucesos que tuvieron lugar en un momento anterior a la historia principal. ¿Qué detalles en el texto indican que una escena retrospectiva forma parte de esta selección?

La señorita Franny le echó un vistazo a la biblioteca y se inclinó hacia mí. —No quiero parecer presumida —dijo—, pero mi papá era un hombre muy rico. Muy rico.

Hizo un signo de asentimiento con la cabeza, se echó hacia atrás en la silla y continuó:

—Y yo era una muchachita que adoraba leer. Así que le dije: "Papi, el regalo que más me gustaría para mi cumpleaños es una biblioteca. Una pequeña biblioteca sería maravilloso".

—¿Le pidió usted una biblioteca?

—Una pequeña —la señorita Franny hizo un gesto de asentimiento—. Lo que yo quería era una casa pequeña llena exclusivamente de libros, pero también quería compartirlos. Y mi deseo se realizó: mi padre me construyó esta casa, la misma en la que estamos ahora sentadas, y muy jovencita me convertí en bibliotecaria. Sí, señorita.

—¿Y qué pasó con el oso? —dije.

—¿Ya mencioné que Florida era una tierra salvaje en esa época? —preguntó la señorita Franny Block.

—Sí, sí me lo dijo, sí.

—Era salvaje, los hombres eran salvajes, las mujeres eran salvajes y los animales eran salvajes.

—¡Como los osos!

—Sí, señorita, así es. Bueno, tengo que decirte que yo era una niña sabelotodo. Era una verdadera sabihonda con mi biblioteca llena de libros. Sí que lo era. Creía que tenía las respuestas para todo. Pues bien, un jueves muy caluroso, estaba sentada en mi biblioteca con todas las puertas y las ventanas abiertas y la nariz metida en un libro, cuando una sombra cruzó mi mesa. Y sin levantar la vista, sí señora, sin ni siquiera mirar hacia arriba, pregunté: "¿Desea que le ayude a buscar algún libro?".

Bien, nadie me respondió. Yo pensé que podría tratarse de un hombre salvaje o de una mujer salvaje, intimidado por todos estos libros e incapaz de hablar. Pero entonces me vino a la nariz un olor muy característico, un olor muy fuerte. Levanté los ojos muy despacio y justo frente a mí había un oso. Sí señora, un oso muy grande.

—¿Cuán grande? —pregunté.

—Vamos a ver —dijo la señorita Franny—. Puede que unas tres veces el tamaño de tu perro.

—¿Y qué ocurrió entonces? —le pregunté.

—Bien —dijo la señorita Franny—, lo mire y me miró. Levantó su narizota y olfateó y olfateó como si intentara decidir si le provocaba un mordisco de una bibliotecaria jovencita y sabelotodo. Y yo sentada allí pensando: bien, si este oso piensa morderme no se lo voy a permitir sin luchar. No, señorita. Así que lentamente y con mucho cuidado levanté el libro que estaba leyendo.

—¿Qué libro era? —pregunté.

—Pues mira, *La guerra y la paz*, un libro enorme. Lo levanté lentamente y apunté con cuidado y se lo arrojé al oso mientras gritaba: "¡Márchate!". ¿Y sabes lo que pasó entonces?

—No, señora —respondí.

—Pues que se fue. Pero hay una cosa que jamás olvidaré: se llevó el libro con él.

—¡Nooo! —respondí.

—Sí, señorita —respondió la señorita Franny—. Agarró el libro y salió corriendo.

—¿Volvió? —pregunté.

—No, nunca lo volví a ver. Los hombres del pueblo se burlaban de mí. Solían decir: «Señorita Franny, hoy hemos visto a ese oso suyo en el bosque. Estaba leyendo su libro y dijo que era muy bueno, y que si le permitiría tenerlo una semana más». Sí, señorita. Me fastidiaban mucho con eso —suspiró—. Supongo que soy la única que queda de esos días remotos. Supongo que soy la única que se acuerda del oso. Todos mis amigos, todos los que conocí cuando era joven, están muertos.

Suspiró nuevamente. Se veía triste, vieja y arrugada, tal como yo me sentía a veces, en un pueblo nuevo, sin amigos y sin una mamá que me consolara. Yo suspiré también.

Winn-Dixie levantó la cabeza, nos miró, se sentó y le enseñó los dientes a la señorita Franny.

—Mira, ¿qué te parece? —dijo—. El perro me está sonriendo.

—Es un talento que tiene —contesté.

—Pues es un talento estupendo —dijo la señorita Franny—, un talento estupendo de verdad.

Y le devolvió la sonrisa a Winn-Dixie.

—Podríamos ser amigas —le dije a la señorita Franny—. Quiero decir, usted, yo y Winn-Dixie podríamos ser amigos.

La sonrisa de la señorita Franny se hizo aún más grande y dijo:

—¡Sí, sería estupendo! —respondió—. Estupendo de verdad.

Y exactamente en ese momento, justo cuando los tres habíamos decidido ser amigos, Amanda Wilkinson, la del ceño fruncido, entró en la Biblioteca Conmemorativa Herman W. Block. Se acercó hasta la mesa de la señorita Franny y dijo:

—He terminado *Johnny Tremain* y me ha gustado muchísimo. Ahora quiero algo todavía más difícil porque soy del nivel de lectura avanzada.

—Sí, querida, ya lo sé —dijo la señorita Franny y se levantó de la silla.

Amanda actuó como si yo no estuviera allí. Pasó por mi lado sin mirarme y dijo: —¿Se permite la entrada de perros en la biblioteca? —preguntó a la señorita Franny mientras se alejaban.

—A algunos —respondió la señorita Franny—, a un pequeño grupo selecto.

Al decir esto, se volvió hacia mí y me guiñó un ojo. Yo le devolví una sonrisa. Acababa de hacer mi primera amiga en Naomi y nadie iba a estropeármelo, ni siquiera Amanda Wilkinson, la del ceño fruncido.

DETENTE Y PIENSA

Resumir Resume los principales eventos en la historia del oso de la señorita Franny.

Es tu turno

Dos en uno

Respuesta breve Algunas veces, un autor escribe un cuento dentro de otro. ¿Cuál es el "cuento dentro del cuento" en "Gracias a Winn-Dixie"? ¿Quién cuenta este cuento? ¿Qué lección sobre la vida real aprendes con este cuento? Escribe un párrafo con las respuestas a estas preguntas. TÉCNICA DE LA AUTORA

El reino salvaje

Hacer un dibujo Con un compañero, hagan un dibujo de los recuerdos de la señorita Franny Block sobre su infancia en Florida. Como ayuda, usen las descripciones de los animales y de las plantas salvajes que ella recuerda. Rotulen cada animal o planta salvaje que haya en el dibujo. PAREJAS

Hacer amigos

Turnarse y comentar Con un compañero, comenten de qué manera Opal y la señorita Franny Block se ayudan como amigas. ¿Crees que serían amigas si se hubieran conocido en otro lado que no fuera la biblioteca? ¿Por qué? ¿De qué manera habría sido diferente el cuento si Winn-Dixie no hubiera estado en la biblioteca con Opal? Den detalles y usen sus propias experiencias para explicar sus ideas. ESTRUCTURA DEL CUENTO

Conectar con los

Estudios Sociales

VOCABULARIO CLAVE

consolar	mencionar
provocar	como debe ser
pensar	haber
seguro	avanzado
característico	talento

GÉNERO

Un **texto informativo**, como este artículo de revista, proporciona datos y ejemplos acerca de un tema.

ENFOQUE EN EL TEXTO

Gráficas Un texto informativo puede incluir una gráfica de barras, un diagrama que emplea barras para comparar medidas o cantidades. Estudia el gráfico en la página 36. Observa el título y los detalles. Explica la información en el gráfico.

Gracias a BookEnds

por John Korba

Piensa en lo que estás haciendo en este momento. Estás aprendiendo algo nuevo. ¿Cómo lo haces? Leyendo un libro.

Aprendes todo tipo de cosas de los libros, cosas divertidas, o importantes, o incluso las características de cosas extraordinarias. Los libros pueden hacerte sonreír y te pueden consolar cuando estás triste.

¿Qué sucedería si no tuvieras este libro ni ningún otro? Una vez, un niño de ocho años de edad llamado Brandon pensó en eso y tuvo una excelente idea.

La gran idea de un niño pequeño

Un día de 1998, Brandon Keefe volvió de la escuela a su casa con un resfriado. Su madre, Robin, debía asistir a una reunión, así que lo llevó con ella. La reunión se realizaba en un lugar llamado Hollygrove en Los Ángeles, California. Hollygrove es una organización comunitaria que ayuda a los niños y a sus familias.

No todas las bibliotecas para niños están tan bien provistas como esta. Aquí es donde surge *BookEnds*.

Durante la reunión, Brandon prestaba atención desde un rincón pues no le provocaba jugar. Los adultos se veían muy serios. Querían comprar libros y donarlos al centro para niños, pero no tenían mucho dinero. Brandon se quedó pensando en aquello. Estaba seguro de que podría ayudar pues tenía gran talento para resolver problemas.

Al día siguiente, Brandon estuvo de regreso en la escuela. Su maestra habló a la clase sobre la necesidad de ayudar a la comunidad y pidió ideas. Brandon le contó a la clase sobre el centro para niños y su necesidad de libros. Después habló sobre su idea de realizar una colecta gigantesca de libros.

La clase de Brandon organizó la colecta de libros. Pronto llovieron donaciones de todas partes de libros nuevos y usados. Los equipos de voluntarios, que consistían en estudiantes, maestros y personal administrativo de la escuela, recogían y clasificaban los libros. A todo esto, Brandon no le había mencionado este proyecto a su madre.

Un día Robin fue a la escuela para recoger a Brandon, que estaba esperando con una gran sorpresa: ¡847 libros para la biblioteca nueva!

—Fue uno de los mejores días de mi vida —dijo Robin.

Nace BookEnds

Robin sabía que había muchos lugares que necesitaban libros para niños. Vio que la idea de Brandon también los podría ayudar, así que fundó una organización llamada BookEnds.

BookEnds ayuda a los niños de las escuelas a realizar colectas de libros y luego los lleva a los niños que los necesitan. Desde 1998, los voluntarios de BookEnds han donado más de un millón de libros a más de trescientos mil niños.

Brandon es un adulto ahora. Sigue participando en BookEnds y piensa seguir haciéndolo.

¡Tú también puedes hacerlo!

¿Tú y tus compañeros de escuela tienen muchos libros que ya no volverán a leer? Entonces, quizás tu escuela quiera realizar una colecta de libros.

Paso 1: Busca un lugar que necesite libros.

Paso 2: Recoge libros que todavía estén en buenas condiciones.

Paso 3: Clasifica los libros como debe ser según el nivel de lectura. (No se quiere que los niños reciban libros que sean demasiado fáciles o demasiado avanzados).

Paso 4: ¡Entrega tus libros y verás cómo aparecen sonrisas!

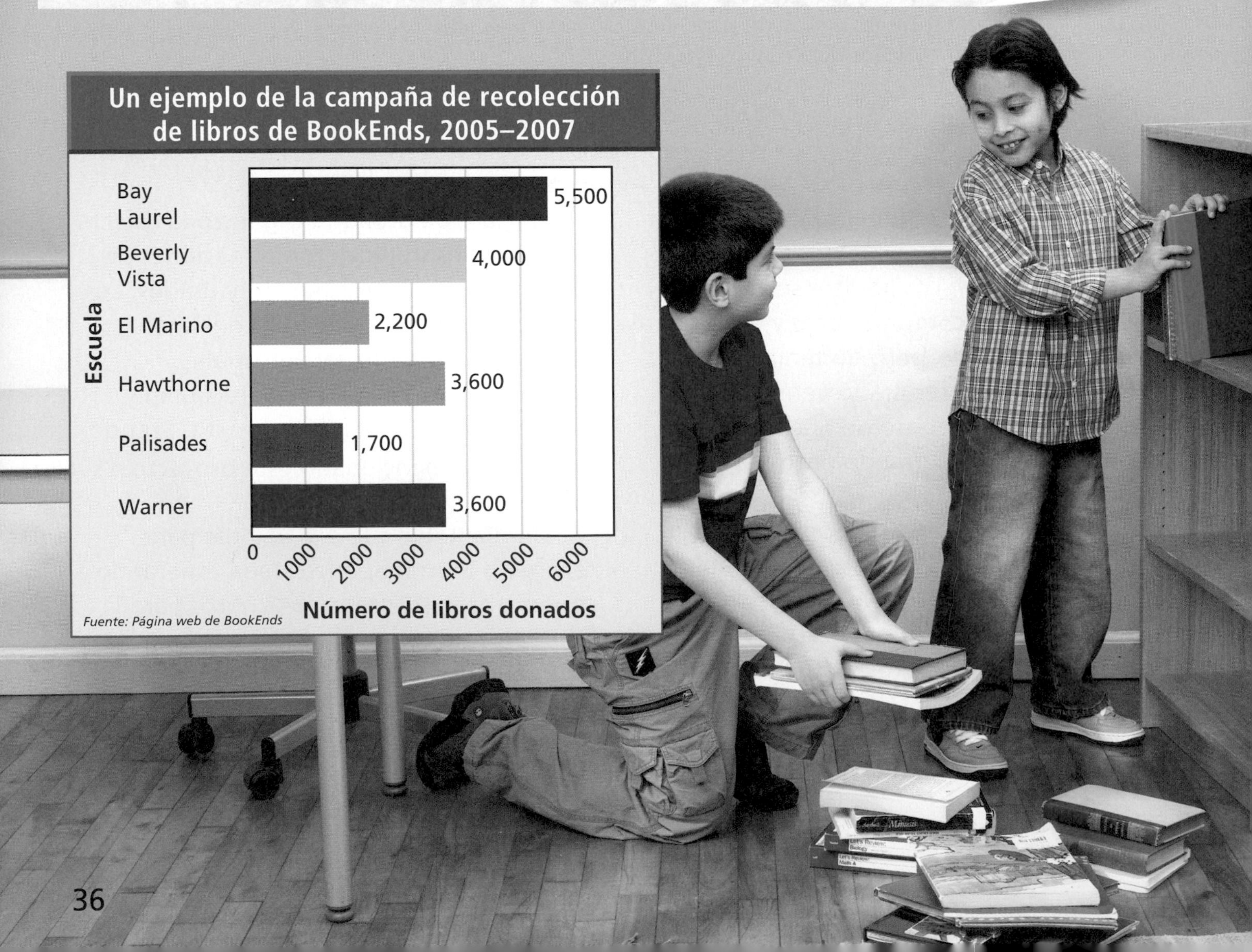

Hacer conexiones

El texto y tú

Escribir una narración Piensa en cuando hiciste un nuevo amigo. Escribe acerca de esa experiencia y explica por qué fue importante para ti. Asegúrate de describir con detalles el lugar y el momento para que los lectores puedan visualizar el relato.

De texto a texto

Comparar acciones ¿Cómo ayudan a los demás los personajes de *Gracias a Winn-Dixie* y los estudiantes de "Gracias a BookEnds"? Da un ejemplo, en cada selección, de alguien que ayuda a otra persona.

El texto y el mundo

Escribir una propuesta Piensa en un lugar de tu comunidad que recibiría con gusto una donación de libros. Escribe un plan de cómo podrían tú y tus compañeros de clase organizar una colecta de libros. Luego comenta la idea a tu clase.

Gramática

¿Qué es una oración? Una **oración** es un conjunto de palabras que tiene sentido completo. Las oraciones se componen de sujeto y predicado. El **sujeto** es la palabra principal que nombra a la persona o cosa de la que se habla. El **predicado** es lo que se dice del sujeto.

Lenguaje académico

oración
sujeto
predicado
frase

Oraciones con sentido completo

Sujeto	Predicado
Una mujer pequeña	ocupa el escritorio.
Muchos niños	visitan la biblioteca.

Un grupo de palabras que no tiene sentido completo es una **frase**.

Frases

una recién llegada al pueblo
libros sobre animales

Con un compañero, identifica las oraciones y las frases y nombra el sujeto y el predicado de cada oración.

1. Varios estudiantes retiraron libros de la biblioteca.
2. este libro sobre perros
3. La amable bibliotecaria está al lado de la puerta.

Fluidez de las oraciones Cuando escribas, asegúrate de que cada oración tenga sentido. Puedes agregar una frase suelta a una oración completa.

Oración con sentido completo	Frase
 El perro miraba por la ventana.	 parándose en las patas traseras

Nueva oración con sentido completo

El perro miraba por la ventana, parándose en las patas traseras.

Relacionar la gramática con la escritura

Cuando revises tu párrafo descriptivo, asegúrate de que cada oración tenga sujeto y predicado. Forma oraciones con las frases que encuentres.

Escribir para expresar

✔ Ideas Un buen párrafo descriptivo tiene detalles claros y coloridos para describir lugares reales o imaginarios. Por ejemplo, la autora de *Gracias a Winn-Dixie* describe la biblioteca como "Solo es una vieja casita llena de libros". Busca lugares en tu párrafo donde puedas añadir detalles vivaces para mantener interesado al lector. Usa la siguiente Lista de control de la escritura al revisar tu trabajo.

Para un cuento, Vanessa escribió el borrador de una descripción de un departamento. Después añadió más detalles para ayudar a que los lectores se lo imaginen.

Lista de control de la escritura

- ✔ **Ideas** ¿Incluí detalles vivaces?
- ✔ **Organización** ¿Puse mis detalles en un orden lógico?
- ✔ **Elección de palabras** ¿Usé palabras y frases relacionadas con los sentidos?
- ✔ **Voz** ¿Di a mi descripción un clima o un sentimiento especial?
- ✔ **Fluidez de las oraciones** ¿Escribí oraciones fluidas y completas?
- ✔ **Convenciones** ¿Usé la ortografía, la gramática y la puntuación correctas?

Borrador revisado

El departamento de la señora Henry era muy pequeño y alegre. Siempre que uno entraba en él, olía ~~bien~~ a panqueques. En las paredes, había dos ventanas soleadas y fotos chistosas, como la de un chihuahua en una sillita para muñecas. El sofá de la señora Henry tenía una funda peluda de color azul que ella misma había hecho en croché y, junto al sofá, había una mesa llena de ~~cosas interesantes~~ conchas, pajaritos de porcelana y fotos de la familia.

Copia final

La casa de la señora Henry

por Vanessa Brune

El departamento de la señora Henry era muy pequeño y alegre. Siempre que uno entraba en él, olía a panqueques. En las paredes, había dos ventanas soleadas y fotos chistosas, como la de un chihuahua en una sillita para muñecas. El sofá de la señora Henry tenía una funda peluda de color azul que ella misma había hecho en croché y, junto al sofá, había una mesa llena de conchas, pajaritos de porcelana y fotos de la familia. Lo mejor era la pecera con pececitos de colores y guppis de rayas azules y rojas. En la arena del fondo de la pecera, un buceador exploraba buscando tesoros. El tubo de aire del buceador burbujeaba silencioso mientras los peces nadaban en círculos suaves o con movimientos rápidos. El departamento de la señora Henry era un lugar fascinante para visitar.

En mi trabajo final, añadí algunos detalles vivaces. Además, me aseguré de haber escrito oraciones completas.

Leer como escritor

¿Qué hace que los detalles de Vanessa sean vivaces?
¿Dónde puedes añadir detalles claros y coloridos en tu descripción?

Lección

2

VOCABULARIO CLAVE

injusticia
numeroso
segregación
alimentar
capturar
sueño
enfrentamiento
preferir
recordar
ejemplo

Librito de vocabulario

Tarjetas de contexto

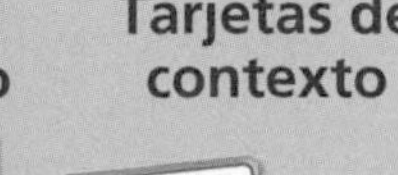

Vocabulario en contexto

1 injusticia

Algunas personas pasan su vida luchando contra la injusticia, o desigualdad.

2 numeroso

Numerosos grupos de personas firman una petición. Sus muchas voces pueden modificar las leyes.

3 segregación

En el pasado, las leyes sobre la segregación separaban a los afroamericanos de los estadounidenses blancos.

4 alimentar

Muchos grupos tenían la esperanza de poner fin al hambre. Alimentaban a las personas con comidas saludables.

- Estudia cada Tarjeta de contexto.
- **Redacta una nueva oración de contexto utilizando dos palabras del Vocabulario.**

5 **capturar**

Algunos dirigentes son capturados por motivos políticos, como le sucedió a Nelson Mandela.

6 **sueño**

Muchas personas tienen el sueño de que exista un trato justo para todos. Ese es su objetivo.

7 **enfrentamiento**

Al evitar los enfrentamientos, los héroes inspiran a los niños a trabajar por un cambio pacífico.

8 **preferir**

Algunos estadounidenses preferían trabajar en grupo a favor del cambio.

9 **recordar**

Las personas pueden mirar hacia atrás y tener un recuerdo de cuando fueron tratadas injustamente.

10 **ejemplo**

Es fácil admirar a un líder que establece un ejemplo de justicia e igualdad.

Contexto

VOCABULARIO CLAVE **Doctor Martin Luther King Jr.**

¿Tienes un sueño que podría cambiar el mundo entero? El doctor Martin Luther King Jr. lo tuvo. Trabajó durante las décadas de 1950 y de 1960 para poner fin a la segregación en el sur. Condujo a miles de personas en la lucha contra el odio y la injusticia hacia los afroamericanos, y prefería usar métodos no violentos. Encabezó numerosas marchas. Dio discursos aleccionadores que alimentaban con fe a los oyentes. Hubo oportunidades en que, después de enfrentamientos con la policía, lo llevaron a la cárcel junto con algunos seguidores. Pero sobre todo, el Dr. King guiaba con el ejemplo. Logró capturar el deseo de los afroamericanos de que la sociedad cambiara y contribuyó a que ese cambio se hiciera realidad. Los que lo conocieron lo guardan en el recuerdo como un hombre extraordinario.

Doctor Martin Luther King Jr.

Movimiento por los Derechos Civiles

1955: Rosa Parks, una afroamericana, no le da el asiento en el autobús a una persona blanca, y la arrestan.

1960: Cuatro estudiantes afroamericanos de North Carolina piden que los atiendan en un restaurante exclusivo para blancos.

1963: Martin Luther King Jr. pronuncia el discurso "Tengo un sueño" en una marcha en Washington, ante cientos de miles de seguidores.

1964: Muchas personas del norte y del sur ayudan a los afroamericanos de Mississippi a inscribirse para votar.

1965: King guía a miles de personas en una marcha en defensa del derecho a votar de los afroamericanos. Después, el Congreso aprueba la Ley del Derecho al Voto.

1968: King es asesinado en Memphis, Tennessee.

Hoy: En el mes de enero, millones de estadounidenses celebran el cumpleaños de Martin Luther King Jr.

1955 1960 1970 HOY

Usa la siguiente línea cronológica para resumir y explicar los acontecimientos del Movimiento por los Derechos Civiles.

Comprensión

DESTREZA CLAVE Propósito de la autora

Mientras lees *Mi hermano Martin*, piensa en las razones de la autora para escribir. ¿Quiere informar, entretener o persuadir a los lectores? Para encontrar pistas, fíjate en los detalles del texto. ¿Por qué la autora se concentra en ciertos sucesos de la vida de Martin? ¿Por qué elige ciertas palabras para describir a una persona o un suceso? Usa un organizador gráfico como ayuda para descubrir y explicar el propósito de la autora.

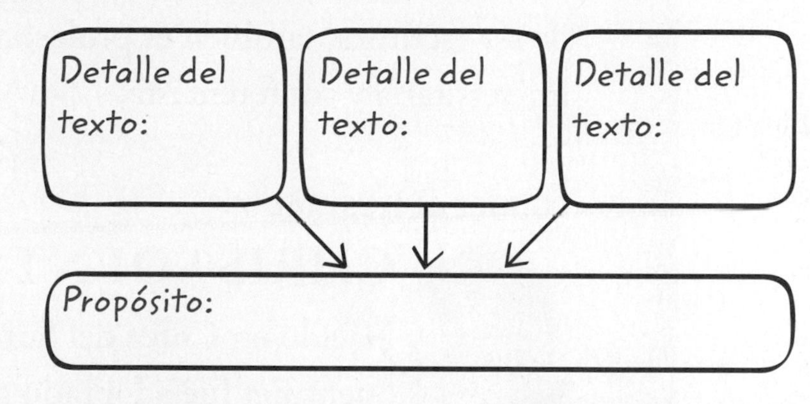

ESTRATEGIA CLAVE Verificar/Aclarar

Verifica, o presta atención, a lo que entiendes mientras lees *Mi hermano Martin*. Si algo no tiene sentido, detente para aclararlo. El organizador gráfico puede ser una ayuda para aclarar el texto porque el comprender el propósito de la autora para escribir contribuye a que comprendas la selección.

VOCABULARIO CLAVE

injusticia	numeroso
segregación	alimentar
capturar	sueño
enfrentamiento	preferir
recordar	ejemplo

Propósito de la autora Usa detalles del texto para deducir las razones que tuvo la autora para escribirlo.

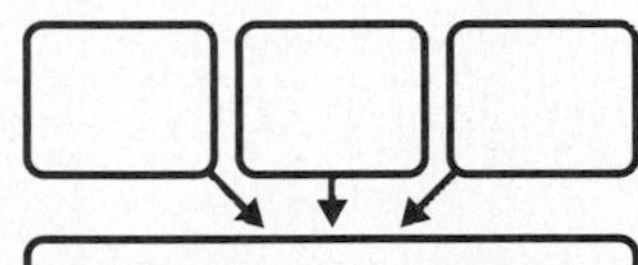

Verificar/Aclarar Mientras lees, presta atención a lo que te resulta confuso. Halla maneras de comprenderlo.

GÉNERO

Una **biografía** relata los sucesos ocurridos en la vida de una persona, escritos por otra persona.

CONOCE A LA AUTORA

CHRISTINE KING FARRIS

Christine King Farris es la hermana de Martin Luther King Jr. *Mi hermano Martin* es su segundo libro acerca del famoso líder del movimiento por los derechos civiles. El primero fue *Martin Luther King: Su vida y su sueño*. Además de ser escritora, también es profesora universitaria y conferencista.

CONOCE AL ILUSTRADOR

CHRIS SOENTPIET

Nacido en Corea del Sur, Chris Soentpiet fue adoptado por una familia hawaiana a los ocho años de edad. Conoció a algunos miembros de su familia de origen cuando investigaba para su libro *Peacebound Trains (Trenes de paz)*. La investigación y la exactitud son muy importantes para Soentpiet. Utiliza modelos vivos, les confecciona trajes y fotografía los modelos antes de comenzar a pintar.

mi hermano MARTIN

UNA HERMANA RECUERDA SU NIÑEZ JUNTO AL REV. DR. MARTIN LUTHER KING JR.

por CHRISTINE KING FARRIS
ilustrado por CHRIS SOENTPIET

Pregunta esencial

¿Cómo comunica un autor las cualidades necesarias para ser un líder?

Mi hermano Martin y yo nacimos en la misma habitación. Yo fui una bebé nacida antes de tiempo. Mis padres me ubicaron en una gaveta en el armario del dormitorio del piso superior. Unos días después tuve una cuna. Al año y medio de esa fecha, Martin pasó su primera noche en esa cuna heredada, en esa misma habitación.

La casa donde nacimos pertenecía a los padres de mi madre, nuestros abuelos, el reverendo A. D. Williams y su esposa. Nosotros vivimos allí con ellos y nuestra tía abuela Ida, hermana de nuestra abuela.

No mucho tiempo después de Martin —a quien llamábamos M. L. porque nuestro padre tenía el mismo nombre—, nació Alfred Daniel nuestro hermano menor. Lo llamábamos A. D. en honor de nuestro abuelo.

A mí me llamaban Christine y, como tres gotas de agua, crecimos juntos. Nuestros días y habitaciones estuvieron llenos de cuentos, aventuras, muñecas y juegos como Tinkertoy, Monopoly y las damas chinas.

Aunque papá, que era un ministro importante de la iglesia, y nuestra querida mamá, cuya fama musical se extendía a lo largo y ancho del territorio, a menudo tenían que trabajar lejos de casa, nuestra abuela siempre estaba con nosotros para cuidarnos. Recuerdo los días en que, sentados a sus pies, ella y la tía Ida nos contaban fascinantes historias de cuando eran niñas y nos leían sobre los lugares maravillosos del mundo.

Y, por supuesto, mis hermanos y yo contábamos unos con otros. Los tres nos manteníamos unidos como las páginas de un libro nuevo. Y como niños normales que éramos, estábamos casi siempre tramando algo.

Nuestra mejor travesura la hicimos con un chal de piel que pertenecía a nuestra abuela. El chal parecía como si estuviera vivo, con sus patitas, su cabecita y sus brillantes ojos de vidrio. Así que, de vez en cuando, en la tenue luz del atardecer, lo atábamos a un palo y, escondidos detrás del matorral que estaba delante de nuestra casa, lo hacíamos moverse frente a los desprevenidos caminantes. ¡Ay! ¡Los gritos de terror se podían escuchar en todo el vecindario!

Después llegó la época en que mamá decidió que todos sus hijos debían aprender a tocar el piano. A mí no me desagradaba tanto, pero M. L. y A. D. preferían estar afuera en vez de tener que quedarse encerrados con nuestro maestro de piano, el señor Mann. Él era capaz de golpearte los nudillos con una regla sólo por tocar las teclas incorrectas. Una mañana, M. L. y A. D. decidieron aflojar las patas del taburete del piano para que no tuviéramos que practicar. No se lo dijimos al señor Mann y, cuando se sentó… *¡PUM!* Se fue al suelo.

DETENTE Y PIENSA

Técnica de la autora Si el autor está presente en la historia, él o ella usan el **punto de vista de la primera persona**. Si están fuera de la historia, hablan en **tercera persona**. ¿Qué punto de vista usa la autora en esta historia?

Pero, en general, éramos niños buenos y obedientes, y M. L. aprendió a tocar algunas canciones en el piano. Incluso se animó a cantar con nuestra madre en una o dos ocasiones. Dado su amor por el canto y la música, estoy segura de que se habría convertido en un músico tan bueno como nuestra madre, si su vida no lo hubiera llevado por otro camino.

Y eso fue exactamente lo que pasó.

Mis hermanos y yo crecimos hace mucho tiempo. En esa época, ciertos lugares de nuestro país tenían leyes injustas que declaraban que estaba bien mantener separadas a las personas negras, porque nuestra piel era más oscura y nuestros antepasados habían sido capturados en la lejana África y traídos a América como esclavos.

Atlanta, en Georgia, la ciudad donde crecimos, tenía esas leyes. Debido a esas leyes, mi familia raramente iba al cine o visitaba el Grant Park y su famoso ciclorama. De hecho, hasta el día de hoy no recuerdo haber visto jamás a mi padre en un tranvía. Debido a esas leyes, y a la deshonra que implicaban, papá prefería mantener a mis hermanos y a mí cerca de casa, donde estuviéramos protegidos.

Vivíamos en un vecindario de Atlanta que hoy en día se llama Sweet Auburn. Fue bautizado así por la avenida Auburn, la calle en que estaba nuestra casa. En nuestro lado de la calle se alzaban viviendas de dos pisos similares a la casa en que vivíamos. Del otro lado, había una compacta fila de casas bajas y una tienda que pertenecía a una familia blanca.

Cuando éramos niños, jugábamos todos juntos a lo largo de la avenida Auburn, incluso los dos niños cuyos padres eran los propietarios de la tienda.

Y como nuestra casa era el lugar de reunión preferido, esos niños jugaban con nosotros en nuestro patio trasero y corrían con M. L. y A. D. hasta la estación de bomberos que estaba en la esquina, donde observaban las bombas hidráulicas y los bomberos.

La idea de *no* jugar con esos niños porque eran diferentes, porque ellos eran blancos y nosotros éramos negros, jamás se nos ocurrió.

Sin embargo, un día M. L. y A. D. fueron a buscar a sus amigos del otro lado de la calle, como antes lo habían hecho cientos de veces. Pero volvieron a casa solos. Los niños les habían dicho a mis hermanos que ya no podían seguir jugando juntos porque A. D. y M. L. eran negros.

Y eso fue todo. Poco tiempo después, la familia vendió la tienda y se mudó de vecindario. Nunca volvimos a verlos ni a saber de ellos.

Si pienso en el pasado, me doy cuenta que era sólo cuestión de tiempo antes de que las generaciones de crueldad e injusticia, de las cuales papá, mamá, abuela y tía Ida nos habían estado protegiendo, aparecieran frente a nosotros. Pero en ese entonces fue un golpe demoledor que parecía surgido de la nada.

—¿Por qué la gente blanca trata tan mal a la gente de color? —le preguntó después M. L. a mamá. De pie frente a ella, M. L., A. D. y yo hicimos un esfuerzo por entenderla cuando nos explicó los motivos de todo eso.

Sus palabras nos explicaron por qué nuestra familia evitaba tomar tranvías y el cartel de "SOLO BLANCOS" que nos impedía subir al ascensor del ayuntamiento de la ciudad. Sus palabras nos dijeron por qué había parques y museos que las personas negras no podían visitar, por qué algunos restaurantes se negaban a servirnos, por qué los hoteles no nos darían alojamiento y por qué en los cines solo se nos permitiría ver las películas desde la platea alta.

Pero sus palabras también nos dieron esperanza.

Mamá sencillamente respondió: —Porque simplemente no entienden que todos somos iguales, pero, algún día, será mejor.

Y mi hermano M. L. alzó su rostro y, mirando a nuestra madre a los ojos, pronunció palabras que nunca he olvidado.

Dijo: —Mamá, un día voy a cambiar este mundo.

DETENTE Y PIENSA

Propósito de la autora Con frecuencia, los autores transmiten un mensaje mediante el modo en que relatan una historia. Algunas veces el autor expone su mensaje y otras está implícito. ¿Cómo puedes hacer la diferencia?

En los años siguientes, hubo otras situaciones que nos recordaron la existencia del cruel sistema llamado segregación, cuyo propósito era mantener sometidas a las personas negras. Pero fue papá quien nos enseñó, a M. L., a A. D. y a mí, a expresarnos en contra del odio y la intolerancia y a defender lo que es justo.

Papá era el ministro de la iglesia baptista de Ebenezer. Después de perder a nuestros amigos, cuando M. L., A. D. y yo escuchábamos a nuestro padre hablar desde su púlpito, sus palabras tenían un significado nuevo para nosotros.

Y papá llevaba a la práctica lo que predicaba. Siempre se defendía cuando se veía frente al odio y la intolerancia, y todos los días nos relataba sus enfrentamientos durante la cena.

Cuando un vendedor de zapatos les dijo a papá y a M. L. que solo los atendería en la parte trasera de la tienda porque eran negros, papá llevó a M. L. a otro lugar a comprar sus zapatos nuevos.

En otra oportunidad, un oficial de policía detuvo a papá y lo llamó "muchacho". Papá señaló a M. L., sentado junto a él en el carro, y dijo: —Él es un muchacho, pero yo soy un hombre: hasta que no me trate como tal, no lo escucharé.

Estas historias nos alimentaban tanto como la comida servida en nuestra mesa.

Los años pasaron y aprendimos muchas lecciones. Hubo numerosos discursos, marchas y premios. Pero mi hermano jamás olvidó el ejemplo de nuestro padre, ni la promesa que le había hecho a nuestra madre el día en que sus amigos le dieron la espalda.

Y cuando ya era mucho mayor, mi hermano M. L. tuvo un sueño…

DETENTE Y PIENSA

Verificar/Aclarar Explica a qué se refieren las frases "el ejemplo de nuestro padre" y "la promesa que le había hecho a nuestra madre". Si tienes dificultades, relee las páginas 54 a 56.

… que cambió este mundo.

Es tu turno

Modelo a seguir

Con tus propias palabras
Martin Luther King Jr., su hermana y su hermano aprendieron de su padre sobre el orgullo y la dignidad. Piensa en algo importante que hayas aprendido de un adulto. Escribe un párrafo sobre esa lección y explica cómo puede ayudarte a convertirte en un gran líder.
RESPUESTA PERSONAL

¡Libre al fin!

Hacer una línea cronológica
En un grupo pequeño, vuelvan a leer la selección y hagan una lista de los sucesos más importantes de la niñez de M. L. King. Luego, usen la lista para hacer una línea cronológica de los sucesos. Agreguen dibujos a la línea cronológica para mostrar qué estaba pasando en los momentos importantes. GRUPO PEQUEÑO

Por qué escriben los escritores

Turnarse y comentar

Con un compañero, comenten por qué creen que la autora escribió sobre la niñez de M. L. y no sobre su vida de adulto. ¿Qué es lo más importante que dice la autora sobre cómo algunas personas se convierten en líderes? PROPÓSITO DE LA AUTORA

Conectar con la poesía

VOCABULARIO CLAVE

injusticia	**numeroso**
segregación	**alimentar**
capturar	**sueño**
enfrentamiento	**preferir**
recordar	**ejemplo**

GÉNERO

La **poesía**, como lo hace este poema lírico, utiliza el sonido y el ritmo de las palabras para sugerir imágenes y expresar sentimientos.

ENFOQUE EN EL TEXTO

Repetición Con frecuencia la poesía repite ciertos sonidos para crear un ritmo, enfocarse en una imagen o resaltar una emoción. Comenta la forma en que este poeta usa la repetición en su poesía lírica.

Langston HUGHES: poeta y soñador

Langston Hughes fue un famoso poeta afroamericano cuyas palabras inspiraron e influyeron a las personas de todo el mundo. Al igual que Martin Luther King Jr., Hughes creía que el sueño, o meta, de una persona podía cambiar el futuro. En los poemas siguientes, Hughes escribe acerca de los sueños y por qué son tan importantes.

Langston Hughes, 1902–1967

De niño, Langston Hughes debió mudarse de una ciudad a otra del Medio Oeste. Sin una vivienda permanente, buscó consuelo en la lectura. Los libros lo alimentaban como la comida. Se convirtió en un lector voraz y en escritor. Publicó sus primeros poemas y cuentos cuando estaba en la escuela secundaria.

De joven, Hughes viajó por el mundo. Escribió acerca de sus enfrentamientos con todo tipo de personas. En nuestro país, debía enfrentarse a las leyes injustas de la segregación que permitían capturar por ofensas menores a las personas de color. Reflexionó profundamente acerca de la injusticia.

Hughes se mudó a Harlem, un vecindario afroamericano ubicado en la ciudad de Nueva York. De todos los lugares de la ciudad, Harlem se convirtió en el lugar que prefería. Allí, los escritores, artistas y músicos estaban creando magníficas obras de arte. La carrera de Hughes como escritor floreció. Escribió numerosos poemas, cuentos, obras de teatro y artículos. En gran parte de su obra captó la cultura y las experiencias de los afroamericanos para compartirlas con los lectores de todo el mundo.

Langston Hughes es reconocido como uno de los poetas más importantes del siglo veinte. Su obra ha establecido un ejemplo para los escritores venideros.

Para ti

Adaptación de este poema de Langston Hughes

Ven a soñar, ven a leer,
ven sobre el mundo a aprender,
no sobre el mundo a ti cercano,
sino ese mundo que allá lejano
se encuentra lleno de desconsuelo.

Sueña con el alma, sueña sin fronteras,
deja que sus sueños vuelen sin cadenas,
ven conmigo y ayúdame a soñar,
que juntos un mundo podemos crear
¡donde no hayan penas!

Sueños

Adaptación de este poema de Langston Hughes

Aférrate a los sueños,
pues si los sueños mueren,
la vida es un pájaro de alas rotas,
que volar no pueden.

Aférrate a los sueños,
pues si los sueños se marchan,
La vida es un páramo desierto,
helado por la escarcha.

Guardián de sueños

Adaptación de este poema de Langston Hughes

Traigan sus sueños a mí,
soñadores,
traigan todos a mí
sus íntimos sones,
que yo he de cantarles
sobre una nube celeste,
lejos de los dedos crueles
del mundo demasiado agreste.

Escribe un poema sobre tus sueños

¿Tienes un sueño especial? Escribe un poema sobre ese sueño. Intenta recordar los detalles importantes y mostrar tus sentimientos. Tu sueño puede ser grande o pequeño. Podría ser algo que esperas lograr mañana, el mes próximo o dentro de muchos años.

¡Mira dónde te llevan tus sueños!

Hacer conexiones

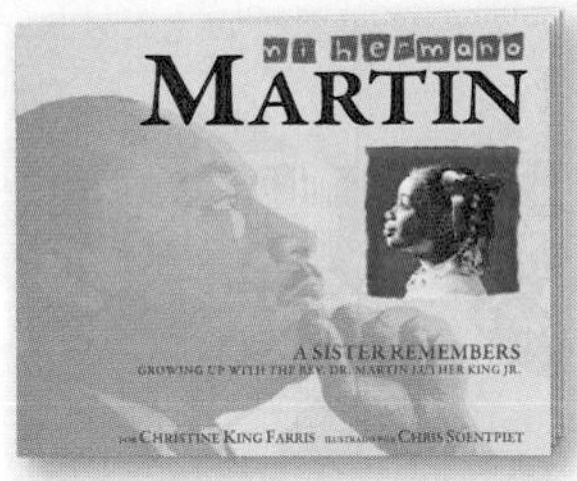

El texto y tú

Escribir un párrafo Martin Luther King Jr. y Langston Hughes soñaban con lograr que el mundo fuera un lugar mejor. Escribe sobre un sueño que tengas para hacer mejor tu vecindario, tu ciudad o, incluso, el mundo.

De texto a texto

Comparar y contrastar ¿En qué se parecen los desafíos que tuvieron que enfrentar los niños King en *Mi hermano Martin* con las experiencias de Opal en *Gracias a Winn-Dixie*? ¿En qué se diferencian?

El texto y el mundo

Conectar con los Estudios Sociales Martin Luther King Jr. trabajó mucho para mejorar su comunidad. Con un compañero, investiga las diferentes maneras en que las personas pueden ayudar a otras en tu comunidad o estado. Usa Internet u otras fuentes de referencia para hacer una lista. Presenta tus conclusiones a la clase.

Gramática

Lenguaje académico

sujeto simple

sujeto compuesto

predicado

Sujeto y predicado El sujeto se compone de un sustantivo, la persona, animal o cosa sobre la cual se dice algo y las palabras que lo acompañan. El predicado se compone del verbo, la palabra que dice lo que es o hace el sujeto y las palabras que lo acompañan. El sujeto que se compone de un solo sustantivo es un sujeto simple. Si se compone de más de un sustantivo, es un sujeto compuesto.

Partes del sujeto y del predicado

sujeto simple	predicado
Un ministro importante	vive en la casa.
sustantivo: ministro	verbo: vive

sujeto compuesto	predicado
El ministro y su familia	hicieron un viaje.
sustantivo: ministro; sustantivo: familia	verbo: hicieron

Turnarse y comentar **Con un compañero, identifica el sujeto y el predicado de cada oración. ¿Qué oración tiene sujeto compuesto?**

1. La joven Christine se sentó cerca de su abuela.
2. Su abuela contaba historias maravillosas.
3. Christine y sus dos hermanos hacían bromas a la gente.

Fluidez de las oraciones Demasiadas oraciones simples pueden hacer que la escritura suene cortada. Si dos oraciones simples tienen el mismo predicado, puedes combinarlas uniendo los sujetos con la palabra *y*. La oración nueva tendrá un sujeto compuesto.

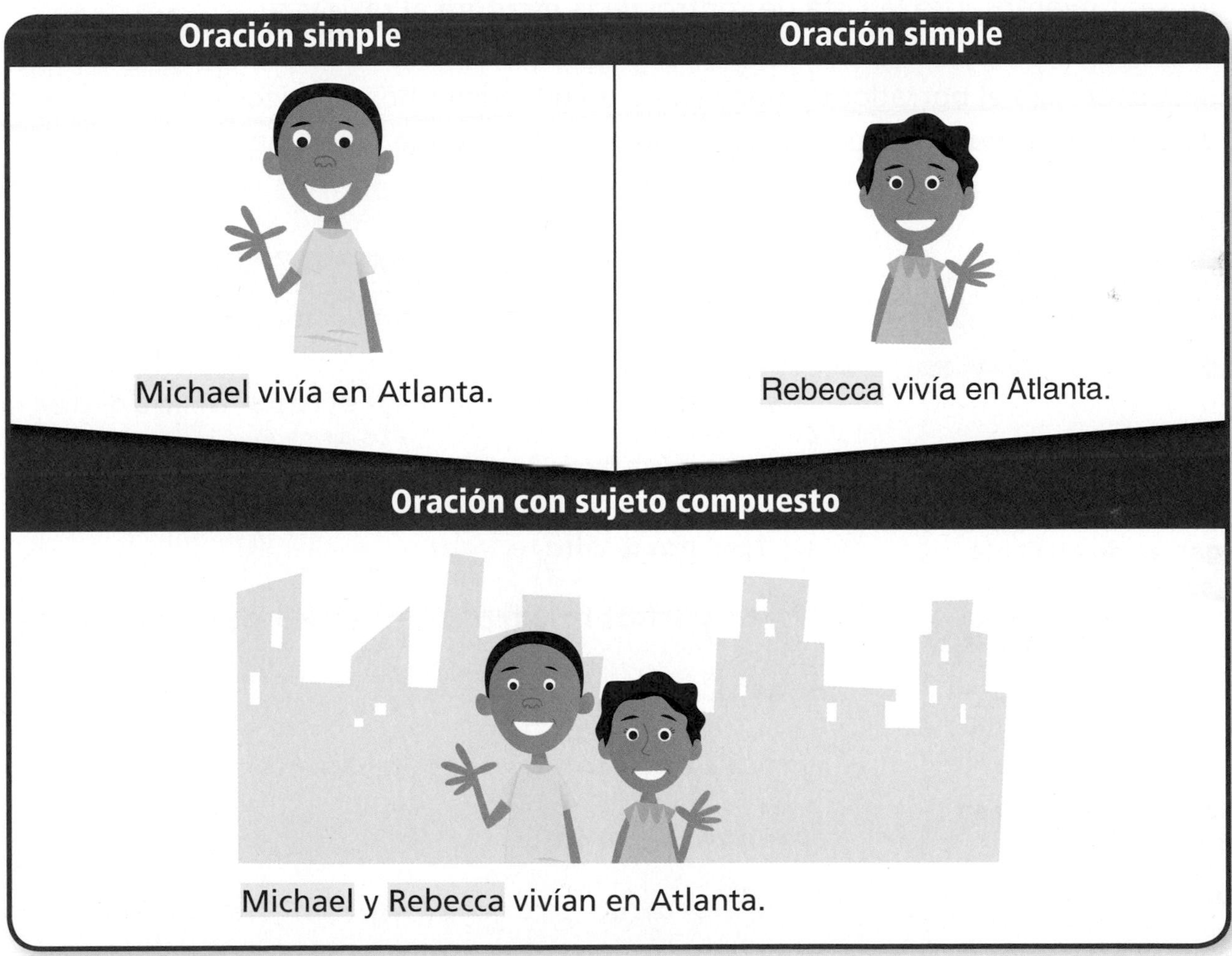

Relacionar la gramática con la escritura

Mientras revisas tu composición narrativa, busca oraciones que tengan el mismo predicado. Trata de combinarlas creando un sujeto compuesto.

Escribir para expresar

Elección de palabras Cuando la autora de *Mi hermano Martin* dice que la segregación era "un golpe demoledor" o que el orgullo de la familia era "nutritivo", sus palabras nos ayudan a entender los sentimientos de la gente. En tu **narración**, usa palabras que atrapen los sentimientos. Usa la Lista de control de la escritura al revisar tu trabajo.

Víctor hizo el borrador de una escena de un muchacho que hizo valer sus derechos. Después agregó algunas palabras que muestran más claramente cómo se sentían sus personajes.

Lista de control de la escritura

- **Ideas** ¿Mostré los sucesos vistosamente?
- **Organización** ¿Conté los sucesos en orden?
- **Elección de palabras** ¿Usé palabras que expresen sentimientos?
- **Voz** ¿Mi diálogo suena natural?
- **Fluidez de las oraciones** ¿Combiné las oraciones de modo que fluyan fácilmente?
- **Convenciones** ¿Usé la ortografía, la gramática y la puntuación correctas?

Borrador revisado

James apenas podía creer su buena suerte. Su ~~La~~ casa nueva ~~de James~~ estaba al lado de una cancha de básquetbol. Agarró ~~Él tomó~~ su pelota y se fue para allá corriendo.

Pero ya había otro muchacho lanzando a la canasta.

—¿Puedo hacer unos lanzamientos? —preguntó James.

—Ahora, no —dijo el muchacho—. Yo llegué primero.

Ni su rostro ni su voz eran amigables. ~~Su rostro no era amigable. Su voz tampoco era amigable.~~

James se sentó en el banco. Esperó pacientemente ~~Miró~~ durante una hora entera y después volvió a preguntar.

Copia final

Juego limpio: Escena de un cuento

por Víctor Álvarez

James apenas podía creer su buena suerte. Su casa nueva estaba al lado de una cancha de básquetbol. Agarró su pelota y se fue para allá corriendo.

Pero ya había otro muchacho lanzando a la canasta.

—¿Puedo hacer unos lanzamientos? —preguntó James.

—Ahora, no —dijo el muchacho—. Yo llegué primero. Ni su rostro ni su voz eran amigables.

James se sentó en el banco. Esperó pacientemente durante una hora entera y después volvió a preguntar. El muchacho sólo seguía lanzando a la canasta. James enrojeció y se puso de pie.

—¡Eh! —dijo con voz fuerte y firme—. Esta cancha es de todos, no solamente tuya.

El muchacho se detuvo. Su mirada de sorpresa se transformó en una sonrisa avergonzada.

—Sí, tienes razón. Es tu turno —dijo, y después añadió—: Me llamo Cole, ¿y tú?

En mi trabajo final, agregué palabras que muestran mejor cómo se sienten mis personajes. Además, combiné dos oraciones y formé un sujeto compuesto.

Leer como escritor

¿Cómo hace Víctor más emocionante el relato? ¿En qué parte de tu trabajo puedes aclarar más los sentimientos de tus personajes?

Lección 3

VOCABULARIO CLAVE

bienvenido
sensible
observar
intacto
preparar
negativo
honor
incluir
mirar
apoyo

Librito de vocabulario

Tarjetas de contexto

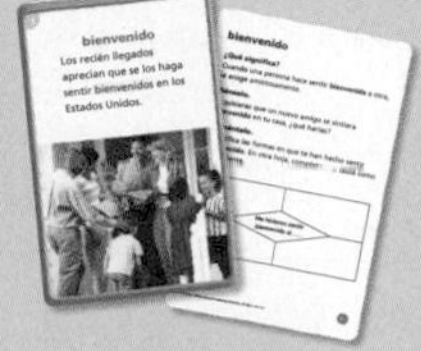

Vocabulario en contexto

1 **bienvenido**

Los recién llegados aprecian que se los haga sentir bienvenidos en los Estados Unidos.

2 **sensible**

Hay que ser cuidadoso y sensible acerca de las costumbres de los recién llegados.

3 **observar**

El niño observa: «¡Nuestra nueva ciudad es grande!» y su familia está de acuerdo con lo que dice.

4 **intacto**

El medio ambiente en muchos lugares ha permanecido intacto, o sea que no ha sido alterado por el hombre.

- **Estudia cada Tarjeta de contexto.**
- **Comenta una fotografía. Usa una palabra del Vocabulario diferente a la de la tarjeta.**

5
preparar

La dama de la fotografía preparó un plato de comida tradicional de su lugar de origen.

6
negativo

Al principio los inmigrantes pueden tener experiencias negativas en su nuevo hogar.

7
honor

Escuchamos a un familiar que nos habla de su «lejana tierra» con honor, o respeto.

8
incluir

Siempre esperamos que un festival internacional incluya a todos los ciudadanos del mundo.

9
mirar

Para ser amable con alguien que recién llega y te mira, responde con una sonrisa y dile "¡hola!".

10
apoyo

El darles una voz de apoyo hace que los inmigrantes se sientan bien en su nuevo ambiente.

Contexto

VOCABULARIO CLAVE **Mudarse a una casa nueva** Piensa en alguna vez que hayas extrañado tu hogar. Es posible que te hayas puesto a llorar. ¿Eso te preparó para volver a casa de inmediato? ¿Alguien te dio apoyo y te levantó el ánimo o te quedaste sólo con esa actitud negativa?

Una persona sensible puede hablarles a los recién llegados y darles una bienvenida y los puede incluir en sus actividades. Por ejemplo, si alguien nuevo mira hacia donde tú estás, invita a esa persona a reunirse contigo y con tus amigos. Si alguien observa que un compañero de clases nuevo se siente extraño y te lo hace notar, haz un esfuerzo por tenderle una mano. A menudo, cuando las personas se mudan, mantienen intacto el recuerdo de su antiguo hogar. Si les permites a los recién llegados compartir estos relatos, puedes ayudarlos a sentirse en casa.

¿Qué puedes hacer para que un recién llegado se sienta bienvenido?

- Sonreírle y presentarte.
- Escuchar con atención.
- Invitar a la persona a reunirse contigo y con tus amigos.
- Hacer una pequeña fiesta en honor a esa persona.

Comprensión

DESTREZA CLAVE Causa y efecto

Al leer *Cuando la tía Lola vino de visita a quedarse*, observa cómo unos sucesos pueden causar que ocurran otros. En este cuento, la llegada de la tía Lola influye en el comportamiento de los demás personajes, especialmente en el de Miguel. Palabras clave como *porque, luego, entonces* y *ya que* pueden ayudarte a identificar una relación de causa y efecto. Usa un organizador gráfico como este para mostrar las causas y los efectos a medida que lees acerca de esta familia.

Causa	Efecto
•	•
•	•
•	•

ESTRATEGIA CLAVE Visualizar

Al leer, visualiza las acciones y reacciones de los personajes para formarte imágenes mentales. Usa esta estrategia para identificar las causas y los efectos del comportamiento de los personajes del cuento.

bienvenido	sensible
observar	intacto
preparar	negativo
honor	incluir
mirar	apoyo

Causa y efecto Indica de qué manera están relacionados los sucesos y cómo un suceso causa otro.

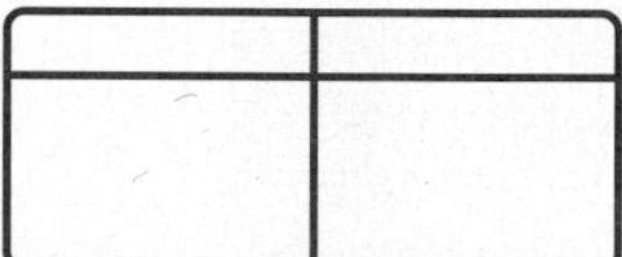

ESTRATEGIA CLAVE

Visualizar Utiliza detalles del texto para formarte imágenes mentales de lo que estás leyendo.

GÉNERO

La **ficción realista** es una historia actual que podría ocurrir en la vida real.

CONOCE A LA AUTORA

JULIA ÁLVAREZ

Julia Álvarez creció en República Dominicana. Ha vivido en Vermont, en una hacienda donde se cultivan frutas y verduras. Junto con su socio, Bill Eichner, fundó en República Dominicana una hacienda de café con una escuela, donde se enseña a las personas.

CONOCE AL ILUSTRADOR

DAVID DÍAZ

Como artista, a David Díaz le gusta experimentar con ideas nuevas y diferentes técnicas. Realiza parte de su trabajo a mano y parte en la computadora. Dice: "Creo que variando las técnicas añado más interés a los libros que hago".

Cuando Tía Lola Vino ~~De Visita~~ A Quedarse

por Julia Álvarez
selección ilustrada por
David Díaz

Pregunta esencial

¿Qué ocurre cuando una persona ayuda a otra?

Miguel se mudó recientemente de la ciudad de Nueva York a Vermont con su madre y su hermana Juanita. La tía Lola acaba de llegar de la República Dominicana para vivir con ellos y para ayudar a su madre. Miguel piensa que su tía es un poco rara y le está costando mucho esfuerzo acostumbrarse a ella.

Esa noche, cae una tormenta de nieve. Cuando Miguel mira por la ventana a la mañana siguiente, los copos siguen cayendo, iluminados por el bombillo de la terraza. Cuando baja a la cocina, tía Lola no está tomando el desayuno con los demás.

—Buenas noticias —dice Juanita cuando Miguel se sienta—, ¡hoy no hay clases!

—Pero yo tengo que ir al trabajo —les recuerda mamá—. Me alegra tanto que la tía Lola esté aquí, así no tengo que preocuparme por dejarlos solos. A propósito, ¿dónde está tía Lola? —pregunta y mira el reloj de la pared—. A esta hora ya suele estar levantada. Anoche parecía un poco triste.

—No quiso contarnos un cuento —admite Miguel.

—¿Quizás la has ofendido? —Como es psicóloga, su mamá siempre cree que todo lo que pasa tiene que ver con los sentimientos de las personas.

—¿Cómo iba yo a ofenderla? —dice Miguel, tratando de no sonar molesto con su mamá—. Ella ha estado muy sensible últimamente y no sé suficiente español como para ofenderla.

—Tía Lola es una persona especial —observa la mamá de Miguel—. Puede ver los sentimientos ocultos que hay en el corazón de los demás —dice y le lanza una mirada a Miguel como si también ella pudiera ver lo que hay en su corazón.

A decir verdad, la presencia de tía Lola en casa sin duda despierta en Miguel sentimientos contrarios. Es divertida, pero no está seguro de que su presencia le ayude a hacer nuevos amigos. ¿Por qué tía Lola no puede comportarse un poco más como su maestra, la señorita Prouty, que habla sin mover la mandíbula y es tan educada que hasta pide "perdón" antes de estornudar? ¿O como la granjera Becky, su vecina tímida, que se pone un suéter blanco como si quisiera confundirse con las ovejas que cuida y trasquila? ¿O incluso como Stargazer, la nueva amiga de mamá, que aunque usa faldas largas y extravagantes y aretes largos, habla en voz baja para no despertar energías negativas?

DETENTE Y PIENSA

Visualizar Imagínate cómo se ve la granjera Becky con su suéter blanco junto a las ovejas.

—Hay que querer a las personas tal como son —mamá les dice— para que puedan alcanzar todo su potencial.

Suena a cliché, pero tiene razón. Cuando Miguel comenzó a jugar al béisbol, papi siempre le decía: "Dale, Miguel" o "así es", aun cuando Miguel no le pegaba a la pelota. Con el tiempo, su juego mejoró gracias a que papi le brindó su apoyo.

—Recuerden —continúa mamá—, puede ser que tía Lola eche de menos su hogar. Necesita sentirse realmente bienvenida.

Miguel baja la vista hacia su cereal. Siente mucho haber hecho que tía Lola no se sienta bienvenida. Él sabe lo que se siente. En la escuela, Mort, el compañero mayor de la clase, le puso el apodo de Gooseman (hombre ganso), porque así suena en inglés el apellido de Miguel, Guzmán. Ahora los demás siempre le dicen "¡Cuac, cuac!" cuando se cruzan con él en los pasillos. Quizá intentan hacerse los graciosos, pero hacen que él se sienta avergonzado y no bienvenido.

—¿Cómo se dice *welcome* en español? —le pregunta Miguel a mamá.

—*Bienvenido* si es hombre, *bienvenida* si es mujer —mamá deletrea las palabras—. ¿Por qué quieres saberlo?

—Tengo una gran idea. Nita, necesito que me ayudes.

Juanita asiente con la cabeza. Le encanta que su hermano la incluya en sus "grandes ideas". Ni siquiera tiene que saber de antemano de qué se tratan esas ideas.

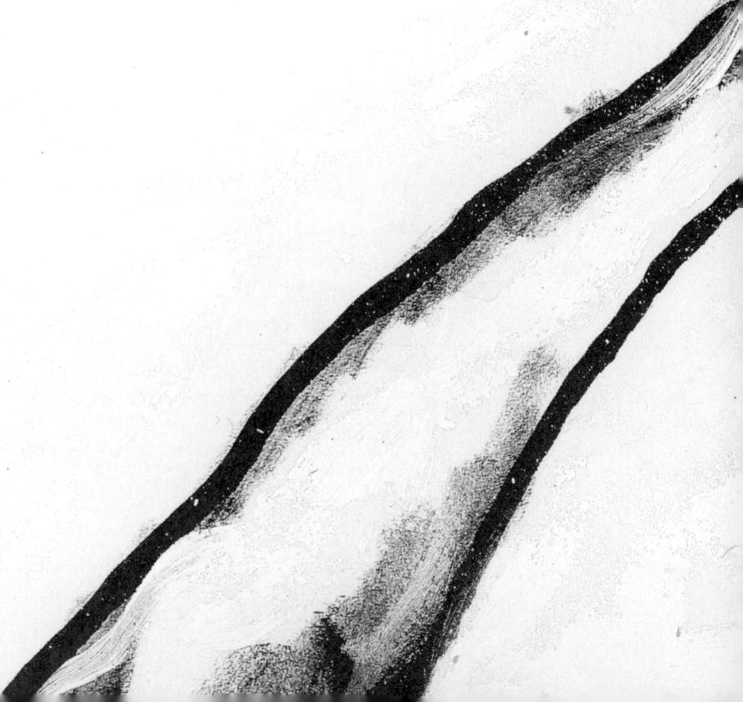

La nieve le llega a Miguel casi por las rodillas. Camina con dificultad por el campo de atrás de la casa, a lo largo de la cerca. El sol se asoma por las nubes. A su alrededor, el campo está limpio e intacto, inalterado y brillante con diamantes de luz.

Comienza caminando en línea recta, pateando la nieve a ambos lados. Luego hace un medio círculo, se sale de la línea recta y vuelve a entrar y a salir de ella. A cada paso, debe imaginar cómo se verá cada huella desde la casa.

DETENTE Y PIENSA

Técnica de la autora Un autor usa **metáforas** para describir algo utilizando las características de otra cosa. Por ejemplo, *las nubes son bolas de algodón en el cielo*. Encuentra una metáfora en la página 77.

Él piensa en su papá que está en Nueva York. Aunque trabaja decorando vitrinas por las noches, su verdadera pasión es la pintura. Hoy se siente más cercano a su padre desde que su madre, Juanita y él se mudaron a Vermont. Es un artista como papá, pero su lienzo es más grande. Trata de crear algo que tenga el mismo resultado: hacer feliz a alguien.

En un momento dado, levanta la vista y le parece ver a su hermana menor que lo saluda con la mano. Juanita está encargada de impedir que tía Lola se asome por la ventana.

Cuando Miguel acaba, el sol cae justo sobre su cabeza.

Adentro, la casa huele a algo delicioso que se cocina en el horno. Tía Lola preparó una pizza especial con mucho queso, habichuelas negras y un sabroso salchichón que ha traído de la isla.

—Pizza dominicana —la llama tía Lola—. Buen provecho —agrega. Es lo que ella siempre dice antes de comer. Mamá les ha dicho que es como desearle a alguien que tenga un buen almuerzo.

Miguel bautiza el plato "Pizza tía Lola" en honor a su tía.

Cuando terminan de comer, Miguel anuncia que hay una sorpresa para su tía en el campo de atrás.

DETENTE Y PIENSA

Causa y efecto Mientras trabaja en su idea, ¿qué hace que Miguel se sienta cerca de su padre?

—¿Para mí? —dice tía Lola, señalándose con el dedo. Miguel ve que le vuelve el color a las mejillas, que hay un destello en sus ojos. El lunar postizo que antes estaba al lado derecho de la boca, ahora está al lado izquierdo. Tía Lola olvida detallitos así. A pesar de eso, el lunar brilla como una estrella.

Miguel sube por las escaleras indicando el camino. Se detienen frente al ventanal y miran el campo nevado, donde está escrito en letras grandes: ¡Bienvenida, TÍA LOLA!

Tía Lola aplaude y abraza a Miguel.

Es tu turno

Sorpresa en la nieve

Respuesta breve La autora dice que Miguel "es un artista como (su) papá, pero su lienzo es más grande". ¿Qué crees que quiere decir con eso? Escribe un párrafo que muestre qué crees que quiere decir la autora sobre Miguel y sus acciones.
TÉCNICA DE LA AUTORA

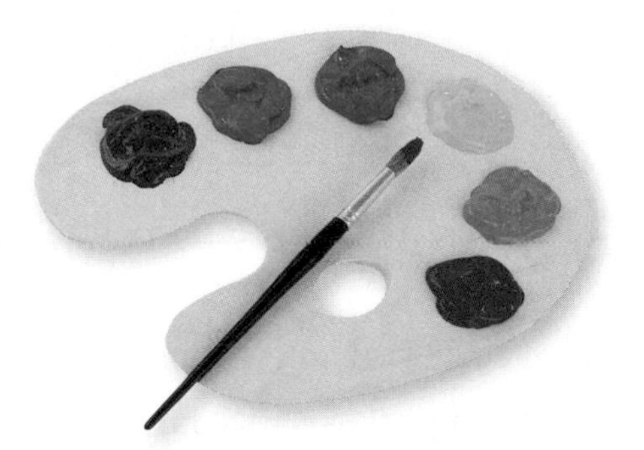

Adivina la letra

Juego con dibujos Trabajen en grupo. Cada miembro del grupo elige una letra del alfabeto pero la mantiene en secreto. Luego, cada uno escribe las instrucciones sobre cómo dibujar esa letra en la nieve, como hizo Miguel. Los miembros del grupo se turnan para leer las instrucciones en voz alta mientras los demás dibujan y adivinan la letra.
GRUPO PEQUEÑO

Los resultados

Turnarse y comentar Comenta con un compañero de qué manera cambia Miguel a lo largo del cuento. ¿Qué lo hace cambiar? ¿Qué efecto tienen sus acciones en la tía? ¿Qué aprende Miguel sobre ser amable con los demás? Usa detalles del cuento para explicar tus ideas. CAUSA Y EFECTO

Conectar con las

Ciencias

VOCABULARIO CLAVE

bienvenido	sensible
observar	intacto
preparar	negativo
honor	incluir
mirar	apoyo

GÉNERO

Un **texto informativo** como este artículo sobre recetas de cocina proporciona datos y ejemplos sobre un tema.

ENFOQUE EN EL TEXTO

Instrucciones Un texto puede incluir un conjunto de instrucciones que indican cómo hacer algo, a menudo a través de una serie de pasos. Observa como estos pasos están en secuencia. ¿Qué pasaría si los pasos estuvieran fuera de orden?

Pizza Pizzazz

por Peter Sylvia

La pizza, uno de las platos más famosos del mundo, no existe desde hace mucho tiempo. En Estados Unidos, la primera pizzería abrió apenas en 1905. Al principio, esta extraña comida italiana no fue bienvenida. La pizza no se popularizó hasta después de la Segunda Guerra Mundial.

En Italia, el queso no se empezó a incluir entre sus ingredientes antes de 1889, cuando se preparó una pizza como esta en honor a la reina. Fíjate en los colores de la bandera italiana: rojo (tomates), verde (albahaca) y blanco (queso).

Pizza Dominicana

¿Qué ingredientes te gustan en la pizza? A los japoneses les agradan las pizzas con anguilas y calamares. Los habitantes de Brasil prefieren arvejas. Esta receta de República Dominicana emplea frijoles y salchichón, un tipo especial de salchicha.

Consejos

- **Lávate las manos.**
- **Asegúrate de que un adulto te supervise.**
- **Ten cuidado con el cuchillo.**
- **Usa guantes para horno.**

Ingredientes

masa para pizza

1 cucharada de aceite de oliva

1 lata de frijoles negros, enjuagados y escurridos

1 lata de tomates picados en trozos

1 paquete de queso rallado

6 onzas de salchichón en tajadas (También puedes usar salchicha o salame).

1. Calienta el horno previamente a 425 grados.
2. Extiende la masa en un molde para hornear engrasado. Hornéala aproximadamente 5 minutos hasta que la masa esté dorada. Retira el molde del horno con cuidado.
3. Calienta el aceite en una sartén (con la ayuda de un adulto). Añade los frijoles y los tomates. Cocina la mezcla durante dos minutos, sin tapar, hasta que esté espesa.
4. Esparce 2/3 de una taza de queso sobre la masa.
5. Con una cuchara, coloca la mezcla de frijoles sobre la masa. Pon el queso y el salchichón arriba de la mezcla.
6. Hornea de 8 a 10 minutos más.

¿Está lista tu pizza?

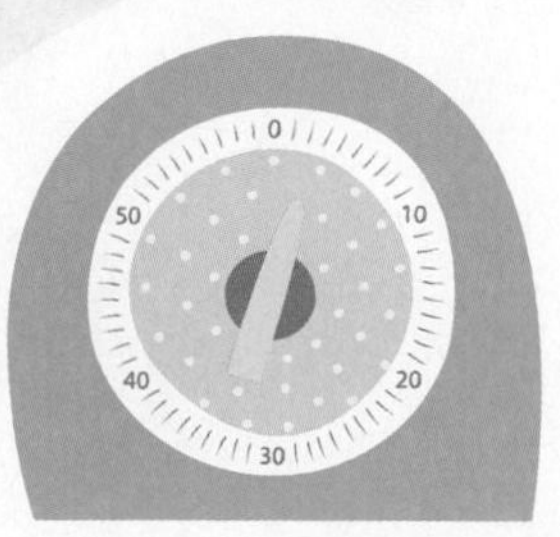

¿Está lista tu pizza? Un buen cocinero de pizzas siempre mira la masa y observa si está crujiente. Pídele a un adulto que retire la pizza del horno. Antes de cortarla en porciones, admira tu pizza: ¡no durará mucho tiempo intacta!

¡Diseña tu propia pizza!

Utiliza la receta siguiente para preparar tu propia pizza. ¿Qué ingredientes añadirás? Sé creativo pero sensible a lo que pudiera apetecerles a los demás.

Ingredientes

4 molletes
1 lata de salsa para pizza
4 onzas de queso mozzarella rallado
tu ingrediente para pizza favorito

1. Calienta previamente el horno a 375 grados.
2. Parte por la mitad los molletes y colócalos en una bandeja para hornear.
3. Esparce 1 cucharada de salsa para pizza sobre cada mitad de mollete.
4. Añade tu ingrediente favorito.
5. Esparce queso sobre cada mitad.
6. Hornea de 10 a 12 minutos.

Puedes ponerle un nombre a tu pizza. Inventa un nombre divertido, pero que no trasmita una idea negativa. Después comparte la pizza con un amigo. Con un poco de apoyo, ¡quizás tu amigo invente una pizza para ti!

¡Caliéntala!

Los cocineros de pizzas saben que las temperaturas altas y los largos tiempos de cocción hacen que la pizza tenga mejor sabor. Los científicos están descubriendo ahora que la masa para pizza cocinada de esta manera también puede ser más saludable. ¿Por qué? El calor libera una sustancia que es buena para tu salud.

Hacer conexiones

El texto y tú

Escribir sobre las comodidades A veces las cosas sencillas les brindan gran comodidad a las personas; por ejemplo, la *pizza dominicana* que hace la tía Lola. Escribe un párrafo sobre cosas sencillas que te brinden comodidad. Incluye una oración temática y varios detalles secundarios.

De texto a texto

Describir un proceso Con un compañero, escribe un guión para un programa televisivo de cocina sobre cómo preparar pizza. Haz uso de detalles de ambas selecciones que hayas leído mientras planeas qué verán los televidentes del programa. Incluye en tu guión instrucciones para la receta de la pizza.

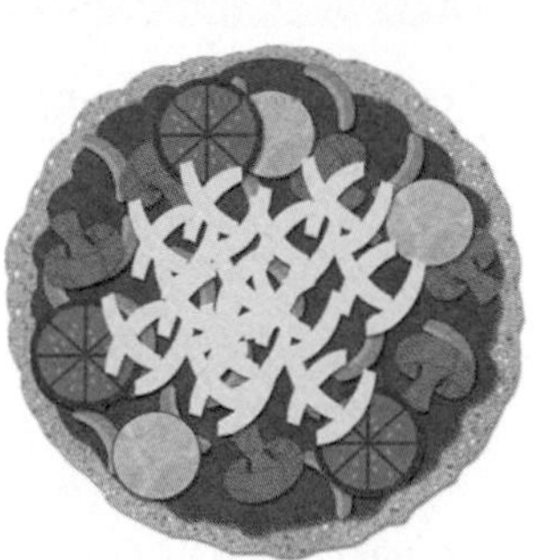

El texto y el mundo

Investigación sobre el trigo La harina, que se usa para preparar la masa de la pizza, está hecha de trigo. Usa un recurso en línea para aprender sobre algún país donde el trigo es un cultivo importante. Describe el clima, la temperatura promedio y la cantidad de lluvia. Comparte tu cartel con la clase.

Gramática

Clases de oraciones Una oración que afirma algo es una **declaración**. La declaración termina con un punto. Una oración que interroga sobre algo es una **pregunta**. La pregunta empieza y termina con un signo de interrogación. Una oración que le dice a alguien que haga algo es un **mandato**. El mandato termina con un punto y, a veces, empieza y termina con un signo de exclamación. Una oración que expresa una emoción fuerte es una **exclamación**. Empieza y termina con un signo de exclamación.

Lenguaje académico

declaración
pregunta
mandato
exclamación

Oración	Clase de oración
Nuestra tía vive con nosotros. (punto)	declaración
¿Habla español? (signos de pregunta)	pregunta
Tráeme un suéter abrigado. (punto)	mandato
¡Qué hermosa está la nieve! (signos de exclamación)	exclamación

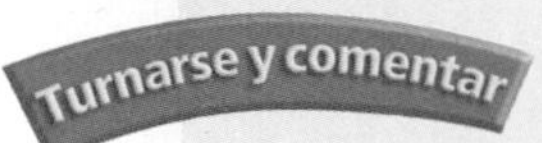

Lee cada una de las oraciones siguientes. Di qué clase de oración es.

1. ¿Qué podemos hacer para que la tía se sienta bienvenida?
2. ¡Qué gran idea tuviste!
3. Tráeme un marcador.
4. Esto realmente la hará sentir bienvenida y feliz.

Fluidez de las oraciones Evita usar demasiadas declaraciones cuando escribes. Transforma algunas de las declaraciones en preguntas, mandatos o exclamaciones. Así tu escritura será más vívida y contribuirá a mantener la atención de tus lectores.

Oraciones	Clases de oraciones variadas

Mi tía hizo todo el viaje desde México para venir de visita. Y preparó pizza. Es la pizza más rica del mundo. Si quieres, puedes venir a probarla.	¿Puedes creer que mi tía hizo todo el viaje desde México para venir de visita? ¡Preparó pizza! Es la pizza más rica del mundo. ¡Ven a probarla!

Relacionar la gramática con la escritura

Cuando revises tu escritura, busca oportunidades de usar preguntas, mandatos y exclamaciones, además de declaraciones.

Escribir para expresar

Voz En *Cuando la tía Lola vino de visita a quedarse,* el **diálogo** —lo que los personajes se dicen unos a otros— se oye como si hablaran personas de verdad. Las personas no dicen siempre oraciones completas y su forma de hablar va de acuerdo con su edad, sus sentimientos y su personalidad. Usa la siguiente Lista de control de la escritura al revisar tu trabajo.

Iris hizo el borrador de un diálogo entre una hermana y un hermano. Después, lo revisó para que fuera más parecido a uno de la vida real.

Lista de control de la escritura

- **Ideas** ¿Incluí unos gestos y unas acciones?
- **Organización** ¿La secuencia tiene sentido?
- **Elección de palabras** ¿Usé palabras adecuadas para mis personajes?
- **Voz** ¿Mi diálogo se oye natural y es expresivo?
- **Fluidez de las oraciones** ¿Usé diferentes clases de oraciones?
- **Convenciones** ¿Usé la ortografía, la gramática y la puntuación correctas?

Borrador revisado

Después de la escuela, Ashley y Daniel estaban comiendo unos bocaditos.

—Hagamos tarjetas de buenos deseos para papá —dijo Ashley.

Daniel hizo una mueca.
—¡Qué aburrido! ~~No me gusta hacer tarjetas.~~

—Bueno, ¿qué otra cosa le gustaría a papá?

—Ya sé —dijo Daniel—. ¡Hagamos brownies!

—¿~~Serían~~ Para él o para ti? ¡Papá tiene gastroenteritis!

Copia final

El regalo de los buenos deseos: Un diálogo

por Iris Panza

Después de la escuela, Ashley y Daniel estaban comiendo unos bocaditos.

—Hagamos tarjetas de buenos deseos para papá —dijo Ashley.

Daniel hizo una mueca.

—¡Qué aburrido!

—Bueno, ¿qué otra cosa le gustaría a papá?

—Ya sé —dijo Daniel—. ¡Hagamos brownies!

—¿Para él o para ti? ¡Papá tiene gastroenteritis!

—¡Uy! Claro. Me olvidé. ¡Hmmm...!

De repente, Ashley dio una palmada sobre la mesa.

—Me diste una gran idea. Podemos hacerle un certificado para un regalo sorpresa. Cuando se mejore, lo podrá cambiar, y la sorpresa será...

—¡Brownies caseros! —dijo Daniel—. ¡Hagámoslo ya!

Mi diálogo tiene más expresión. Me aseguré de usar declaraciones, preguntas, mandatos y exclamaciones.

Leer como escritor

¿Qué partes hacen que Ashley y Daniel parezcan personas reales? ¿Dónde puedes hacer que tu diálogo parezca más natural?

Lección

4

ayudar
robo
salvar
juzgar mal
especular
favor
con lástima
sospechoso
plan
inocente

Librito de vocabulario

Tarjetas de contexto

Vocabulario en contexto

1 **ayudar**

La persona que ayuda, o auxilia, a otros a resolver problemas es muy apreciada.

2 **robo**

Encontrar y arrestar a los responsables de robos es una tarea de la policía.

3 **salvar**

Deberías aprender a leer mapas. Ellos te pueden salvar en caso de tener una emergencia.

4 **juzgar mal**

El encargado de comprar comida para las mascotas juzgó mal la cantidad que comen estas.

- **Estudia cada Tarjeta de contexto.**
- **Haz una pregunta utilizando una palabra del Vocabulario.**

5 especular

Este meteorólogo ha especulado que la temporada invernal ya terminó.

6 favor

Si un vecino te ayuda a resolver un problema, para retornar el favor podrías cortar el césped de su jardín.

7 con lástima

En ocasiones las personas deben resignarse y con lástima admitir que un problema no tiene solución.

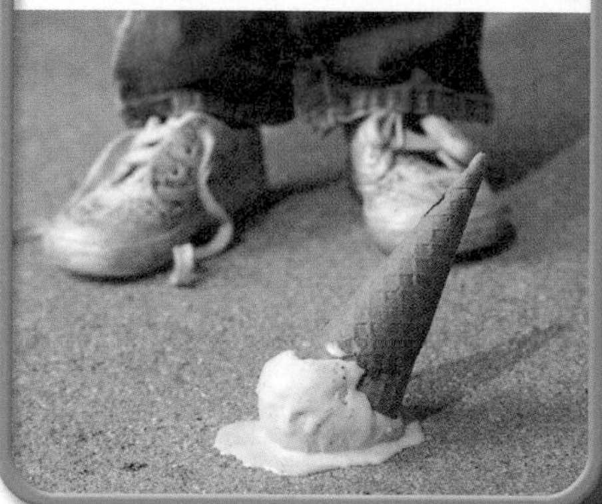

8 sospechoso

La profesora tiene una idea bastante buena sobre quién escondió las llaves. Ella tiene un sospechoso en mente.

9 plan

Un plan viene a resultar de gran ayuda cuando una solución incluye muchos pasos.

10 inocente

Cuando te acusan de una travesura, sé honesto y admite tu error si no eres inocente.

Contexto

VOCABULARIO CLAVE **¿Se preocupan los jóvenes por su comunidad?** Lamentablemente algunos adultos especulan que los jóvenes no se preocupan por su comunidad. Pero, en realidad, muchos jóvenes son inocentes de esta acusación, porque sí se preocupan. Los adultos que tratan a los jóvenes como sospechosos los juzgan mal. Tampoco hay que tratarlos con lástima.

Los jóvenes ayudan a su comunidad de muchas maneras. Son enérgicos, ingeniosos y no se rinden fácilmente. En la siguiente selección, un grupo de jóvenes piensa en un plan creativo para salvar la biblioteca ambulante, un vehículo grande que se usa como "biblioteca sobre ruedas". ¿Tendrá éxito su plan?

Esta lista muestra algunos ejemplos de cómo los jóvenes se comprometieron e hicieron un favor a su comunidad. ¿Se te ocurre alguna otra manera en que los jóvenes puedan ayudar a su comunidad?

- Los jóvenes pueden trabajar con los adultos para organizar grupos de "vigilancia del vecindario" que ayuden a proteger a los habitantes de los delitos, como los robos.
- Los jóvenes pueden recaudar dinero para ayudar a los centros comunitarios u otras instituciones.
- Los jóvenes pueden escribir cartas a los concejales para hacerles saber lo que sienten acerca de las medidas que tomó el concejo previamente.

Comprensión

DESTREZA CLAVE Tema

Mientras lees *¡El poder de L.E.A.!*, observa cómo se unen los elementos de la obra para enseñar una lección o dar un mensaje al público. Esta lección es el tema de la obra. Para entender el tema, mira los escenarios, los personajes y sus acciones en cada escena. Un organizador gráfico como este te puede ayudar a ver cómo se unen estos elementos para crear el tema.

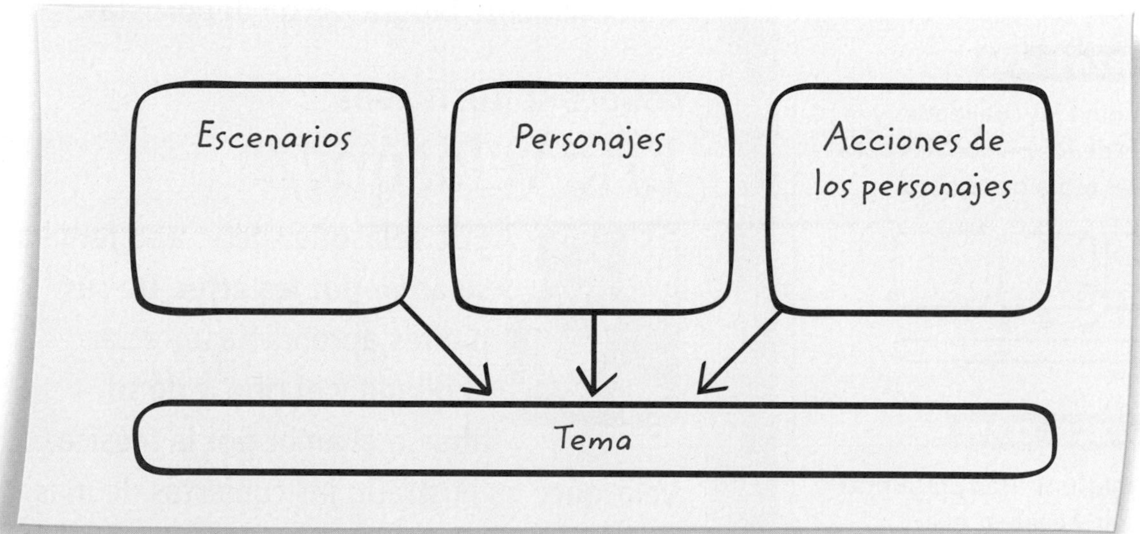

ESTRATEGIA CLAVE Analizar/Evaluar

Usa tu organizador gráfico para seguir las acciones de los personajes de *¡El poder de L.E.A.!* Haz preguntas que te ayuden a analizar e interpretar las acciones de los personajes. Analiza tus respuestas para determinar el mensaje del autor.

Selección principal

VOCABULARIO CLAVE

ayudar	robo
salvar	juzgar mal
especular	favor
con lástima	sospechoso
plan	inocente

DESTREZA CLAVE

Tema Examina las cualidades y los motivos de los personajes para reconocer el tema de la obra.

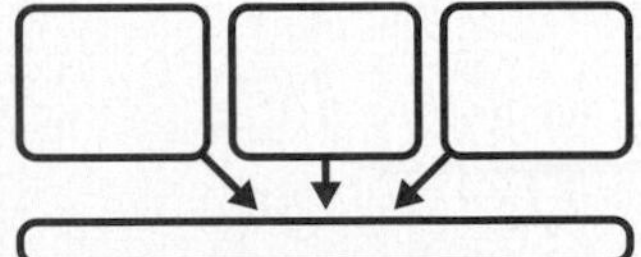

ESTRATEGIA CLAVE

Analizar/Evaluar Haz preguntas para analizar y evaluar el significado del texto.

GÉNERO

Una **obra de teatro** cuenta una historia a través de las palabras y las acciones.

Establecer un propósito Antes de leer establece un propósito basado en el género y en lo que deseas encontrar.

CONOCE A LA AUTORA

Crystal Hubbard

De niña, mientras crecía en St. Louis, Missouri, Crystal Hubbard soñaba con ser escritora. Ahora vive cerca de Boston, Massachusetts, con su familia y dos pececitos que se llaman Eyeballs y Rocks. Hubbard ha escrito para los periódicos del área de Boston y le gusta escribir especialmente biografías de deportistas.

CONOCE AL ILUSTRADOR

Eric Velásquez

Eric Velásquez debe a su familia su amor por las artes. De sus padres aprendió a apreciar el dibujo y el cine, y de su abuela el amor por la música. Velásquez ha ilustrado las cubiertas de más de 300 libros y también ha escrito varios libros.

¡El valor de L.E.A.!

por Crystal Hubbard
ilustrado por Eric Velásquez

Pregunta esencial

¿Cómo nos inspiran los personajes a hacer buenas obras?

PERSONAJES

Ileana	*Shane*	*Sr. Díaz*
Jake	*Jason*	*Sra. Nguyen*
Erica	*Camarógrafo*	

Maria Kopanas, reportera de televisión

ACTO PRIMERO

ESCENA PRIMERA

Tiempo: Presente

Escenario: *El interior de un autobús que funciona como biblioteca rodante (una biblioteca ambulante) en un vecindario de Dallas, Texas. La señora Nguyen está sentada detrás del mostrador donde se sacan los libros. Ileana entra y coloca una pila pesada de libros sobre el mostrador.*

Sra. Nguyen: ¡Hola, Ileana! ¿Te gustaron los libros?

Ileana: Me gustó todo menos la mitología griega. *(Pausa)* ¡Me encantó ese!

Sra. Nguyen: *(Sonriendo)* Casi te juzgo mal. ¿Cuál mito te gustó más?

Ileana: El del rey Midas que convierte todo en oro. Ese don no resultó ser lo mejor.

Sra. Nguyen: *(Suspirando)* Hoy no me molestaría tener el don del oro.

Ileana: ¿Por qué? ¿Pasa algo?

Sra. Nguyen: *(Con una sonrisa forzada)* Nada de lo que tú tengas que preocuparte. A propósito, acabamos de recibir la última novela de misterio de Sam Thorne. Se llama *El caso de los robos en la tienda de mascotas*. No te diré quién es el principal sospechoso…

Ileana: Me parece que está cambiando de tema, señora Nguyen.

Sra. Nguyen: *(Bajando la vista con lástima)* Me temo que Libros en Autobús no regresará después de la semana que viene.

Ileana: ¿Qué? ¿Por qué no?

Sra. Nguyen: Libros en Autobús es un programa piloto. La biblioteca ha estado financiando L.E.A. todo este año, pero eso termina a finales de mes. Ya no hay dinero para pagar la gasolina ni para comprar libros nuevos. Tendré que regresar a la sucursal del centro.

Ileana: ¡Pero eso es demasiado lejos! Mi abuela solo puede usar una computadora cuando viene el autobús de L.E.A. Y a usted no la veré más, señora Nguyen. ¿No puede la biblioteca darles un poco más de dinero?

Sra. Nguyen: La biblioteca nos ayuda en lo que puede, pero el dinero no alcanza como quisiéramos. Dependemos del apoyo de la comunidad, pero parece que la gente no tiene mucho interés en contribuir con L.E.A.

Ileana: Yo tengo unos ahorros. Puedo dárselos… todos.

Sra. Nguyen: *(Con una sonrisa triste)* Eres muy generosa, Ileana, pero temo que haría falta el rey Midas para salvar a L.E.A., y no creo que venga.

ESCENA SEGUNDA

***Escenario:** Patio trasero de la casa de Shane. Ella, Ileana y Jason están sentados a una mesa tomando una merienda.*

Shane: *(Sacudiendo la cabeza)* ¡Oh, que así no sea! Porque es una mala noticia para L.E.A.

Ileana: ¿Podríamos dejar los juegos de palabras, Shane? Esto es serio.

Shane: *(Con aspecto de inocente)* ¿Qué dije?

Jason: Entonces, ¿qué quiso decir la señora Nguyen con "apoyo de la comunidad"?

Ileana: Quiso decir que las donaciones de las personas de la comunidad ayudan a financiar los programas especiales de la biblioteca.

Jason: Bueno, nosotros somos la comunidad, y si queremos salvar a L.E.A. tenemos que encontrar la forma de ganar dinero para financiarlo.

Ileana: ¿Alguien tiene algo que podamos vender? ¿Una tarjeta de béisbol rara?

Shane: Yo vendería mi bicicleta, pero la necesito para ir a la escuela.

Ileana: De acuerdo. Quizá haya algo que podamos hacer para recaudar dinero.

Shane: Podría preguntarle a mi hermano. El año pasado él y sus amigos recaudaron dinero para su picnic escolar.

Jake: *(Llamando desde la puerta trasera)* Oye tú, dice mamá que tus amigos pueden quedarse a cenar. Vamos a comer pollo mutante.

Ileana: *(Confundida)* ¿Pollo mutante?

Shane: Jake y yo siempre nos peleábamos por los muslos, así que mamá usa pinchos para ponerle patas adicionales al pollo. Oye *(le dice a Jake)*, tenemos una pregunta.

Jake: *(Se sienta a la mesa de picnic.)* Dime rápido. Soy un hombre ocupado.

Ileana: Necesitamos una manera de conseguir un poco de plata. El programa L.E.A. se quedó sin dinero, así que cuéntanos cómo pagó tu clase el picnic del año pasado.

Jake: Hicimos muchas cosas. *(Toma un puñado de papas fritas.)* Podrían hacer una venta de pasteles.

Jason: ¿Es eso lo que hicieron ustedes?

Jake: No. Lavamos carros un sábado por la mañana y ganamos dinero suficiente para pagar el picnic.

Ileana: *(Animándose)* ¡Lavar carros!

Jason: ¡Vamos a hacerlo!

Shane: A mí me parece bien.

Jake: Esperen un poco. No pueden simplemente pararse en la calle y gritar: ¡Lavado de carros! Tienen que organizarlo. Necesitan un lugar y artículos de limpieza, sobre todo una fuente de agua, y tienen que promocionarlo.

Shane: *(Resignada)* ¡Caramba! Creo que va a costar mucho trabajo salvar a L.E.A.

Ileana: Volviste a hacerlo, Shane.

Shane: ¡Ay! Perdón.

Jake: *(Dirigiéndose a Ileana y a Jason)* Muchachos: si ustedes se van a quedar a comer pollo mutante, podremos discutir las distintas opciones para salvar a L.E.A.

Ileana: ¡Genial!

DETENTE Y PIENSA

Analizar/Evaluar ¿Por qué crees que para Ileana y sus amigos es tan importante recaudar dinero para L.E.A.?

ACTO SEGUNDO

ESCENA PRIMERA:

Escenario: *El interior de la panadería del señor Díaz. El señor Díaz está de pie junto a un mostrador al lado de una vitrina llena de pastelitos. Ileana, Shane y Jason entran a la tienda, llevando botones grabados a mano que dicen "S.O.S. a L.E.A.". Cada uno lleva un montón de papeles de diferentes colores.*

Sr. Díaz: ¡Hola, niños! *(Lee los botones.)* ¿Qué es "SOS a LEA"?

Shane: Significa "Su Obsequio Salvará a Libros En Autobús". Se le ocurrió a Ileana.

Sr. Díaz: ¿Qué plan están tramando ahora, chicos?

Ileana: *(Respirando hondo)* Queremos pedirte un favor, tío Carlos. Libros En Autobús necesita dinero para poder seguir viniendo al vecindario.

Sr. Díaz: *(Sacando su billetera)* Entonces, ¿quieren una donación?

DETENTE Y PIENSA

Técnica de la autora La ambientación es un importante **elemento de una obra de teatro**. Vuelve a leer la ambientación de esta página. ¿En qué te ayuda a seguir la escena que sigue?

Ileana: No esa clase de donación. Mira, quisiéramos lavar carros este sábado para recaudar el dinero. Nuestros padres donaron todos los artículos de limpieza y con la computadora e impresora de L.E.A. hicimos los volantes. *(Le entrega un volante azul vivo, y el señor Díaz lo lee.)*

Jason: Lo único que nos falta ahora es el lugar donde lavar los carros.

Sr. Díaz: *(Con una risa suave)* Y ahí es donde entro yo, ¿verdad?

Ileana: Bueno, tú formas parte de la comunidad, tío Carlos.

Sr. Díaz: Cierto. *(Se frota la barbilla.)* La receta de pasteles «Longhorns de Texas» que encontró en línea la señora Nguyen el mes pasado ha sido una de las que más vendemos. De acuerdo. Pueden usar mi estacionamiento. Pueden conectar la manguera directamente al edificio.

Ileana: *(Chocando palmas con Shane, Jason y el señor Díaz)* ¡Gracias, tío Carlos! ¡Gracias!

Shane: No se arrepentirá. Solo piense en las personas que querrán comprar los longhorns de Texas mientras nosotros lavamos sus carros.

Jason: *(Dirigiéndose a Ileana y a Shane)* El siguiente paso es hacer correr la voz. Vamos a agregar el lugar a estos volantes y a repartirlos. Vamos a limitarnos a los lugares que conocemos. Yo iré a la lavandería La Impecable y a la barbería de Teodoro a ver si podemos poner volantes ahí. Señor Díaz, ¿puedo dejar una pila de volantes para sus clientes?

Sr. Díaz: Por supuesto, y les haré un descuento en los productos de la panadería a todos los que se dejen lavar el carro.

Jason: ¡Muchas gracias, señor Díaz!

Sr. Díaz: De nada, Jason.

Shane: Yo iré a la tienda de tarjetas Gran Éxito y a DC Usados del Dr. Bonzo.

Ileana: Y yo llevaré mis volantes al mercado de la señora Romero, a la tienda de fantasías y a la florería.

Sr. Díaz: *(Sorprendido)* Están muy organizados.

Ileana: La biblioteca rodante tiene mucha información sobre recaudación de fondos.

Shane: Ese es el valor de L.E.A.

Sr. Díaz. Cuando terminen de entregar los volantes, reúnanse de nuevo aquí, ¡que yo les mostraré el valor de un longhorn de Texas!

ESCENA SEGUNDA

***Escenario:** Estacionamiento de la panadería. Jake enjuaga el carro de su padre con una manguera. Shane y Jason secan con toalla un segundo carro. Érica acepta unos billetes del conductor y corre a llevárselos a Ileana, que tiene el tarro del dinero.*

Érica: *(Entusiasmada)* ¿Cuánto llevamos hasta ahora?

Ileana: *(Sarcásticamente)* La tremenda cantidad de sesenta y cinco dólares.

Érica: ¿Llevamos tres horas aquí y eso es todo?

Ileana: Estaba segura de que tendríamos montones de carros. Supongo que… *(Su voz se va apagando mientras mira por sobre el hombro de Érica.)*

Érica: *(Se gira para mirar.)* Oye, mira la camioneta. Deberíamos cobrar más por lavar ese gran palo plateado que tiene encima.

Jake: *(Acercándose rápidamente con Shane y Jason)* ¡Esa es la camioneta del noticiero del canal 7 de Dallas! Vamos a ser famosos.

María Kopanas: *(Baja de la camioneta mientras el conductor coloca sobre un hombro una cámara de video y ambos se les acercan.)* Hola, me llamo María Kopanas, soy reportera del canal 7.

Shane: Te he visto en el noticiero.

María: Bueno, hoy la noticia son ustedes. Mi tía Delia es la dueña de la lavandería Impecable y me contó acerca del lavado de carros de hoy. ¿Puedo hablar con el organizador?

(A regañadientes, Ileana deja que los demás la empujen hacia adelante.)

María: ¿Te importa si te hago unas preguntas?

Ileana: *(Tímidamente)* Supongo que no.

Camarógrafo: Estamos en el aire en cinco… cuatro… tres… *(Levanta dos dedos, después uno y señala a María.)*

María: *(Hablando al micrófono)* Soy María Kopanas y estoy con cinco jóvenes excepcionales. Ellos decidieron hacer algo después de enterarse de que su querida biblioteca ambulante, Libros En Autobús, se había quedado sin fondos para funcionar. Dejaré que se presenten. *(Acerca el micrófono a cada uno.)*

Ileana: ¡Hola! Yo soy Ileana y esta es mi hermana Érica.

Érica: ¡Yo sé decir mi nombre! *(Con dulzura a la cámara)* Yo soy Érica. ¡Y la Panadería Díaz hace el mejor pan de la ciudad!

Jason: Yo soy Jason.

Jake: Yo soy Jake.

Shane: Él es mi hermano. Yo soy Shane. *(Agitando la mano)* ¡Hola, mamá!

María: *(A Ileana)* ¿Por qué es tan importante para ustedes la biblioteca rodante?

Ileana: Es la única manera de que muchos niños de mi vecindario puedan conseguir libros y usar una computadora. La sucursal del centro está demasiado lejos, así que es bueno tener una biblioteca que viene a nosotros. *(Mostrando su distintivo)* S.O.S. quiere decir «su obsequio salvará», o «¡auxilio!».

Érica: Sí, un libro puede darte una aventura.

Jason: O enseñarte algo.

Shane: O hacerte reír.

María: *(Hablando a la cámara)* Se ha especulado que cuando una comunidad tiene problemas, todos desaparecen. Pero aquí hay un grupo de niños que se han juntado para dar una mano a la comunidad. ¿Y usted? ¡Es un hermoso día para lavar el carro, amigos!

Camarógrafo: Ya estamos fuera del aire. Buen trabajo, María.

María: Gracias. Pero antes de regresar a la estación, creo que a la camioneta del noticiario le vendría bien un buen lavado.

ESCENA TERCERA

Escenario: *Estacionamiento de la Panadería Díaz. Los niños, sus padres y el camarógrafo están lavando una larga fila de carros. El autobús de L.E.A. entra pesadamente en el estacionamiento. La señora Nguyen sale de la biblioteca rodante.*

Ileana: ¡Mire, señora Nguyen! *(Levantando el tarro del dinero)* Todo esto es para L.E.A.

Sra. Nguyen: Ileana, ¡esto es increíble!

Ileana: Después de que María Kopanas nos presentó en el noticiario, llegaron montones de carros. No sé si hay suficiente dinero aquí para salvar a L.E.A., pero parece un buen comienzo, ¿verdad?

Sra. Nguyen: Eso es lo que vine a decirles, Ileana. Gracias a sus volantes y a la noticia, la gente ha prometido ayudar. *(Saca sobres de su bolsillo.)* ¡En todos estos hay cheques! Son de la Lavandería Impecable, la barbería de Teodoro, la tienda de fantasías, el mercado de la señora Romero, del canal 7, de sus padres y de muchos otros vecinos. ¡L.E.A. podrá seguir funcionando durante mucho tiempo!

Ileana: *(Saltando)* ¡Vaya, chicos! ¡Qué gran idea! ¡Pudimos salvar a L.E.A.!

Shane: Yo no habría podido decirlo mejor.

DETENTE Y PIENSA

Tema ¿Cómo muestran los personajes el **tema**, o la idea central, de la obra en esta última escena?

Es tu turno

¡Hora de actuar!

Respuesta breve "¡El valor de L.E.A.!" muestra que ponerse en acción puede tener un efecto positivo en la comunidad. ¿Qué harías si te enteraras de que la actividad que más te gusta hacer cuando sales de la escuela o tu programa comunitario favorito no continuarán? Escribe un párrafo donde expliques qué harías para que la actividad o el programa continúen. Di qué efecto podrían tener tus acciones. RESPUESTA PERSONAL

¡A sus lugares!

Representar una escena Ahora que has leído la obra, representarás parte de ella. Con un grupo pequeño, elijan una escena para representar juntos. Elijan a una persona para que sea el director. Los demás miembros del grupo representarán a un personaje de la escena. Tómense un tiempo para ensayar. Luego, representen la escena para toda la clase. GRUPO PEQUEÑO

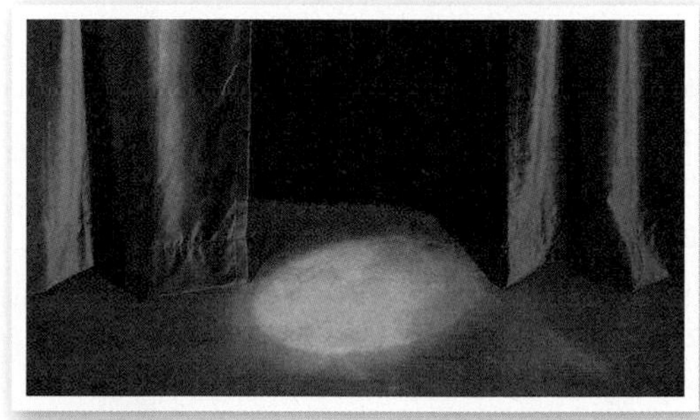

Mensajes dramáticos

Turnarse y comentar Un cuento o una obra de teatro pueden tratar más de un tema. Con un compañero, comenten cuáles son algunos de los temas que se sugieren en "¡El valor de L.E.A.!". ¿De qué manera las acciones de los personajes aclaran los temas? Usen datos de la obra para apoyar sus conclusiones. TEMA

Conectar con los

Estudios Sociales

VOCABULARIO CLAVE

ayudar	robo
salvar	juzgar mal
especular	favor
con lástima	sospechoso
plan	inocente

GÉNERO

Un **texto informativo**, como este artículo de revista, da información de hechos acerca de un tema, información que está organizada alrededor de ideas principales y detalles de apoyo.

ENFOQUE EN EL TEXTO

Los **titulares** identifican las ideas principales de las secciones de un texto, como capítulos, párrafos y notas de recuadros. Antes de empezar a leer, da una mirada a los titulares y a los temas principales para tener una idea general del texto.

Narices sagaces perros de búsqueda y rescate

por Ellen Gold

Los perros de búsqueda y rescate se entrenan para realizar algunos trabajos muy especiales. Con frecuencia ayudan a buscar a alguien que se ha perdido. A veces ayudan a los oficiales de policía a resolver delitos, como los robos. A estos esforzados perros también se los conoce como perros BYR, que significa "búsqueda y rescate".

De las páginas de WEEKLY READER

WR™

¡Narices al rescate!

Los perros poseen un gran sentido del olfato. Tienen alrededor de veinticinco veces más receptores olfativos que las personas. Esto los hace buenos para el trabajo de búsqueda y rescate. A los perros BYR se los entrena para que sigan los rastros dejados ¡en el aire, en la tierra y hasta debajo del agua!

El tipo más común entre los perros BYR es el que olfatea el aire. Puede encontrar a una persona perdida rastreando el olor que ha dejado tras de sí. Los perros siguen el olor mientras éste se hace más intenso y luego guían a los socorristas hasta la persona.

Cualidades de un buen perro BYR

Antes de enseñar las destrezas de BYR a los perros, los entrenadores buscan en ellos ciertas cualidades. Buscan perros a los que les guste jugar y les guste complacer a sus entrenadores. Los perros que tengan estas cualidades responderán a las recompensas cuando se los esté entrenando. Los perros de BYR deben ser además amistosos, sanos y listos. No deben temer a los extraños. Cierto tipo de perros tienen un talento natural para el trabajo de búsqueda y rescate. Son generalmente los sabuesos, los pastores alemanes y los cobradores dorados.

REPORTAJE ESPECIAL

Gandalf, el perro BYR, y el niño extraviado

En marzo de 2007, un niño explorador de doce años se alejó del campamento de su tropa en Carolina del Norte. Juzgó mal la gravedad de estar solo en medio de la naturaleza y pronto perdió el rumbo.

El niño sobrevivió cuatro días tomando agua de un riachuelo y buscando lugares seguros para dormir. Su padre especuló que el niño estaba tratando de vivir su cuento favorito, que trata de un niño que sobrevive en un ambiente natural por sus propios medios.

Mientras tanto, a su hijo lo buscaba un equipo de búsqueda y rescate que contaba con perros. Uno de los perros, llamado Gandalf, percibió el olor del niño y lo encontró. Le salvó la vida. ¡Qué gran favor le hizo Gandalf a ese niño y a su familia!

Entrenamiento y trabajo de BYR

Entrenar perros BYR es un gran trabajo. Preparar a un perro para una misión de búsqueda y rescate puede tomar más de un año. Hay que admitir con lástima que no todos los perros que pasan por el entrenamiento tienen lo que hace falta para ser un perro de BYR.

Aquellos que llegan a serlo cumplen diferentes tipos de trabajo. A veces buscan un sospechoso que forma parte de un plan delictivo. A menudo sus búsquedas ayudan a personas inocentes. Podrían tener que buscar a alguien perdido en la naturaleza o atrapado debajo de un edificio derrumbado.

Cualquiera que sea su misión, los perros de BYR son una gran ayuda para sus compañeros de equipo humanos.

Hacer conexiones

El texto y tú

Escribir acerca de trabajar juntos En *¡El valor de L.E.A.!*, un grupo de jóvenes trabajan juntos para salvar su biblioteca ambulante local. Piensa en una vez en que hayas trabajado con un grupo para hacer algo bueno. Describe cuál era el objetivo de tu grupo, los pasos que siguieron para alcanzarlo y qué ocurrió como consecuencia.

De texto a texto

Comparar servicios comunitarios Los perros BYR y las bibliotecas rodantes dan importantes servicios a las comunidades. De acuerdo con lo que leíste en «Narices sagaces» y en *¡El valor de L.E.A.!*, ¿qué clase de servicio te parece más importante? ¿Por qué? Da las razones y la evidencia de los textos que apoyen tu opinión.

El texto y el mundo

Investigar sobre animales Según «Narices sagaces», los perros tienen aproximadamente veinticinco veces más receptores olfativos que las personas. Busca una fuente en línea para investigar otro animal que tenga gran sentido del olfato. Después, escribe un párrafo sobre el animal donde expliques de qué le sirve su sentido del olfato para sobrevivir.

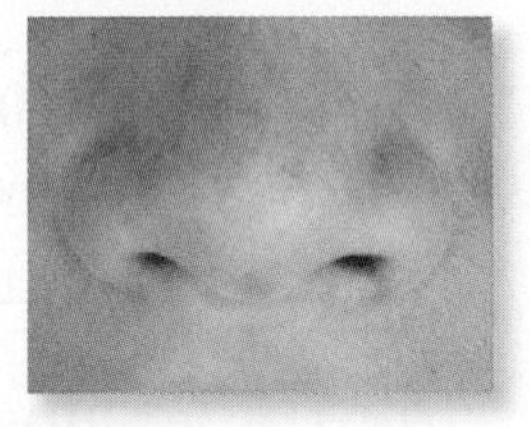

Gramática

Oración simple y oración compuesta Una **oración simple** tiene un sujeto y un solo verbo conjugado. Una **oración compuesta** se compone de dos o más oraciones simples y por tanto, tiene más de un verbo conjugado. Las oraciones compuestas pueden ir unidas por las **conjunciones** *y, pero* u *o*. En las oraciones unidas con *y,* se coloca una coma si el segundo sujeto es diferente del primero. También se coloca una coma en las oraciones unidas con *pero*.

Lenguaje académico

oración simple
oración compuesta
conjunción

Oraciones simples y oraciones compuestas	
dos oraciones simples	Los niños (sujeto) organizaron (verbo) un lavado de carros. Ellos (sujeto) ganaron (verbo) cincuenta dólares.
oración compuesta	Los niños (sujeto) organizaron (verbo) un lavado de carros, (coma) y (conjunción) ellos (sujeto) ganaron (verbo) cincuenta dólares.

Turnarse y comentar

Trabaja con un compañero. Identifica las oraciones simples y las oraciones compuestas y explica tu razonamiento.

1. Los adultos y los niños necesitan libros para leer.
2. La camioneta de una biblioteca viene al pueblo, y yo pido prestados libros.
3. El programa de la biblioteca móvil casi no cuenta con dinero, pero mis amigos y yo estamos colaborando.

Fluidez de las oraciones Cuando escribas, puedes encontrar pares de oraciones que estén relacionadas de alguna manera. Trata de combinarlas usando una coma y una conjunción, como *y, pero* u *o*.

Oraciones relacionadas

Algunos niños juguetean durante la hora del cuento.	La mayoría escucha con atención.

Oración compuesta

Algunos niños juguetean durante la hora del cuento, pero la mayoría escucha con atención.

Relacionar la gramática con la escritura

La semana próxima, mientras revisas tu cuento, busca oraciones relacionadas que puedas volver a escribir como oraciones compuestas usando una coma y una conjunción. Asegúrate de que cada verbo concuerde con su sujeto.

Taller de lectoescritura: **Preparación para la escritura**

Escribir para expresar

Ideas Cuando planees tu **narración imaginaria,** haz primero una lluvia de ideas de los personajes, el escenario y el problema del cuento. Después elabora el argumento del principio, el medio y el final. Un mapa del cuento te servirá para categorizar tus ideas y para planear los sucesos. Usa la siguiente Lista de control del proceso de escritura a medida que desarrollas tu trabajo.

A Mei Ann se le ocurrieron ideas para su cuento. Encerró en un círculo aquéllas sobre las que iba a escribir. Después usó un mapa del cuento para desarrollar sus ideas con más detalles.

Lista de control del proceso de escritura

- **Preparación para la escritura**
  - ¿Se me ocurrieron ideas que mi público y yo disfrutaremos?
  - ¿Están elaborados mis personajes y mi escenario?
  - ¿Planeé un problema para mis personajes?
  - ¿Pensé en sucesos emocionantes para el medio del cuento?
  - ¿Decidí cómo se resolverá el problema del cuento?
- **Hacer un borrador**
- **Revisar**
- **Corregir**
- **Publicar y compartir**

Explorar un tema

¿Quién? un paseador de perros
dos amigos
un guitarrista joven

¿Dónde? altillo
parque de la ciudad
programa de talentos

¿Qué? encontrar una caja misteriosa
pierde un perro
quiere ganar un concurso

Mapa del cuento

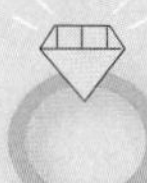

Escenario	Personajes
Altillo: polvoroso y lleno de juguetes, muebles y equipo para acampar	Matt: tiene miedo a las arañas, inteligente Sarah: mandona, valiente El altillo es el de su casa.

Argumento

Principio: Sarah descubre una valija cerrada con llave.

Medio: Los amigos encuentran una fotografía con números en la parte de atrás. Los números abren la valija. Dentro de la valija hay un periódico viejo y una chaqueta con un anillo en el bolsillo.

Final: Matt lee el periódico y se entera de que en la casa de Sarah había vivido un ladrón de joyas. Los amigos devuelven el anillo al dueño de la joyería.

A medida que llenaba mi mapa del cuento, fui agregando detalles del escenario, de los personajes y de los sucesos.

Leer como escritor

¿Qué partes del mapa del cuento de Mei Ann te parecieron interesantes? ¿Qué sucesos y detalles interesantes puedes agregar a tu mapa del cuento?

Lección

5

VOCABULARIO CLAVE

anhelo
memorable
traicionar
condición
marineros
escasez
ola
escabullirse
desaparecer
horrorizado

Librito de vocabulario

Tarjetas de contexto

Vocabulario en contexto

1
anhelo

Después de viajar durante meses, Daniel tuvo el anhelo de estar de regreso en casa.

2
memorable

Sus vacaciones fueron memorables. Nunca las podrá olvidar.

3
traicionar

Su amiga la había traicionado. Ella se sentía muy defraudada.

4
condición

Abe tiene fiebre. No puede salir a jugar con sus amigos en estas condiciones.

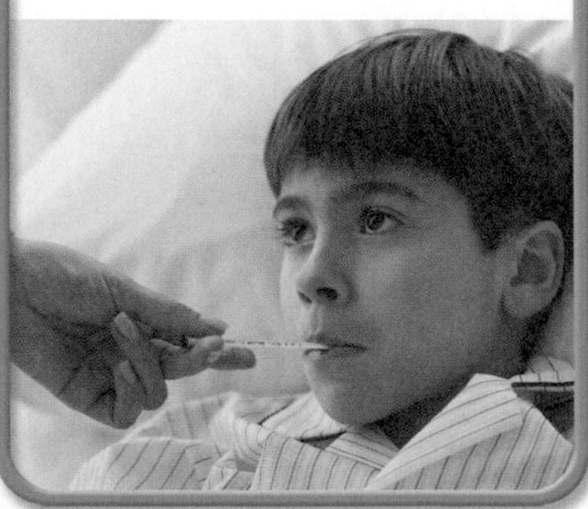

- Estudia cada Tarjeta de contexto.
- Relata un cuento acerca de dos o más imágenes, usando las palabras del Vocabulario.

5

marineros

Los dos padres de Jen son navegantes. La vida como marineros es para ellos muy emocionante.

6

escasez

Hay largas filas en las estaciones debido a la escasez de gasolina.

7

ola

Un terremoto en el océano causó una enorme ola sísmica.

8

escabullirse

La niña no conocía a nadie en el pueblo y por eso trataba de escabullirse.

9

desaparecer

El rompeolas hace desaparecer las olas y crea una bruma en el aire.

10

horrorizado

Quedaron horrorizados cuando se le cayó el plato de comida.

Contexto

VOCABULARIO CLAVE **La vida del marinero** La época del clíper fue una etapa memorable en la historia de los marineros. Los clíperes se crearon en los Estados Unidos a mediados del siglo XIX. Estos barcos de vela finos y elegantes obtuvieron el nombre gracias a su asombrosa velocidad. Los marineros decían que navegaban tan rápido que "recortaban" (*clipped off*, en inglés) las millas de un viaje.

La vida en el clíper era dura y los marineros de hoy en día quedan algo horrorizados por las condiciones en las que trabajaban aquellos. En el mar era difícil mantener los alimentos frescos. Al final del viaje había escasez de casi todas las provisiones, especialmente de frutas. La vida de los marineros era también peligrosa. Durante las tormentas, una ola gigante impedía que el barco navegara con facilidad o incluso podía hacerlo desaparecer. A pesar de estos riesgos, a la mayoría de los marineros les encantaba su trabajo. Unos pocos lograban escabullirse después del primer viaje. Si pasaban demasiado tiempo en tierra, a menudo expresaban un anhelo de navegar otra vez por las aguas espumosas.

La tripulación de un barco estaba muy unida. Si alguien, de alguna forma, había traicionado a sus compañeros o no hacía bien su trabajo, era marginado.

Comprensión

DESTREZA CLAVE **Comprender a los personajes**

Mientras lees *Stormalong,* busca detalles en el texto que te ayuden a comprender la forma de ser del personaje principal. Presta atención a lo que siente Stormalong, lo que hace y la manera en que se relaciona con los demás personajes. Usa un organizador gráfico como el que aparece a continuación para ayudarte a comprender a Stormalong y los cambios que experimenta.

Pensamientos y sentimientos	Hechos	Relación con los demás

ESTRATEGIA CLAVE **Inferir/Predecir**

Al inferir, usas detalles del cuento para deducir algo que el autor no dijo o no afirmó directamente. Infiere qué clase de persona es Stormalong basándote en los detalles que has reunido en el organizador gráfico.

Selección principal

VOCABULARIO CLAVE

anhelo	memorable
traicionar	condición
marinero	escasez
ola	escabullirse
desaparecer	horrorizado

DESTREZA CLAVE

Comprender a los personajes Examina las relaciones entre los personajes y cómo cambian a lo largo del cuento.

ESTRATEGIA CLAVE

Inferir/Predecir Usa las pistas del texto para determinar lo que el autor no afirma precisamente.

GÉNERO

Un **cuento exagerado** es un relato humorístico sobre sucesos imposibles o aumentados.

CONOCE A LA AUTORA

Mary Pope Osborne

Mary Pope Osborne, autora de la colección La casa del árbol, ha escrito más de cincuenta libros. De niña recorrió muchos lugares con su familia y de adulta continuó esas aventuras. ¡Una vez durmió en una cueva en la isla de Creta! Su afición por la investigación la llevó a realizar muchos viajes a través de la escritura.

CONOCE AL ILUSTRADOR

Greg Newbold

A Greg Newbold siempre le gustó el arte y empezó a dibujar y a pintar cuando era un niño. Ha ilustrado muchos libros infantiles y hasta ha diseñado anuncios publicitarios. Además, dicta clases de arte a nivel universitario.

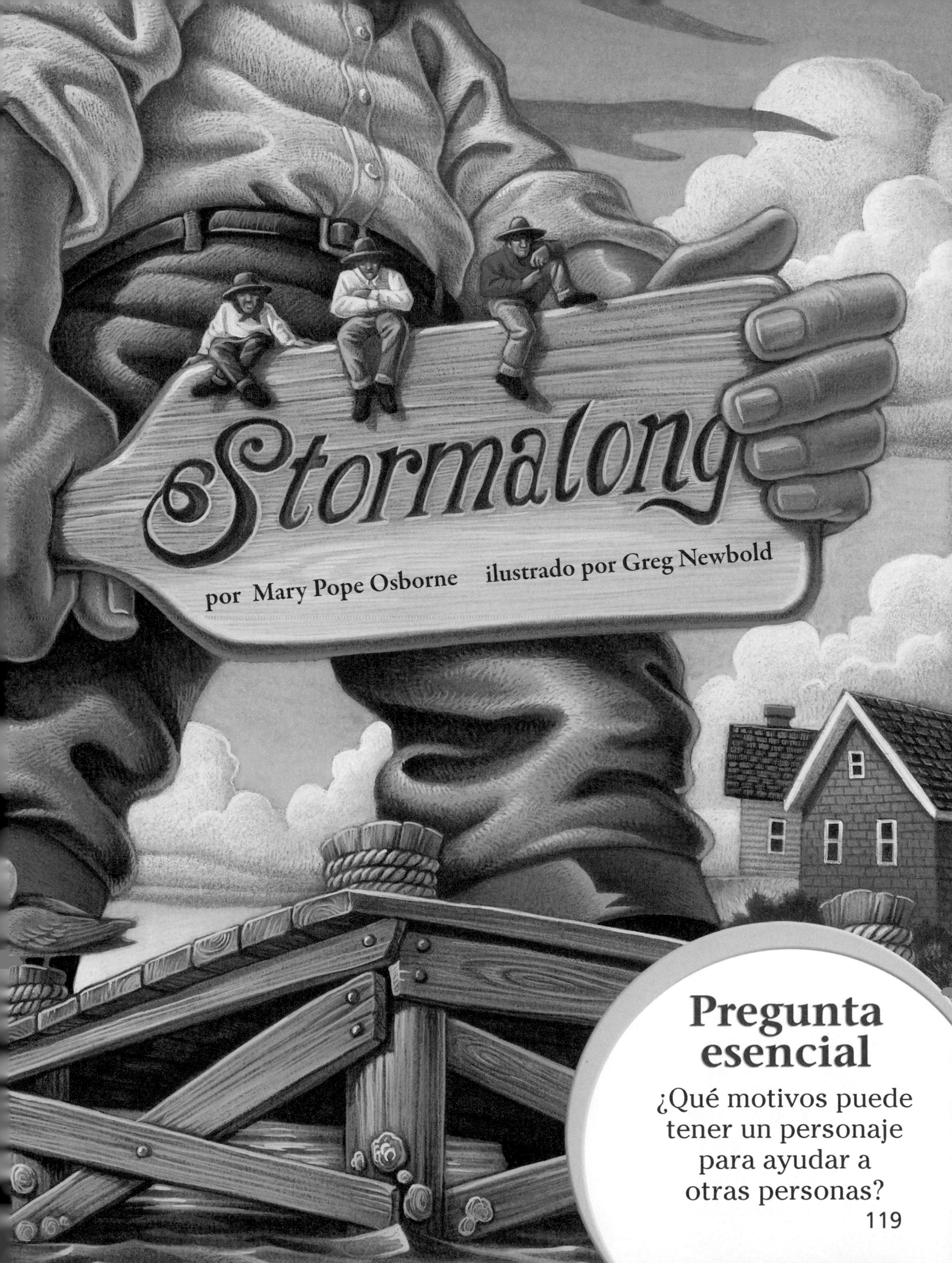
Stormalong
por Mary Pope Osborne ilustrado por Greg Newbold
Pregunta esencial
¿Qué motivos puede tener un personaje para ayudar a otras personas?

Un día a principios del siglo XIX, una ola sísmica se estrelló contra las costas de Cape Cod, en New England. Después que retrocedió, los aldeanos oyeron bramidos profundos que provenían de la playa. Fueron corriendo para averiguar qué pasaba y, al llegar, no podían creer lo que veían. Un bebé gigante que medía tres brazas, o dieciocho pies, gateaba por la arena, llorando tan fuerte como una sirena de barco.

Los aldeanos lo pusieron en una carretilla enorme, lo llevaron al templo del pueblo y le dieron barriles y barriles de leche. Mientras diez personas le daban palmaditas en la espalda, el pastor dijo:

—¿Cómo lo vamos a llamar?

—¿Qué tal Alfred Bulltop Stormalong? —alzó la voz un niño—. Y como diminutivo le diremos Stormy.

El bebé le sonrió.

—¡Que sea Stormy! —gritaron todos.

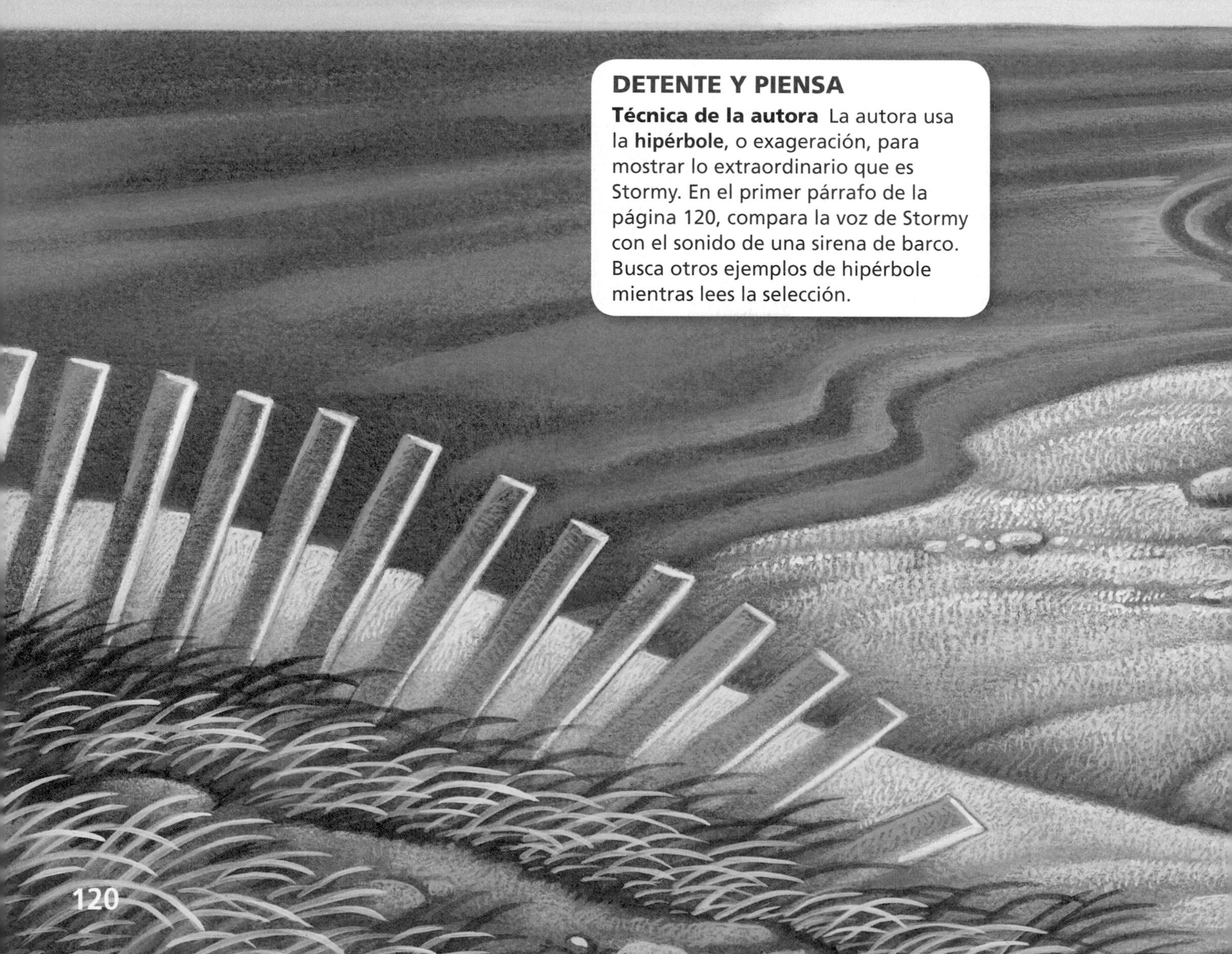

DETENTE Y PIENSA

Técnica de la autora La autora usa la **hipérbole**, o exageración, para mostrar lo extraordinario que es Stormy. En el primer párrafo de la página 120, compara la voz de Stormy con el sonido de una sirena de barco. Busca otros ejemplos de hipérbole mientras lees la selección.

Al crecer, Stormy fue la atracción principal de Cape Cod. Pero a él no le gustaba toda esa atención, le recordaba que era diferente de los demás. Después de clases, trataba siempre de escabullirse al mar. Le gustaba nadar en las aguas profundas y cabalgar sobre las ballenas y las marsopas. Su pasión por el océano era tan grande que la gente decía que por sus venas corría agua salada.

A los doce años, ¡Stormy ya medía treinta y seis pies!

—Supongo que llegó la hora de que salgas a conocer el mundo —le decían sus amigos con tristeza—. La verdad es que has crecido demasiado para este pueblo. No cabes en la escuela y eres demasiado alto para trabajar en una tienda. Tal vez deberías irte a Boston, que es mucho más grande que Cape Cod.

Stormy se sentía como un paria, mientras preparaba su maleta, se lo echaba al hombro y partía. Y al llegar a Boston descubrió algo que lo puso aún más triste: aunque la ciudad tenía más casas que Cape Cod, eran igual de pequeñas. Peor aún, su enorme tamaño y su voz de sirena de niebla aterrorizaban a todos los que lo conocían.

—Lo único que me queda es la vida de marinero —dijo, mirando con anhelo el puerto de Boston—. El mar es mi mejor amigo. Es ahí adonde debo estar —y dando la espalda a Boston, se dirigió a grandes pasos al velero más grande que había en el puerto: *La señora del mar*.

—¡Es increíble! —dijo el capitán cuando Stormy se le paró delante—, nunca he visto un hombre tan grande como tú.

—No soy un hombre —contestó Stormy—, tengo doce años.

—¡Increíble de nuevo! —dijo el capitán—. Entonces creo que serás el grumete más grande del mundo. Bienvenido a bordo, hijo.

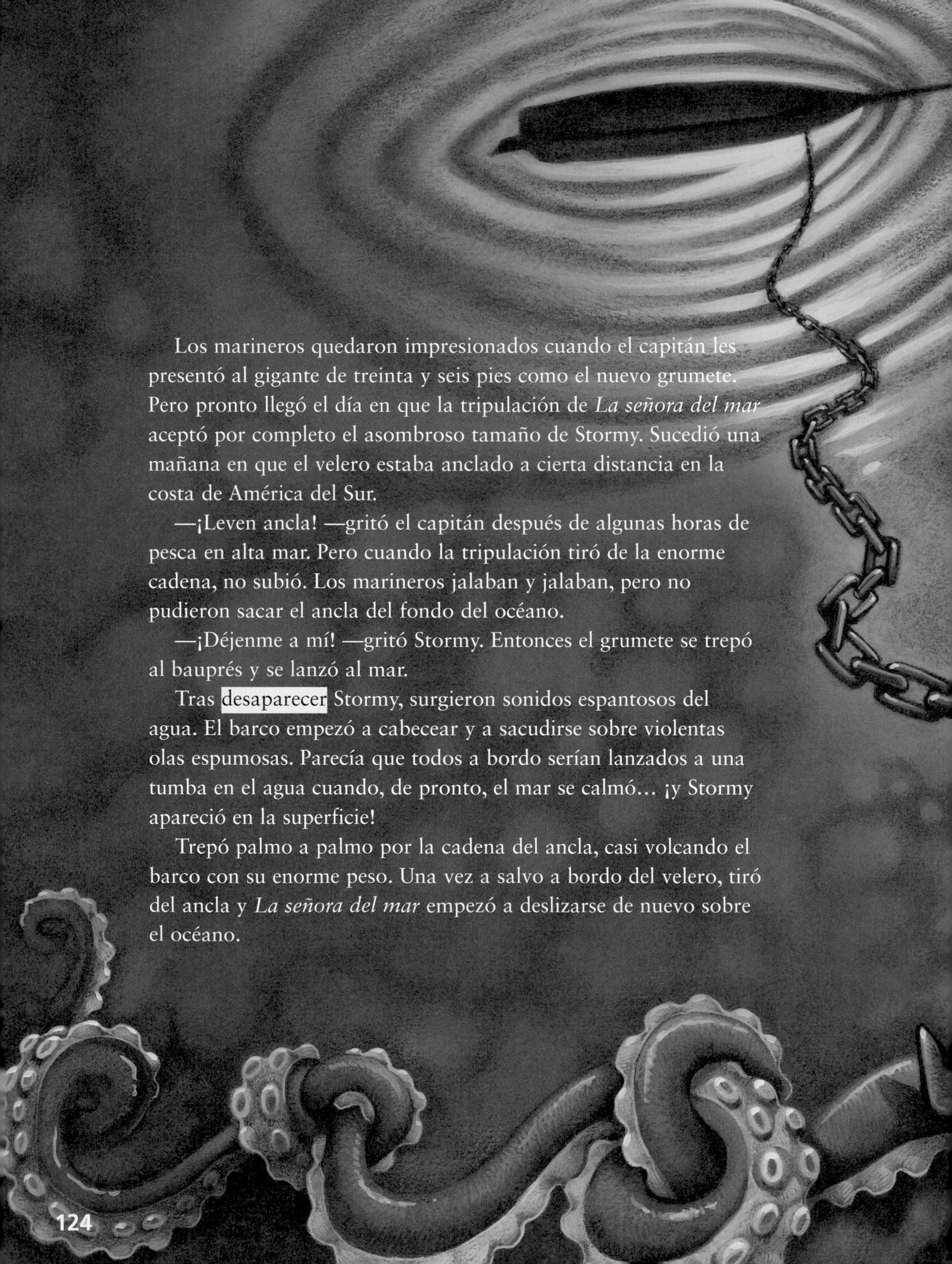

Los marineros quedaron impresionados cuando el capitán les presentó al gigante de treinta y seis pies como el nuevo grumete. Pero pronto llegó el día en que la tripulación de *La señora del mar* aceptó por completo el asombroso tamaño de Stormy. Sucedió una mañana en que el velero estaba anclado a cierta distancia en la costa de América del Sur.

—¡Leven ancla! —gritó el capitán después de algunas horas de pesca en alta mar. Pero cuando la tripulación tiró de la enorme cadena, no subió. Los marineros jalaban y jalaban, pero no pudieron sacar el ancla del fondo del océano.

—¡Déjenme a mí! —gritó Stormy. Entonces el grumete se trepó al bauprés y se lanzó al mar.

Tras desaparecer Stormy, surgieron sonidos espantosos del agua. El barco empezó a cabecear y a sacudirse sobre violentas olas espumosas. Parecía que todos a bordo serían lanzados a una tumba en el agua cuando, de pronto, el mar se calmó... ¡y Stormy apareció en la superficie!

Trepó palmo a palmo por la cadena del ancla, casi volcando el barco con su enorme peso. Una vez a salvo a bordo del velero, tiró del ancla y *La señora del mar* empezó a deslizarse de nuevo sobre el océano.

—¿Qué pasó? —gritó la tripulación.

—Solo una riña con un pulpo de dos toneladas —contestó Stormy.

—¡Un pulpo!

—Sí. No quería soltar el ancla.

—¿Qué le hiciste? —gritaron los demás.

—Le até los ocho tentáculos pegajosos con doble nudo. Le tomará muchísimo tiempo desatarse.

Desde ese día Stormy fue el marinero más querido del barco. En los años siguientes su fama se difundió hasta que todas las tripulaciones de los veleros querían que navegara con ellos.

Pero Stormy todavía no era feliz. En parte era porque no había barco lo bastante grande para él, ni siquiera *La señora del mar*, que casi se volcaba cuando él se paraba cerca de la barandilla; toda la madera se despegaba cuando él fregaba la cubierta y se le metían olas gigantes cuando Stormy entonaba una saloma, o canto marinero.

Lo peor de todo era que todavía se sentía solo: las hamacas del velero eran tan pequeñas que de noche tenía que dormir a solas en un bote de remos, y al escuchar a los demás cantar y divertirse, sentía que su mejor amigo, el mar, lo había traicionado. Quizá fuera hora de que el marinero gigante siguiera su camino.

DETENTE Y PIENSA

Inferir/Predecir En el tercer párrafo de la página 127, Stormy dice que se va a establecer donde alguien le pregunte qué es lo que lleva en el hombro. ¿Por qué le indicaría esa pregunta que ha encontrado el lugar correcto?

Un día, al anclar *La señora del mar* en Boston, Stormy anunció a sus amigos que había decidido abandonar la vida de marinero. —Me pondré un remo al hombro y me dirigiré al oeste —dijo—. Me dicen que por ahí hay espacio suficiente para toda clase de personas, incluso unos grandotes como yo.

—¿Dónde piensas vivir, Stormy? —preguntó un marinero.

—Caminaré hasta que alguien me pregunte: "Oiga, señor, ¿qué es esa cosa rara que lleva al hombro?". Entonces sabré que estoy tan lejos del mar que nunca más volveré a pensar en él.

Stormy pasó por las ciudades de Providence y Nueva York; se internó en los pinares de New Jersey y en los bosques de Pennsylvania. Cruzó las montañas Allegheny y viajó en barcazas por el río Ohio.

A menudo los pioneros lo invitaban a compartir su cena, pero esto solo servía para hacer que extrañara su hogar, porque ellos siempre adivinaban que él era marinero y le hacían preguntas sobre el mar.

No fue hasta llegar Stormy a las praderas de Kansas que un granjero le preguntó:

—Oiga, señor, ¿qué es esa cosa rara que lleva al hombro?

—Acabas de hacer la pregunta correcta, amigo —contestó Stormy—. ¡Me voy a quedar a vivir aquí a cultivar papas!

Dicho y hecho. Stormy pronto se convirtió en el mejor agricultor de la zona. Plantó más de cinco millones de papas y regaba todos los cultivos con el sudor de la frente.

Pero durante todo el tiempo que araba, sembraba, regaba y cosechaba, él sabía que aún no había encontrado su hogar. Era demasiado grande para participar en las cuadrillas que se armaban en el salón de bailes; era demasiado grande para hacer visitas a las otras granjas, demasiado grande para el templo y demasiado grande para la tienda.

Y sentía un gran anhelo del mar. Extrañaba la brisa, el olor a peces y el rocío salado. En las praderas no había ola gigante que lo derribara ni huracán que lo revolcara por la tierra. ¿Así cómo podía poner a prueba su verdadera fuerza y valentía?

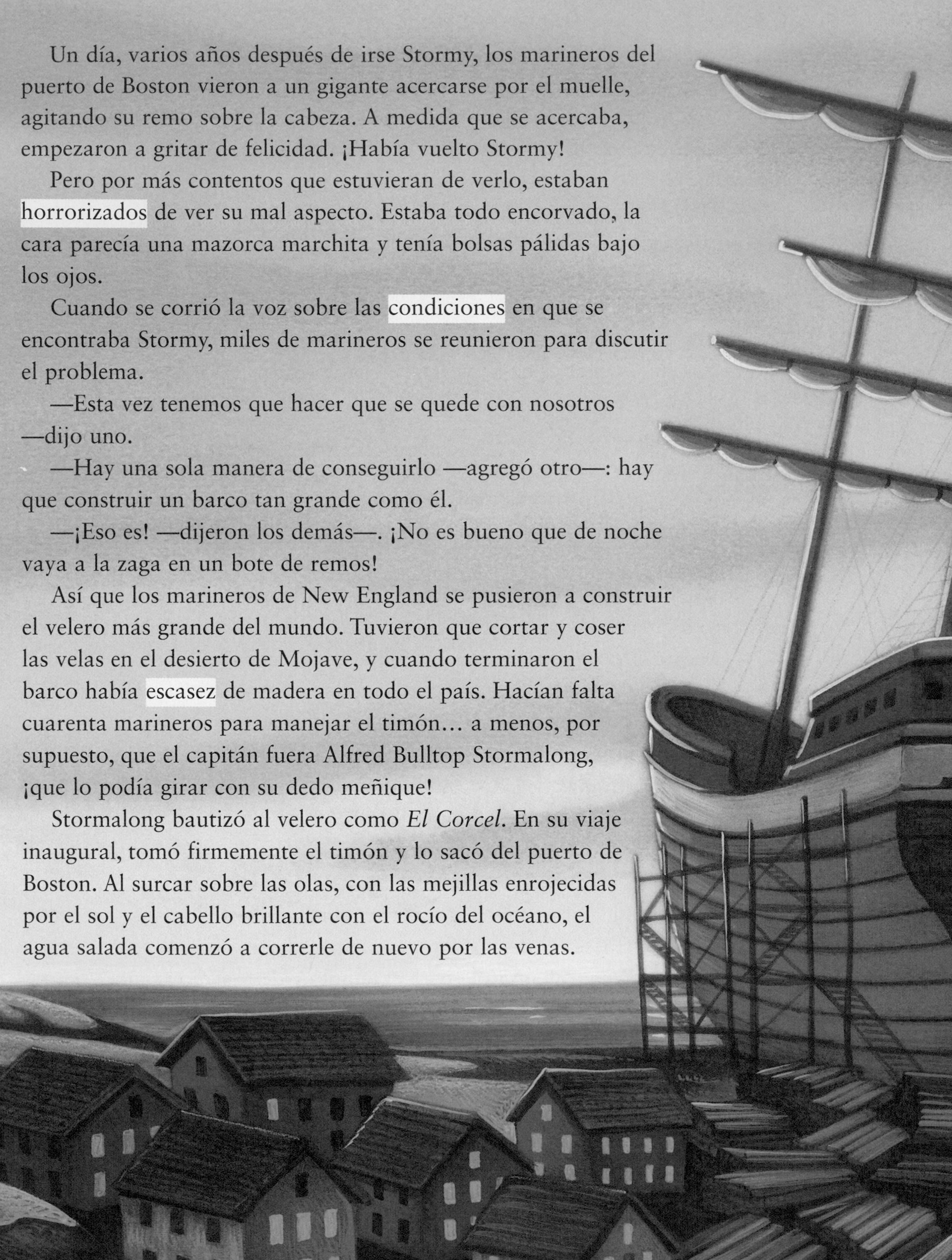

Un día, varios años después de irse Stormy, los marineros del puerto de Boston vieron a un gigante acercarse por el muelle, agitando su remo sobre la cabeza. A medida que se acercaba, empezaron a gritar de felicidad. ¡Había vuelto Stormy!

Pero por más contentos que estuvieran de verlo, estaban horrorizados de ver su mal aspecto. Estaba todo encorvado, la cara parecía una mazorca marchita y tenía bolsas pálidas bajo los ojos.

Cuando se corrió la voz sobre las condiciones en que se encontraba Stormy, miles de marineros se reunieron para discutir el problema.

—Esta vez tenemos que hacer que se quede con nosotros —dijo uno.

—Hay una sola manera de conseguirlo —agregó otro—: hay que construir un barco tan grande como él.

—¡Eso es! —dijeron los demás—. ¡No es bueno que de noche vaya a la zaga en un bote de remos!

Así que los marineros de New England se pusieron a construir el velero más grande del mundo. Tuvieron que cortar y coser las velas en el desierto de Mojave, y cuando terminaron el barco había escasez de madera en todo el país. Hacían falta cuarenta marineros para manejar el timón… a menos, por supuesto, que el capitán fuera Alfred Bulltop Stormalong, ¡que lo podía girar con su dedo meñique!

Stormalong bautizó al velero como *El Corcel*. En su viaje inaugural, tomó firmemente el timón y lo sacó del puerto de Boston. Al surcar sobre las olas, con las mejillas enrojecidas por el sol y el cabello brillante con el rocío del océano, el agua salada comenzó a correrle de nuevo por las venas.

Pronto, Stormy y *El Corcel* llevaban mercancías por todo el mundo: a la India, a China y a Europa. Se necesitaban cuatro semanas para reunir a todos los tripulantes en cubierta, y tiros de caballos blancos llevaban a los marineros de proa a popa. Tuvieron que poner bisagras en los altísimos mástiles del barco para dejar pasar el sol y la luna, y acolcharon la punta de los mástiles para no perforar el cielo. El trayecto hasta la cofa del vigía tomaba tanto tiempo que los marineros que trepaban hasta allí volvían con la barba gris. ¡La nave era tan grande que en una oportunidad chocó contra una isla del Caribe y la empujó hasta el golfo de México!

Pero una de las aventuras más memorables del *Corcel* sucedió en el canal de La Mancha. Cuando intentaba navegar entre Calais y los oscuros acantilados de Dover, la tripulación descubrió que el ancho del barco era mayor que el del canal.

DETENTE Y PIENSA

Comprender a los personajes

¿Qué puedes decir de los marineros de New England según sus acciones al volver a ver a Stormy?

—No es posible pasar! —gritó el primer oficial—. ¡Tenemos que retroceder!

—¡Rápido, antes de que se estrelle contra las rocas! —dijo otro.

—¡No, no retrocedan! —bramó Stormy desde el timón del capitán—. ¡Traigan a cubierta todo el jabón!

La tripulación pensó que Stormy se había vuelto loco, pero fueron y subieron a cubierta las tres toneladas de jabón que acababan de cargar en Holanda.

—Ahora enjabonen los costados de la nave hasta que esté resbaladiza como una anguila —ordenó Stormy.

—¡A la orden! —gritaron los marineros y cantaron una saloma mientras enjabonaban los costados de *El Corcel*.

—¡Ahora la haremos pasar! —dijo Stormy. Y cuando las velas se llenaron de viento, Stormalong dirigió con cuidado la embarcación entre los acantilados de Dover y Calais. Desde ese momento, los acantilados de Dover son tan blancos como la panza lechosa de las ballenas, y abajo el mar todavía forma espuma de jabón.

Durante muchos años Stormalong fue el capitán de nave más famoso del mundo. En todos los puertos los marineros contaban que comía huevos de avestruz en el desayuno, cien galones de sopa de ballena en el almuerzo y un almacén entero de carne de tiburón en la cena. Contaban que después de cada comida se limpiaba los dientes con un remo de dieciocho pies (algunos decían que era el mismo remo que se había llevado a Kansas).

Pero también se decía que algunas noches, cuando la tripulación cantaba salomas, el gigantesco capitán se pararía solo en cubierta, contemplando el mar con una mirada de tristeza insondable.

Después de la Guerra Civil, los barcos de vapor empezaron a transportar las mercancías por los mares del mundo. Los días de los grandes veleros terminaron y con ellos también desaparecieron los hombres valientes que llevaban los bellos veleros a través de los océanos.

Nadie recuerda exactamente cómo murió el viejo Stormalong. Lo único que recuerdan es su funeral. Parece ser que en un crepúsculo nebuloso miles de marineros asistieron a su entierro. Lo cubrieron con cien yardas de la seda china más fina, y entonces cincuenta marineros cargaron su enorme ataúd hasta una tumba cerca del mar. Mientras cavaban en la arena con palas plateadas y bajaban el ataúd con una cuerda plateada, lloraban lágrimas como lluvia.

Y durante muchos años después cantaban por él:

El viejo Stormy en paz descansa.
Para mí, ¡eh!, ¡Stormalong!
de todos los marineros fue el mejor,
siempre, siempre, ¡señor Stormalong!

Desde entonces, los marineros de primera usan las siglas "A. B. S." después de su nombre. La mayoría cree que quiere decir *"Able-Bodied Seaman"* (marinero de primera, en inglés). Pero los viejos hombres de mar de New England saben que no es así. Saben que son las iniciales del marinero de aguas profundas más asombroso que jamás vivió: Alfred Bulltop Stormalong.

Es tu turno

Integrarse

Respuesta breve Stormy luchó toda su vida para lograr integrarse. Usa ejemplos del cuento para escribir un párrafo donde expliques por qué se esforzó tanto. Incluye tus ideas sobre por qué las personas necesitan integrarse.
RESPUESTA PERSONAL

Leyenda local

Escribir una canción Con un compañero, escriban su propia canción graciosa sobre un bebé gigante o algún otro personaje de cuento exagerado que aparece en la ciudad. Incluyan una descripción del personaje principal y del problema que causa su llegada. ¿Cómo resuelve la ciudad este problema? Elijan una melodía para la canción y cántenla para la clase. Si lo desean, pueden usar instrumentos comprados o hechos por ustedes.
PAREJAS

Amigos para siempre

Turnarse y comentar

Los marineros de New England invirtieron mucho tiempo y dinero para construir un barco que fuera lo suficientemente grande para Stormy. Con un compañero, comenten por qué los marineros trabajaron tanto para construir el velero para Stormy. ¿Qué muestran las acciones de los marineros sobre sus sentimientos por Stormy? ¿Ustedes harían algo así por un amigo? ¿Por qué?
COMPRENDER A LOS PERSONAJES

cuentos tradicionales

VOCABULARIO CLAVE

anhelo	memorable
traicionar	condición
marinero	escasez
ola	escabullirse
desaparecer	horrorizado

GÉNERO

Un **cuento popular** es una historia que las personas de un país cuentan para explicar o entretener. Este cuento popular está hecho en forma de **obra de teatro**.

ENFOQUE EN EL TEXTO

Las **escenas** ayudan a demostrar cuando el **escenario**, o tiempo y lugar, cambia en una obra. También separa la acción de la obra en diferentes secciones. ¿Cómo se diferencia cada escena de las otras?

Hoderi, el pescador

adaptación de Kate McGovern

Reparto

Narrador
Hoderi
Hikohodemi
Katsumi
Rey del mar

Escena 1

[Escenario: una pequeña aldea japonesa de pescadores del siglo XVI]

Narrador: Un día, dos hermanos —Hoderi, un cazador, e Hikohodemi, un pescador— deciden intercambiar trabajos por un día.

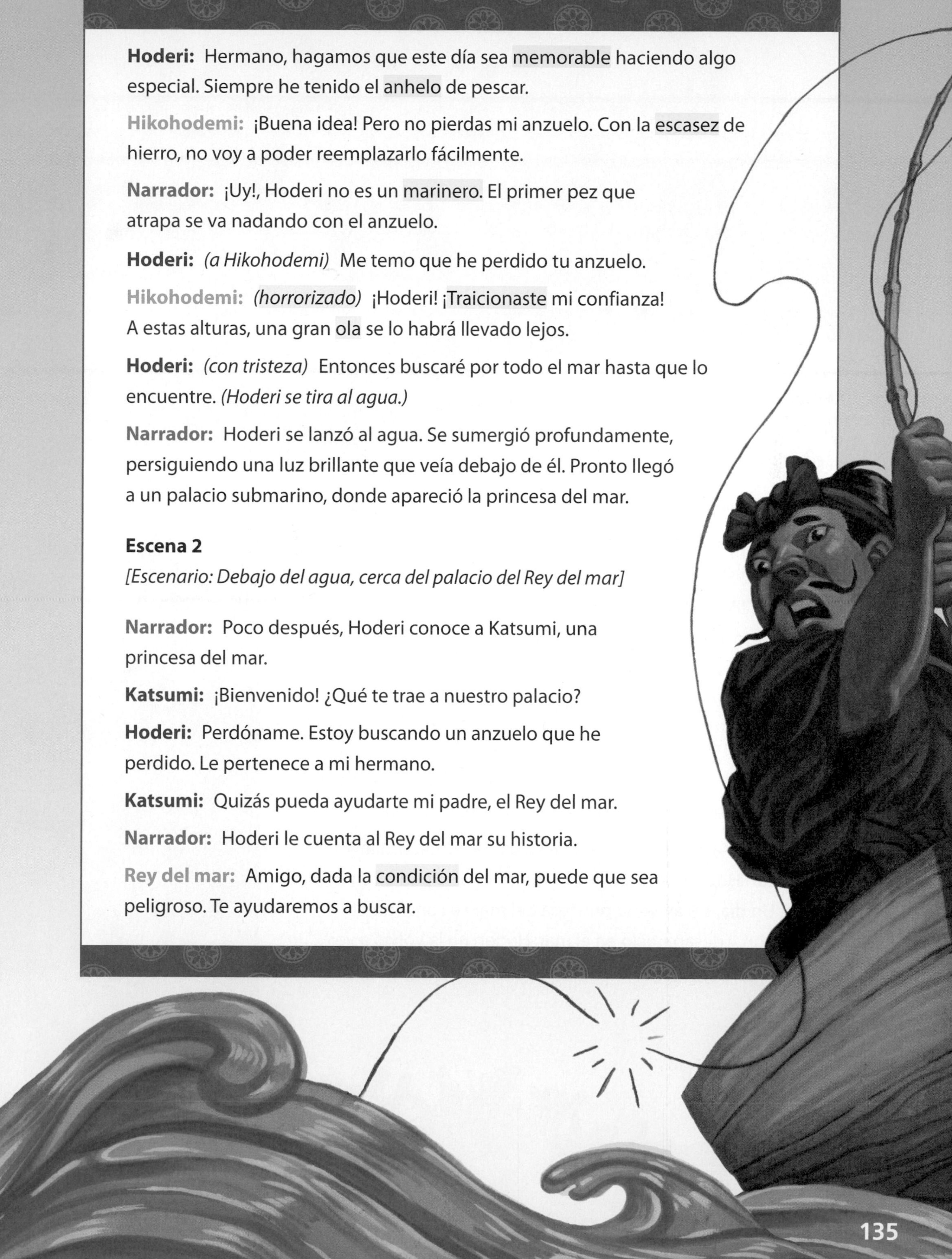

Hoderi: Hermano, hagamos que este día sea memorable haciendo algo especial. Siempre he tenido el anhelo de pescar.

Hikohodemi: ¡Buena idea! Pero no pierdas mi anzuelo. Con la escasez de hierro, no voy a poder reemplazarlo fácilmente.

Narrador: ¡Uy!, Hoderi no es un marinero. El primer pez que atrapa se va nadando con el anzuelo.

Hoderi: *(a Hikohodemi)* Me temo que he perdido tu anzuelo.

Hikohodemi: *(horrorizado)* ¡Hoderi! ¡Traicionaste mi confianza! A estas alturas, una gran ola se lo habrá llevado lejos.

Hoderi: *(con tristeza)* Entonces buscaré por todo el mar hasta que lo encuentre. *(Hoderi se tira al agua.)*

Narrador: Hoderi se lanzó al agua. Se sumergió profundamente, persiguiendo una luz brillante que veía debajo de él. Pronto llegó a un palacio submarino, donde apareció la princesa del mar.

Escena 2

[Escenario: Debajo del agua, cerca del palacio del Rey del mar]

Narrador: Poco después, Hoderi conoce a Katsumi, una princesa del mar.

Katsumi: ¡Bienvenido! ¿Qué te trae a nuestro palacio?

Hoderi: Perdóname. Estoy buscando un anzuelo que he perdido. Le pertenece a mi hermano.

Katsumi: Quizás pueda ayudarte mi padre, el Rey del mar.

Narrador: Hoderi le cuenta al Rey del mar su historia.

Rey del mar: Amigo, dada la condición del mar, puede que sea peligroso. Te ayudaremos a buscar.

Escena 3

[Escenario: El palacio del Rey del mar, semanas después]

Narrador: Hoderi se quedó en el palacio. Con el paso del tiempo, él y Katsumi se enamoraron. Un día les llegó la noticia.

Hoderi: *(con tristeza)* Las criaturas marinas han encontrado el anzuelo perdido, Katsumi. Ahora debo regresar a casa.

Katsumi: Me iré contigo, Hoderi.

Narrador: Katsumi corre a decirle a su padre.

Rey del mar: *(enojado)* ¡No puedes irte! Si lo haces, ya sabes lo que sucederá. ¡Te convertirás en un dragón marino!

Narrador: Katsumi no escuchó a su padre. Se escabulló y se fue con Hoderi de regreso a la aldea. Pero su padre tenía razón. Un día, sin aviso, la princesa del mar se convirtió en un dragón y desapareció en el mar. Hoderi no la volvió a ver nunca más.

Hacer conexiones

El texto y tú

Describir algo de interés En *Stormalong*, el personaje principal es feliz sólo cuando cumple con su verdadera vocación de marinero. Piensa en una actividad, como un deporte, un juego o un pasatiempo, que te haga especialmente feliz. Escribe un párrafo corto para describir esta actividad. Explica por qué te gusta tanto.

De texto a texto

Comparar cuentos tradicionales Tanto *Stormalong* como "Hoderi, el pescador" son cuentos tradicionales. ¿En qué se parecen las aventuras de Stormy y las de Hoderi? ¿En qué se diferencian?

El texto y el mundo

Investigar los barcos de vapor La popular era de los veleros descrita en *Stormalong* terminó cuando se inventaron los barcos impulsados por vapor. Usa una fuente en línea y una impresa para aprender acerca de los barcos de vapor. Después, crea una lista de datos sobre ellos, incluyendo cómo cambiaron la manera de transportar las mercancías. Compártelo con la clase.

Gramática

Los sustantivos Según el **número**, los sustantivos son singulares o plurales. Nombran uno o más de uno. Según el **género**, son masculinos o femeninos. Los sustantivos que nombran a una persona, animal o cosa en general son **sustantivos comunes**. Los que nombran algo en particular son **sustantivos propios** y empiezan con mayúscula.

Lenguaje académico

género
número
sustantivo común
sustantivo propio

Número: singular o plural

Los habitantes (sustantivo plural) que vivían cerca de la playa (sustantivo singular) oyeron bramidos (sustantivo plural).

Género: masculino o femenino

La ola (femenino) grande se hizo añicos (masculino) en las costas (femenino) del cabo (masculino).

Sustantivos comunes y propios

Una ola (sustantivo común) grande se había hecho añicos en las costas (sustantivo común) de Cape Cod (sustantivo propio).

Inténtalo **Lee las siguientes oraciones. Escribe los sustantivos subrayados en otra hoja y clasifícalos en singulares o plurales, masculinos o femeninos y comunes o propios.**

1. Los habitantes de New England nunca habían visto un bebé gigante.
2. El apodo del niño era Stormy.
3. Después de estar doce años en un pueblo, el gigante viajó a Boston.

Elección de palabras Cuando escribas, usa sustantivos precisos para crear imágenes claras a tus lectores. Los sustantivos precisos también ayudan a que tu escritura sea más interesante y se entienda con más facilidad.

Sustantivo menos preciso	Sustantivo más preciso

Muchas personas querían ayudar al angustiado Stormy.	Muchos marineros querían ayudar al angustiado Stormy.

Menos preciso	Cruzó las montañas y navegó río abajo.
Más preciso	Cruzó los montes Allegheny y navegó en balsa por el río Ohio.

Relacionar la gramática con la escritura

Cuando revises tu cuento, busca sustantivos que puedas reemplazar por otros más precisos. Asegúrate de crear en tu escritura imágenes claras para el lector.

Taller de lectoescritura: **Preparación para la escritura**

Escribir para expresar

✔ Organización *Stormalong* atrapa nuestro interés desde el principio del cuento. A medida que el narrador nos habla del tamaño de Stormy, nos morimos de ganas por leer lo que sucede a continuación. En tu **narración imaginaria,** ¿hará tu comienzo asombrar a tus lectores?

Mei Ann empezó su cuento presentando a sus personajes y su escenario. Después, revisó sus primeras oraciones para atraer la curiosidad de los lectores desde el comienzo.

Lista de control del proceso de escritura

Preparación para la escritura

Hacer un borrador

▶ **Revisar**

- ✔ **¿Presenté a los personajes, el escenario y el problema de manera interesante?**
- ✔ **¿En el medio del cuento mis personajes se ocupan del problema?**
- ✔ **¿El final muestra cómo se resolvió el problema?**
- ✔ **¿Usé detalles y un diálogo vívidos?**

Corregir

Publicar y compartir

Borrador revisado

—¡Achís! —El aire polvoriento hizo estornudar a Sarah—. Parece que nadie ha estado en este altillo desde hace años.

~~Una niña estaba en el altillo de su casa nueva.~~ Había polvo por todas partes. Apilados a lo largo de las paredes había equipos para acampar, juguetes viejos, muebles y basura. —¡Esto es fantástico! —dijo a su amigo Matt.

Matt no estuvo de acuerdo.

—¡Aquí arriba debe haber ~~bichos~~ arañas!

—¡Ahora no podemos regresar! —dijo Sarah.

Copia final

En el altillo

por Mei Ann Ling

—¡Achís! —El aire polvoriento hizo estornudar a Sarah—. Parece que nadie ha estado en este altillo desde hace años.

Había polvo por todas partes. Apilados a lo largo de las paredes había equipos para acampar, juguetes viejos, muebles y basura.

—¡Esto es fantástico! —dijo a su amigo Matt.

Matt no estuvo de acuerdo.

—¡Aquí arriba debe haber arañas!

—¡Ahora no podemos regresar! —dijo Sarah—. Ya viví en esta casa toda una semana y todavía no he estado aquí arriba.

Sarah señaló una vieja valija marrón.

—¿Qué habrá ahí dentro?

Trató de abrir la valija, pero estaba protegida con una fuerte cerradura de combinación.

—¡Nunca lograremos abrir esto! —dijo.

En mi borrador final, hice más interesante mi comienzo. Además, usé sustantivos precisos.

Leer como escritor

¿Qué partes iniciales de Mei Ann despertaron tu curiosidad con respecto al cuento? ¿Qué puedes hacer para que tu propio comienzo sea más emocionante?

Lee la selección. Piensa de qué manera cambia el personaje principal hacia el final del cuento.

El nombre del juego

Ya hacía unas semanas que Javier estaba en Bay City. Había sido difícil dejar a sus amigos y familiares en México para venir a un lugar donde todo era diferente.

En la nueva escuela de Javier, muchos niños le sonreían. Algunos niños de su clase incluso le hicieron lugar en la mesa durante el almuerzo. Aun así, a Javier le preocupaba no poder hacer amigos. Cada día aprendía algo nuevo en inglés, pero todavía le resultaba difícil hablar con los otros niños. Ninguno de ellos hablaba español. Javier tenía que concentrarse tanto en esas palabras que sonaban tan raro que a veces le dolía la cabeza. Extrañaba poder leer y comprender todo lo que lo rodeaba.

Además, otras cosas también eran diferentes. Javier con frecuencia recordaba los grandes almuerzos que solía compartir con su familia. En México, toda la familia volvía a la casa a mediodía y almorzaban juntos. Conversaban y reían, y nadie estaba apurado. Ahora, su papá almorzaba en el trabajo y Javier, en la escuela. Javier no estaba acostumbrado a la comida que servían en la cafetería, ¡y todos comían con tanta prisa!

Pero lo que Javier más extrañaba era jugar al fútbol. En México, Javier y sus amigos jugaban al fútbol siempre que podían. Algunas veces, los hermanos mayores, los padres y los tíos también participaban en los partidos. Jugaban por las tardes, hasta que oscurecía y ya no se veía la pelota. Parecía que nadie jugaba al juego favorito de Javier en Bay City.

Un día, en el recreo, uno de los niños dijo:

—¡Ey, Javier! ¿Quieres jugar al fútbol con nosotros?

¡Por fin! Algo que le resultaba familiar, algo que Javier amaba. Asintió entusiasmado y corrió hacia el grupo de niños. Cuando comenzaron a jugar, el juego no era el que Javier esperaba. Era fútbol americano. Era divertido, pero no era lo mismo. Cuando Javier volvió a su clase, estaba algo desilusionado.

—Creo que los niños de aquí no saben jugar al fútbol —dijo Javier a su familia esa noche en la cena.

—Quizá debas aprender a jugar fútbol americano —sugirió la mamá.

Javier se encogió de hombros:

—Sí, tal vez.

Durante los días siguientes, Javier jugó al fútbol americano en los recreos. Aprendió a lanzar y recibir muy bien la pelota. Le gustaba bastante el juego, pero también extrañaba mucho el juego que solía jugar.

Un sábado por la tarde, Javier tomó su vieja pelota y fue al parque. Correteaba jugando con la pelota cuando escuchó que alguien lo llamaba por su nombre. Unos niños de su clase lo saludaban con la mano.

—¿Podemos jugar al fútbol contigo? —uno de ellos le gritó a Javier.

Javier estaba confundido. ¿A qué fútbol se referían?

—¡Vamos, Javier! ¡Pásame la pelota! —gritó otro.

Javier sonrió y pateó la pelota. Antes de que se diera cuenta, estaba jugando su juego preferido. Cuando finalmente dejaron de jugar, los niños se juntaron alrededor de Javier.

—¡Eres un gran jugador de fútbol, Javier! —dijo uno de los niños—. ¿Jugabas mucho en México?

Javier se dio cuenta. Sonrió y asintió:

—En México, le decimos fútbol a este juego, al otro lo llamamos fútbol americano.

Los niños lo miraron sorprendidos.

—Bueno, ¡juguemos *este* fútbol un rato más! —dijo uno de ellos.

Javier sonrió. No importaba su nombre, se sentía feliz de estar jugando su juego favorito otra vez.

Conclusión de la Unidad 1

Gran  idea

Consejos útiles En la Unidad 1, leíste sobre personas que ayudaban a otras o que se ayudaban a sí mismas. Trabaja en grupo con dos o tres compañeros. Piensen en distintas maneras en las que pueden ayudar en casa, en la escuela, en la comunidad y al aire libre. Hagan dibujos sobre las distintas maneras de ayudar y úsenlos para armar un folleto. Muestren el folleto a la clase.

Escuchar y hablar

Una buena acción Juega a las charadas con un grupo pequeño. Túrnense para representar una buena acción o a uno de los personajes de las selecciones. El estudiante que adivina representa la siguiente charada.

¿Entiendes lo que quiero decir?

Unidad 2

Gran idea
Nos expresamos de muchas maneras.

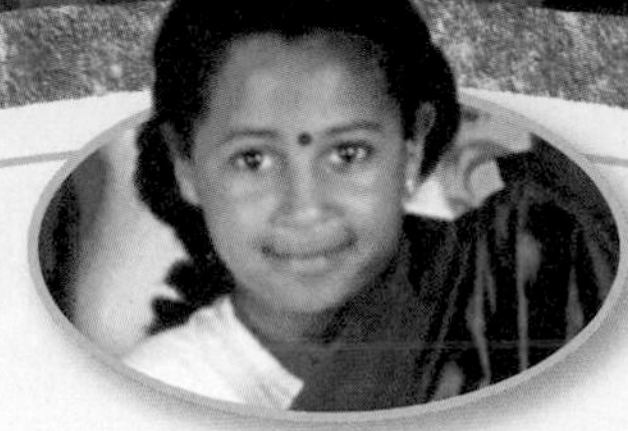

Lecturas conjuntas

Lección

Érase una vez un simpático motociclista
Cuento de hadas
página 150

Diane Ferlatte: Narradora de cuentos
Texto informativo: Estudios Sociales
página 164

Lección

Próximas atracciones
Texto informativo: Medios de comunicación
página 176

Las maravillas de la animación
Texto informativo: Tecnología
página 188

Lección

Mi tío Romie y yo
Ficción realista
página 200

Artistas al aire libre
Teatro del lector: Arte

página 214

Lección

Estimado Sr. Winston
Ficción realista
página 226

Guía práctica de las víboras del suroeste
Texto informativo: Ciencias
página 238

Lección

¡José! Nacido para la danza
Biografía: Arte
página 250

Ritmo y danza
Poesía
página 262

Lección
6

rescatar
espantoso
erupción
batalla
rico
negarse
invisible
contratar
inmenso
guerrero

Librito de vocabulario

Tarjetas de contexto

Vocabulario en contexto

1
rescatar

En los cuentos de hadas tradicionales los príncipes van a rescatar, o salvar, a damiselas que están en problemas.

2
espantoso

Algunos cuentos presentan un ogro espantoso o algún otro personaje extremadamente feo.

3
erupción

Muchas películas de cuentos de hadas terminan con una erupción de fuegos artificiales en el cielo.

4
batalla

El héroe en un cuento de hadas muchas veces debe luchar una peligrosa batalla.

- Estudia cada Tarjeta de contexto.
- Usa un diccionario como ayuda para aprender el significado de estas palabras.

5 **rico**

Algún personaje en un cuento de hadas puede ser muy rico, mientras otros pueden ser muy pobres.

6 **negarse**

Esta princesa de cuento de hadas se negó a casarse con el hombre elegido para su matrimonio.

7 **invisible**

Uno de estos héroes quería que su capa lo hiciera invisible, para que nadie lo pudiera ver.

8 **contratar**

A este hombre lo contrató un rey para que narrara historias en su corte como entretenimiento.

9 **inmenso**

Los cuentos de hadas se pueden desarrollar en lugares de inmensa proporción, tales como los castillos.

10 **guerrero**

En algunos cuentos de hadas, un héroe valiente que defiende el reino con actitud guerrera es el personaje principal.

Contexto

VOCABULARIO CLAVE **Planear un cuento** Todos aman los cuentos, pero hacer un relato no es fácil. Los buenos narradores de historias saben cómo comenzar y terminar su narración, y cómo mantener el interés de los oyentes.

Cada decisión que el narrador toma es importante. Por ejemplo, ¿se parece a ti el protagonista? Quizás el personaje sea una niña que contrató a alguien para rescatar a su perro de un pozo. Por otro lado, quizás el protagonista sea muy rico, espantoso o hasta invisible. ¿Y el argumento? Si tu cuento trata de un guerrero, ¿debe la batalla principal tener lugar al inicio o al final del relato? Imagínate que tu cuento trata de una inmensa nave espacial que volaba hacia una estrella en erupción y el capitán se negó a regresar. ¿Qué pasa después? Todo es posible en un cuento creado por ti, pero si no lo planeas atentamente, podría tomar giros inesperados.

¿Sabías que algunos cuentos, como *La Cenicienta*, existen en muchas versiones distintas provenientes de todo el mundo? Esta tabla muestra unos cuantos ejemplos.

Nombre del cuento	Origen
Cenicienta o El zapato de cristal	Francia
Yeh-hsien	China
Pequeña un ojo, pequeña dos ojos y pequeña tres ojos	Alemania
El gato hogareño	Portugal
Vasilisa la bella	Rusia
El pequeño pez rojo y el zapato de oro	Iraq
Nomi y el pez mágico	África
Cómo el vaquero encontró novia	India
La historia de Tam y Cam	Vietnam

Comprensión

DESTREZA CLAVE Comparar y contrastar

Mientras lees *Érase una vez un simpático motociclista*, compara y contrasta las dos versiones del cuento. Busca los aspectos en que se parecen y en los que se diferencian los personajes, los sucesos y los estilos artísticos. Puedes usar un organizador gráfico como el siguiente para comparar y contrastar esos detalles.

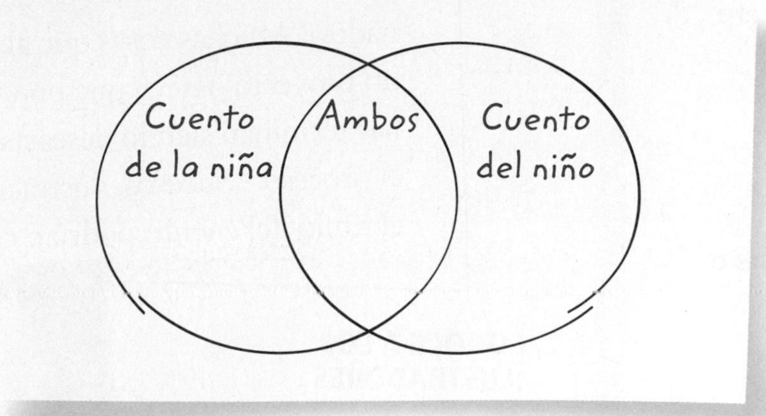

ESTRATEGIA CLAVE Inferir/Predecir

Cuando infieres, intentas deducir algo que no está dicho de forma explícita en el texto. Puedes utilizar tu organizador gráfico para inferir cómo son el niño y la niña y para predecir qué podría suceder a continuación en el cuento.

Selección principal

rescatar	negarse
espantoso	invisible
erupción	contratar
batalla	inmenso
rico	guerrero

DESTREZA CLAVE

Comparar y contrastar
Examina en qué se parecen y en qué se diferencian los detalles o las ideas.

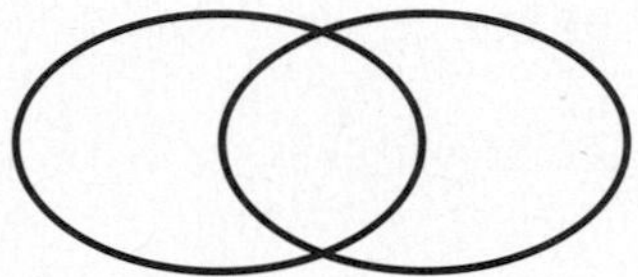

Inferir/Predecir Usa las pistas del texto para descubrir lo que el autor no plantea directamente.

GÉNERO

Un **cuento de hadas** es un cuento que tiene cosas y personajes mágicos.

Establecer un propósito Antes de leer, establece un propósito basándote en el género y en lo que tú quieres descubrir.

CONOCE AL AUTOR E ILUSTRADOR

Kevin O'Malley

Además de haber escrito *Érase una vez un simpático motociclista*, Kevin O'Malley trabajó con un equipo para ilustrar este cuento de hadas para reír. O'Malley dice que, por lo general, las ideas para sus cuentos empiezan con una idea visual del aspecto que tendrán los personajes. Dice que a menudo los proyectos atraviesan grandes cambios antes de quedar terminados. "Muchas cosas que al principio de un proyecto parece que podrían funcionar terminan siendo descartadas durante el proceso". Sucesos, ilustraciones y hasta el título del cuento podrían cambiar.

CONOCE A LOS ILUSTRADORES

Carol Heyer y Scott Goto

A Carol Heyer le encanta ilustrar cuentos fantásticos porque "los personajes y las criaturas se pueden pintar de cualquier forma en que uno elija verlos. Después de todo, ¡nadie te puede decir que tu dragón está mal!".

Scott Goto no solamente ilustra libros para niños, también crea anuncios publicitarios y portadas de revistas. Con un niño en el corazón, Goto dice: "Todavía me encanta jugar con los videojuegos, mirar dibujos animados y comprar juguetes".

Pregunta esencial

¿En qué se parecen y en qué se diferencian los cuentos de hadas antiguos y los modernos?

Nuestro proyecto de biblioteca consiste en contarte nuestro cuento de hadas favorito. Pero como no logramos ponernos de acuerdo sobre cuál es el mejor, decidimos inventar uno.
Yo empiezo el cuento.
Mi primera parte es mejor, pero bueno, está bien, empieza tú.
Érase una vez una bella princesa, llamada Dulcecorazón, que vivía en un castillo en la cima de una colina.

Todos los días la princesa Dulcecorazón jugaba con sus ocho hermosos ponis. Los había bautizado Jazmín, Ágil, Sofía, Pollito, Penique, Sol, Mónica y...

Una noche sucedió algo terrible. Llegó un gigante y se robó a la pobrecita Jazmín. Todos los otros ponis lloraron y lloraron, pero la princesa Dulcecorazón lloró más que todos.

La noche siguiente el gigante regresó y se llevó a Ágil y a Sofía. La princesa Dulcecorazón sollozó todo el día y se negó a comer.

Aunque su padre, el rey, contrató a todos los príncipes que pudo para proteger a los ponis, cada noche desaparecía otro.

La pobre princesa se la pasaba sentada en su habitación, hilando, convirtiendo la paja en hilo de oro. Lloraba sin parar. Cuando sólo quedaba Botoncillo, la princesa Dulcecorazón creyó que se le rompería el corazón de tristeza.

¡Ay!, ¿quién va a proteger a Botoncillo?

DETENTE Y PIENSA

Técnica del autor Con frecuencia los cuentos de hadas incluyen **hipérboles**, o exageraciones. Hasta este momento en la historia, ¿por qué es un ejemplo de hipérbole el comportamiento de la princesa?

Un día, un tipo muy simpático y musculoso subió al castillo en su motocicleta. Dijo que custodiaría al último poni si el rey le daba todo el hilo de oro que había fabricado la princesa. El rey aceptó y el motociclista se sentó a esperar al gigante.

Entonces, esa noche el gigante se dirigió al castillo. ¡Oye, qué espantoso era ese gigante! Era grandote y malvado y tenía cuatro dientes en la boca, todos podridos, amarillos y negros…

Necesitaba ocho ponis para preparar un delicioso estofado de ponis y sólo tenía siete. Así que esa noche fue a robarse al último caballito.

El motociclista tenía una espada enorme. El gigante y el motociclista tuvieron una fuerte pelea. La Tierra temblaba, caían rayos y truenos, y los volcanes hacían erupción.

Noche tras noche el gigante regresaba, pero el motociclista lo derrotaba. Noche tras noche la princesa fabricaba hilo de oro y se lo daba al motociclista, quien se volvía cada vez más rico…

DETENTE Y PIENSA

Inferir/Predecir ¿Puedes predecir cómo terminará la historia de los niños? ¿Por qué sí o por qué no?

La princesa Dulcecorazón fue al gimnasio a levantar pesas. Se convirtió en la princesa guerrera y le dijo al motociclista que fabricara su propio hilo.

Esa noche la princesa luchó en una inmensa y tremenda batalla, y entonces el gigante regresó corriendo a su cueva.

¡No puedes verme!

¡No puedes vernos!

El motociclista fabricó una manta realmente fantástica con el hilo de oro. Cuando se la puso sobre la cabeza se volvió INVISIBLE. Después se fue a rescatar a los ponis.

El motociclista y la princesa se ven envueltos en una gran pelea para ver quién liberaría a los ponis. El gigante oyó voces y se asustó tanto que se arrojó al vacío desde el acantilado.

Fin.

DETENTE Y PIENSA

Comparar y contrastar ¿Cómo se parece la princesa Dulcecorazón del final de la historia a la del principio? ¿Cómo es de diferente?

Es tu turno

Estilos diferentes

Respuesta breve Escribe un párrafo que describa en pocas palabras los estilos de los dos narradores del cuento. ¿Qué quiere demostrar el autor sobre los tipos de cuentos que les gustan a los niños y los que les gustan a las niñas? ¿Estás de acuerdo con el autor? ¿Por qué? RESPUESTA PERSONAL

¿Y luego qué, amigo?

Hacer un dibujo animado Con un compañero, imagina la próxima escena del cuento de hadas que acabas de leer. ¿Qué harán la princesa guerrera y el motociclista después de derrotar al gigante y rescatar a los ponis? Trabajen juntos para diseñar varios dibujos que muestren su próxima aventura. PAREJAS

Algo viejo, algo nuevo

Turnarse y comentar "Érase una vez un simpático motociclista" es una mezcla de dos estilos de cuento de hadas: antiguo y moderno. Con un compañero, hagan un mapa de T con las características de los cuentos de hadas antiguos y modernos. ¿En qué se parecen? ¿En qué se diferencian? COMPARAR Y CONTRASTAR

Antiguos	Modernos

Conectar con los
Estudios Sociales

rescatar	**espantoso**
erupción	**batalla**
rico	**negarse**
invisible	**contratar**
inmenso	**guerrero**

GÉNERO
Un **texto informativo**, como este artículo de revista, proporciona datos y ejemplos sobre un tema.

ENFOQUE EN EL TEXTO
Fuentes primarias pueden ser un documento original, un dibujo o un testimonio de la época en que se desarrolla el tema.

Narradora de cuentos

Diane Ferlatte

por Ellen Gold

¿Te gusta escuchar un buen cuento? Mejor aún, ¿te encanta contarles cuentos a los demás? Imagínate que cuando seas mayor te dediques a eso. Diane Ferlatte, conocida internacionalmente, cuenta cuentos desde los riachuelos de Luisiana hasta los teatros, escuelas y festivales del mundo, algunos en lugares tan lejanos como Australia.

Memorias de la infancia

Gran parte de la infancia de Diane Ferlatte transcurrió en el porche de la casa de sus abuelos, en Luisiana, donde sus amigos y familiares contaban e intercambiaban relatos. Estas reuniones familiares tuvieron una inmensa importancia pues influyeron en su decisión de convertirse en cuentacuentos profesional.

La familia de Diane Ferlatte apreciaba la rica tradición de transmitir oralmente relatos y conocimientos, de generación en generación. La cuentista explica que, en su cultura, la narración oral de cuentos es una tradición fuertemente arraigada, transmitida desde épocas que se remontan a la vida en África. "Cuando los esclavos fueron traídos aquí, solo podían expresarse oralmente", explica Ferlatte. "No se les permitía leer ni escribir [...]. Conversaban mucho, contaban muchos cuentos y cantaban muchas canciones [...]".

Antes de entrar a la adolescencia, Diane Ferlatte se mudó con su familia a California, pero ella visitaba Luisiana todos los años. Tiene recuerdos muy gratos de esos momentos compartidos con sus parientes, charlando, cocinando, cantando y, sobre todo, simplemente *escuchando*.

"No había televisión cuando yo era niña. Tampoco había computadoras... por eso las personas conversaban más".

“[La narración de cuentos] hace que las mentes de los niños se vuelvan ricas en conocimiento y curiosidad”.

La narración se desarrolla

Diane notó que su hijito pasaba mucho tiempo viendo televisión y se negaba a leer libros. Lo tenía que rescatar de aquel exceso y para ello decidió convertirse en una «guerrera de las palabras». Le leía libros de una forma interesante e incluso se los cantaba. Consiguió captar su interés con cuentos sorprendentes, sin necesidad de las imágenes que da la televisión, llena de monstruos espantosos que luchan en batallas, o de edificios que explotan como un volcán al hacer erupción.

Contó su primer cuento en público en una reunión de la iglesia. A todos les encantó. Contar cuentos se convirtió en su profesión cuando la empezaron a contratar para que hiciera lo que más disfrutaba: narrar historias. Hoy, Ferlatte usa la música como una herramienta invisible, vital para realzar los cuentos. Prefiere visitar las escuelas y las bibliotecas. «Es allí donde se debe cultivar la narración de cuentos y donde escuchar las lecciones que llegan con ellos», dice.

Los cuentos de Diane inspiran a los niños a expresarse.

Hacer conexiones

El texto y tú

Sé un narrador Los narradores de *Érase una vez un simpático motociclista* tienen estilos de narrar diferentes. Túrnense con un compañero para contar una parte del cuento, usando sus propios estilos. Escuchen con cuidado y comenten sus opiniones.

De texto a texto

Comparar y contrastar ¿Qué cuentos de hadas o cuentos tradicionales conoces? Elige uno. Compara y contrasta los personajes principales y sus aventuras en el cuento que elegiste con *Érase una vez un simpático motociclista*. Organiza la información en un diagrama de Venn.

El texto y el mundo

Conectar con los Estudios Sociales Muchos grupos indígenas tienen una rica tradición en las narraciones. Busca información de un grupo de indígenas de tu estado, en línea o en libros. Consigue un cuento tradicional de ese grupo. Comenta los resultados con la clase.

Gramática

Los verbos Un **verbo** es una palabra que expresa una acción. Cuando un verbo dice lo que hacen las personas o las cosas, se llama **verbo de acción**. Cuando un verbo dice cómo está o es alguien o algo, se llama **verbo copulativo**. Entre los verbos copulativos están los verbos *ser, estar* y *parecer.*

Lenguaje académico

verbo de acción
verbo auxiliar
verbo copulativo
verbo principal

Verbo de acción	Verbo copulativo
La princesa alimentaba a sus ponis.	Los ponis son hermosos.
Ella les puso nombre a sus ponis.	Su poni preferido era Botoncillo.

Un verbo puede tener más de una palabra. El **verbo principal** indica la acción. El **verbo auxiliar** va antes del verbo principal e indica la conjugación.

verbo auxiliar — verbo principal
La princesa estaba llorando.

verbo auxiliar — verbo principal
Un gigante había robado un poni.

Turnarse y comentar

Trabaja con un compañero. Halla la oración que tiene un verbo copulativo. Luego halla tres oraciones con verbos de acción y elige la que tiene un verbo principal y uno auxiliar.

1. El gigante había robado otros seis ponis.
2. El motociclista se aproximó al castillo.
3. Su espada era muy filosa.
4. Las voces del motociclista y de la princesa asustaron al gigante.

Elección de palabras Puedes lograr una escritura más clara e interesante eligiendo verbos descriptivos.

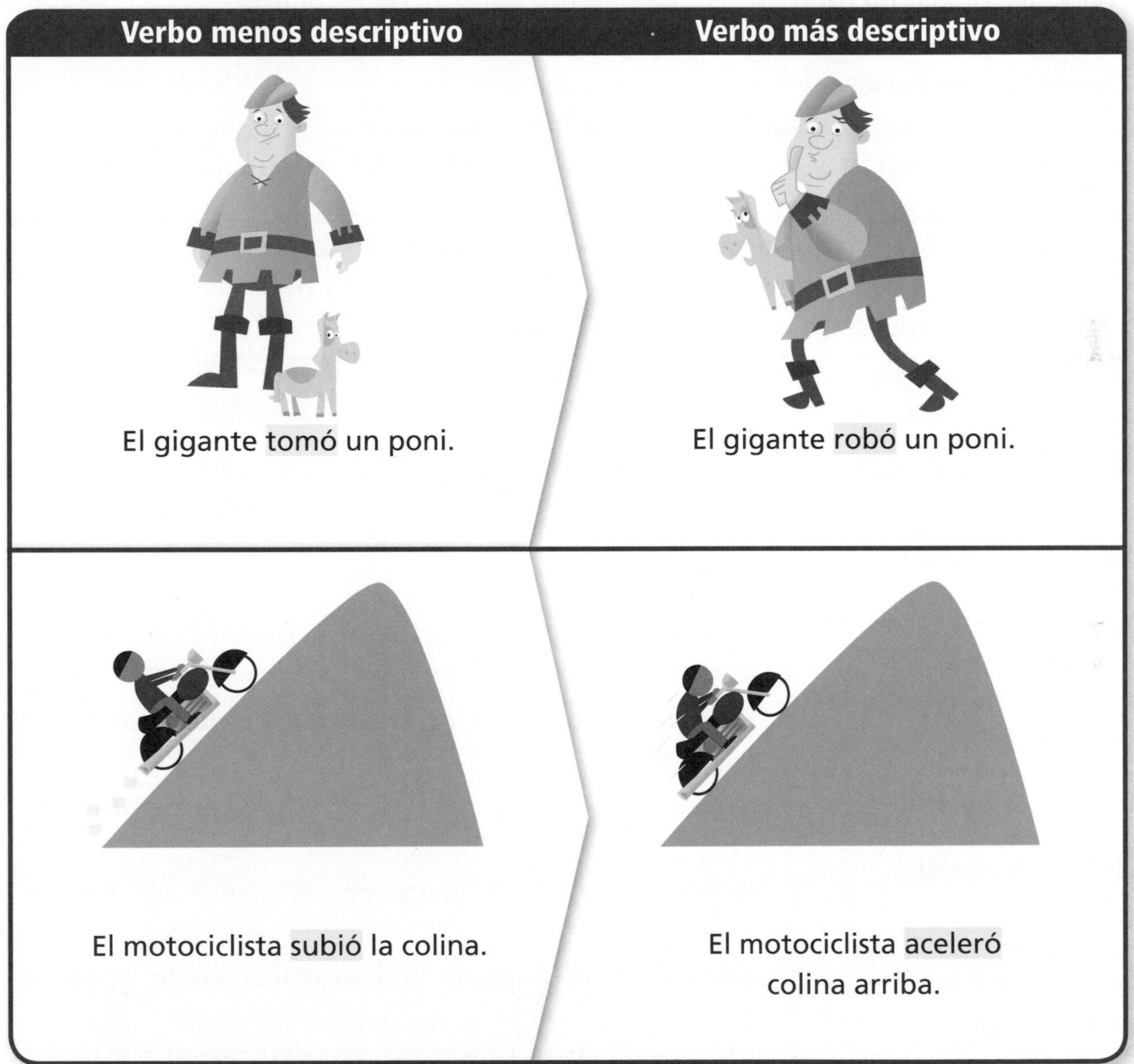

Relacionar la gramática con la escritura

Cuando revises tu escritura, reemplaza los verbos menos descriptivos por otros más descriptivos para mantener al lector interesado.

Escribir para responder

Organización Una manera de comparar y contrastar los sucesos o los personajes de un cuento es escribir dos párrafos de **respuesta**. En uno, puedes hablar de las semejanzas. En el otro, puedes escribir sobre las diferencias.

Warren contestó a esta pregunta: *En* Érase una vez un simpático motociclista*, ¿en qué se parecen y en qué se diferencian el muchacho y la niña que cuentan el cuento?* Después, cambió de lugar una oración que estaba en el párrafo equivocado. Usa la siguiente Lista de control de la escritura mientras escribes tus párrafos de respuesta.

Lista de control de la escritura

- **Ideas** ¿Usé ejemplos del cuento?
- **Organización** ¿Separé lo que es semejante y lo que es diferente?
- **Elección de palabras** ¿Usé palabras clave que indican comparación y contraste?
- **Voz** ¿Mi tono se adapta a mi público?
- **Fluidez de las oraciones** ¿Combiné oraciones para variar su longitud?
- **Convenciones** ¿Usé la ortografía, la gramática y el procedimiento correctos?

Borrador revisado

El muchacho y la niña se diferencian en muchas cosas. Ambos tienen más o menos la misma edad y una buena imaginación. Mientras que a la niña le gustan las cosas dulces, como los ponis bonitos, al muchacho le gustan las cosas asquerosas, como los dientes podridos del gigante. Al muchacho le gusta el motociclista. ~~Quiere~~ y quiere que él sea el héroe. La niña, por su parte, quiere que la heroína sea la princesa. ¶ El muchacho y la niña tienen semejanzas también.

Copia final

Comparar cuentistas

por Warren Donovan

El muchacho y la niña se diferencian en muchas cosas. Mientras que a la niña le gustan las cosas dulces, como los ponis bonitos, al muchacho le gustan las cosas asquerosas, como los dientes podridos del gigante. Al muchacho le gusta el motociclista y quiere que él sea el héroe. La niña, por su parte, quiere que la heroína sea la princesa.

El muchacho y la niña tienen semejanzas también. Ambos tienen más o menos la misma edad y una buena imaginación. Cada uno de ellos quiere que su personaje preferido sea poderoso. Por eso la princesa va a levantar pesas y termina siendo tan fuerte como el motociclista. Otra semejanza es que tanto al muchacho como a la niña les gustan los finales felices. Por ejemplo, ambos quieren que los ponis se salven y les gusta hacer que al final el gigante se arroje al vacío por el acantilado.

En mi trabajo final, cambié de lugar una idea que no estaba bien ubicada. Además, combiné dos oraciones y formé un predicado compuesto.

Leer como escritor

¿Por qué ordenó Warren sus ideas en dos párrafos? Cuando escribas tu respuesta esta semana, busca maneras de poder organizar tu trabajo más claramente.

Lección 7

entretenido
promocionar
centrarse
anunciar
impacto
crítico
tener en mente
emocionante
ángulo
generado

Librito de vocabulario

Tarjetas de contexto

Vocabulario en contexto

1 entretenido

Ir al cine ha sido un pasatiempo entretenido y divertido a través de generaciones.

2 promocionar

Las compañías filmadoras usan avances para promocionar sus películas.

3 centrarse

Los cineastas emplean costosas cámaras que se centran en cada toma de la película que filman.

4 anunciar

Los carteles anuncian las películas. Las personas saben que una película va a estrenarse cuando ven los carteles.

- Estudia cada Tarjeta de contexto.
- Usa un diccionario como ayuda para pronunciar estas palabras.

5

impacto

Las películas incluyen persecuciones para causar impactos, o estallidos de emoción, entre los espectadores.

6

crítico

Los críticos dan sus comentarios sobre las películas en estreno y mucha gente les presta atención.

7

tener en mente

Algunas películas son para niños, a quienes las compañías cinematográficas tienen en mente como objetivo.

8

emocionante

Ver una película en pantalla gigante puede resultar emocionante. Para muchas personas resulta apasionante.

9

ángulo

Una escena de una película se filma generalmente desde varios ángulos o posiciones.

10

generado

Algunas veces las ventas exitosas de una película son generadas, o creadas, por los buenos comentarios.

Contexto

VOCABULARIO CLAVE **Mensajes en los medios de comunicación** Todos sabemos que los medios de comunicación son portadores de información. Pero, ¿dan más mensajes de lo que parece? Los juegos de video, por ejemplo, dan a los jugadores impactos muy emocionantes, pero algunos críticos afirman que pueden promocionar la violencia. Las páginas web pueden ser divertidas e informativas, pero las empresas anuncian allí. Esperan que tú y los cibernautas que tienen en mente, les compren sus productos. Los que crean publicidad para revistas y comerciales para televisión se centran en que sus cámaras tomen ciertos ángulos para hacer más entretenido su mensaje. Los cineastas, personas que hacen películas, también toman decisiones meditadas acerca de cada escena en ellas. Algunos creen que las imágenes generadas por esos medios influyen en lo que pensamos y compramos.

Cada detalle de las películas, los anuncios comerciales y la publicidad debe planearse atentamente.

Comprensión

DESTREZA CLAVE Hechos y opiniones

Mientras lees *Próximas atracciones: Preguntas sobre cine*, fíjate en los hechos y las opiniones que proporciona el autor. Un hecho puede demostrarse verdadero, quizás leyendo un libro de consulta. Una opinión transmite un pensamiento, un sentimiento o una creencia. Un organizador gráfico como el siguiente puede ayudarte a distinguir y separar los hechos de las opiniones.

Hecho	Opinión

ESTRATEGIA CLAVE Resumir

Cuando resumes, recuentas brevemente las secciones más importantes de un texto con tus propias palabras. Puedes utilizar los hechos y las opiniones de tu organizador gráfico para resumir los puntos principales de *Próximas atracciones: Preguntas sobre cine*.

SENDEROS EN DIGITAL Presentado por DESTINO Lectura™
Lección 7: Actividades de comprensión

Selección principal

VOCABULARIO CLAVE

entretenido	crítico
promocionar	tener en mente
centrarse	emocionante
anunciar	ángulo
impacto	generado

DESTREZA CLAVE

Hechos y opiniones Decide si una idea se puede probar, o si es una sensación o una creencia.

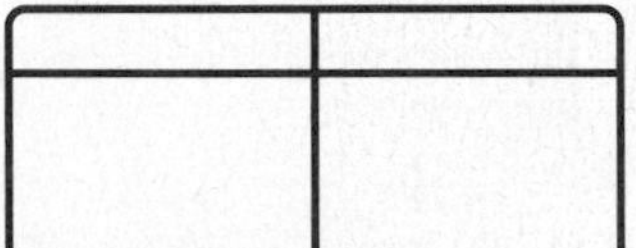

ESTRATEGIA CLAVE

Resumir Cuenta brevemente, con tus propias palabras, las partes importantes del texto.

GÉNERO

Un **texto informativo** ofrece hechos sobre un tema.

Establecer un propósito Antes de leer, establece un propósito para la lectura basándote en lo que sabes acerca del género y en tus conocimientos previos.

CONOCE AL AUTOR

Frank W. Baker

Frank W. Baker fue periodista de la televisión. Hoy en día viaja por Estados Unidos para alentar a los estudiantes a cuestionar los mensajes que dan los medios de comunicación. Las películas son solamente una de las cosas que le preocupan: también advierte a los jóvenes sobre anuncios de juguetes que pudieran ser deshonestos, sobre los riesgos para la salud causados por no hacer ejercicio suficiente y sobre los problemas causados por comer demasiada comida chatarra.

Próximas atracciones:

Preguntas sobre cine

por
Frank W. Baker

Pregunta esencial

¿Cómo se pueden expresar los hechos y las opiniones en las películas?

Las películas son divertidas, no hay duda. Sin embargo, a veces las películas no nos lo cuentan todo, lo cual puede ser un problema. ¡Pero no te preocupes! Hay una forma fácil de asegurarte de que no estás siendo influido sin darte cuenta. Piensa en lo que ves y haz preguntas.

¿Qué se ha excluido del mensaje?

Siempre que los cineastas observan a través de su cámara, encuadran su toma. Se centran en una cosa. Pero tan importante como lo que aparece en su toma es lo que no aparece. Algunas veces, los cineastas excluyen cosas de la filmación o del guión a propósito. ¿Pero por qué lo harían? Bueno, hay unas cuantas razones.

El efecto "entumecimiento"

Una de las razones que tienen los cineastas para excluir algunas cosas es simplemente una cuestión de duración. Si se nos entumecen las piernas porque la película es demasiado larga, no nos va a gustar. Los cineastas deben decidir qué conservar y qué cortar.

Dar una "mala" imagen

A veces las películas excluyen cosas que les harían perder dinamismo. Es emocionante ver películas rápidas, llenas de acción, donde hay una persecución de carros o escenas de lucha violenta. Sin embargo, las películas no siempre muestran los efectos de estas acciones.

Ver cómo las personas arreglan los daños o son llevadas al hospital no es precisamente divertido. Por lo tanto, aunque el cine sea entretenido, debemos recordar que no es así cómo suceden las cosas en la vida real.

DETENTE Y PIENSA

Hechos y opiniones "Es emocionante ver películas rápidas, llenas de acción, donde hay una persecución de carros o escenas de lucha violenta". Esta es la opinión del autor. Encuentra un hecho en el primer párrafo de esta página y explica cómo verificar que es un hecho.

En *Los Ángeles de Charlie*, Cameron Díaz hace que parezca fácil luchar con zapatos de tacón.

Dar una "linda" imagen

Piensa en una película que trate sobre personas comunes que tienen problemas reales. Por ejemplo, un papá pierde su empleo. Y aunque no tenga trabajo, la familia tiene un carro completamente nuevo, una hermosa casa y ropa a la moda. ¿Cómo pueden costear todo eso? Gracias a la magia del cine. Un actor importante no se ve tan bien si conduce un carro viejo y oxidado. La protagonista de una película, aunque esté combatiendo a los malos, lleva tacones altos. Estos trucos contribuyen a ofrecer una representación entretenida, pero no dan una imagen precisa de la vida real.

¡Inténtalo!

Imagina que estás escribiendo un guión de cine acerca de tu vida. Se está alargando demasiado, así que debes decidir qué eliminar. Haz una lista de cosas que no pondrías en una película sobre tu persona. Aquí tienes algunas cuestiones para considerar:

- **¿Muestras tus malos hábitos? ¿Por qué? Si no lo haces, ¿cambia eso la historia sobre tu yo verdadero?**
- **¿Incluyes situaciones en las que te hayas metido en problemas? ¿Por qué?**

¿De qué manera el mensaje capta mi atención?

Así que ahora sabemos que las compañías de cine piensan mucho en el destinatario de la película, en qué aparecerá en la pantalla y en qué se excluirá. ¿Pero cómo lo dan a conocer? Las compañías de cine anuncian sus películas como locas. Las promocionan en los lugares donde el público que tienen en mente las pueda ver. El tráiler, o avance, de *La venganza del Sándwich Superpoderoso* no se transmitirá durante el noticiario de la noche: los niños no están viendo la televisión a esa hora. Pero estará en todos los canales de televisión, ¡justo a la hora en que los niños llegan a casa de la escuela!

Las compañías de cine no solo emplean avances para atraer tu atención, sino que llevan a la práctica todos los trucos de mercadotecnia que existen.

Los carteles de cine presentan las características importantes de una película: el título, las estrellas y el argumento.

Las estrellas de la película dan una gran cantidad de entrevistas en televisión, radio, revistas y hasta en páginas web. Los cineastas esperan que cuanto más escuches sobre la película, más interesado estarás en verla.

Los blogs, o Web logs, se están convirtiendo en una manera popular de promocionar películas. Los encargados de estos boletines escriben acerca de las películas para crear más expectativa.

Los críticos de cine van a ver las películas antes que el público. Sus reseñas tienen mucho peso. Muchas personas irán a ver una película que ha obtenido "dos pulgares hacia arriba".

DETENTE Y PIENSA

Resumir Resume las técnicas de publicidad de arriba y explica cómo estas impactan positiva y negativamente en la conducta de las personas.

La venganza del Sándwich Superpoderoso

¡Película del año!

Esta película recibió muchos premios por la mejor realización y por el mejor sonido.

¡No te la quieres perder!

Esta película todavía no está disponible en DVD. ¡Ve a verla pronto!

¡Cuéntanos lo que piensas!

A veces se utilizan blogs para anunciar películas.

Los diferentes tipos de iluminación pueden hacer que dos imágenes de la misma persona se vean muy distintas.

El montaje de una película

Se requieren muchos componentes para montar una película. Estos componentes tienen que funcionar todos juntos para mantenernos en nuestros asientos. ¿Por qué es eso importante? Bueno, si no estamos interesados, no compraremos los productos presentados en la película ni les diremos a nuestros amigos que compren entradas para verla.

En una película, sólo vemos lo que ve la cámara. Los cineastas sacan ventaja de esto. En una escena de la película *Tiburón*, el director quería mostrar el punto de vista del tiburón. Entonces la cámara se convirtió en el tiburón. Cuando el "tiburón" se movía, la cámara realizaba un movimiento panorámico. No vemos al tiburón, pero sabemos que va tras el nadador.

La posición de las luces puede indicarnos muchas cosas que están sucediendo. Un personaje en un área bien iluminada está feliz y a salvo. Cuando la mitad del rostro de una persona está a la sombra y la otra mitad a la luz sabemos que está haciendo algo malo.

Los cineastas utilizan CGI (*Computer Generated Imagery*) o imágenes generadas por computadora para hacer que la acción continúe. Las escenas peligrosas o imaginarias pueden crearse digitalmente para que se vean tal como los directores quieren. El personaje Gollum de la trilogía *El Señor de los Anillos* se hizo con CGI.

El personaje de Gollum se creó utilizando *CGI*.

Argot

panorámica: amplio movimiento de cámara

¿Podrías imaginar la película *La Guerra de las Galaxias* sin la música? La música es un excelente artificio para mantenernos atentos. Generalmente, ni siquiera pensamos en la música, pero sin ella las películas no serían tan emocionantes. ¿Sabías que los editores doblan la banda sonora después de que la película ha sido filmada? Incluso, puede que los actores no hayan escuchado la banda sonora terminada antes de ver la versión final de la película.

Impactos por minuto

La iluminación, la música, los ángulos de la cámara y los efectos especiales son todos componentes que hacen que las películas sean emocionantes y divertidas. Sin embargo, los cineastas tienen otros métodos para que sigamos viendo sus películas. Uno de estos métodos se denomina impactos por minuto. Los "impactos" son tomas rápidas y estimulantes o secuencias de acción que te impactan emocionalmente.

DETENTE Y PIENSA

Técnica del autor Las palabras que se usan principalmente en un tipo de ocupación se llaman argot o jerga. Doblar es un ejemplo de argot que esta escrito en la página 184. Encuentra otro ejemplo de **argot** cinematográfico en la misma página.

¡Inténtalo!

La música puede tener una función importante en los impactos por minuto de una película. Supongamos que *La venganza del Sándwich Superpoderoso* necesita una banda sonora. Busca tu colección de discos compactos y escoge algunas canciones apropiadas para estas escenas.

- El Sándwich Superpoderoso rueda en su patineta cuesta abajo por una colina, a 60 millas por hora. Los policías lo persiguen y están cada vez más cerca de él.
- El Sándwich Superpoderoso y una bella hamburguesa con queso dan un paseo por la playa al atardecer.

¿Usaste diferentes tipos de música para cada escena? ¿Sí o no? ¿Podrías usar otro sonido diferente para intensificar los impactos por minuto de la película?

Fin

Las películas son un entretenimiento poderoso y, a veces, incluso nos enseñan algo. Por eso es que las vemos. Sin embargo, lo bueno es que no tenemos que creer todo lo que muestra una película. Es completamente nuestra decisión. Así que vamos por unas palomitas de maíz, veamos una película y disfrutemos haciendo preguntas.

Es tu turno

Crítico de cine

Analizar una película "Próximas atracciones" cuenta cómo los directores de cine usan técnicas como la de los "impactos por minuto" y la música, para que experimentemos las películas de cierta manera. Piensa en una de tus películas favoritas. ¿Cuáles de las técnicas de "Próximas atracciones" aparecen en esa película? Escribe un párrafo para explicar de qué manera estas técnicas lograron que la película fuera grandiosa. RESPUESTA PERSONAL

Muy pronto

Diseñar un cartel Trabaja con un compañero. Sugieran una idea para una película que crean que se convertiría en un éxito de taquilla. Elijan un título. Luego, diseñen el cartel para promocionar la película. En el cartel, incluyan técnicas para atraer al público. PAREJAS

Locura por el cine

Turnarse y comentar

Haz una lista de géneros de películas, como acción, fantasía y documental. Con un compañero, comenten en cuáles de estos géneros hay, en general, más hechos que opiniones y en cuáles hay más opiniones que hechos. Basándose en "Próximas atracciones", comenten si creen que es posible que en una película no haya ningún tipo de opinión. HECHOS Y OPINIONES

Conectar con la

Tecnología

VOCABULARIO CLAVE

entretenido	**promocionar**
centrarse	**anunciar**
impacto	**crítico**
tener en mente	**emocionante**
ángulo	**generado**

GÉNERO
Un **texto informativo**, como este artículo de revista, proporciona datos y ejemplos sobre un tema.

ENFOQUE EN EL TEXTO
Líneas cronológicas Un texto informativo puede incluir una línea cronológica, que señala la secuencia de los sucesos importantes ocurridos en un período de la historia u otro lapso de tiempo. Según la cronología en la página 189, ¿qué desarrollo tecnológico marcó el cambio en la animación en 1995?

Las maravillas de la animación

por Grace V. Montek

Personas de todas las edades disfrutan de las películas de dibujos animados. ¿Te gustan las caricaturas sencillas o las películas emocionantes? De cualquier forma, hay una cosa cierta. Las películas de dibujos animados son entretenidas.

¿Te has preguntado alguna vez cómo se hacen esas películas? La animación es el arte de capturar el movimiento en un dibujo. En una época, todas las partes de una película de dibujos animados tenían que hacerse a mano. En estos días, gran parte del trabajo se hace en computadoras. Aun con toda la tecnología moderna, para hacer un largometraje de dibujos animados, se necesitan muchas personas y muchos meses de trabajo.

Los primeros días de la animación

En 1906, J. Stuart Blackton hizo el primer dibujo animado estadounidense. Llamado *Fases humorísticas de caras graciosas*, mostraba a un artista dibujando caras en un pizarrón. Las caras parecían cobrar vida.

En 1928 apareció por primera vez en una película un ratón llamado Mickey. Lo creó un animador llamado Walt Disney. El ratón Mickey se hizo famoso en *Barco de vapor Willie (Steamboat Willie)*, uno de los primeros dibujos animados con sonido.

El primer largometraje de dibujos animados en los Estados Unidos fue *Blancanieves y los siete enanos (Snow White and the Seven Dwarfs)*, creado por Disney en 1937. Fue un gran éxito. Debido a que *Blancanieves* fue tan popular, los estudios de cine trabajaron para promocionar más largometrajes de dibujos animados.

1906 J. Stuart Blackton crea *Fases humorísticas de caras graciosas*, el primer dibujo animado estadounidense.

1928 Walt Disney crea *Barco de vapor Willie*, una de las primeras películas animadas con sonido.

1937 *Blancanieves y los siete enanos* es el primer largometraje animado.

1995 *Toy Story* es el primer largometraje creado con animación por computadora.

2001 Se le otorga a *Shrek* el primer premio de la Academia a la Mejor Película Animada.

La animación crece

Con el tiempo, los animadores aprendieron a dibujar desde ángulos diferentes para hacer que sus películas parecieran reales. La animación generada por computadoras empezó en la década de 1990. La acción constante de estas películas les encanta a los espectadores que disfrutan de impactos de emociones fuertes en las salas de cine.

Los niños no son los únicos a los que se tiene en mente con las películas de dibujos animados. Los estudios las anuncian para espectadores de todas las edades. Tanto los críticos como el público en general van a ver estas películas. La animación es un arte que entretiene a todos.

Un animador debe centrarse en una imagen a la vez.

¿Cómo funciona la animación?

Algunas películas de dibujos animados se siguen haciendo a mano. Las mismas imágenes se dibujan muchas veces. Pero cada una es apenas un poco diferente de la otra. Cada dibujo se fotografía y se convierte en un cuadro único de la película. Al unirse, todos los cuadros forman una película de dibujos animados. A 24 cuadros por segundo, una película promedio tiene aproximadamente 129,600 cuadros.

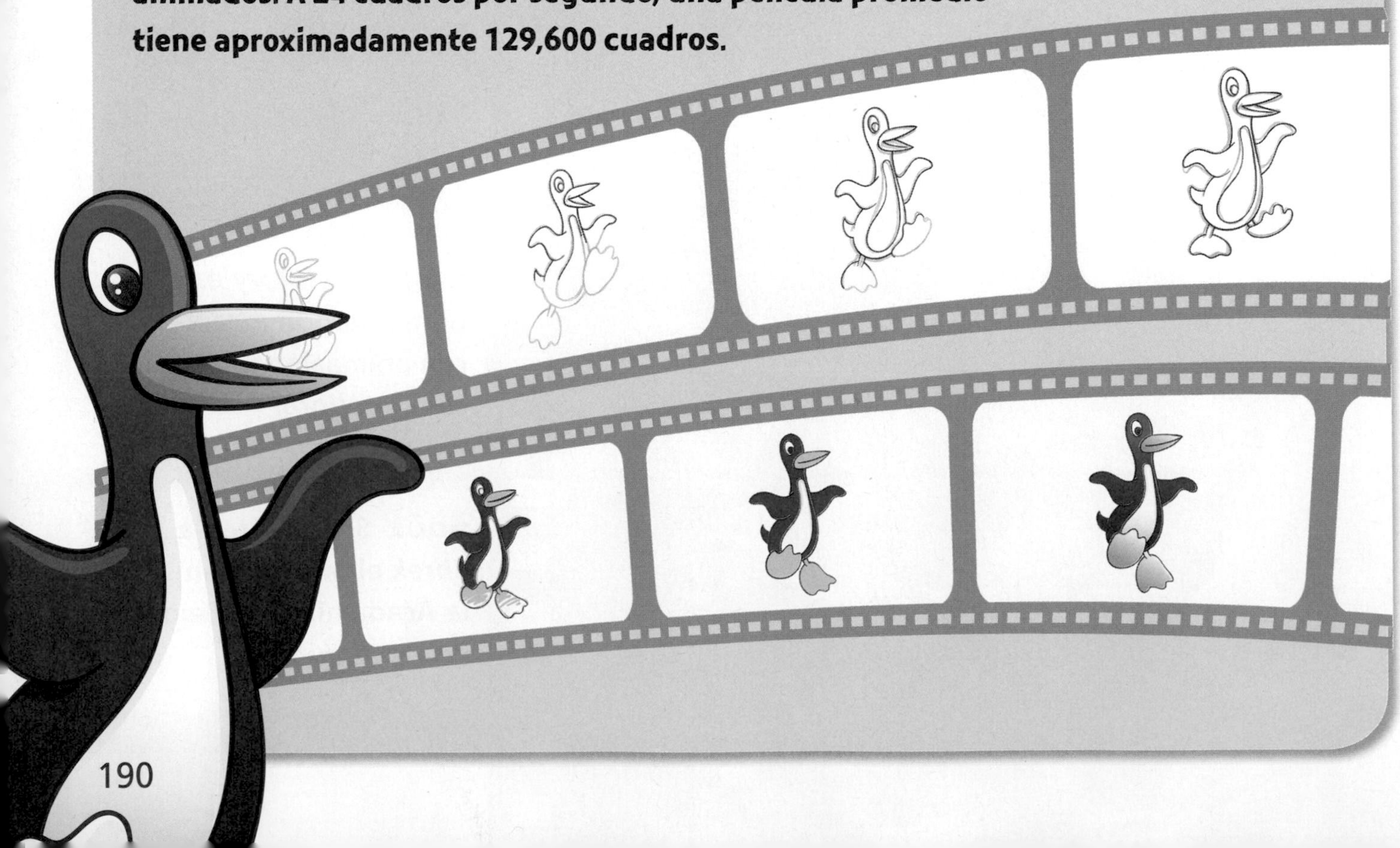

Hacer conexiones

El texto y tú

Analizar avisos publicitarios Piensa en los avisos publicitarios de refrescos y comidas rápidas que has visto recientemente. ¿Qué efecto se supone que produce esta publicidad en los espectadores? ¿Cómo lo sabes? Comenta con un compañero si piensas que el efecto es positivo o negativo.

De texto a texto

Escribir la reseña de una película Al escribir una reseña, explica cuál era el mensaje de la película. ¿Cómo influyen en el mensaje los efectos sonoros, los primeros planos y otras técnicas de la «magia cinematográfica»? Usa detalles de *Próximas atracciones* y de "Las maravillas de la animación" para apoyar tus ideas.

El texto y el mundo

Registrar opiniones Comenta en clase tu película de dibujos animados preferida. Explica por qué es tu preferida con razones que apoyen tus opiniones. Entre todos, hagan una lista de las cinco películas más populares. Voten por su preferida y hagan una tabla o una gráfica con el resultado.

Gramática

Los tiempos verbales Un verbo en **tiempo presente** habla de una acción que sucede ahora, que sucede regularmente o que se repite una y otra vez. Un verbo en **tiempo pasado** habla de una acción que ya sucedió. Un verbo en **tiempo futuro** habla de algo que va a suceder.

Lenguaje académico

tiempo presente
tiempo pasado
tiempo futuro

Oración	Tiempo verbal
Los cineastas incluyen escenas emocionantes.	tiempo presente
El director filmó una persecución de carros.	tiempo pasado
La semana próxima verás esta persecución.	tiempo futuro

Inténtalo **Copia estas oraciones en una hoja aparte. Encierra en un círculo el verbo de cada oración. Rotúlalo tiempo presente, tiempo pasado o tiempo futuro.**

1. Pilar escribirá sobre la película en su blog.
2. Creó el blog el mes pasado.
3. Antonio vio cuatro películas ayer.
4. A Antonio le gustan las películas de acción.
5. Ricardo prefiere las películas de misterio.

Fluidez de las oraciones Cuando escribas, asegúrate de mantener la secuencia de los tiempos verbales. Si escribes un párrafo en presente, todos los verbos deben ir en presente. Si escribes en pasado, los verbos deben ir en pasado.

Incorrecto	Correcto
 Hayley y yo fuimos al cine. Vemos *El robot que devoró Chicago.* La película fueron atemorizante y divertida.	 Hayley y yo fuimos al cine. Vimos *El robot que devoró Chicago.* La película fue atemorizante y divertida.

Relacionar la gramática con la escritura

Cuando revises tu escritura, presta mucha atención al uso de los verbos. Asegúrate de mantener la secuencia de los tiempos y la concordancia verbal.

Escribir para responder

Voz Cuando una pregunta pide tu opinión, puedes añadir interés y variedad a la sonoridad de lo que escribas si incluyes una pregunta, un mandato o una exclamación. Inténtalo cuando revises tu párrafo de **opinión** sobre *Próximas atracciones.* Usa la siguiente Lista de control de la escritura al revisar tu trabajo.

Marcela hizo el borrador de una respuesta a la pregunta de cuál es la mejor manera de hacerles publicidad a las películas. Después hizo cambios para variar los tipos de oraciones.

Lista de control de la escritura

- **Ideas** ¿Usé ejemplos para explicar mis ideas?
- **Organización** ¿Declaré mi opinión en la primera oración?
- **Elección de palabras** ¿Varié mis palabras de transición?
- **Voz** ¿Añadí interés con una pregunta, un mandato o una exclamación?
- **Fluidez de las oraciones** ¿Cambié los tiempos verbales solamente cuando hacía falta?
- **Convenciones** ¿Usé la ortografía, la gramática y la puntuación correctas?

Borrador revisado

En mi opinión, la mejor manera de hacerle publicidad a una película es con los avances. ~~Miles de~~ Piensa en todas las personas que van al cine. Casi todas ellas miran los avances, pero probablemente muchas no prestan atención a los carteles ni leen las reseñas. Otra razón de que los avances sean mejores es porque muestran partes de la película. Es como la comida. ~~Puedes saber~~ ¿Acaso no sabes más de ella si la pruebas que si lees la etiqueta?

Copia final

Los avances de las películas son mejores

por Marcela Cabral

En mi opinión, la mejor manera de hacerle publicidad a una película es con los avances. Piensa en todas las personas que van al cine. Casi todas ellas miran los avances, pero probablemente muchas no prestan atención a los carteles ni leen las reseñas. Otra razón de que los avances sean mejores es porque muestran partes de la película. Es como la comida. ¿Acaso no sabes más de ella si la pruebas que si lees la etiqueta? Por último, los avances son la mejor publicidad porque se pueden mostrar como un comercial de televisión. Los comerciales de una caricatura podrían ser los avances de las películas animadas. En los programas de detectives se podrían mostrar los avances de las películas de suspenso. ¡Esta es publicidad inteligente! ¿Por qué? Las personas a las que les gustan las caricaturas o el suspenso en la televisión irán a ver también esa clase de películas.

En mi trabajo final, añadí dos preguntas, un mandato y una exclamación. Además, me aseguré de no cambiar los tiempos verbales sin tener una razón.

Leer como escritor

Busca una pregunta, un mandato y una exclamación en el trabajo de Marcela. ¿Dónde puedes variar los tipos de oraciones en tu propio trabajo?

Lección

8

espléndido
estudio
miniatura
preocuparse
untado
echarse a perder
arrancar
surco
horario
festín

Librito de vocabulario

Tarjetas de contexto

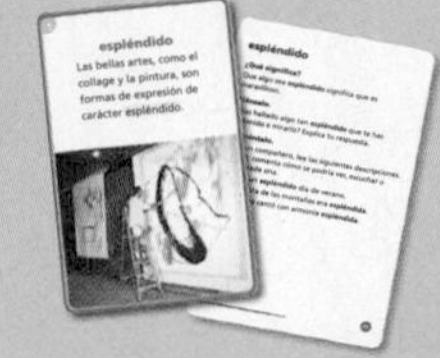

Vocabulario en contexto

1 **espléndido**

Las bellas artes, como el collage y la pintura, son formas de expresión de carácter espléndido.

2 **estudio**

Un estudio es el taller de un artista. Allí los pintores y los ceramistas crean sus obras.

3 **miniatura**

Cuando los arquitectos diseñan un edificio pueden crear una miniatura, o maqueta, del mismo.

4 **preocuparse**

Un buen fotógrafo se preocupa de que el objetivo no se mueva para obtener una excelente vista.

- Estudia cada Tarjeta de contexto.
- Utiliza claves de contexto para determinar el significado de estas palabras.

5 untado

Se puede dar un toque ligero con la pintura o puede ser untada densamente en una superficie.

6 echarse a perder

El pote de barro lucía bien en un principio pero de pronto vimos que se había echado a perder.

7 arrancar

Me asusté mucho cuando arranqué accidentalmente la base del jarrón chino.

8 surco

En esta vívida muestra de arte, algunos colores forman un surco a través de la pintura.

9 horario

Algunos artistas se sujetan a un estricto horario, o agenda, mientras trabajan.

10 festín

Esta impresionante vista de un delicioso festín fue tomada por un fotógrafo famoso.

Contexto

VOCABULARIO CLAVE **Crear collages** En la selección que estás por leer, el artista Romare Bearden crea collages. Un collage puede ser una página de un álbum de recuerdos llena de objetos memorables. Un vez, en mi estudio, arranqué una página de un horario de eventos deportivos para hacer un collage. Usé pinturas, pedazos de tela y mucho más. Una parte la dejé untada con una gruesa capa de pintura. Un collage puede tener cualquier tema, como el lanzamiento de un cohete en miniatura, un cometa que una noche surcó el cielo, o un festín del Día de Acción de Gracias. Una vez que termina, el artista no se preocupa pensando si su collage se ha echado a perder por haberle pegado tantos elementos. Siempre que exprese sus sentimientos el collage será espléndido.

Romare Bearden fue un artista del siglo XX que amaba crear collages acerca de las personas y los lugares que conocía.

Comprensión

DESTREZA CLAVE Comprender a los personajes

Al leer *Mi tío Romie y yo,* fíjate en los detalles del texto que ayudan a comprender las personalidades de James, tía Nanette y tío Romie. ¿Cómo piensan, actúan y hablan? Piensa también en cómo reaccionarías tú en una situación similar. Un organizador gráfico puede permitirte organizar los pensamientos, las acciones y las palabras de los personajes para obtener una comprensión más profunda de ellos.

Pensamientos	Acciones	Palabras

ESTRATEGIA CLAVE Visualizar

Para visualizar, utiliza los detalles del texto y forma una imagen mental. Puedes usar los detalles anotados en tu organizador gráfico para visualizar las escenas que incluyen a los personajes. Visualizar puede permitirte comprender mejor a los personajes.

SENDEROS EN DIGITAL Presentado por DESTINO Lectura™
Lección 8: Actividades de comprensión

Selección principal

VOCABULARIO CLAVE

espléndido	echarse a perder
estudio	arrancar
miniatura	surco
preocuparse	horario
untado	festín

DESTREZA CLAVE

Comprender a los personajes Usa detalles para entender más sobre los personajes.

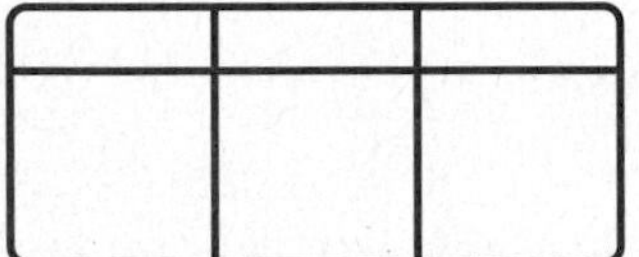

ESTRATEGIA CLAVE

Visualizar Usa detalles del texto para formarte imágenes mentales de lo que estás leyendo.

GÉNERO

Una **ficción realista** es un cuento de la actualidad que podría ocurrir en la vida real.

Establecer un propósito Establece un propósito para la lectura basándote en el género y en tus conocimientos previos.

CONOCE A LA AUTORA

Claire Hartfield

Claire Hartfield nació en Chicago. Trabaja de abogada haciendo que las escuelas sean más justas y más igualitarias para todos los niños. Durante muchos años fue maestra de danzas, enseñando a los estudiantes a expresarse a través del movimiento. Se interesó en el artista Romare Bearden por su habilidad para contar cuentos con el arte. En este cuento, el personaje del tío Romie está basado en Bearden.

CONOCE AL ILUSTRADOR

Jerome Lagarrigue

Jerome Lagarrigue nació en París, Francia. Ganó premios y elogios por sus ilustraciones del libro *Freedom Summer (Verano de libertad)*. Además de trabajar como ilustrador, Lagarrigue pasa mucho tiempo pintando. Hace poco hizo una exposición de pinturas al óleo en Italia. Mira atentamente las ilustraciones de *Mi tío Romie y yo* y encuentra los materiales que usó Lagarrigue para pintar los collages al estilo del artista Romare Bearden.

Mi tío Romie y yo

por CLAIRE HARTFIELD

ilustrado por

JEROME LAGARRIGUE

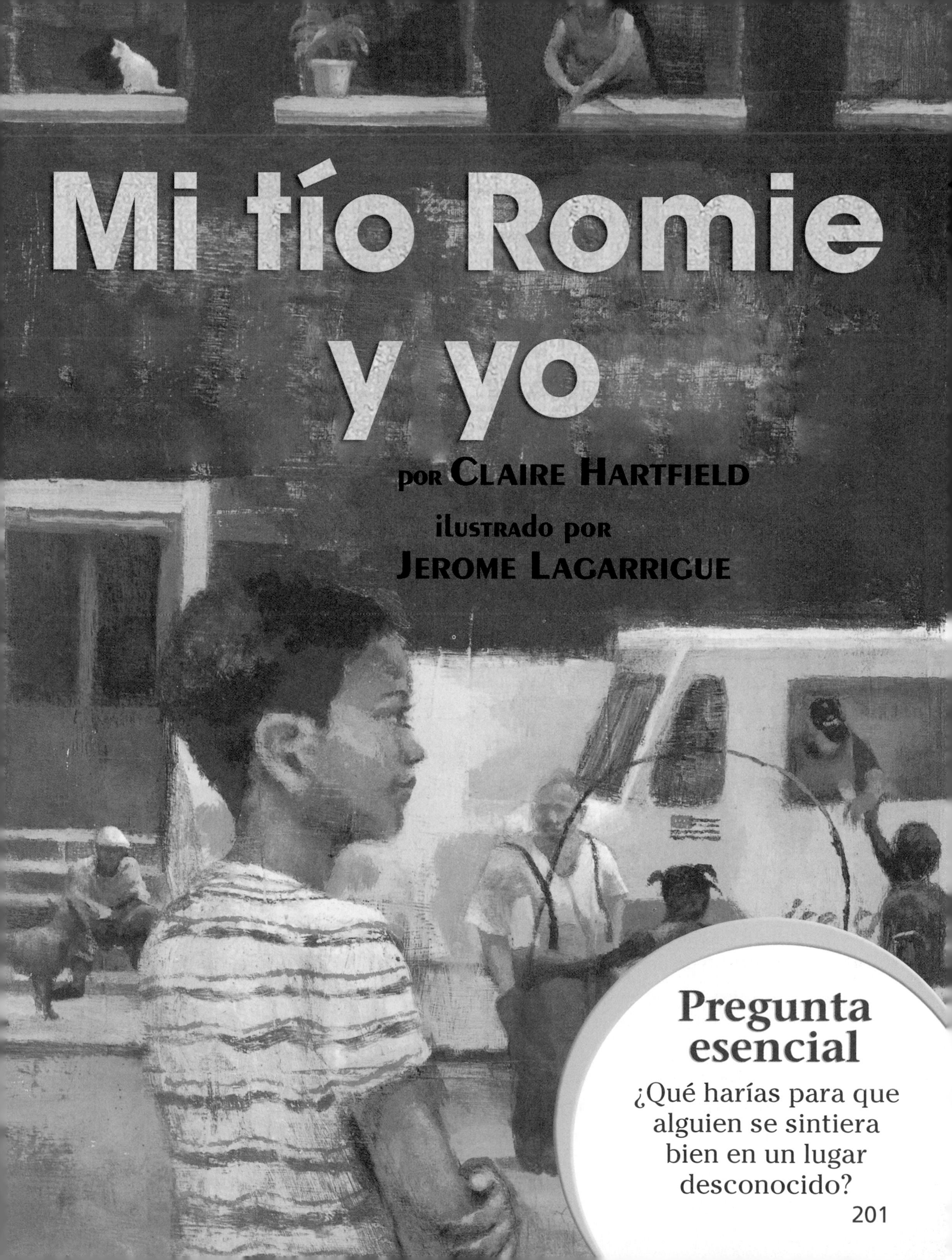

Pregunta esencial

¿Qué harías para que alguien se sintiera bien en un lugar desconocido?

James viaja en tren desde Carolina del Norte hasta la ciudad de Nueva York para visitar a su tía Nanette y a su tío Romie. Aún no los conoce y por eso se preocupa mucho. James ha dejado atrás a su amigo B. J., a su papá y a su mamá, quien pronto tendrá mellizos. James espera divertirse en estas vacaciones de verano, especialmente porque se aproxima su cumpleaños.

Entonces la vi... la ciudad de Nueva York. Los edificios se alzaban hasta el cielo, tan juntos unos de otros. No se parecía en nada a Carolina del Norte.

—¡Penn Station! Cuidado con los escalones —dijo el conductor, mientras me ayudaba a bajar a la plataforma. Hice lo que me indicó papá: encontrar un lugar donde quedarme cerca del tren. Una multitud de personas pasaba con prisa por allí. Pronto oí una suave voz que me llamaba por mi nombre. Tenía que ser tía Nanette. Me volteé y vi que se me acercaba una gran sonrisa a modo de bienvenida.

Me tomó de la mano y me guió a través de la muchedumbre apresurada hasta un tren subterráneo denominado metro. —Este nos llevará directo a casa —me explicó.

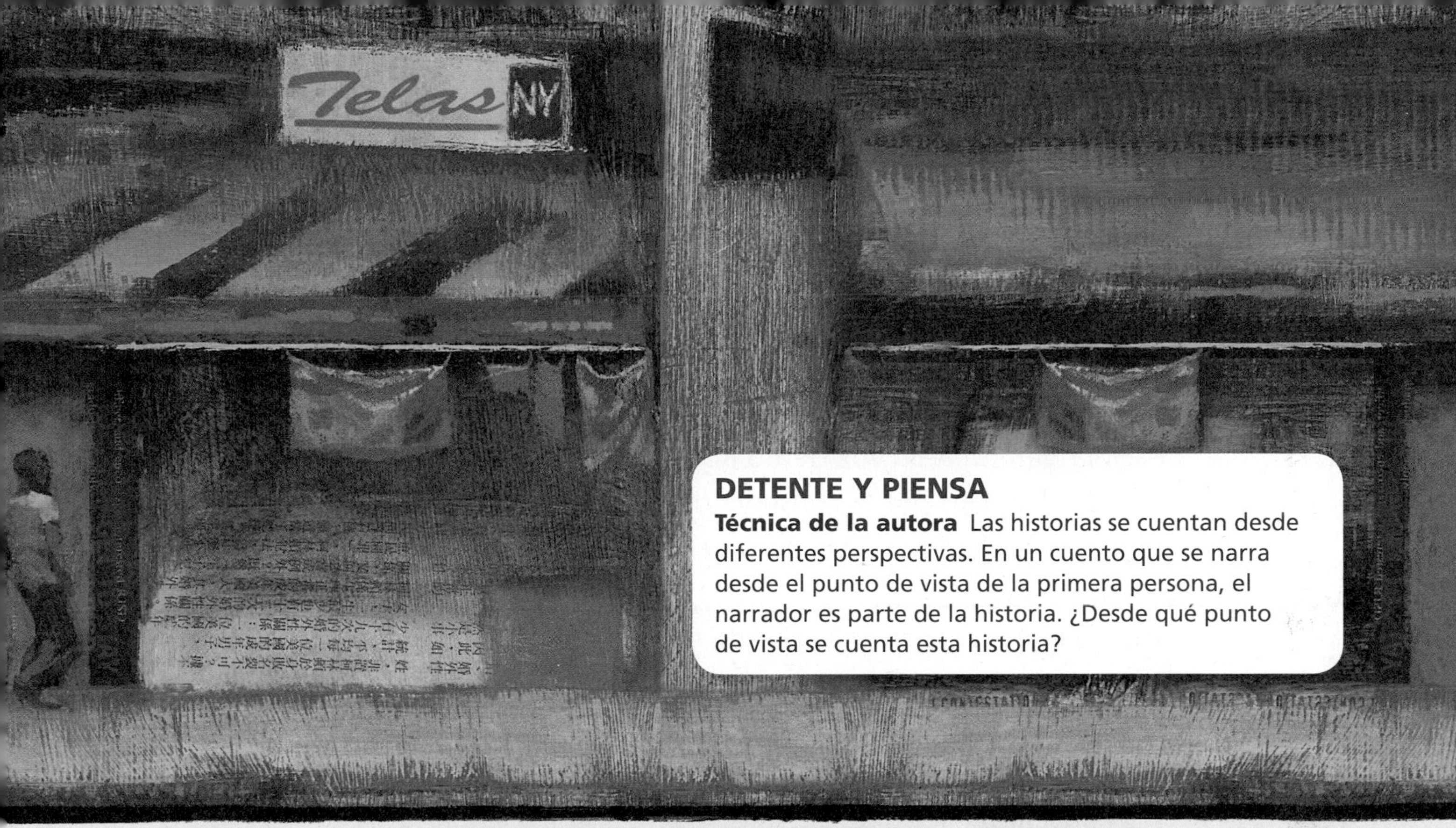

DETENTE Y PIENSA

Técnica de la autora Las historias se cuentan desde diferentes perspectivas. En un cuento que se narra desde el punto de vista de la primera persona, el narrador es parte de la historia. ¿Desde qué punto de vista se cuenta esta historia?

El vecindario donde estaba la casa no se parecía a nada que hubiera visto antes. No había casas normales en ningún lado. Sólo grandes edificios y tiendas de todo tipo. En las vitrinas vi pinturas, telas, radios y televisores.

Entramos en el edificio de la esquina y subimos las escaleras hasta el apartamento: cinco pisos completos. *¡Ay!* Yo intentaba recuperar el aliento mientras tía Nanette apretaba el interruptor para encender las luces.

—Tu tío Romie ha salido para hablar con alguien sobre su próxima gran exhibición de arte. Llegará pronto a casa —me dijo tía Nanette. Puso sobre la mesa un poco de leche y un plato de galletas para que me sirviera. —Tu tío está trabajando duro, así que no lo veremos mucho por aquí durante un tiempo. Su sala de trabajo, que llamamos su estudio, está en la parte delantera de nuestro apartamento. Allí es donde tiene todas las cosas que necesita para crear su arte.

—¿No pinta solamente? —pregunté.

—Tu tío Romie es un artista que se dedica al collage —explicó tía Nanette—. Usa pinturas, sí, pero también fotografías, periódicos, telas. Las recorta y las pega sobre un tablero para crear sus cuadros.

—Eso suena bastante fácil —dije.

Mi tía Nanette rió.

—Bueno, hay algo más que eso, James. Cuando veas las pinturas, comprenderás. Ven, te llevaré a tu cama.

Acostado en la oscuridad, oí fuertes pisadas en el corredor. Un gigante me observaba fijamente desde la entrada.

—Hola, James. —La voz de tío Romie era ronca y fuerte, como un trueno—. Gracias por la conserva de pimientos —dijo con voz profunda—. Que duermas bien ahora. —Después desapareció por el corredor.

A la mañana siguiente, la puerta del estudio de tío Romie estaba cerrada, pero tía Nanette tenía planes para nosotros. —Hoy vamos a ir a un vecindario llamado Harlem —dijo—. Es donde vivió tu tío Romie cuando era niño.

Harlem estaba lleno de personas caminando, trabajando, comprando, comiendo. Algunas miraban lo que pasaba desde las escaleras de incendios. Otras sentadas en los pórticos saludaban a los amigos, exactamente como en mi pueblo, gritando sus saludos desde los porches. Casi todos parecían conocer a tía Nanette. Muchos también preguntaban por tío Romie.

Compramos duraznos en el mercado y después estuvimos un rato de visita. Vi a unos chicos jugar al béisbol. —Ve, juega tú también —dijo tía Nanette, mientras me empujaba suavemente para que me uniera a ellos. Cuando ya estaba todo acalorado y sudado, nos refrescamos comiendo dos bolas de helado de chocolate que le compramos al heladero. Más tarde compartimos una barbacoa en una azotea muy alta. Me sentía como si estuviera en la cima del mundo.

DETENTE Y PIENSA

Visualizar La descripción de las actividades de James en Harlem (págs. 204-205) despierta los sentidos. Por ejemplo, el saludar estimula el sentido del oído en las personas. ¿Qué detalles se enfocan en el sentido de la vista?

En el transcurso de los días siguientes, tía Nanette me llevó a conocer toda la ciudad. Dimos un paseo en ferry hasta la Estatua de la Libertad… subimos casi volando los 102 pisos del edificio Empire State… miramos las vitrinas de las tiendas elegantes de la Quinta Avenida… engullimos salchichas en el Parque Central.

Pero Harlem era lo que más me gustaba. Jugué béisbol con los chicos otra vez… y en un día realmente caluroso nos bañamos todos juntos bajo el agua helada que salía con fuerza del hidrante. En las tardes, tía Nanette y yo nos sentábamos afuera para escuchar a los músicos callejeros que tocaban sus canciones en saxofón.

En días lluviosos, escribía postales y ayudaba en el apartamento con las tareas domésticas. Le conté a tía Nanette sobre las cosas que me gustaba hacer en mi ciudad: ir a los juegos de béisbol, ver pasar a los trenes, celebrar mi cumpleaños. Ella me contó del pastel especial caribeño de limón y mango que pensaba preparar.

Mi tío Romie continuaba escondido en su estudio. Pero yo ya no estaba preocupado. Tía Nanette haría que mi cumpleaños fuera especial.

4... 3... 2... 1... ¡Ya casi era mi cumpleaños!

Entonces tía Nanette recibió una llamada telefónica.

—Una anciana tía mía ha muerto, James. Tengo que asistir a su funeral. Pero no te preocupes, tu tío Romie pasará contigo tu cumpleaños. Todo saldrá bien.

Esa noche, tía Nanette me dio un beso de despedida. Yo sabía que las cosas no saldrían nada bien. Tío Romie no sabía nada de pasteles, ni de juegos de béisbol, ni de nada, excepto sus tontas pinturas viejas. Mi cumpleaños se había echado a perder.

Cuando el cielo se oscureció, me metí bajo las sábanas. ¡Echaba tanto de menos a mamá y a papá! Escuché a los pájaros en el tejado. Sus canciones continuaban bien entrada la noche.

A la mañana siguiente, todo estaba silencioso. Salí a rastras de la cama y me dirigí al corredor. Por primera vez, la puerta del estudio de tío Romie estaba abierta de par en par. ¡Qué lío espléndido! Había pinturas, retazos de tela y de papel por todo el piso y alrededor de la habitación había pinturas inmensas que tenían pedazos de todo tipo empastados juntos.

Vi saxofones, aves, escaleras de incendios y rostros marrones. «Es Harlem», pensé. «La gente, la música, los tejados y los pórticos». Mirando las pinturas de tío Romie, pude sentir a Harlem, su ritmo y vitalidad.

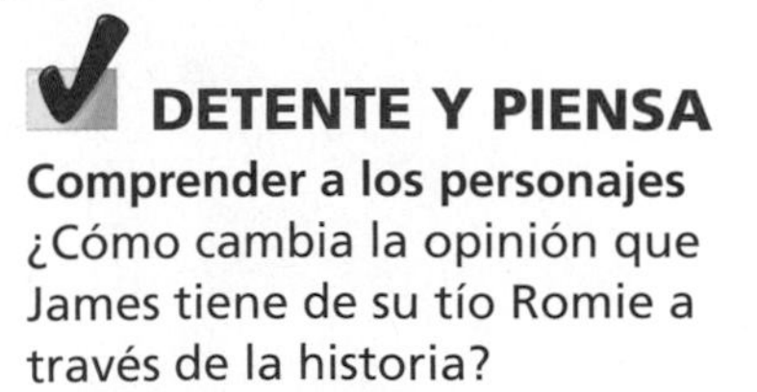

DETENTE Y PIENSA

Comprender a los personajes
¿Cómo cambia la opinión que James tiene de su tío Romie a través de la historia?

Entonces, vi una pintura que era diferente. Casas más pequeñas, flores y trenes. —¡Ese es mi pueblo! —exclamé.

—Exactamente —dijo tío Romie sonriendo desde la entrada—. Esa es la Carolina que recuerdo.

—Mamá dice que ibas allí de niño, a visitar a tus abuelos, casi todos los veranos —dije.

—Pues, claro que sí, James. De verdad, ese es el lugar de la conserva de pimientos, untada en abundancia sobre galletas. Y cuando la abuela no se daba cuenta… ¡sacaba a escondidas un poco con una cuchara!

—¡Papá y yo también lo hacemos! —le conté.

Reímos juntos y después fuimos a la cocina para tomar un desayuno que era un verdadero festín: huevos, tocino, sémola de maíz y galletas.

—James, me has hecho recordar a la señora que vendía la conserva de pimientos. La gente solía hacer una fila que se extendía por toda la cuadra para comprar sus conservas.

—¿Podrías poner a alguien así en una de tus pinturas? —le pregunté.

—Supongo que podría hacerlo —asintió tío Romie—. Sí, ese es realmente un buen recuerdo para compartir. Qué buena idea, James. Pero ahora, ¡empecemos a festejar este cumpleaños!

Trajo dos regalos que me habían enviado de casa. Rompí las envolturas de los paquetes mientras mi tío traía la conserva de pimientos y dos cucharas grandes. Mamá y papá habían escogido exactamente lo que yo quería: un estuche especial para mis tarjetas de béisbol y un tren miniatura para construir.

—Muy lindo —dijo tío Romie—. Yo solía mirar el paso de los trenes allá en el sur, en Carolina del Norte, ¿sabías?

¡Es gracioso pensar en el enorme tío Romie tirado boca abajo!

—B. J. y yo apostamos siempre para ver quién puede oír primero a los trenes.

—¡Eh!, yo también hacía eso. Sabes, es gracioso, James. La gente vive en todo tipo de lugares y en familias diferentes, pero las cosas que nos importan son muy parecidas. Como las comidas preferidas, las canciones especiales, los juegos, los cuentos… y los cumpleaños. —¡Tío Romie sostenía en la mano dos boletos para un juego de béisbol!

Resultó que tío Romie sabía todo sobre béisbol e incluso había sido un lanzador estrella en la universidad. Nos pusimos los guantes de béisbol y nos fuimos al juego.

Sentados arriba, en las gradas de sol, compartimos una bolsa de cacahuates. Hacíamos crujir las cáscaras con los dientes y teníamos los guantes listos en caso de que hubiera un jonrón y la pelota llegara hasta nosotros. Eso no pasó, pero nos divertimos mucho.

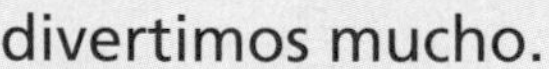

Tía Nanette regresó a casa esa noche. Encendió las velas y todos compartimos mi pastel caribeño de cumpleaños.

Después de eso, tío Romie tuvo que trabajar mucho nuevamente. Pero al final de cada día dejaba que yo me sentara con él en su estudio y entonces hablábamos. Papá tenía razón. Tío Romie es un buen hombre.

Finalmente llegó el día de la gran exhibición de arte. Observé a las personas riéndose y hablando, caminando lentamente por la habitación, yendo de una pintura a la otra. Yo también di unas vueltas por la sala, escuchando sus conversaciones.

—¿Recuerdas nuestro primer viaje en tren desde Chicago a Nueva York? —le preguntó una señora a su esposo.

—Ese hombre tocando la guitarra me recuerda a mi tío Joe —dijo otra persona.

Todos esos extraños hablaban unos con otros acerca de sus familias, amigos y momentos especiales, y todo porque las pinturas de mi tío Romie les recordaban estas cosas.

Esa misma noche llamó papá. Mi hermano y mi hermana acababan de nacer. Papá dijo que ambos eran calvos y hacían mucho ruido, pero se le oía feliz y dijo que todos me extrañaban mucho.

Esta vez ambos, tía Nanette y tío Romie, me llevaron a la estación del tren.

—Este es un regalo tardío de cumpleaños, James —dijo tío Romie mientras sacaba un paquete—. Ábrelo en el tren, ¿quieres? Te ayudará a pasar el rato durante el largo viaje de regreso a casa.

Saludé con la mano desde la ventanilla a tío Romie y tía Nanette hasta que ya no pude verlos. ¡Entonces desenvolví el regalo!

Y allí estaba mi verano en Nueva York. Un cielo brillante en una esquina, las luces de la ciudad nocturna en la otra. Edificios altos. Fragmentos de las entradas al juego de béisbol. La etiqueta del frasco de conserva de pimientos. Y trenes. Uno que iba hacia los rascacielos, otro que se alejaba.

De regreso en casa, me acosté sobre la hierba mullida de Carolina del Norte. Era el primero de septiembre, casi el cumpleaños de tío Romie. Miré a las aves que volaban en línea, como formando un surco, mientras cruzaban el cielo.

«Aves de tejado», pensé. «De regreso después de su verano en Nueva York, exactamente como yo». Observándolas, aún podía sentir el ritmo de la ciudad en mi mente.

Una pluma descendió flotando desde el cielo. En el jardín, los lirios atigrados se doblaban con el viento. ¡Eran las flores favoritas de tío Romie! Arranqué unas cuantas. Y entonces comencé la búsqueda de un tesoro para recolectar las cosas que me recordaban a tío Romie.

Las pinté y empasté juntas en un pedazo grande de cartulina. Justo en el medio pegué el horario del tren y en la parte superior escribí:

Es tu turno

Hecho a mano

Escribir sobre los regalos James le hizo un regalo de cumpleaños al tío Romie porque lo aprecia. Escribe un párrafo que cuente sobre un regalo especial que hayas hecho. Describe el regalo y cómo fue la experiencia. Cuenta por qué lo hiciste y cómo reaccionó la persona que recibió tu regalo. RESPUESTA PERSONAL

¡Bienvenido!

Planificar una visita Imagina que acompañarás a un estudiante nuevo a recorrer tu escuela. Con un compañero, hagan un mapa sencillo de la escuela. Rotulen cada sector que visiten en el recorrido y comenten por qué es importante que el estudiante nuevo conozca esos lugares. PAREJAS

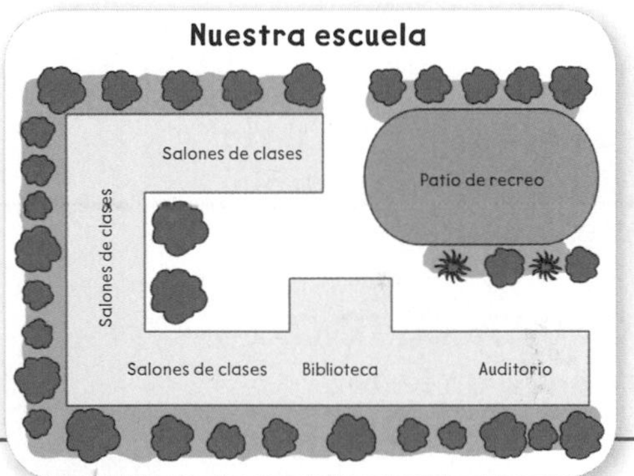

Analizar al tío Romie

Turnarse y comentar Piensa de qué manera el tío Romie logra que el cumpleaños de James sea especial. Usa detalles del cuento y tu propia experiencia para comentar con tu compañero qué indican las acciones del tío Romie sobre su personalidad. COMPRENDER A LOS PERSONAJES

Conectar con el

Arte

VOCABULARIO CLAVE

espléndido	**estudio**
miniatura	**preocuparse**
untado	**echarse a perder**
arrancar	**surco**
horario	**festín**

GÉNERO

El **Teatro del lector** es un texto que ha sido preparado para que los lectores lo reciten en voz alta.

ENFOQUE EN EL TEXTO

Instrucciones Un texto puede incluir un conjunto de instrucciones que indican cómo hacer algo, a menudo siguiendo una serie de pasos. Repasa los pasos presentados en el texto para crear arte al aire libre.

Teatro del lector

Artistas al aire libre

por Sam Rabe

Personajes

Narrador	Kayla
Maestra Lina	Zack

Narrador: Un día soleado en el sur de Texas, los estudiantes de la maestra Lina se reunieron en el patio de la escuela.

Maestra Lina: Mañana es el día del festival de dibujo con tiza en las aceras. El director nos ha dado permiso para practicar nuestro dibujo con tiza mojada en el pavimento del patio, que será nuestro estudio. Recuerden, cuando quieran dibujar sobre una acera, deben pedir permiso al adulto a cargo antes de hacerlo. Ahora revisemos los pasos para dibujar con tiza mojada. ¿Qué hacemos primero?

Narrador: Mientras los estudiantes le decían los pasos en orden, la maestra Lina los anotaba en un gran cuaderno de notas. Cuando acabó de escribir, arrancó la hoja y mostró las instrucciones para que todos pudieran leerlas. Luego, los estudiantes eligieron sus pedazos de tiza y los mojaron. Mientras tanto, Kayla y Zack planeaban su dibujo.

Kayla: Dibujemos un festín en la selva. Los loros pueden estar comiéndose todo tipo de frutas.

Zack: Dibujaré un tren en miniatura que transporte comida para las aves.

Narrador: Los estudiantes sacaron sus pedazos de tiza del agua y se pusieron a dibujar. Mientras Zack dibujaba una curva pronunciada de las vías del tren, su mano volteó el frasco que contenía el agua. Zack y Kayla miraron cómo se formaba un surco de agua en su dibujo.

Zack: ¡Nuestro dibujo se echó a perder!

Kayla: ¡No te debes preocupar tanto! ¡Rápido, mezcla el agua y la tiza! Ahora vamos a echarle otra capa de tiza y así recubriremos el dibujo.

Narrador: Kayla y Zack trabajaron rápidamente. Los colores untados se veían espléndidos, como la cobertura gruesa y vistosa de una torta.

Maestra Lina: ¡Se ve genial! Esa es una técnica excelente, niños. ¿Están interesados en participar en el festival de dibujo con tiza mañana? El horario del festival indica que se comenzará a dibujar a las 9:00 de la mañana.

Kayla y **Zack:** ¡Claro que sí!

Kayla: Mañana derramaremos agua a propósito en nuestro dibujo.

Zack: ¡Entonces sabremos exactamente qué hacer!

Para dibujar con tiza mojada

1. Elige tus tizas y colócalas en un frasco.
2. Llena el frasco con agua hasta cubrir tres cuartas partes del largo de la tiza. Deja la tiza en remojo unos minutos, pero no dejes que se disuelva.
3. Saca la tiza mojada del frasco.
4. ¡Dibuja!
5. Deja secar tu dibujo.

Hacer conexiones

El texto y tú

Escribir una descripción Piensa en un adulto que es importante para ti. ¿Qué aspectos incluirías en un collage sobre esa persona? Escribe un párrafo que describa el collage que harías. Explica de qué manera cada aspecto te recuerda a la persona.

De texto a texto

Comparar y contrastar Piensa en las formas de arte presentadas en *Mi tío Romie y yo* y en «Artistas al aire libre». ¿En qué se parecen y en qué se diferencian estas formas de arte? Usa evidencias del texto para hacer una lista de semejanzas y diferencias.

El texto y el mundo

Biografía y ficción *Mi tío Romie y yo* es una historia imaginaria basada en un artista real. Lee una biografía en Internet del artista Romare Bearden. Luego identifica las cosas en su vida real y en esta historia que sean iguales.

Gramática

¿Qué es una conjunción? Una **conjunción** es una palabra que relaciona unas palabras con otras. *Y, o* y *pero* son conjunciones que pueden unir dos oraciones para formar una **oración compuesta**. Estas conjunciones se llaman **conjunciones coordinantes**. Conjunciones como *si, que, porque* y *sino* pueden conectar una oración con una frase para formar una **oración compleja**. Estas conjunciones se llaman **subordinantes**.

Lenguaje académico

conjunción
oración compuesta
oración compleja
conjunción coordinante
conjunción subordinante

Oraciones con conjunciones	
oración compuesta →	James viajó a New York, pero B. J. se quedó en casa.
oración compleja →	Si el tren se demora, tía Nanette se preocupará.
oración simple →	Ni el tren ni el metro estaban muy llenos.

Turnarse y comentar **Trabaja con un compañero. Encuentra las conjunciones en estas oraciones.**

1. Iremos a Central Park aunque llueva.
2. Los dos tomaremos el ferry que nos llevará hasta la Estatua de la Libertad.
3. Ni mi tía ni yo hemos ido allí antes.

Ideas Las ideas semejantes pueden reunirse en una sola oración para que los lectores vean la conexión que hay entre ellas. Si dos oraciones tratan de la misma idea, a veces puedes usar conjunciones para combinarlas y reforzar la conexión entre las ideas.

Mi tía no molesta a mi tío.

Yo no molesto a mi tío.

Una oración

Ni mi tía ni yo molestamos a mi tío.

Relacionar la gramática con la escritura

Mientras revisas tu poema, busca lugares donde las conjunciones podrían proporcionar una escritura más fluida o reforzar la conexión entre las ideas.

Escribir para responder

✔ Elección de palabras Una manera de responder a un texto literario es escribir un **poema** basado en lo que leíste. El poema debe incluir detalles que sean llamativos a los cinco sentidos: vista, oído, gusto, tacto y olfato. También debe contener las siguientes convenciones de la poesía:

- rima
- ritmo
- versos agrupados en estrofas

Davey escribió el borrador de un poema sobre la ciudad de New York en respuesta a *Mi tío Romie y yo.* Luego cambió algunas palabras para mejorar la rima y los detalles llamativos a los sentidos.

Lista de control de la escritura

- ✔ **Ideas** ¿Son claras mis ideas y están bien centradas en el tema del poema?
- ✔ **Organización** ¿Ordené mis ideas de manera clara?
- ✔ **Elección de palabras** ¿Elegí palabras que crean sonidos o imágenes intensos?
- ✔ **Voz** ¿Expresé mis ideas a mi propia manera?
- ✔ **Fluidez de las oraciones** ¿Usé conjunciones para unir ideas?
- ✔ **Convenciones** ¿Usé correctamente la ortografía, la gramática y la puntuación?

Borrador revisado

Hay ~~mucho~~ tanto para ver y para hacer
desde Harlem hasta la ~~estatua de la Libertad~~ Quinta Avenida.

Los edificios ~~llegan~~ se estiran hasta el cielo,
mucha gente ~~va de aquí para allá~~ camina apresurada.

Copia final

New York, gran ciudad

por Davey Chu

Hay muchas cosas para hacer y para ver:
Harlem, los museos, la Quinta Avenida.
Los altos edificios te van a sorprender,
así como la gente que corre entretenida.

Comidas deliciosas se pueden probar:
pastel caribeño de mango y limón,
perritos calientes allá, en Central Park,
y esas barbacoas hechas con carbón.

¡Escucha los sonidos de la gran ciudad!:
el metro retumba dentro de la tierra,
los músicos tocan en calles y callejas,
en New York no encuentras jamás soledad.

En mi poema final, reemplacé palabras débiles por otras que ayudan a los lectores a imaginar gustos, sonidos e imágenes intensas. También usé conjunciones para unir ideas.

Leer como escritor

¿Qué palabras reemplazó Davey para que su poema tuviera más fuerza? Mientras escribes tu propio poema, busca palabras que podrías reemplazar para dar vida a imágenes y sonidos.

Lección 9

culpa
sacar
consulta
desmayarse
sincero
local
disculparse
prueba
resbaloso
insistir

Librito de vocabulario

Tarjetas de contexto

Vocabulario en contexto

1

culpa

Con frecuencia un malentendido entre amigas no es culpa, o responsabilidad, de ninguna de ellas.

2

sacar

Al sacar un libro de la biblioteca o pedir prestado algo a alguien, asegúrate de devolverlo pronto.

3

consulta

Una buena fuente de información es un libro de consulta. Este puede explicar las cosas claramente.

4

desmayarse

Esta niña no se desmayó. Solo está cansada y está tomando una corta siesta.

- **Estudia cada Tarjeta de contexto.**
- **Usa un diccionario como ayuda para entender el significado de estas palabras.**

5 sincero

El decir cosas que no son sinceras, o verdaderas, puede herir los sentimientos de otra persona.

6 local

Las personas de otras regiones pueden no entender las costumbres de la gente local.

7 disculparse

Por haber hecho algo incorrecto, será mejor disculparme diciendo cuánto lo siento.

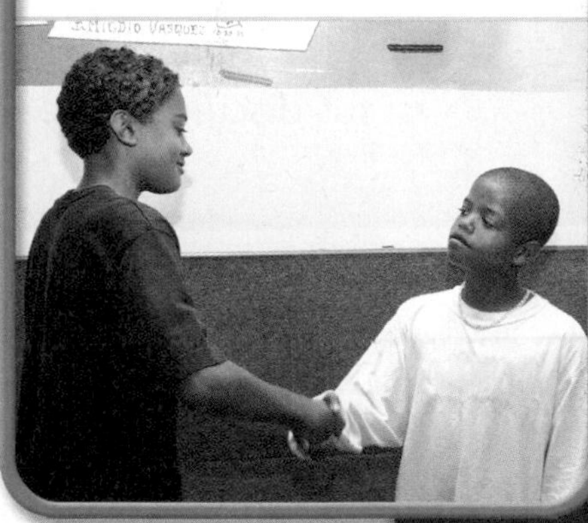

8 prueba

Para saber si realmente has hecho tu tarea, tus padres podrían pedirte una prueba de ello.

9 resbaloso

A estos niños no les importó que la cancha de fútbol estuviera resbalosa.

10 insistir

La madre de este niño insistió en que él mismo reparara lo que había estropeado.

Contexto

VOCABULARIO CLAVE **¿Por qué disculparse?** Cuando hago algo incorrecto, es importante disculparme. A veces debemos disculparnos por cosas que hacemos a propósito, ¡como empujar a un amigo en una cancha resbalosa! Otras veces debemos disculparnos por los errores que hemos cometido, como sacar en préstamo un libro de consulta y después perderlo. En la selección siguiente, una niña escribe una carta al bibliotecario local para decirle que un alboroto reciente, ocurrido en la biblioteca, fue culpa suya. ¡Incluso alguien se desmayó! En la selección, su padre insistió en que la niña diera una prueba de que siente lo que sucedió. Fíjate si sus disculpas te parece sinceras.

Comprensión

DESTREZA CLAVE Conclusiones y generalizaciones

A veces un autor espera que los lectores deduzcan algo, o saquen una conclusión. Una generalización es un tipo de conclusión que es verdadera acerca de algo *la mayor parte* del tiempo, no siempre. Al leer, fíjate en los detalles que podrían ayudarte a sacar una conclusión razonable acerca del cuento. Genera un organizador gráfico para mostrar de qué manera los detalles del texto respaldan una conclusión o una generalización.

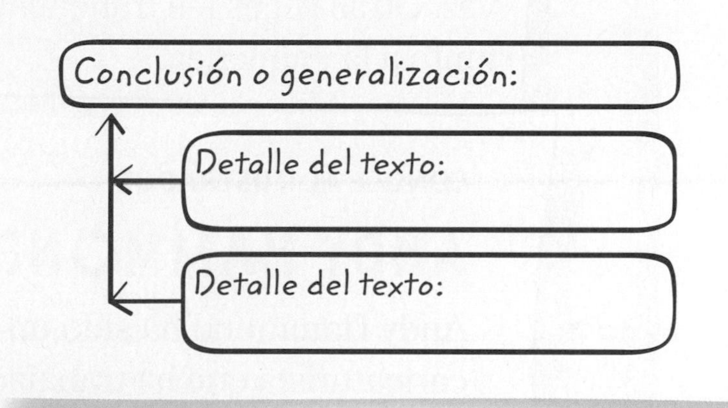

ESTRATEGIA CLAVE Preguntar

Usa tu organizador gráfico y la estrategia de preguntar para sacar conclusiones acerca de las actitudes y los sentimientos del narrador. Mientras lees, hazte preguntas como *¿De qué manera?* o *¿Por qué?* para lograr una comprensión más profunda de las ideas que no son muy explícitas.

VOCABULARIO CLAVE

culpa	local
sacar	disculparse
consulta	prueba
desmayarse	resbaloso
sincero	insistir

DESTREZA CLAVE

Conclusiones y generalizaciones
Encuentra las ideas no enunciadas o generales.

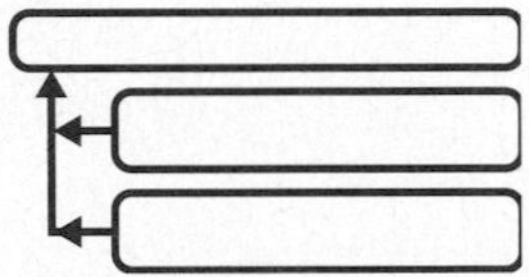

ESTRATEGIA CLAVE

Preguntar Haz preguntas antes de leer, mientras lees, y después de leer.

GÉNERO

Una **ficción realista** es un cuento de la actualidad que podría ocurrir en la vida real.

Establece un propósito para la lectura basándote en el género y en tus conocimientos previos.

CONOCE AL AUTOR

KEN ROBERTS

Igual que el personaje de el señor Winston, Ken Roberts es bibliotecario. También escribe libros, obras de teatro, y cuenta cuentos. "Hago bien bastantes cosas", dice, "pero en realidad no soy experto en ninguna". A veces trabaja en muchos proyectos a la vez. Otras veces lee tranquilamente junto a la chimenea.

CONOCE AL ILUSTRADOR

ANDY HAMMOND

Andy Hammond ha sido un caricaturista que ha trabajado muchísimo durante más de treinta años. Hace sus trabajos con pluma, tinta y con acuarelas, y a menudo los termina en la computadora. Prefiere aquellos trabajos en que lo dejan usar su propio estilo y permiten que su sentido del humor fluya libremente.

Estimado Sr. Winston

de Cuando fui a la biblioteca

por Ken Roberts

selección ilustrada por Andy Hammond

Pregunta esencial

¿Por qué querría alguien disculparse si la disculpa no es sincera?

Estimado Sr. Winston,

Mis padres me dijeron que debo escribirle y disculparme. Papá dice que leerá esta carta antes de que la envíe y que más me vale asegurarme que mis disculpas suenen sinceras de verdad. Por lo tanto, lamento verdadera y sinceramente haber llevado esa serpiente a la biblioteca ayer.

Mis padres dicen que lo que hice estuvo mal, aunque la caja de cartón estaba bien cerrada. En realidad no había forma de que esa serpiente se escapara si usted no hubiera abierto la caja ni la hubiera dejado caer al suelo.

Mis padres dicen que es culpa mía por haber llevado esa serpiente a la biblioteca y por eso me disculpo verdadera y sinceramente. Lo que no entiendo es cómo iba a saber qué clase de serpiente tenía dentro de esa caja si no la llevaba a la biblioteca para compararla con imágenes de serpientes y así tratar de encontrar una imagen que correspondiera.

DETENTE Y PIENSA

Preguntar El inicio de una historia puede plantear muchas preguntas. Después de leer la primera página, piensa en una pregunta que quieras que esta historia te responda.

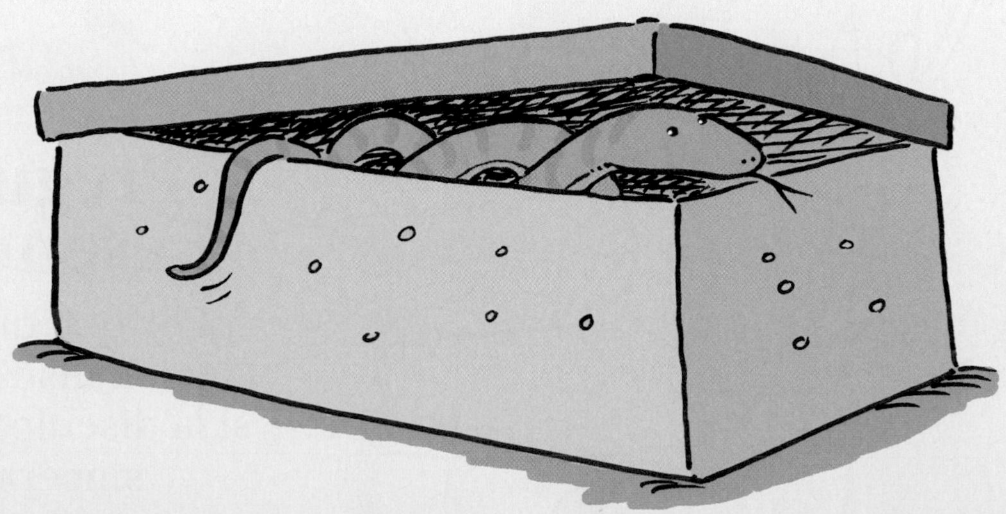

SALIDA
SERPIENTES
DEL
MUNDO

Les conté a mis padres algo que no tuve la oportunidad de recordarle a usted antes de que se lo llevara la ambulancia. Primero fui a la biblioteca sin la serpiente. Dejé la caja afuera, escondida debajo de un arbusto, e intenté sacar prestado un enorme libro verde con muchas imágenes de serpientes. Usted me dijo que ese gran libro verde era un libro de consulta, lo cual quería decir que debía permanecer en la biblioteca y que no podía llevarlo afuera, ni siquiera durante diez minutos.

Mis padres dicen que aun así yo no debí haber llevado esa serpiente a la biblioteca y que debo disculparme verdadera y sinceramente si es que quiero volver a ver alguna vez *La patrulla galáctica* por televisión. Mis padres escogieron *La patrulla galáctica* porque es mi programa preferido, aunque no estoy muy segura de qué relación hay en no ver un programa de televisión y llevar una serpiente a la biblioteca.

La gente de la biblioteca dice que usted odia tanto a las serpientes que ni siquiera tocaría un libro que tuviera una fotografía de serpientes en la portada, y que por eso no volverá a la biblioteca por unas cuantas semanas. Si quiere, puede ver *La patrulla galáctica*, a las cuatro de la tarde los días de semana, en el canal 7. No hay serpientes en el programa porque tiene lugar en el espacio.

¿Recibió las flores? Papá las escogió, pero yo tuve que pagarlas con mi mesada de los próximos dos meses. Las flores son la prueba de que lamento verdadera y sinceramente haber llevado esa serpiente a la biblioteca. ¡Espero que la gente que trabaja en la biblioteca encuentre pronto a esa serpiente! ¿Buscaron debajo de todas las sillas?

Esa serpiente no es peligrosa. Es una serpiente local y no hay serpientes venenosas en Manitoba. La gente de la biblioteca dice que usted también lo sabe, porque esa fue una de las razones que le hicieron mudarse aquí. Le compré esa serpiente a un amigo. Me costó la mesada de un mes entero, lo cual quiere decir que esa serpiente me ha costado un total de tres mesadas y ¡sólo fue mía durante una hora!

Mamá dice que no es necesario que diga quién me vendió esa serpiente, así que no se lo diré a usted tampoco, porque papá dice que leerá esta carta. Además, no quiero que usted se enfade con nadie más ya que fui yo quien llevó esa serpiente a la biblioteca ayer. Lo lamento verdadera y sinceramente.

Deseo que sepa que no pensaba en mostrarle esa serpiente. No tenía la intención de asustarlo en absoluto. Yo sabía dónde estaba el gran libro verde sobre serpientes. Coloqué la caja sobre una mesa cerca del libro y traté de encontrar la foto correcta. Vi una foto, después observé la serpiente, luego otra foto, y otra vez la serpiente. Hice eso cinco veces y puedo decirle que la serpiente que llevé a la biblioteca no es ni una pitón, ni una serpiente de cascabel, ni una anaconda, ni un áspid, ni una cobra.

De todas maneras, me sorprendió que usted quisiera ver qué había dentro de la caja, porque yo no solicité su ayuda y había muchas otras personas en la biblioteca que sí necesitaban ayuda.

Papá dice que el hecho de que yo dijera "nada", en lugar de "una serpiente", es una prueba de que sí sabía que estaba haciendo algo incorrecto cuando llevé esa serpiente a la biblioteca. Lo lamento verdadera y sinceramente, aunque mi amigo Jake Lambert me haya prometido que la serpiente que le compré es completamente inofensiva.

COBRA

Pero sí le dije a usted que no necesitaba ayuda y tenía un libro sobre serpientes abierto delante de mí, así que no sé por qué usted insistió en mirar dentro de la caja si les tiene tanto miedo a las serpientes y todo eso. Tampoco sé por qué usted alzó la caja en vez de abrir una solapa para mirar. Tal vez, si usted hubiera dejado la caja sobre la mesa y se hubiera sentado cerca de ella, entonces quizás no le habría sucedido nada a la caja cuando usted gritó y se desmayó. Tampoco se habría caído tan lejos, si hubiera estado sentado.

¿Sabía usted que se le erupcionó la piel después de desmayarse? Yo pensaba que una persona tenía que tocar algo como hiedra venenosa para que se le erupcionara la piel. No sabía que eso fuera posible con sólo pensar en algo, pero mis padres dicen que realmente puede pasar. Creo que quizás usted sí tocó algo. Quizás, cuando usted estaba acostado en el piso, ¡esa serpiente se deslizó hacia usted y lo tocó! ¿Sabía que la piel de las serpientes se siente seca, nada húmeda ni resbalosa del todo?

Se me acaba de ocurrir algo. Quizás todos estén buscando esa serpiente en la biblioteca y no esté allí. ¡Quizás se metió en uno de sus bolsillos o subió por la manga de su camisa y viajó con usted hasta el hospital! ¿No sería gracioso? ¿Por qué no le pide a una de las enfermeras que lo revise? Si no está dentro de sus ropas, podría haberse escapado y estar escondida en algún lugar del hospital. Creo que deberían buscar allí también.

DETENTE Y PIENSA

Conclusiones y generalizaciones

Mira en el primer párrafo de esta página. ¿Qué conclusión puedes sacar sobre la actitud que tiene quien escribe la carta a partir de las sugerencias que le da al Sr. Winston?

Estoy segura de que hablará con las personas de la biblioteca, para asegurarse de que encuentren esa serpiente antes de regresar a su trabajo. Espero que la encuentren, aunque mis padres dicen que no puedo quedarme con ella. Si la encuentran, ¿podría pedirles a las personas de la biblioteca que me llamen? Me interesaría saber que está bien. Y si en efecto la encuentran y deciden llamarme, ¿podría pedirles que la comparen con las imágenes de serpientes de ese gran libro verde de referencia antes de llamarme? Todavía me gustaría saber qué clase de serpiente tuve durante una hora.

Lo lamento verdadera y sinceramente.

Su amiga,

Clara

DETENTE Y PIENSA

Técnica del autor Algunas veces los autores repiten las palabras cuando quieren que los lectores les presten mucha atención. ¿Crees a Clara cuando en repetidas ocasiones dice: "Lo lamento verdadera y sinceramente"? ¿Por qué sí o por qué no?

Es tu turno

Querida Clara

Escribir una respuesta ¿Cómo crees que reaccionará el señor Winston ante las disculpas de Clara? Imagina que eres el señor Winston y escribe una carta en respuesta a la carta de Clara. Di si aceptas sus disculpas y explica por qué. RESPUESTA PERSONAL

Aquí no hay serpientes

Dramatizar Imagina que el señor Winston ha leído la carta de Clara y aún siente mucho miedo de entrar en la biblioteca. En grupo, representen una escena en la que Clara, su mamá y su papá tratan de convencer al señor Winston de que vuelva a su trabajo. Cada persona debe hacer el papel de uno de los personajes. GRUPO PEQUEÑO

¿Quién tiene la culpa?

Turnarse y comentar Con un compañero, comenten qué llevó a Clara a escribir unas disculpas que no parecen del todo sinceras. Según ella, ¿qué partes del incidente en la biblioteca son culpa de alguien más? ¿Crees que la mayoría de las personas se sentirían así? ¿Por qué? CONCLUSIONES Y GENERALIZACIONES

Conectar con las

Ciencias

VOCABULARIO CLAVE

culpa	**sacar**
consulta	**desmayarse**
sincero	**local**
disculparse	**prueba**
resbaloso	**insistir**

GÉNERO

Un **texto informativo**, como esta guía práctica, proporciona datos y ejemplos sobre un tema.

ENFOQUE EN EL TEXTO

Tabla Un texto informativo puede incluir una tabla, que organiza la información relacionada sobre un tema. ¿Cómo se relaciona con el texto la información en la tabla de la página 240?

GUÍA PRÁCTICA de las Víboras del suroeste

por Patrick Sutter

Las víboras son increíbles. No tienen brazos ni pies, pero se mueven rápidamente. No tienen orejas, pero los órganos detectores de calor las ayudan a encontrar a sus presas. Las víboras sobreviven en prácticamente todos los ecosistemas de la Tierra.

Mucha gente es sincera y admite tener miedo de las víboras. Algunos incluso se han desmayado ante la presencia de estos reptiles, pero esto no es culpa de nadie. Algunas víboras son peligrosas y muchas otras no lo son. De hecho, la mayoría de las víboras ayudan a los agricultores locales al alimentarse de las plagas. Muchos creen que la piel de una víbora es resbalosa al tacto, pero está compuesta de escamas secas.

Esta guía de consulta da información sobre tres víboras del suroeste.

Nombre vulgar: Serpiente rey de montaña
Nombre científico: *Lampropeltis zonata*
Tamaño: 20 a 40 pulgadas
Hábitat: montañas, bosques húmedos
No venenosa

El cuerpo y la cola de esta serpiente están recubiertos de anillos negros, blancos y rojos. El diseño y los colores son muy similares a los de la serpiente coral, cuyo veneno es mortal, pero la serpiente rey no es venenosa. Ambas víboras parecen sacar sus colores del mismo lugar, pero una serpiente rey auténtica tendrá anillos rojos y negros tocándose entre sí. Este diseño de colores es la prueba de que el reptil es una serpiente rey. La dieta de una serpiente rey incluye lagartijas, mamíferos pequeños, aves y otras víboras.

Nombre vulgar: Serpiente de cascabel diamantina occidental
Nombre científico: *Crotalus atrox*
Tamaño: 30 a 90 pulgadas
Hábitat: áreas secas, como los desiertos y las faldas rocosas de las montañas
Venenosa

Esta es la víbora más grande del oeste. Se alimenta de mamíferos pequeños, aves y reptiles. Las personas le tienen miedo porque es muy peligrosa. ¡Puede morder incluso ya muerta! Su mandíbula puede abrirse al ser tocada y puede inyectar veneno. Los científicos no se disculpan por protegerla. Han insistido en que, a pesar del peligro, la víbora es importante. No atacará, pero se defenderá si se siente amenazada. Primero, meneará su cola para hacer sonar sus cascabeles. ¡Esto indica que debemos retroceder!

Nombres vulgares: Culebra ciega del oeste o serpiente lombriz occidental
Nombre científico: *Leptotyphlops humilis*
Tamaño: 6 a 13 pulgadas
Hábitat: laderas de montañas, desiertos, faldas rocosas de las montañas
No venenosa

Esta víbora diminuta e inofensiva puede ser de color marrón, violeta o rosa. Uno de sus dos nombres vulgares se refiere a su cuerpo delgado, similar al de una lombriz. El otro nombre se refiere a la ausencia de ojos. En lugar de tener ojos, esta víbora tiene dos puntos negros en su cara. La culebra ciega del oeste busca su alimento hurgando debajo de las raíces de las plantas, de las piedras y en los hormigueros. Come hormigas y otros insectos pequeños.

Características de las víboras del suroeste

CARACTERÍSTICAS	SERPIENTE REY DE MONTAÑA	CASCABEL DIAMANTINA OCCIDENTAL	CULEBRA CIEGA DEL OESTE
venenosa		🐍	
no venenosa	🐍		🐍
hábitat desértico		🐍	🐍
hábitat montañoso	🐍		🐍
tamaño grande	🐍	🐍	
tamaño pequeño			🐍

Hacer conexiones

El texto y tú

Escribir una carta Todos cometemos errores. Escribe una breve carta de disculpas a un amigo a quien deberías haberle pedido perdón, pero no lo hiciste. Incluye la fecha, el saludo y la despedida.

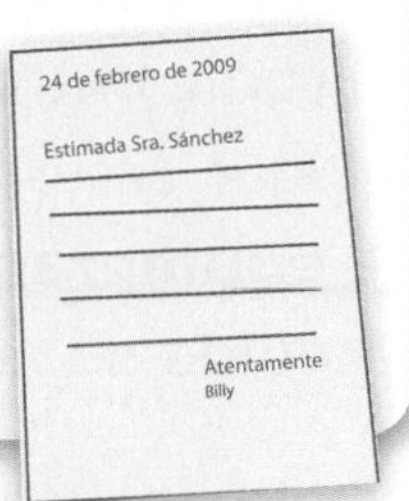

De texto a texto

Comparar y contrastar Elige una serpiente de *Guía práctica de las víboras del suroeste* y completa un diagrama de Venn para comparar y contrastar esa serpiente con la de Clara. Usa los detalles que Clara brinda sobre la serpiente y la información disponible para adivinar qué clase de serpiente puede haber llevado Clara a la biblioteca.

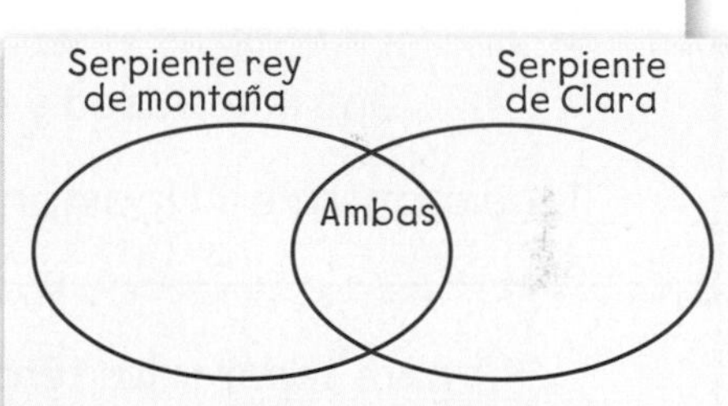

El texto y el mundo

Investigar sobre serpientes Investiga alguna serpiente que se encuentre en otro lugar que no sea el suroeste. Haz un cuadro con datos que indiquen dónde vive la serpiente, qué come, qué longitud tiene y si es venenosa.

Gramática

Usos de la coma Se aíslan entre comas los sustantivos que llaman o nombran a la persona a quien se dirigen las palabras. Se coloca coma después de los adverbios *sí* y *no.* También se coloca una coma entre la ciudad y el estado para nombrar un lugar. Se usan comas para separar los términos de una **enumeración** menos el último que va precedido de las conjunciones *y*, *e* o *u*.

Lenguaje académico

coma

enumeración

Uso de la coma en oraciones
después del adverbio / aísla el sustantivo que nombra a la persona Sí, es una serpiente de la zona, papá.
entre la ciudad y el estado La encontré en Houston, Texas.
para separar los términos de una enumeración Ya tengo un hámster, un ratón y un conejo.

Copia estas oraciones en una hoja aparte. Agrega comas donde corresponda.

1. Robbie ¿cuáles te gustan más: las tortugas los lagartos o las ranas?
2. No eso no se puede hacer.
3. El año pasado mi familia viajó a Startzville Texas.
4. Mi tío mi tía y mi primo visitaron una granja de serpientes.

Convenciones Las oraciones en las que se usan comas de manera incorrecta pueden ser difíciles de entender. Revisa con cuidado lo que escribes para asegurarte de haber usado las comas correctamente.

Uso incorrecto de la coma

Clara buscamos, tu serpiente en el depósito la caja de los libros y, el armario. Sí al final la encontramos en un estante detrás de un libro sobre, Denver Colorado.

Oraciones con uso correcto de la coma

Clara, buscamos tu serpiente en el depósito, la caja de los libros y el armario. Sí, al final la encontramos en un estante detrás de un libro sobre Denver, Colorado.

Relacionar la gramática con la escritura

Mientras escribes tu respuesta, asegúrate de haber usado correctamente las comas con los sustantivos que nombran a la persona a quien se dirigen las palabras, los lugares y los términos de una enumeración.

Taller de lectoescritura: **Preparación para la escritura**

Escribir para responder

✔ Organización Mientras planeas tu **respuesta a la literatura,** piensa en la pregunta y repasa el cuento. Comienza por anotar tus ideas. Después organízalas en una tabla y añade detalles. Usa la siguiente Lista de control del proceso de escritura mientras te preparas para la escritura.

Trudy planeó su respuesta a esta pregunta: *En* Estimado Sr. Winston, *¿qué quiere el autor: que los lectores sientan pena por el señor Winston o que crean que es tonto?* Después de anotar sus ideas, Trudy las organizó en una tabla y añadió detalles.

Lista de control del proceso de escritura

▶ **Preparación para la escritura**

- ✔ ¿Me aseguré de haber entendido la pregunta?
- ✔ ¿Tuve razones convincentes que apoyen mi opinión?
- ✔ ¿Encontré ejemplos en el cuento que apoyen mis razones?
- ✔ ¿Puse mis ideas en un orden que tenga sentido?

Hacer un borrador

Revisar

Corregir

Publicar

Compartir

Explorar un tema

Pena	El señor W. se desmaya, se le brota la piel. Se va al hospital
Tonto	El señor W. abre la caja; debe sospechar que la serpiente está dentro de la caja. La serpiente no es peligrosa; ni lo toca. El señor W. no tocaría ni la fotografía de una serpiente. La carta de Clara: muy divertida.

Tabla de opinión

El autor quiere que los lectores crean que el señor Winston es un tonto.
Razón: El señor Winston es tonto porque abrió la caja. **Detalles:** Ve que Clara mira el libro de serpientes y después echa una mirada rápida dentro de la caja. El señor Winston le tiene mucho miedo a las serpientes, incluso en fotografías.
Razón: La serpiente no es peligrosa. **Detalles:** Él sabe que en Manitoba no hay serpientes venenosas. La serpiente no lo toca, pero él se desmaya y se le brota la piel.
Razón: La carta de Clara hace divertida toda la situación. **Detalles:** Clara le dice que mire La patrulla galáctica, porque en el espacio no hay serpientes. Le dice que la serpiente podría estar en el hospital.

En mi tabla, organicé mis razones y mis detalles. También añadí más detalles.

Leer como escritor

¿Qué otros detalles podría añadir Trudy para apoyar su opinión? ¿Qué detalles podrías tú añadir a tu tabla de opinión?

Lección 10

debut
terco
permiso
cargar
lúgubre
sobrepasar
triunfo
desanimar
gira
frontera

Librito de vocabulario

Tarjetas de contexto

Vocabulario en contexto

1

debut

Un artista siempre se siente emocionado en su debut, o primera presentación en público.

2

terco

Los artistas con un terco deseo de triunfar continuarán trabajando arduamente.

3

permiso

A esta violinista se le concedió un permiso para poder interpretar su música en la estación del metro.

4

cargar

Cuando una banda musical está de gira los trabajadores deben cargar los equipos de ciudad en ciudad.

- Estudia cada Tarjeta de contexto.
- Usa un diccionario que te ayude a pronunciar estas palabras.

5
lúgubre
Una canción lúgubre en ocasiones resulta más memorable que otras canciones más felices.

6
sobrepasar
Si caminaran entre los espectadores, los hombres en zancos los sobrepasarían en altura.

7
triunfo
Para todo artista es un triunfo, o una victoria, el convertirse en una estrella del mundo del espectáculo.

8
desanimar
El músico se desanimó porque tuvo una mala actuación en el escenario.

9
gira
Al regresar de sus giras, los artistas ven crecer el número de sus fanáticos.

10
frontera
Los músicos, en sus giras artísticas, a menudo cruzan una frontera internacional.

Contexto

VOCABULARIO CLAVE **¿Qué se necesita para convertirse en bailarín?** Muchas personas creen que se requiere ser terco en la determinación de llegar a ser bailarín. Sin duda, los bailarines deben practicar y practicar con música de todos los estilos, de lúgubre a vivaz. Un bailarín que se había desanimado pensó que sus esfuerzos no sobrepasarían lo necesario para obtener el triunfo, pero tuvo la determinación necesaria para lograrlo. Con frecuencia, aquellos bailarines que finalmente hacen su debut pueden trabajar en giras alrededor del mundo, y tienen permiso para cruzar frontera tras frontera. En sus equipajes deben cargar sus trajes y decorados. ¡Quizás estén dando una función en un escenario cerca de ti!

El bailarín José Limón logró su meta: fundar la mundialmente famosa Compañía de Danza Limón.

Comprensión

DESTREZA CLAVE Propósito de la autora

Mientras lees *¡José! Nacido para la danza*, piensa en las razones que tuvo la autora para escribirlo. ¿Quiere entretener, informar, persuadir o describir? ¿Tiene más de un propósito? Para encontrar pistas, enfócate en la manera en que describe a los personajes, los sucesos y la ambientación. Un organizador gráfico como el siguiente puede permitirte descubrir el propósito implícito de la autora.

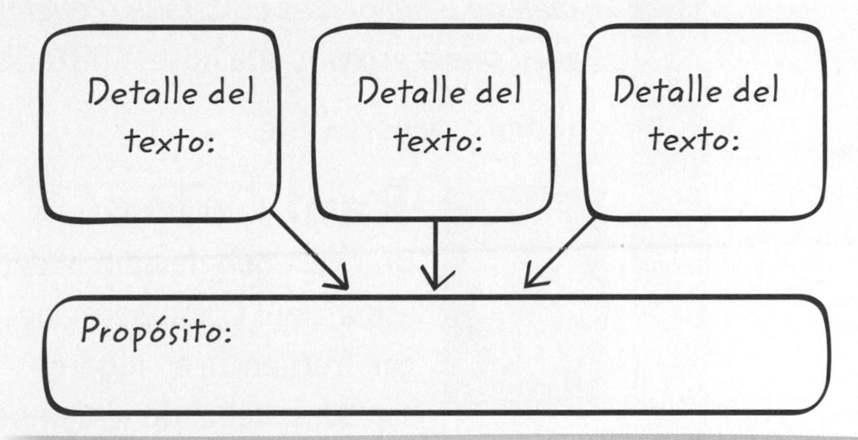

ESTRATEGIA CLAVE Analizar/Evaluar

Puedes emplear la estrategia de analizar y evaluar para ayudarte a comprender el propósito de la autora. Pregúntate por qué José trabajó tan fuerte para convertirse en bailarín y por qué es esto importante para la autora. Lleva un registro de estos detalles en el organizador gráfico.

SENDEROS EN DIGITAL Presentado por DESTINO Lectura™
Lección 10: Actividades de comprensión

Selección principal

VOCABULARIO CLAVE

debut	sobrepasar
terco	triunfo
permiso	desanimar
cargar	gira
lúgubre	frontera

DESTREZA CLAVE

Propósito de la autora Usa detalles del texto para explicar las razones que tuvo la autora para escribirlo.

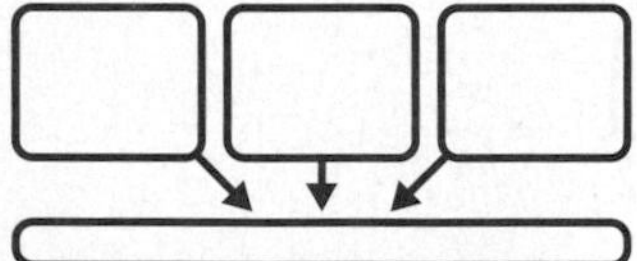

ESTRATEGIA CLAVE

Analizar/Evaluar Haz preguntas para analizar y evaluar el propósito de la autora.

GÉNERO

Una **biografía** es un texto que relata los sucesos de la vida de una persona, escrito por otra persona.

CONOCE A LA AUTORA

Susanna Reich

Susanna Reich, ex bailarina profesional, es autora de *Clara Schumann: Piano Virtuoso,* Libro de honor *Orbis Pictus* del NCTE, distinguido por la Asociación de Bibliotecas de los Estados Unidos y declarado el Mejor libro del año por el *School Library Journal.* También escribió *Penelope Bailey Takes the Stage (Penelope Bailey sale a escena),* una novela histórica.

CONOCE AL ILUSTRADOR

Raúl Colón

Debido a que de niño padecía asma, Raúl Colón permaneció con frecuencia en lugares cerrados, llenando el tiempo haciendo dibujos en sus cuadernos. "Así que la enfermedad que tuve de niño", recuerda, "que me impedía salir a jugar, terminó siendo una bendición". Hasta llegó a crear su propia revista de historietas. Empezó su capacitación artística oficial en décimo grado, y desde entonces ha ilustrado muchos libros infantiles.

¡JOSÉ!

Nacido para la danza

por Susanna Reich
ilustrado por Raúl Colón

Pregunta esencial

¿Por qué los autores escriben biografías?

En 1908, un niño varón nació en Culiacán, México, pateando como un novillo enlazado. ¡PUM! ¡PUM! ¡PUM! Su nombre era José Limón.

Cuando José era pequeño, su mamá solía llevarlo a casa de su abuela para desayunar allí. El canario cantaba para él mientras desayunaba. ¡PÍO! ¡PÍO!

Rodeado de flores, José se daba un festín de mango y papaya, piña y banana, panecillos dulces y huevos. Se le hacía agua la boca cuando la abuela batía el chocolate caliente con su molinillo. Cuando el chocolate caliente se enfriaba, José se lo bebía todo.

A veces, su papá llevaba a José al teatro donde trabajaba de músico. A José le encantaba mirar a las bailarinas danzando en el escenario. Las bailarinas de cancán alzaban sus enaguas y daban puntapiés. ¡OH LA LÁ!

Las bailarinas de flamenco volteaban sus faldas y taconeaban con sus zapatos de tacón. ¡Sí! ¡Sí! ¡Sí!

Las bailarinas de ballet saltaban en el aire. Al alzar sus brazos sobre sus cabezas parecían volar. ¡AH!

Una tarde, su papá llevó a José a la corrida de toros. En la arena de la plaza de toros, un torero remolineaba su capa roja para hacer embestir al toro negro. "¡Olé! ¡Olé! ¡Olé!". El toro pateó la arena. Luego se abalanzó directamente hacia el torero, con la cabeza baja y los ojos en llamas. José apretó la mano de su papá.

Aquella noche, mientras su mamá arropaba a José en la cama, su dulce voz cantaba en la oscuridad. *ARRORRÓ MI NIÑO*. Esa noche José soñó con la corrida de toros.

Un día de primavera, cuando José tenía cinco años, vio a los soldados del gobierno marchando en la calle. Había estallado una guerra civil en México. José se colocó un palo sobre el hombro y marchó por la casa. ¡Un! ¡Dos! ¡Un! ¡Dos!

Al día siguiente, durante el desayuno, se oyeron disparos: los rebeldes habían atacado la ciudad. Cercada por los combates, la familia de José se escondió en el sótano durante tres días y tres noches.

DETENTE Y PIENSA

Analizar/Evaluar ¿Cuánto contribuyen las expresiones "¡OH LA LA!", "¡Sí! ¡Sí! ¡Sí!" y "¡AH!" para que comprendas la reacción de José ante las bailarinas? Explica tu respuesta.

Los meses pasaban y la guerra continuaba con furia. La seguridad se encontraba del otro lado de la frontera: en los Estados Unidos. Quizás su papá podría encontrar un empleo allí.

La familia de José tomó un tren hacia Nogales, cerca de la frontera. Había soldados sentados arriba del tren, con sus armas listas para disparar. El tren serpenteaba por el caluroso desierto. Al atardecer, José escuchó el sonido de un acordeón. Una canción lenta y lúgubre que decía: "Oh, soñador…".

Durante dos años, José y su familia vivieron en Nogales, esperando y esperando el permiso para entrar a los Estados Unidos. Finalmente llegó el permiso de trabajo para su papá, marcado con un sello oficial. Empacaron sus pertenencias y cruzaron la frontera norteña. Adiós, México.

En la nueva escuela de José, los niños se reunían alrededor del maestro para leer sus libros en voz alta. Cuando José leía, los otros niños se reían de lo mal que pronunciaba el inglés. Al principio José lloraba. Después pateó el suelo con fuerte determinación. ¡PUM!

«Aprenderé este idioma mejor que cualquiera de ustedes», se dijo, aunque pareciera algo casi imposible de lograr.

Sin embargo, en un lapso de tres años, José logró hablar inglés con seguridad. Aprendía rápidamente las palabras nuevas y traducía para su mamá dondequiera que fuera. *Crimson. Radiant. Liberation.* Carmesí. Radiante. Liberación.

Al llegar al sexto grado, José se había hecho famoso por sus coloridos dibujos. Entre sus muchos hermanos y hermanas menores era famoso por sus dibujos de trenes. Todos creían que se convertiría en artista.

Pero José también amaba la música. Durante su adolescencia tocaba el piano todo el día y toda la noche. Cuando sus dedos volaban, su espíritu ascendía. ¡AH!

Después de que José terminó la escuela secundaria en Los Ángeles, su mamá se enfermó gravemente. Cuando murió, el corazón de José se llenó de tristeza.

Fue a trabajar en una fábrica. Debía pasar el día entero sacando baldosas de una carretilla y cargándolas en otra. De noche soñaba con pintar y dibujar. Soñaba con vivir en Nueva York entre los artistas, pero no sabía si su papá podría arreglarse sin él.

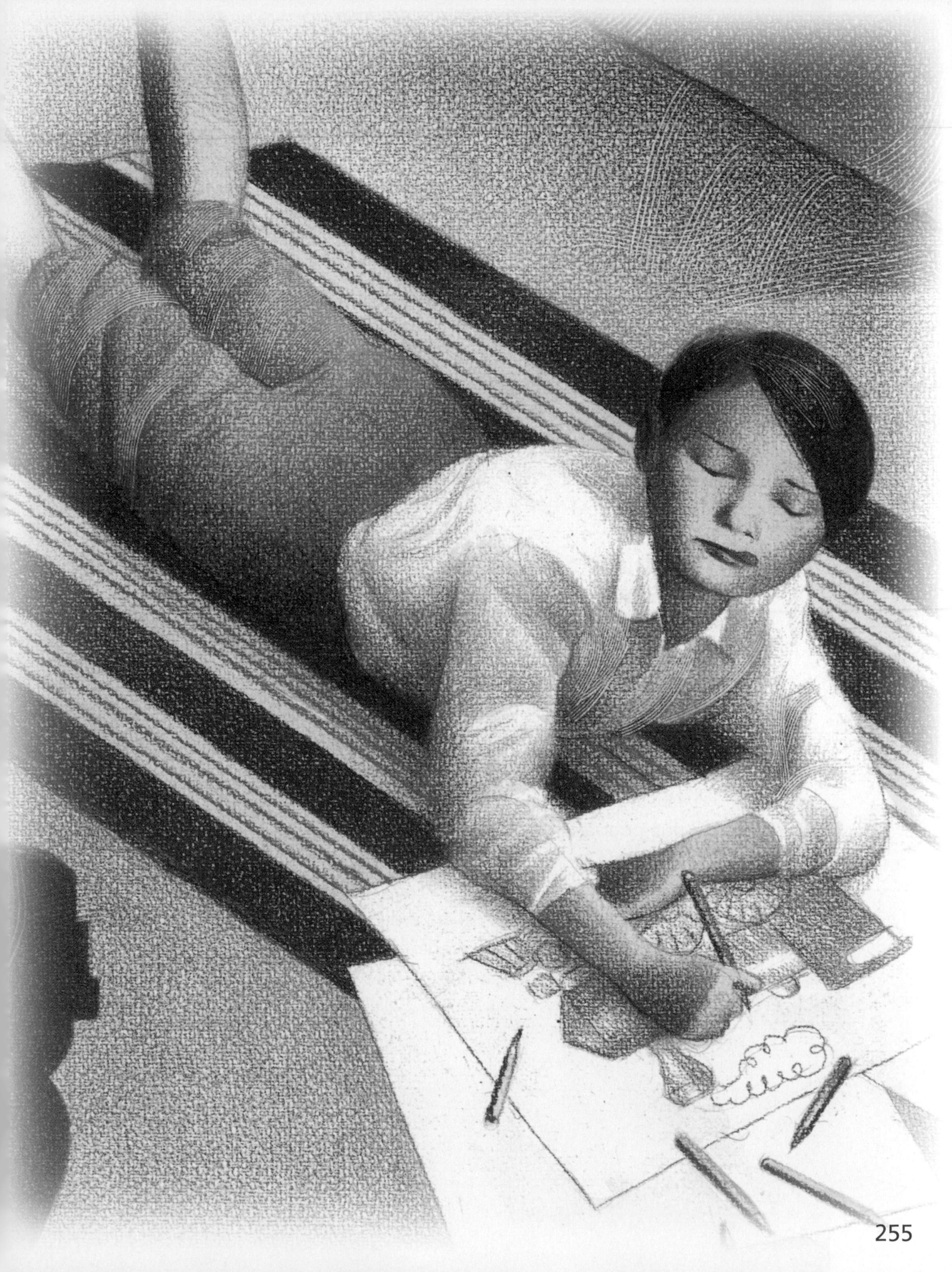

José esperó, meditó con preocupación y discutió consigo mismo. Finalmente, después de un año, tomó una decisión.

—Papá, me voy —le anunció.

—Adiós, José. Adiós.

Se dirigió hacia el este, cruzando el continente. Recorrió dos mil cuatrocientas sesenta y dos millas.

Cuando José llegó a Nueva York, la ciudad reluciente se alzaba imponente ante él: mármol, piedra, ladrillo y acero. José flotaba cuesta abajo por la acera. Se convertiría en un gran artista, un artista grandioso y magnífico. Llenaría su cuaderno de bosquejos con dibujos magníficos que sobrepasarían todo lo que el mundo hubiera visto antes.

Tomó un empleo de conserje. Debía sacar con una pala las cenizas de una caldera a carbón y cargar los cubos de basura hasta el borde de la acera. Pero a medida que transcurría el invierno, una fría soledad se instalaba en José. Echaba de menos a su familia, allá lejos en la soleada California.

Vagaba por las galerías de los grandes museos. «Manet, Renoir y Picasso», pensó. Quizás ellos ya lo habían pintado todo y que sus dibujos jamás estarían a su altura. La música que había en su corazón se había acallado. Se había desanimado.

—Nueva York es un cementerio —dijo—. Una selva de cemento.

José guardó sus dibujos. Se sentía triste y perdido. ¿Cómo podría ser un artista sin un arte? Quería darle un regalo al mundo, pero no sabía qué podría ser.

Un día, la amiga de José, Charlotte, lo invitó a un festival de danza. El bailarín giraba su cuerpo y se lanzaba al aire. ¡AH!

La danza encendió una llama en el alma de José. Las ideas bullían en su mente. —¡No quiero permanecer en esta tierra si no puedo aprender a hacer lo que ese hombre está haciendo! —dijo.

DETENTE Y PIENSA

Técnica de la autora Una **metáfora** compara algo con otra cosa totalmente diferente sin usar las palabras *parecido* o *como*. Un ejemplo de metáfora es "Nueva York es una selva de cemento". Encuentra otra metáfora en esta página.

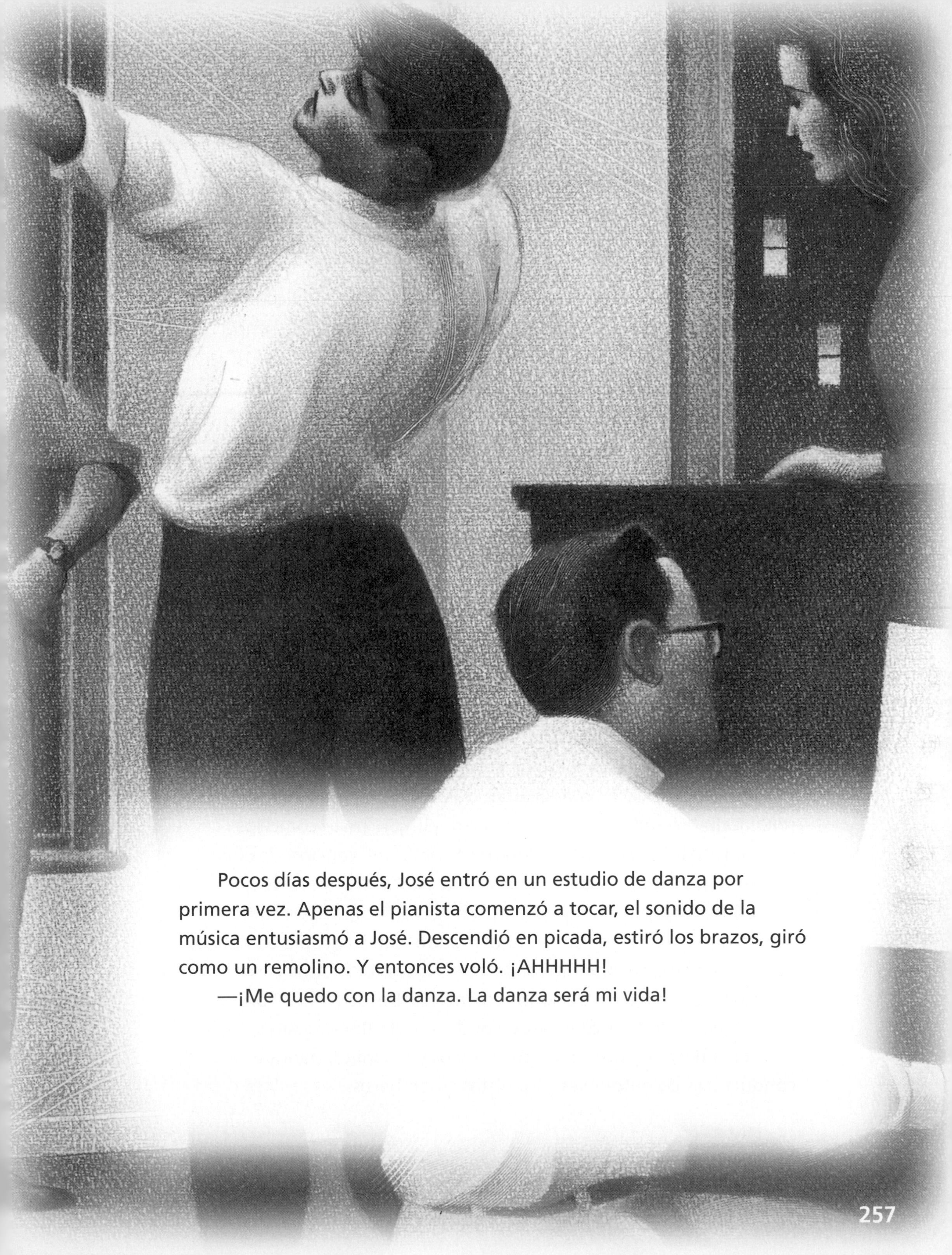

Pocos días después, José entró en un estudio de danza por primera vez. Apenas el pianista comenzó a tocar, el sonido de la música entusiasmó a José. Descendió en picada, estiró los brazos, giró como un remolino. Y entonces voló. ¡AHHHHH!

—¡Me quedo con la danza. La danza será mi vida!

Desde ese día en adelante, José tomó lecciones de danza con los maestros Doris Humphrey y Charles Weidman casi todos los días. Empapado de sudor, luchaba contra su cuerpo indócil y terco. Y de noche cojeaba hasta su casa, con los músculos lastimados y adoloridos.

Seis semanas después, hizo su debut. Actuó en público por primera vez. Mientras esperaba para salir al escenario, se sentía tímido y nervioso. Todas esas personas del público lo estarían mirando.

Pero una vez que oyó el estruendoso aplauso, se le levantó el ánimo.

—Esa noche experimenté un sentimiento de exaltación, humildad y triunfo jamás soñado —dijo.

Tobillos y pies, rodillas y caderas, pecho y brazos, cuello y cabeza, arriba y abajo, hacia atrás y hacia adelante, adentro y afuera, José Limón se convirtió en un bailarín.

Durante once años José estudió y bailó con Doris y Charles. Aprendió a hacer que sus músculos cantaran. Aprendió a mover sus huesos de todas las formas posibles. Aprendió a fluir, flotar y volar a través del espacio con pasos suaves como la seda. Aprendió a ser valiente como un torero. ¡Olé! Fuerte como un soldado. ¡Un! ¡Dos! ¡Un! ¡Dos! Y orgulloso como un rey. ¡PUM!

Aprendió a hacer la danza tan dulce como el canto de un ave. ¡PÍO! Caliente como el sol del desierto. ¡Sí! ¡Sí! Triste como los sueños rotos. Oh, soñador… Amorosa como una canción de cuna maternal flotando en la brisa mexicana. *ARRORRÓ MI NIÑO*.

Con el tiempo, José se convirtió en un coreógrafo de fama mundial y realizó giras por todo el mundo, con su propia compañía de danza. Durante cuarenta años, con sus pies desnudos y sus anchos hombros, embelleció los escenarios. Desde Nueva York hasta Ciudad de México y desde Londres hasta Buenos Aires, bailó para presidentes y princesas, arquitectos y albañiles, banqueros y conductores de autobuses, violinistas y bomberos.

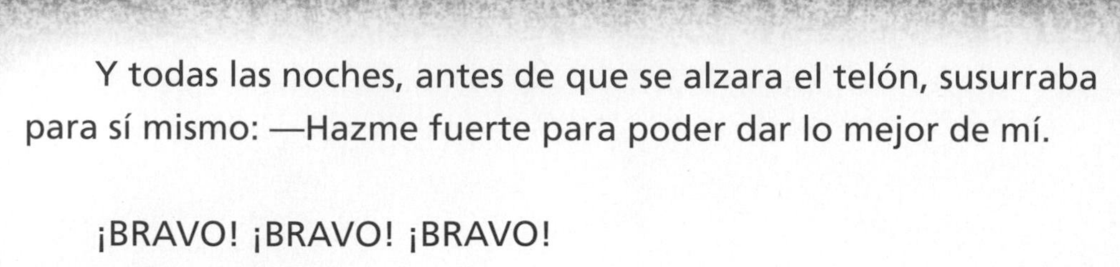

Y todas las noches, antes de que se alzara el telón, susurraba para sí mismo: —Hazme fuerte para poder dar lo mejor de mí.

¡BRAVO! ¡BRAVO! ¡BRAVO!

DETENTE Y PIENSA

Propósito de la autora ¿Qué crees que la autora quiere que aprendas con la historia de José?

Es tu turno

Sigue mi consejo

Carta a un joven bailarín A José le llevó mucho tiempo descubrir cómo usar todos sus talentos. ¿Qué consejos crees que les daría a los jóvenes que quieren seguir una carrera artística? Escribe una carta como si fueras José aconsejando a alguien que quiere ser bailarín u otra clase de artista. ESTUDIOS SOCIALES

¡OLÉ! ¡OLÉ!

Escribir un poema Con un compañero, hagan una lista de "palabras sonoras" que aparecen en la selección (como ¡OLÉ! y ¡PUM!), de otros adjetivos que la autora usa para describir los movimientos de José y de las palabras que muestran que José tiene raíces latinas. Usa las palabras de tu lista para escribir un poema sobre la danza. PAREJAS

Las razones de la autora

Turnarse y comentar

Con un compañero, comenten cuál creen que es el propósito de la autora para escribir "¡José! Nacido para la danza". Recuerden que los autores suelen tener más de un propósito cuando escriben. ¿Creen que la autora logró su propósito o propósitos? PROPÓSITO DE LA AUTORA

Conectar con la poesía

VOCABULARIO CLAVE

debut	terco
permiso	cargar
lúgubre	sobrepasar
triunfo	desanimar
gira	frontera

GÉNERO
La **poesía** utiliza el sonido y el ritmo de las palabras para sugerir imágenes y expresar sentimientos.

ENFOQUE EN EL TEXTO
El **ritmo**, un patrón regular de acentuación de las palabras, es parte del sonido y del tono de los poemas. Mientras lees, observa cómo el ritmo es diferente en cada poema. ¿Cómo afecta el ritmo a la forma, o tipo, del poema?

Ritmo y danza

por Adam Fogelberg

Los bailarines mueven sus cuerpos al compás, o ritmo, de la música. Los poemas son como la música y la danza: también tienen ritmo. Al leer la traducción de los siguientes poemas sobre la danza, presta atención al ritmo.

La canción de la noche

Bailo con la melodía bella
de la luna y las estrellas.
Bailo con el cantar de la noche.

Bailo con el estribillo
del canto de los grillos.
Bailo con el silbar del viento.

Bailo con la brisa
que me entrega su sonrisa.
Bailo con el río y su lamento.

Bailo con el cantar
de las olas del mar.
Bailo con el latir de la noche.

adaptación del original
de Leslie D. Perkins

de Palabras escritas para que Gene Kelly las baile

¿Puedes bailar un signo de interrogación?
¿Puedes bailar un signo de admiración?
¿Puedes bailar un par de comas?
¿Y terminar tu baile con un punto?

¿Puedes bailar como si el viento te empujara?
¿Puedes bailar como si empujaras al viento?
¿Puedes bailar con pesados tacones de madera
y luego cambiarlos por brillantes tacones de plata?
Qué pies tan agradables, qué pies tan buenos.

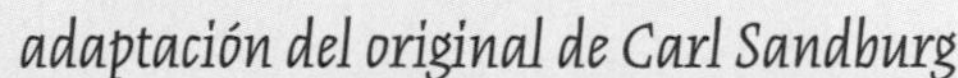

adaptación del original de Carl Sandburg

Gene Kelly (1912–1996)

Gene Kelly fue un actor, bailarín y director famoso. Nació en Pittsburgh, Pensilvania, en 1912. De niño era muy bajito y sus compañeros lo sobrepasaban en estatura. Quería convertirse en un atleta profesional, pero su madre no le dio permiso. En lugar de desanimarse, Kelly se convirtió en bailarín. Dirigió una escuela de danza y realizó giras con sus espectáculos.

En 1938 cruzó la frontera de Pensilvania y se dirigió a la ciudad de Nueva York. Ese año hizo su debut en Broadway.

A lo largo de su carrera, Kelly disfrutó de un triunfo tras otro. Protagonizó y bailó en muchas películas.

Gene Kelly fue famoso por su estilo de baile atlético.

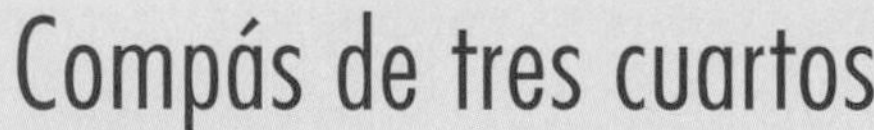

Compás de tres cuartos

Baila así… baila así… con mucho amor.
Soy la canción… eres el son.
Baila así… baila así… con mucho calor.
Eres el son… soy la canción.

adaptación del original
de Nikki Giovanni

Escribe un poema sobre la danza

¿Cómo bailas? ¿Sientes que tu cuerpo está cargando una tonelada de ladrillos? ¿Tus pies se ponen tercos? ¿Se niegan a moverse o se deslizan por el suelo? ¿Cómo te hace sentir la música? ¿Te pone lúgubre o feliz? Expresa tus sentimientos sobre la danza en un poema.

Hacer conexiones

El texto y tú

Intereses creativos José Limón dibujó, pintó y tocó el piano antes de descubrir la danza. Escribe un párrafo acerca de *tu* principal interés creativo. Explica por qué disfrutas de esa actividad.

De texto a texto

Comparar personajes Compara y contrasta los sucesos y las experiencias de José Limón y James en *Mi tío Romie* y yo mientras visitan por primera vez la ciudad de Nueva York. Usa un diagrama de Venn para registrar tus ideas.

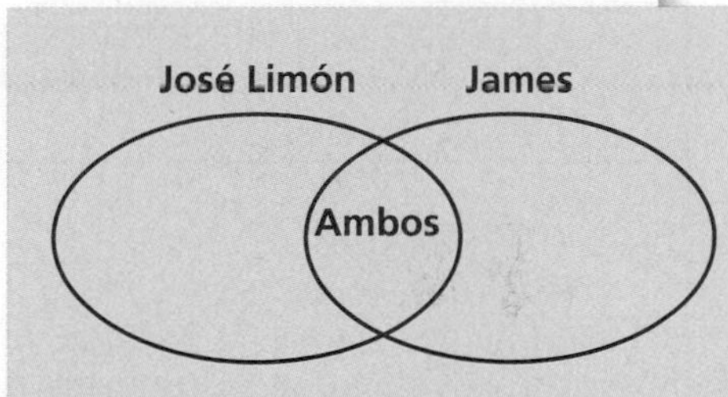

El texto y el mundo

El mundo de la danza Hay muchos estilos diferentes de danzas; por ejemplo, el baile de salón, el ballet, el tango y el jazz. Usa recursos en línea o libros de la biblioteca para hacer una lista de estilos de danzas. Luego, escribe una breve descripción de un estilo de danza.

Gramática

¿Qué es un pronombre? Un **pronombre** es una palabra, como *él*, *ella* o *ellos*, que toma el lugar de uno o más sustantivos. El sustantivo o los sustantivos que se han nombrado antes reciben el nombre de **antecedente**. El pronombre debe concordar con su antecedente en número y en género. Un **pronombre reflexivo** es un pronombre cuyo antecedente es el sujeto de la oración. Los pronombres reflexivos son *me, te, se, nos*.

Lenguaje académico

pronombre

antecedente

pronombre reflexivo

Pronombre y antecedentes

sustantivo singular, masculino — sustantivo plural, masculino — pronombre singular, masculino — pronombre plural, masculino

José y sus padres esperaban en Nogales. Él y ellos esperaban en Nogales.

antecedente: singular, masculino — pronombre: singular, masculino

Cuando la mamá de José lo llevaba a la casa de la abuela, él comía mango y papaya.

pronombre reflexivo

José se daba un festín de panecillos dulces.

Turnarse y comentar

Trabaja con un compañero. Encuentra el pronombre y su antecedente en cada oración. ¿Qué pronombre es un pronombre reflexivo?

1. José se hizo una promesa en Nueva York.
2. Charlotte le dio el gusto a José cuando lo invitó a un concierto de danzas.
3. Charlotte y José eran aficionados al baile, y a ellos les encantó el concierto de danzas.

Fluidez de las oraciones Para que tu escritura sea fluida, cuando dos oraciones cortas hablan de un mismo sustantivo, puedes combinar las oraciones haciendo uso implícito del pronombre que está contenido en la forma verbal de la segunda oración.

Oraciones simples

Las bailarinas de ballet daban vueltas.

Las bailarinas de ballet levantaban los brazos.

Oración compuesta

Las bailarinas de ballet daban vueltas y levantaban los brazos.

Oraciones simples:	Michael dio una voltereta. Michael saltó por el aire.
Oración compuesta:	Michael dio una voltereta y saltó por el aire.

Relacionar la gramática con la escritura

Cuando revises tu escritura, busca oraciones cortas que repitan el sustantivo. Combina estas oraciones haciendo uso implícito del pronombre.

Taller de lectoescritura: **Revisar**

Escribir para responder

✔ **Organización** Cuando la pregunta de un cuento pide tu opinión, comienza tu **reacción a la literatura** expresando tu opinión claramente. En tu declaración, usa palabras de la pregunta.

Trudy hizo el borrador de su ensayo de respuesta sobre *Estimado Sr. Winston.* Después añadió una declaración de opinión al principio, en la que usó palabras de la pregunta. También hizo otros cambios para mejorar su ensayo.

Lista de control del proceso de escritura

- Preparación para la escritura
- Hacer un borrador
- ▶ **Revisar**
  - ✔ ¿Contesté la pregunta?
  - ✔ ¿Escribí el principio usando palabras de la pregunta?
  - ✔ ¿Apoyé mi opinión con detalles del cuento?
  - ✔ ¿Están mis ideas en un orden lógico?
  - ✔ ¿Resumí mis razones al final?
- Corregir
- Publicar
- Compartir

Borrador revisado

Pienso que el autor quiere que los lectores crean que el señor Winston es un tonto. Muchos sucesos y detalles del cuento indican eso.

^Antes que nada, el señor Winston debería sospechar que Clara tiene una serpiente. ~~Él~~ cuando la ve mirando el libro de serpientes y echando una mirada rápida dentro de la caja. Les tiene tanto miedo a las serpientes que ni siquiera tocaría una, así que es realmente tonto de su parte que abra la caja.

Copia final

¡Oh, estimado Sr. Winston!

por Trudy Delgado

Pienso que el autor quiere que los lectores crean que el señor Winston es un tonto. Muchos sucesos y detalles del cuento indican eso. Antes que nada, el señor Winston debería sospechar que Clara tiene una serpiente cuando la ve mirando el libro de serpientes y echando una mirada rápida dentro de la caja. Les tiene tanto miedo a las serpientes que ni siquiera tocaría una, así que es realmente tonto de su parte que abra la caja.

Otra razón de que el señor Winston parezca tonto es que la serpiente de Clara no es peligrosa. El señor Winston debería saber eso también, ya que se había mudado a Manitoba porque ahí no hay serpientes venenosas.

Comencé con una declaración de opinión clara. Además, combiné oraciones para que su lectura fuera más fluida.

Leer como escritor

¿Por qué fue buena idea que Trudy expresara su opinión al principio? ¿Qué dirás tú en tu declaración de opinión?

Lee la siguiente selección. Decide qué enunciados son hechos y cuáles son opiniones.

Los incendios forestales

Los incendios forestales son incendios que se extienden por toda una región. Ocurren en zonas naturales. Hay unos 100,000 incendios forestales por año en Estados Unidos. De todos los desastres naturales, son los más aterradores.

Un verano espantoso

En el verano de 1988, los incendios forestales asolaron el Parque Nacional Yellowstone. En cuatro meses, acabaron con más de 793,000 acres de tierra, lo que equivale al 36% del parque.

¿Por qué causaron tanto daño los incendios de 1988? Ese verano fue muy seco. De hecho, fue el verano más seco registrado en Yellowstone. La situación era peor aún porque hacía mucho calor y había viento. Estas condiciones hacen que el fuego se extienda con rapidez.

Los incendios de Yellowstone empezaron en junio, con focos pequeños. Al principio, no había peligro para las personas ni para sus propiedades. Entonces, los encargados del parque decidieron aplicar la política de "dejar que el fuego arda". Dejar que una porción de tierra se queme quita los restos de plantas muertas y allí crecen plantas nuevas. Pero los incendios aumentaron. Aparecieron nuevos focos. Los rayos causaron 42 incendios nuevos. Los descuidos de algunas personas, 9 más. No todos los incendios empezaron en el parque, pero sí llegaban hasta él.

Había nubes de humo de miles de pies de altura. Las cenizas llovían a millas de distancia. En Cooke City, un pueblo cercano, alguien agregó la letra "d" al final de "Cooke" en el cartel de entrada al pueblo ("cooked" significa "cocido" en inglés). Sin embargo, la situación no era graciosa. Los bomberos del lugar no podían combatir el fuego, ni otros bomberos que llegaron de todo el país. En total, trabajaron 25,000 personas y se gastaron $120 millones, pero finalmente la lluvia y la nieve apagaron los incendios en septiembre.

Los bomberos de los parques naturales

¿Has visto fotos o videos de bomberos corriendo hacia edificios en llamas? Estos bomberos llevan unos trajes pesados que los protegen de las llamas y los escombros que puedan caer. En los parques naturales, los bomberos no usan esos trajes pesados y calurosos que usan los bomberos en la ciudad. Tienen una vestimenta diferente y un equipo especial para combatir incendios. Además, apagan los incendios de otra manera.

Una forma de combatir un incendio forestal es con los llamados "saltadores de humo". Los saltadores de humo combaten los incendios en zonas naturales adonde es difícil llegar. Algunos de ellos trabajan desde la base en la parte oeste de Yellowstone. Viajan rápidamente hacia los incendios en avión, helicóptero, vehículos terrestres y a pie. Tienen que estar en excelentes condiciones físicas. También deben ser muy valientes, ya que estos bomberos especiales saltan en paracaídas desde los aviones y aterrizan cerca de los incendios. Viajan a gran velocidad a través de terrenos accidentados y cargan con un equipo de hasta 115 libras. Deben enfrentar el humo, el fuego y el calor durante largos períodos. Algunas veces, la comida y el agua se acaban antes de que terminen su trabajo.

Luchar contra los incendios forestales implica un arduo trabajo físico. Los bomberos tienen que talar árboles, desmalezar y cavar zanjas para evitar que el fuego se expanda. Si estos bomberos llevaran un traje pesado y caluroso, su temperatura corporal aumentaría tanto que sería peligroso. Los científicos inventaron un equipo especial para ellos. Los bomberos que trabajan en zonas naturales usan un traje de una tela especial muy liviana. También llevan carpas hechas de un material especial. Este material rechaza el calor y no permite que ingrese en la carpa. Un bombero que se refugia en esta carpa de emergencia puede sobrevivir a un incendio con temperaturas superiores a los 1,000º F.

Combatir los incendios forestales es un trabajo importante y muy difícil. Los hombres y mujeres que lo hacen arriesgan su vida para salvar nuestras tierras. Todos debemos estar agradecidos por su valiente labor.

Conclusión de la Unidad 2

Gran idea

Expresar los sentimientos Piensa en "Mi tío Romie y yo" y "¡José! Nacido para la danza". James y José van a la ciudad de New York. Compara sus descripciones y sentimientos sobre la ciudad. ¿En qué se parecen? ¿En qué se diferencian? Haz una lista de los detalles en un diagrama. Luego, úsalo para escribir un párrafo donde compares sus sentimientos hacia New York.

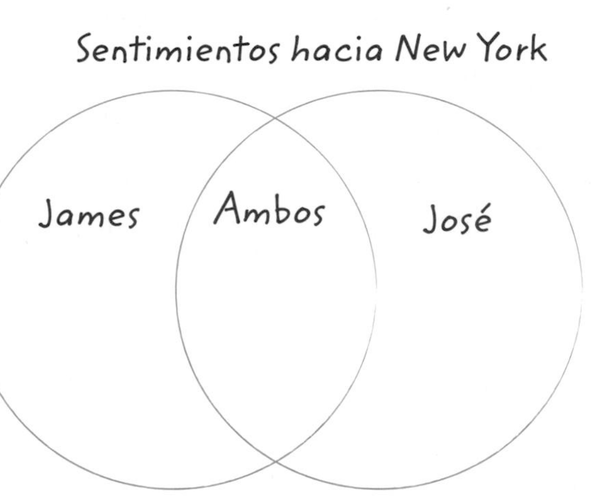

Escuchar y hablar

Música para un cuento Trabaja con un compañero para relatar un cuento de hadas. Elijan una canción para acompañarlo. Seleccionen una música que haga que las partes graciosas del cuento sean más graciosas y las que dan miedo, den aún más miedo. Canten, toquen la canción o usen una grabación. Pongan la música mientras practican cómo contar el cuento. Luego, relaten el cuento con música para el resto de la clase.

ENCUENTROS CON LA

NATURALEZA

Unidad 3

Gran Idea
La naturaleza nos sorprende.

Lecturas conjuntas

Lección

"El búho al que le gustaba la televisión"
Narrativa de no ficción: Ciencias
página 278

La vida silvestre
Teatro del lector: Ciencias
página 292

Lección

Cuando la tierra se estremeció: El terremoto de San Francisco de 1906
Ficción histórica
página 304

Los tornados de Texas
Texto informativo: Ciencias
página 316

Lección

Diario de la Antártida
Narrativa de no ficción: Ciencias
página 328

El maratón glacial
Texto informativo: Estudios Sociales
página 340

Lección

Vida y momentos de la hormiga
Texto informativo: Ciencias
página 352

La paloma y la hormiga
Fábula: Cuentos tradicionales
página 366

Lección

Ecología para niños
Texto informativo: Ciencias
página 378

Maravilloso tiempo
Poesía
página 390

Lección

11

presencia
incredulidad
tentado
biológico
hacerse querer
arreglo
abalanzarse
emitir
apresurarse
incidente

Librito de vocabulario

Tarjetas de contexto

Vocabulario en contexto

1

presencia

Los animales no domesticados están por todos lados. Se pueden ver huellas de su presencia.

2

incredulidad

Esta niña observa el insecto con incredulidad. No puede creer lo que ven sus ojos.

3

tentado

Los niños pueden sentirse tentados de acariciar a un animal no domesticado, pero no deberían hacerlo.

4

biológico

Al igual que todos los seres vivos, los animales tienen la necesidad biológica de consumir alimentos.

- Estudia cada Tarjeta de contexto.
- Usa las claves de contexto para saber el significado de estas palabras.

5
hacerse querer

Esta familia de mapaches se hizo querer por los vecinos del lugar, quienes piensan que son adorables.

6
arreglo

Las palomas han descubierto que vivir entre las personas es un buen arreglo.

7
abalanzarse

Los búhos suelen abalanzarse sobre los animales pequeños para hacer de ellos sus presas.

8
emitir

Cerca del campamento, durante la noche, el coyote emitía espeluznantes aullidos.

9
apresurarse

Estas mulas huyen de un incendio forestal. Yo también me apresuré a evacuar el lugar rápidamente.

10
incidente

Un encuentro con un zorrillo puede convertirse en un incidente oloroso muy desagradable.

Contexto

VOCABULARIO CLAVE **Instintos y aprendizaje** ¿Alguna vez has observado con incredulidad cómo una araña teje su tela? ¿Cómo sabe la araña cómo debe hacerlo? ¿Por qué los gatos se sienten tentados a cazar ratones? ¿Por qué juegan con su presa después de abalanzarse sobre ella? Estos son instintos, una necesidad biológica con la que nacen los hombres y los animales.

El comportamiento aprendido es lo opuesto al instinto. Un perro aprendió que si se emitía una orden la debía seguir. Caminando con mi perro apresuré el paso y él también lo hizo. Una mascota se hizo querer por su dueño y este la premió con galletitas. Al hombre le gustaba contar con su presencia. Es un arreglo conveniente. Todos estos comportamientos se adquieren mediante el aprendizaje.

Esta tabla muestra cómo podría responder instintivamente un animal a un incidente. ¿Cómo causa un incidente una reacción instintiva?

Incidente	Respuesta instintiva
Las estaciones comienzan a cambiar.	Las aves migran.
Una ardilla cruza corriendo una calle.	Un perro persigue a la ardilla.
Un osezno es amenazado por un animal más grande.	La osa madre ahuyenta al animal más grande.

Comprensión

DESTREZA CLAVE Hechos y opiniones

Mientras lees *El búho al que le gustaba la televisión*, fíjate en los hechos y en las opiniones que proporciona la autora. Un hecho puede ser comprobado. Por ejemplo, puede verificarse en un libro de referencia. Una opinión transmite un pensamiento, un sentimiento o una creencia. Puedes estar de acuerdo o en desacuerdo con una opinión, pero no puedes probar que sea verdadera o falsa. Un organizador gráfico puede permitirte distinguir los hechos de las opiniones en la selección.

Hecho	Opinión
•	•
•	•
•	•

ESTRATEGIA CLAVE Inferir/Predecir

Cuando haces una inferencia, empleas los detalles de un texto para deducir algo que el autor no ha hecho explícito. Puedes utilizar las opiniones y los hechos presentados en *El búho al que le gustaba la televisión* y tu organizador gráfico para hacer inferencias acerca del punto de vista de la autora.

Selección principal

TARGET VOCABULARY

presencia	incredulidad
tentado	biológico
hacerse querer	arreglo
abalanzarse	emitir
apresurarse	incidente

DESTREZA CLAVE

Hechos y opiniones Decide si una idea se puede probar o si es una sensación o una creencia.

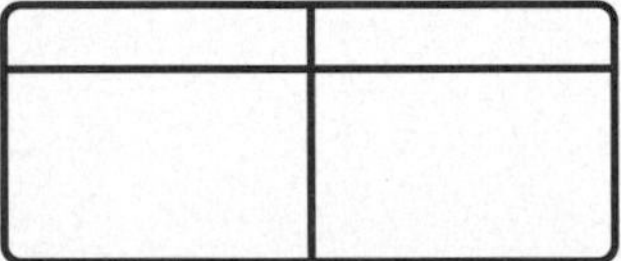

ESTRATEGIA CLAVE

Inferir/Predecir Usa claves del texto para deducir qué no está indicado por la autora.

GÉNERO

Una **narrativa de no ficción** da información objetiva contando una historia verídica.

Establecer un propósito Establece un propósito para la lectura basándote en el género y en lo que quieres saber.

CONOCE A LA AUTORA

Jean Craighead George

Durante toda su vida, Jean Craighead George ha estudiado a los animales, sus hábitats y la forma en que interaccionan con las personas. «He descubierto que no se me pueden ocurrir personajes tan increíbles como los que conozco en la naturaleza», dice. George ha mantenido y cuidado a más de 170 animales salvajes.

CONOCE AL ILUSTRADOR

Tim Bowers

A Tim Bowers le encanta contar cuentos con su obra artística. De niño disfrutaba de los numerosos animales que había en la casa de sus abuelos, entre ellos un loro gris africano y un mono ardilla llamado Joe-Joe. Los personajes de muchas de las ilustraciones de Bowers son animales; por ejemplo, un zorrillo valiente, un perro que hace sombreros, pollos en un restaurante y... un búho al que le gusta la televisión.

El búho al que le gustaba la televisión

de Hay una tarántula en mi cartera

por Jean Craighead George selección ilustrada por Tim Bowers

Pregunta esencial

¿Cómo afectan los animales tu opinión de la naturaleza?

La autora de literatura infantil, Jean Craighead George, recuerda cómo sus tres hijos, Twig, Craig y Luke, criaron un búho muy especial dentro de su casa.

La mascota preferida de Twig era un pequeño búho gris, del tipo llamado autillo. Si no se hubiera caído de su nido antes de saber volar, habría vivido en el bosque abierto, en el bosque caduco, en un parque, una ciudad o a la orilla de un río. Sin embargo, aterrizó en un duro camino de entrada y terminó en nuestra casa. Tenía ojos redondos y estaba hambriento. Al mirar a Twig, emitió el llamado trémulo del hambre propio del búho. Por eso Twig lo bautizó Chillón.

Chillón se hizo querer rápidamente por nosotros. Brincaba desde su percha para comer de nuestras manos. Recorría la casa encima de nuestros hombros y se sentaba en el respaldo de una silla del comedor durante la cena.

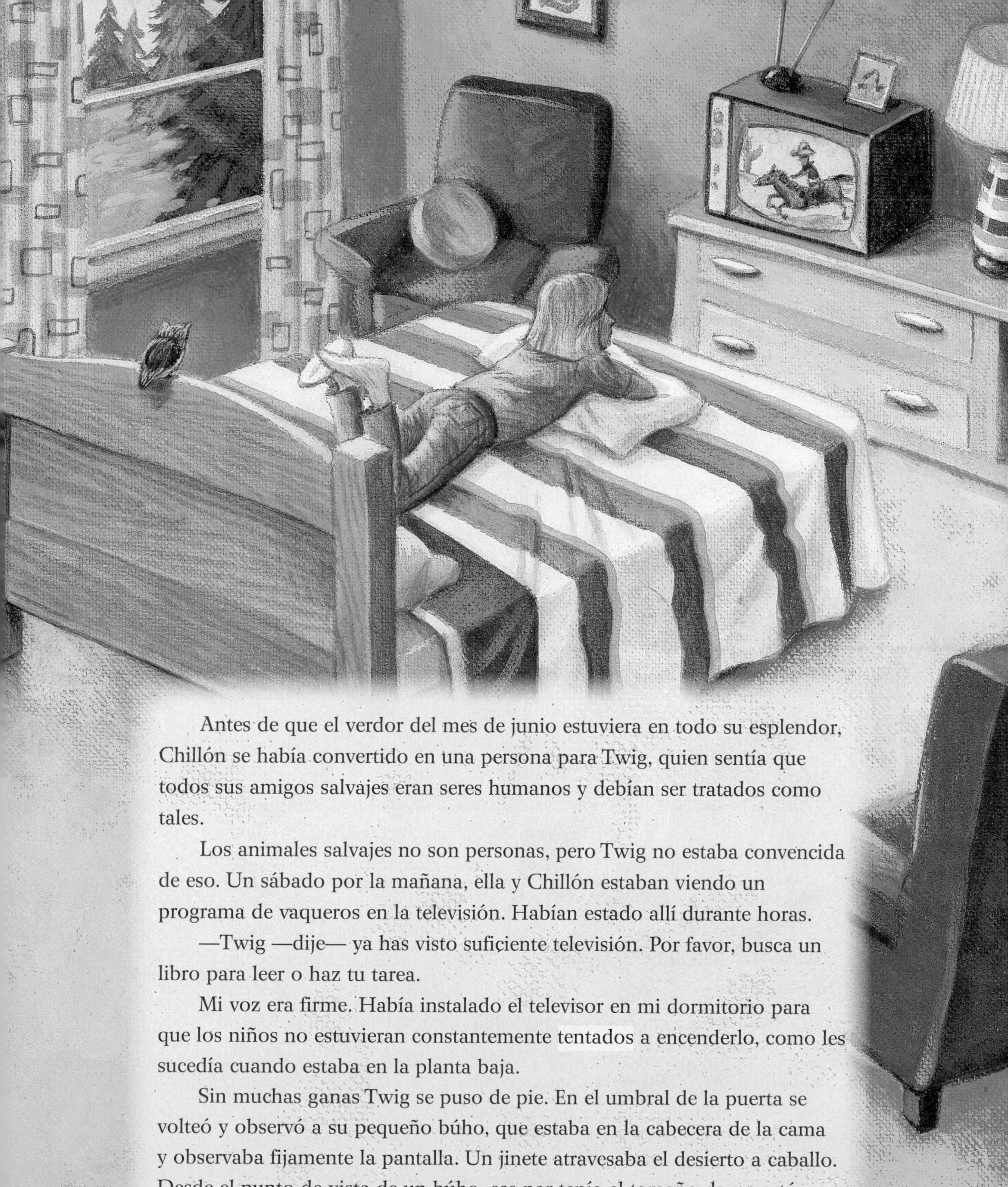

Antes de que el verdor del mes de junio estuviera en todo su esplendor, Chillón se había convertido en una persona para Twig, quien sentía que todos sus amigos salvajes eran seres humanos y debían ser tratados como tales.

Los animales salvajes no son personas, pero Twig no estaba convencida de eso. Un sábado por la mañana, ella y Chillón estaban viendo un programa de vaqueros en la televisión. Habían estado allí durante horas.

—Twig —dije— ya has visto suficiente televisión. Por favor, busca un libro para leer o haz tu tarea.

Mi voz era firme. Había instalado el televisor en mi dormitorio para que los niños no estuvieran constantemente tentados a encenderlo, como les sucedía cuando estaba en la planta baja.

Sin muchas ganas Twig se puso de pie. En el umbral de la puerta se volteó y observó a su pequeño búho, que estaba en la cabecera de la cama y observaba fijamente la pantalla. Un jinete atravesaba el desierto a caballo. Desde el punto de vista de un búho, ese par tenía el tamaño de un ratón.

—¿Por qué Chillón puede ver la televisión y yo no? —preguntó ella haciendo un puchero.

No había terminado de hablar cuando Chillón saltó de la cabecera, golpeó a la presa con sus garras y se cayó al suelo, desconcertado.

Twig se apresuró a rescatarlo. Lo recogió y lo apretó contra su pecho. Luego me miró con desdén y corrió a su dormitorio. Los ojos amarillos y redondos del pequeño búho se esforzaban por ver entre los dedos suavemente doblados de Twig.

Twig tenía razón: esta criatura de otro mundo era una persona. ¿No estaba incluido en la lista de compras su menú de ratones y grillos? ¿No tenía acaso su propia habitación en un hueco entre las guías de campo de Roger Tory Peterson que estaban en la estantería de la sala? ¿Acaso no corría dentro de los túneles de mantas calientitas hechos por Twig a la hora de dormir y emitía un sonido de satisfacción? ¿Y acaso no le gustaba la televisión tanto como a ella?

DETENTE Y PIENSA

Hechos y opiniones El último párrafo de la página 282 contiene hechos y opiniones. Usa tu organizador gráfico para diferenciarlos. Después explica cómo verificar los hechos.

A la mayoría de los científicos se les enseña a no interpretar emociones humanas en los animales, pero a veces se preguntan si eso es completamente cierto. Cuando vives con animales, notas que frecuentemente se parecen bastante a los seres humanos.

Más tarde, esa misma mañana del incidente con la televisión, miré dentro de la habitación y observé a Twig y a Chillón. El búho estaba encaramado en la parte superior de la puerta abierta, arreglándose las plumas. Twig estaba sentada con la barbilla entre las manos, observándolo.

—Lo lamento por Chillón —dijo—. Está encerrado en esta casa y necesita ver cosas moviéndose como lo hace en los bosques.

— ¿Y entonces? —le pregunté.

—Entonces, yo he terminado mi tarea y he tendido mi cama. ¿Chillón y yo podemos ver televisión?

—Sí —me escuché decir.

Cuando le dije a Twig que podía ver televisión ese día del incidente del vaquero, se paró sobre su escritorio y extendió la mano a Chillón, que subió a su dedo. Mientras Twig bajaba del escritorio le tocó los dedos, y las garras de Chillón se curvaron alrededor de su dedo índice.

—Ojalá tuviera las patas de Chillón —dijo—, así podría sentarme en las ramas más diminutas del manzano.

De pronto su hermano Craig gritó: —Están dando *El Correcaminos*.

—A Chillón le encanta *El Correcaminos* —dijo Twig y se fue apresuradamente hasta el televisor de mi habitación. Chillón batió las alas para mantener el equilibrio y los dos se unieron a Craig y Luke delante del televisor. Luke, que todavía no había cumplido los cuatro años de edad, le dio una palmada a la almohada que tenía junto a él.

—Ponlo aquí —dijo. Sonó un acorde de música, las luces destellaron y todos, especialmente Chillón, ya no quitaron los ojos de encima de esa ave estrafalaria que corría de un lado a otro de la pantalla.

Lo que más le gustaba a Chillón, después de *El Correcaminos*, era tomar una ducha. Volaba dentro del cuarto de baño cuando oía que uno de nosotros abría la regadera, se sentaba arriba de la barra de la cortina de la ducha para orientarse y después se dejaba caer dentro del charco de agua que se formaba a nuestros pies. Con los ojos entornados, chapoteaba gozosamente en el agua con sus alas y se mojaba el pecho hasta que quedaba empapado. Un búho mojado es tan indefenso como una hormiga en la trampa de un oso hormiguero. Una vez bañado, Chillón no podía salir trepando de la bañera. Teníamos que recogerlo y ponerlo sobre una toalla cerca del conducto del aire caliente para que se secara.

Este fue un arreglo perfectamente satisfactorio, hasta que nos olvidamos de contarle a una huésped sobre la pasión de Chillón. En la mañana, ignorando la presencia silenciosa del búho, se duchó, salió de la bañera y lo dejó allí. Era casi el mediodía cuando lo encontramos.

Craig inmediatamente colocó un cartel: "Por favor, saque al búho después de ducharse". El cartel estuvo colgado de los grifos de la ducha durante todo el tiempo que Chillón vivió con nosotros.

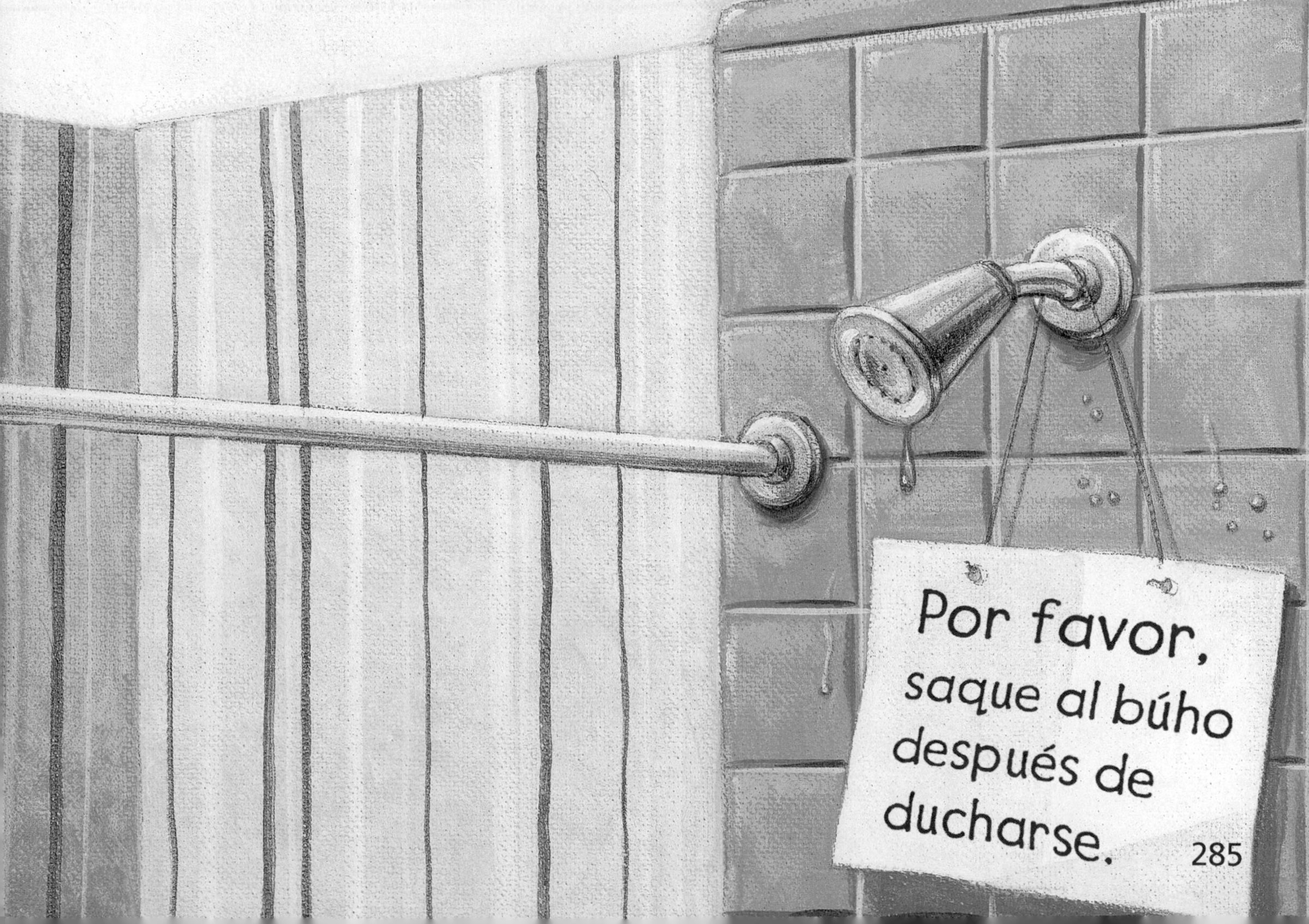

Chillón adoraba a Twig. Se sentaba sobre su hombro durante el desayuno, volaba hasta su mano para alimentarse cuando ella silbaba llamándolo y se posaba sobre la barra de la cortina de su habitación cuando no estaba viendo televisión.

Sin embargo, también le gustaba el juego de trenes de Craig.

Tenia un buen motivo para ello: el tren se movía como una serpiente de jardín. Las vías que Craig ponía en equilibrio sobre grandes bloques de madera que corrían debajo de su cama después continuaban por el piso pasando por el tablero de damas, por arriba de la línea principal y regresaban por debajo de la cama. Cuando Chillón oía que el tren arrancaba, volaba hasta la habitación de Craig y se posaba sobre el respaldo de una silla. Agazapado para caer sobre esta presa, observaba cómo la locomotora y los vagones recorrían la precaria ruta. Los bloques de madera temblaban cuando la pequeña locomotora negra giraba en una curva o cruzaba rápidamente un barranco hasta el tramo abierto entre la pared y la puerta. Chillón nunca atacó a esta presa. El tren no tenía el tamaño que debía. Chillón estaba programado para comer ratones, insectos, serpientes pequeñas y artrópodos. Los búhos grandes, como el búho cornudo, el cárabo norteamericano y las lechuzas comunes (las mascotas de mi infancia) podrían abalanzarse sobre el tren de Craig, pero no Chillón, que sólo se sentaba y observaba. En una casa donde no había urracas azules aterrizando ni escurridizas ardillas listadas, *Negrito*, como llamaba Craig al tren Lionel, era para Chillón un caso de diversidad biológica. Su cabeza giraba bastante, bien afuera de sus hombros, mientras su mirada seguía a la rápida locomotora que recorría toda la habitación, se ocultaba debajo de la cama y salía nuevamente.

DETENTE Y PIENSA

Técnica de la autora Un **símil** compara dos cosas distintas usando *como*. «La caída del sol era como una naranja cayendo del cielo» es un ejemplo. Encuentra un símil en esta página.

Con frecuencia el tren se descarrilaba. Craig lo hacía correr hasta el borde mismo del desastre. Cuando los bloques de madera se movían demasiado, *Negrito* saltaba sobre las vías, volteaba los caballetes y se ladeaba en el aire antes de caer de costado, con las ruedas girando. En cada accidente, Chillón volaba hasta la parte de arriba de la puerta de Craig, desde donde observaba a la locomotora muerta hasta que sus ruedas dejaban de girar. Después apartaba la mirada. Para él, cuando el tren no se movía, no estaba allí.

Una noche, un llamado primaveral lastimero de búho flotó a través de nuestras ventanas cuando nos íbamos a dormir. La voz provenía de los abetos del otro lado del camino.

Al día siguiente, en el desayuno, coloqué el tenedor sobre la mesa y me incliné sonriendo hacia Twig, Craig y Luke. Los niños también dejaron sus tenedores y me miraron con esa expresión de "mira-lo-que-se-nos-viene" en sus rostros.

—Es tiempo de —dije. Los ojos se abrieron, los dedos se tensaron en el borde de la mesa—… liberar a Chillón.

—NO.

—NO.

—NO, NO, NO, NO —la tercera voz de la ronda se hizo oír—. No dejes que se vaya.

—Se quedará cerca —dije—. Será hermoso tener a Chillón en nuestros bosques, volando, llamándonos de noche y apareciendo por la ventana para que le demos un ratón o dos.

—NO, NO, NO, NO, NO, NO.

—Quizás hasta tenga hijitos búhos y nos los traiga.

Se hizo un silencio, mientras pensaban en eso.

—Voy a alimentarlo en el alféizar de la ventana de mi dormitorio durante unos días —dije—. Cuando sepa que siempre podrá conseguir alimento allí, abriré la ventana y saldrá volando. Silbaré y regresará.

—NO, NO —dijo Twig—. No regresará.

—Sí, lo hará —repliqué—. ¿No recuerdas a Bubo, Twig?

—No —dijo—. Yo acababa de nacer cuando teníamos a Bubo.

—Bubo era una lechuza cornuda —expliqué—. Vivió con nosotros durante cuatro años en la Universidad Vassar y después la dejamos ir.

—No dejes que Chillón se vaya —dijo Twig.

—Bubo regresaba por las noches para comer —proseguí—. Cuando encontró una lechuza cornuda macho en el cementerio poblado de árboles que se encontraba en las cercanías, se fue del campus y se mudó con él a los bosques. Tuvieron dos crías en un nido que había sido de un cuervo.

—NO, NO —gritaron Luke y Craig.

—No dejes que Chillón se vaya —dijo Twig.

Una semana después nos reunimos en mi dormitorio.

—Chillón ha estado comiendo ratones y pollo en el alféizar de la ventana durante un largo tiempo ya —dije—. Ha llegado el momento de abrir la ventana.

Me miraron como si yo fuera el verdugo de los búhos.

DETENTE Y PIENSA

Inferir/Predecir ¿Crees que Chillón se irá volando por la ventana? Si lo hace, ¿crees que visitará a la familia regularmente?

—Regresará, pues tendrá mucha hambre.

Los ojos se abrieron con incredulidad. Nadie habló.

—Volará hasta el tilo para orientarse —dije—. Después silbaré el llamado de "ven por la comida" y regresará inmediatamente.

—No, no lo hagas —dijo Twig.

—Lo alimentaremos muy poquito esta noche —continué—. Seguirá hambriento mañana y volverá por más comida. Haremos esto todas las noches hasta que sea capaz de cazar solo.

Me encontraba frente a un público de escépticos. Tuve que convencerlos. —Cuando era niña —me apresuré a decir—, teníamos una lechuza llamada Windy.

—Era la encantadora lechuza de tío John y tío Frank. La liberaban y volvía todas las noches al pórtico donde solía dormir, para que la alimentaran. Chillón también lo hará.

—Chillón no es una lechuza de ese tipo —dijo Craig.

Esa noche liberamos a Chillón. Twig se sentía esperanzada, confiada en que Chillón regresaría. Craig seguía escéptico, pero Luke estaba animado por una nueva conciencia que crecía en él: la libertad. El búho se iría en libertad y eso le gustaba.

Cuando abrimos la ventana, Chillón parpadeó con sus ojos dorados y giró la cabeza en un amplio círculo. Vio el tilo, los abetos del Sr. Ross, el cielo y la luna en cuarto creciente. Abrió las alas y voló a la luz del crepúsculo.

Jamás lo volvimos a ver.

Es tu turno

¿Salvaje o no?

Escribir sobre los animales ¿Crees que está bien que las personas tengan animales salvajes como mascotas, como hizo Twig con Chillón? ¿Cuáles son los efectos positivos y negativos de tener un animal salvaje como mascota? Escribe un párrafo donde expliques tu opinión. Usa tu propia experiencia y otras lecturas para apoyar tu respuesta.
CIENCIAS

Chillón en libertad

Hacer una historieta ¿Qué imaginas que le ocurrió a Chillón después de que se fue volando? En grupo, hagan una lluvia de ideas sobre distintas versiones de las aventuras que vivirá Chillón. Comenten cuál de las versiones creen que es más probable que ocurra y por qué. Luego, hagan una historieta con las aventuras, en la que cada miembro del grupo aporte una sección. Agreguen leyendas y globos de diálogo donde sea necesario.
GRUPO PEQUEÑO

Todo sobre los búhos

Turnarse y comentar

Comenta con un compañero algunos de los datos que aprendiste sobre los autillos. ¿Qué dato te pareció más sorprendente? ¿De qué manera estos datos influyeron en tu opinión sobre los búhos? Comenta si crees que la autora enseña bien a los lectores sobre los búhos y sus costumbres. ¿Qué otras cosas te gustaría conocer sobre estas aves?
HECHOS Y OPINIONES

Conectar con las

Ciencias

VOCABULARIO CLAVE

presencia	**incredulidad**
tentado	**biológico**
hacerse querer	**arreglo**
abalanzarse	**emitir**
apresurarse	**incidente**

GÉNERO

El **Teatro del lector** es un texto que ha sido preparado para que los lectores lo lean en voz alta.

ENFOQUE EN EL TEXTO

Un **texto persuasivo** busca convencer al lector para que piense o actúe de cierta manera. A veces las palabras y acciones de un personaje revelan lo que el autor quiere que el lector piense o haga. ¿Qué dice Eliza para persuadir a los otros personajes para que sean cuidadosos con el conejo?

Teatro del lector

La vida SILVESTRE

por Anne Patterson

Personajes

Narrador	**Luisa**
Eliza	**Joe**
Sam	

Narrador: Los amigos Sam, Luisa y Joe están visitando un parque estatal en Texas. Eliza, una guardabosques, los guía en una caminata por la naturaleza.

Eliza: Nuestro parque tiene muchas características biológicas asombrosas, por ejemplo…

Sam: ¿Qué significa *biológicas*?

Eliza: Oh, cualquier cosa que tenga que ver con la vida de las plantas y los animales. Bueno, como decía, una característica biológica notable de este parque es…

Luisa: ¡Un conejito!

Eliza: Bueno, no iba a decir eso, pero…

Luisa: No, ¡miren! Está justo allí. Es un conejito bebé.

Narrador: Todos se reúnen para ver al pequeño conejo acostado en el pasto. Sam se acerca y extiende su mano hacia el animalito.

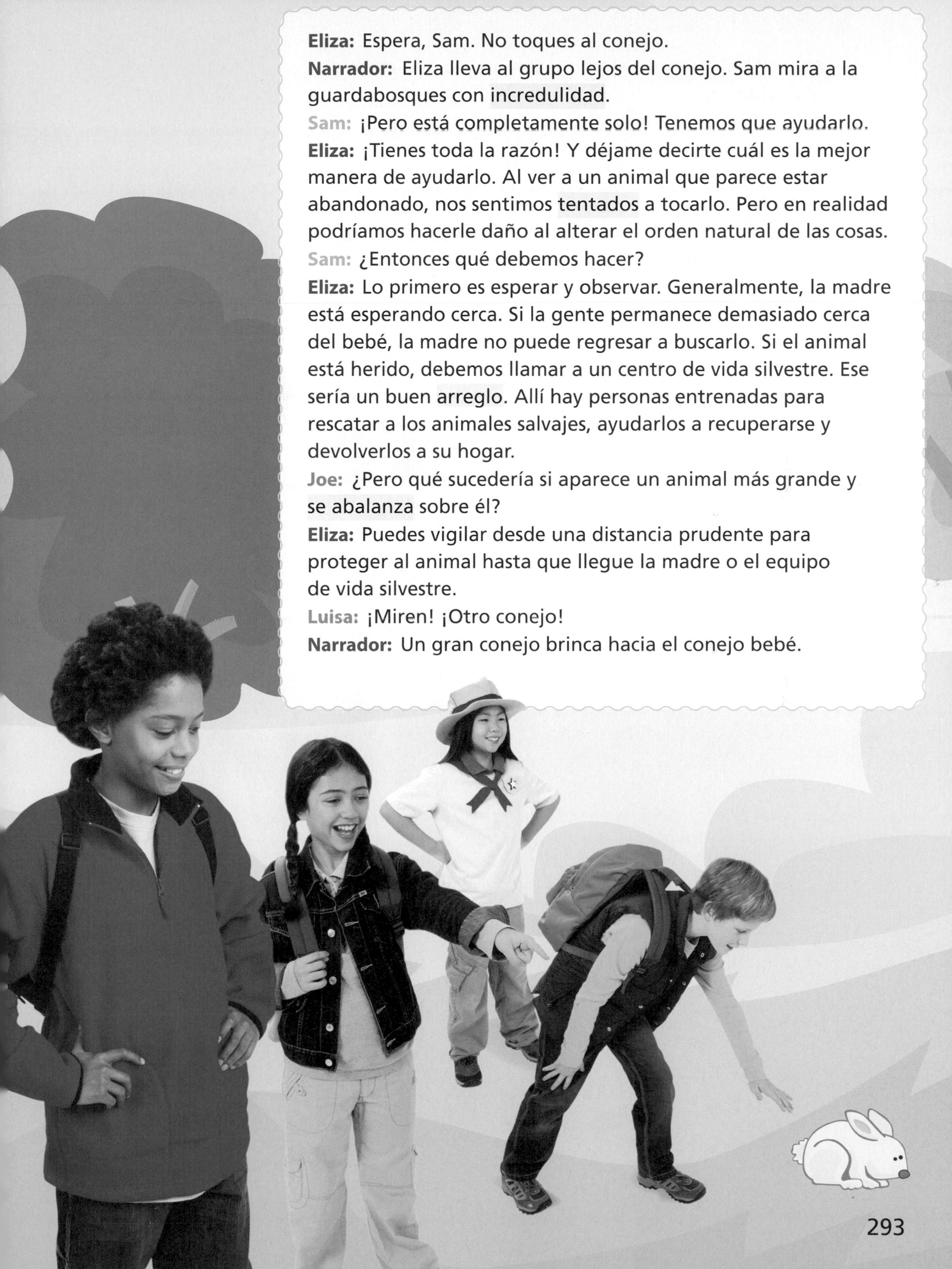

Eliza: Espera, Sam. No toques al conejo.

Narrador: Eliza lleva al grupo lejos del conejo. Sam mira a la guardabosques con incredulidad.

Sam: ¡Pero está completamente solo! Tenemos que ayudarlo.

Eliza: ¡Tienes toda la razón! Y déjame decirte cuál es la mejor manera de ayudarlo. Al ver a un animal que parece estar abandonado, nos sentimos tentados a tocarlo. Pero en realidad podríamos hacerle daño al alterar el orden natural de las cosas.

Sam: ¿Entonces qué debemos hacer?

Eliza: Lo primero es esperar y observar. Generalmente, la madre está esperando cerca. Si la gente permanece demasiado cerca del bebé, la madre no puede regresar a buscarlo. Si el animal está herido, debemos llamar a un centro de vida silvestre. Ese sería un buen arreglo. Allí hay personas entrenadas para rescatar a los animales salvajes, ayudarlos a recuperarse y devolverlos a su hogar.

Joe: ¿Pero qué sucedería si aparece un animal más grande y se abalanza sobre él?

Eliza: Puedes vigilar desde una distancia prudente para proteger al animal hasta que llegue la madre o el equipo de vida silvestre.

Luisa: ¡Miren! ¡Otro conejo!

Narrador: Un gran conejo brinca hacia el conejo bebé.

Eliza: ¡Shh! No emitan sonido alguno. No queremos ahuyentarlo.

Luisa: Creo que es la madre del conejito.

Narrador: Mientras miran, los dos conejos se alejan brincando.

Luisa, Joe y **Sam:** ¡SÍ!

Eliza: Ese conejo se hizo querer por nosotros de inmediato. Qué bueno que no nos apresuráramos a recogerlo. ¿Qué habría pasado?

Joe: ¡Su madre no hubiera podido encontrarlo!

Eliza: ¡Así es!

Joe: ¿Acaso no tuvimos suerte de tener este incidente que nos enseñó más sobre cómo ayudar a los animales salvajes? No queremos que nuestra presencia altere el equilibrio de la naturaleza.

Sam: Este parque definitivamente tiene unas características biológicas asombrosas. ¡Continuemos nuestra marcha y encontremos algunas más!

Hacer conexiones

El texto y tú

Escribir sobre un animal Piensa en las experiencias de la familia con *Chillón*. Ahora piensa en la experiencia más rara que hayas tenido con un animal o una mascota. ¿Fue divertida, atemorizante, extraña o absolutamente asombrosa? Escribe un párrafo corto sobre tu experiencia.

De texto a texto

Comparar y contrastar Usa un diagrama de Venn para comparar y contrastar las aventuras de *Chillón* con las aventuras de *Winn-Dixie* en *Gracias a Winn-Dixie.*

El texto y el mundo

Hacer una encuesta Pregunta a tus compañeros del salón, tus amigos y miembros de tu familia qué clases de animales han tenido como mascotas. Organiza sus respuestas en una tabla. ¿Qué animal es el más popular entre las personas que participaron en la encuesta?

Gramática

Sustantivos propios Los **sustantivos propios** son sustantivos que empiezan con **letra mayúscula**. Son los nombres de personas, de estados, de lugares, de documentos, de instituciones, de objetos, como el título de un libro. Los títulos de libros solo llevan mayúscula en la primera palabra y en los sustantivos propios. Los documentos y los hechos históricos llevan mayúscula inicial en los sustantivos y adjetivos.

Lenguaje académico

sustantivo propio
letra mayúscula

Sustantivos propios
La Declaración de Independencia (documento) se redactó y se firmó durante la Guerra de Independencia (hecho histórico).
Calvin (nombre de persona) ha leído *Un día en el bosque* (libro), "Lunes: elecciones estudiantiles" (artículo) y "Lo que hace a un héroe" (ensayo).
Al llenar el formulario, Marie (nombre de persona) marcó el casillero de Suiza (nombre de país) para el país de nacimiento.

¡Inténtalo! **En las siguientes oraciones, los nombres propios aparecen en negrita. Vuelve a escribir las oraciones con las mayúsculas correctas.**

1. **omar** nació en **asia** y habla inglés y japonés.
2. Para hacer el informe del libro, Deb leyó ***pájaros salvajes*** y **"avistaje de pájaros"**.
3. Nuestra constitución incorporó enmiendas tras la **guerra civil**.

Convenciones Cuando uses nombres propios en tu escritura, asegúrate de poner mayúscula en las palabras apropiadas. Esto ayudará al lector a saber que se trata de nombres de personas, lugares o cosas en particular.

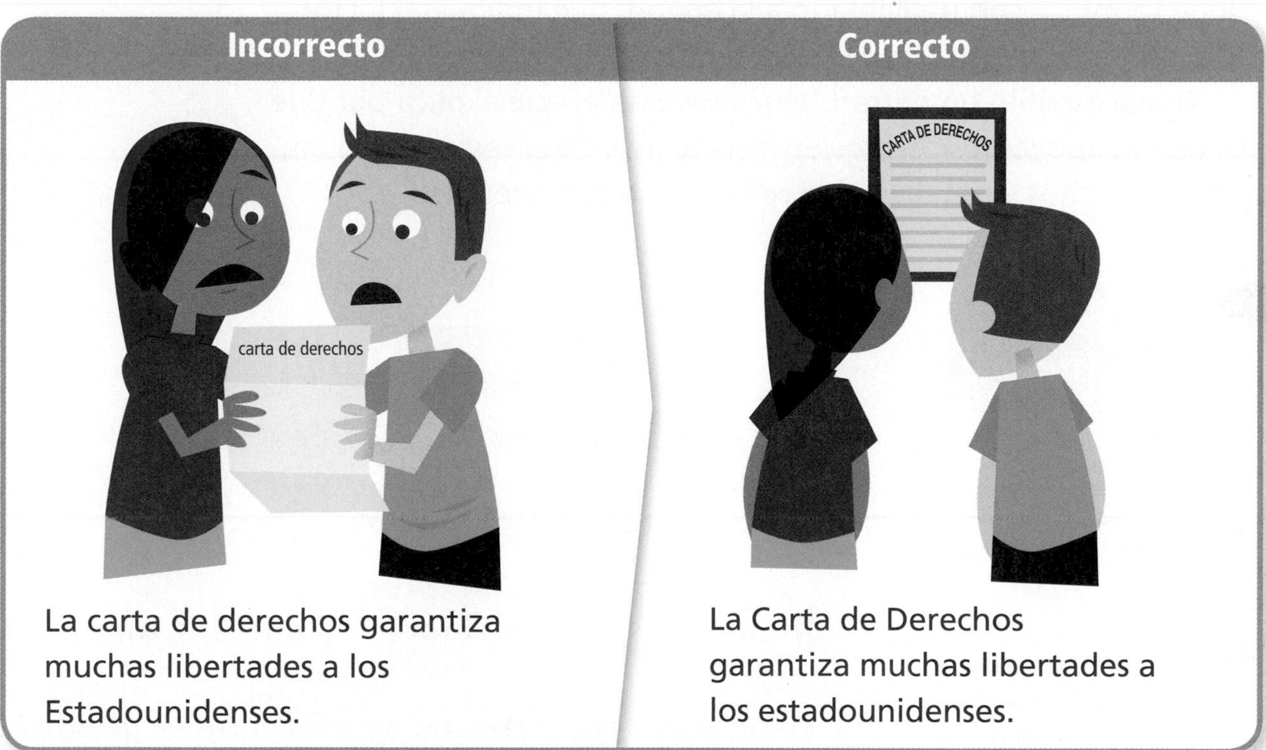

Incorrecto	Correcto
La carta de derechos garantiza muchas libertades a los Estadounidenses.	La Carta de Derechos garantiza muchas libertades a los estadounidenses.

Relacionar la gramática con la escritura

Cuando corrijas tu párrafo persuasivo, fíjate si has puesto mayúscula en las palabras correspondientes de los sustantivos propios. Vuelve a escribir con la mayúscula correcta los sustantivos propios que tengan errores.

Escribir para persuadir

Ideas Un buen **párrafo persuasivo** expresa tu opinión y da razones sólidas que la apoyan. Una manera de reforzar tu opinión es mencionar hechos y ejemplos. Un buen párrafo persuasivo debe terminar con un llamado a la acción, que indique al lector exactamente lo que tú quieres que haga o que piense.

Grace escribió un párrafo persuasivo en el que explica por qué se deben apoyar los centros de rescate de vida silvestre. Después, agregó hechos y detalles para reforzar sus argumentos.

Lista de control de la escritura

- **Ideas** ¿Expresé una opinión clara y razones para apoyarla?
- **Organización** ¿Ordené mis razones de la más fuerte a la más débil o de la más débil a la más fuerte?
- **Elección de palabras** ¿Utilicé las palabras apropiadas para explicar y justificar con claridad lo que quiero decir?
- **Voz** ¿Expresé mi opinión de manera convincente?
- **Fluidez de las oraciones** ¿Varían mis oraciones en cuanto a longitud y a estructura?
- **Convenciones** ¿Coloqué las mayúsculas correctamente en mi título?

Borrador revisado

Es necesario apoyar los centros de rescate de vida silvestre o incontables animales sufrirán. Todos los días los animales silvestres se enferman, se lastiman o quedan huérfanos. ^Por ejemplo, Chillón se lastimó al caer sobre el piso de la entrada de una casa. ¿Por qué se deben apoyar los centros de rescate de vida silvestre? La razón es porque las personas son responsables de muchos de los problemas que tienen los animales silvestres. Por ejemplo, ~~los carros golpean a~~ muchos animales^ terminan en los centros de rescate porque fueron golpeados por un carro.

Copia final

¡Apoyemos a los centros de rescate de vida silvestre!

por Grace Martin

Es necesario apoyar los centros de rescate de vida silvestre o incontables animales sufrirán. Todos los días hay animales que se enferman, se lastiman o quedan huérfanos. Por ejemplo, Chillón se lastimó al caer sobre el piso de la entrada de una casa. ¿Por qué se deben apoyar estos centros? La razón es porque las personas son responsables de muchos de los problemas que tienen los animales silvestres. Por ejemplo, muchos animales terminan en los centros de rescate porque fueron golpeados por un carro. También debemos apoyarlos porque de ellos podemos aprender. El año pasado visité un centro de rescate. Vi búhos, halcones y ¡hasta un águila! Los voluntarios del centro me explicaron cómo vivir en armonía con nuestros "vecinos" silvestres. ¡Ayuda a crear conciencia sobre los centros de rescate de vida silvestre!

En mi trabajo final, agregué hechos y detalles para reforzar mis ideas. También me aseguré de haber colocado correctamente las mayúsculas en mi título.

Leer como escritor

¿Cómo reforzó Grace su párrafo persuasivo? ¿Qué razones, hechos o ejemplos podrías agregar para reforzar tu párrafo persuasivo?

Lección

12

temblar
vestigio
bloque
pertenencia
vivienda
aplastar
ruina
escombro
madera
construirse

Librito de vocabulario

Tarjetas de contexto

Vocabulario en contexto

1 **temblar**

Las personas saben que están en medio de un terremoto cuando todo a su alrededor empieza a temblar.

2 **vestigio**

Son muy desoladores los vestigios que dejan algunos temblores de tierra.

3 **bloque**

Un bloque de concreto caído de lo alto puede causar muchos daños materiales y herir a las personas.

4 **pertenencia**

Los terremotos destruyen las pertenencias de las personas. Las dejan arruinadas.

- **Estudia cada Tarjeta de contexto.**
- **Usa un diccionario como ayuda para que entiendas el significado de estas palabras.**

5
vivienda

Habitar en viviendas antiguas puede resultar muy riesgoso en caso de ocurrir un temblor de tierra.

6
aplastar

Si una estructura que cae está aplastando todo lo que hay en su interior, la calle es el lugar más seguro.

7
ruina

La limpieza de las ruinas que deja un terremoto es una tarea que toma mucho tiempo y esfuerzo.

8
escombro

Un terremoto de fuerte magnitud puede dejar una autopista convertida en escombros.

9
madera

En un temblor las casas hechas de madera pueden caer como si fueran juguetes hechos con mondadientes.

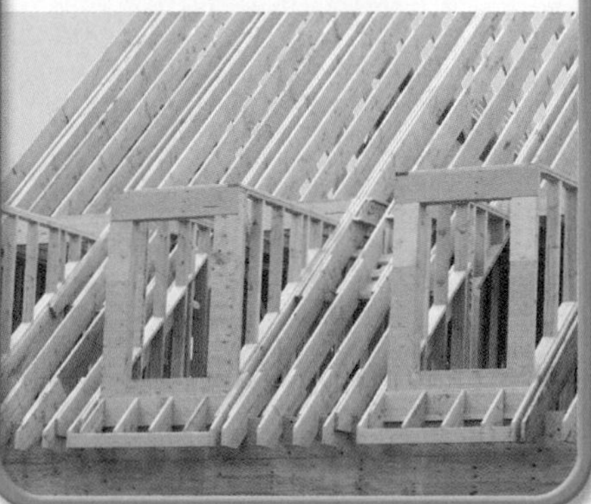

10
construirse

Muchos edificios modernos se construyeron de forma que puedan resistir los terremotos.

Contexto

VOCABULARIO CLAVE **El terremoto de San Francisco** Te despertaste cuando la cama empezó a temblar y un espejo cayó de la pared. Viste por la ventana cómo el edificio de al lado se desplomó y aplastó a los ocupantes. Así comenzó el día para los que vivían en San Francisco el 18 de abril de 1906. El terremoto fue uno de los peores desastres naturales en la historia de los Estados Unidos. Aquel, más un gran incendio, destruyeron viviendas y negocios. Los edificios no se construyeron para resistir algo así. Se quebraron las vigas de madera y cayeron en bloque grandes escombros. Las personas deambularon entre los vestigios con las pocas pertenencias que les quedaron. Todo estaba en ruinas. Cientos de miles de personas de pronto se encontraron sin hogar.

Los incendios que habían comenzado debido al terremoto se extendieron por la ciudad y ardieron durante días.

Comprensión

DESTREZA CLAVE Secuencia de sucesos

Mientras lees *Cuando la tierra se estremeció*, fíjate en la secuencia en que ocurren los sucesos. Fíjate también que la secuencia principal se interrumpe una vez para contar la historia desde otro punto de vista. Para registrar la secuencia, busca fechas y momentos del día y también palabras clave como *cuando, ahora, después* y *nuevamente*. Un organizador gráfico te ayudará a llevar el registro de la secuencia de sucesos.

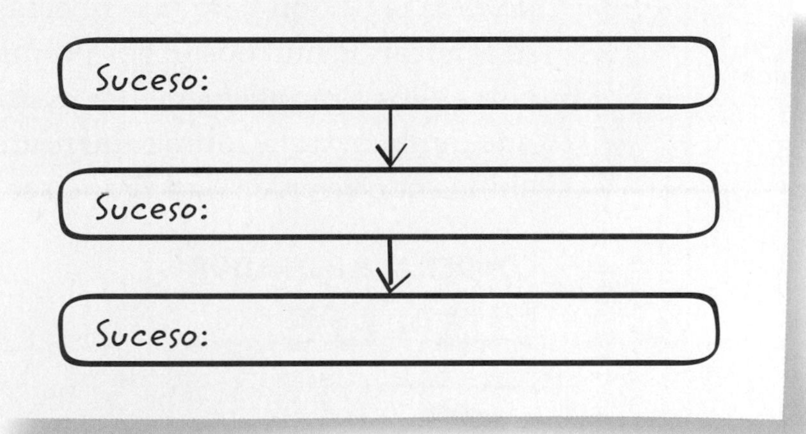

ESTRATEGIA CLAVE Visualizar

Puedes utilizar tu organizador gráfico y la estrategia de visualizar para seguir la historia de Chin y Ah Sing. Emplear detalles del texto para formar imágenes mentales de los sucesos importantes te ayudará a recordar la secuencia de esos sucesos.

SENDEROS EN DIGITAL Presentado por DESTINO Lectura™
Lección 12: Actividades de comprensión

Selección principal

VOCABULARIO CLAVE

temblar	**vestigio**
bloque	**pertenencia**
vivienda	**aplastar**
ruina	**escombro**
madera	**construirse**

DESTREZA CLAVE

Secuencia de sucesos Examina el orden cronológico en que tienen lugar los sucesos.

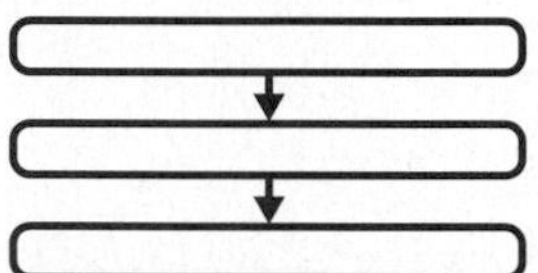

ESTRATEGIA CLAVE

Visualizar Usa detalles del texto para formarte imágenes mentales de lo que estás leyendo.

GÉNERO

Una **ficción histórica** es un cuento cuyos personajes y sucesos están ambientados en la historia.

Establecer un propósito Establece un propósito para leer basándote en el género y en lo que quieres averiguar.

CONOCE AL AUTOR

LAURENCE YEP

Durante su infancia en San Francisco, Laurence Yep iba a la escuela en el Barrio Chino, pero no vivía ahí. Siendo un adulto joven, Yep se interesó cada vez más en su cultura chinoamericana. Empezó su carrera como escritor en la escuela secundaria, donde le pagaban un centavo por palabra por escribir cuentos de ciencia ficción para una revista. Ahora es el autor de muchos libros premiados, entre ellos *Dragonwings (Alas de dragón)*, que también trata sobre inmigrantes chinos que viven en San Francisco.

CONOCE AL ILUSTRADOR

YUAN LEE

Yuan Lee ha creado ilustraciones para anuncios, carteles y revistas. Diseñó una serie de estampillas para las Naciones Unidas, donde aparecen las especies del mundo en peligro de extinción. Yuan ilustró también *The Parthenon (El Partenón)* un libro que muestra la construcción de un antiguo templo griego.

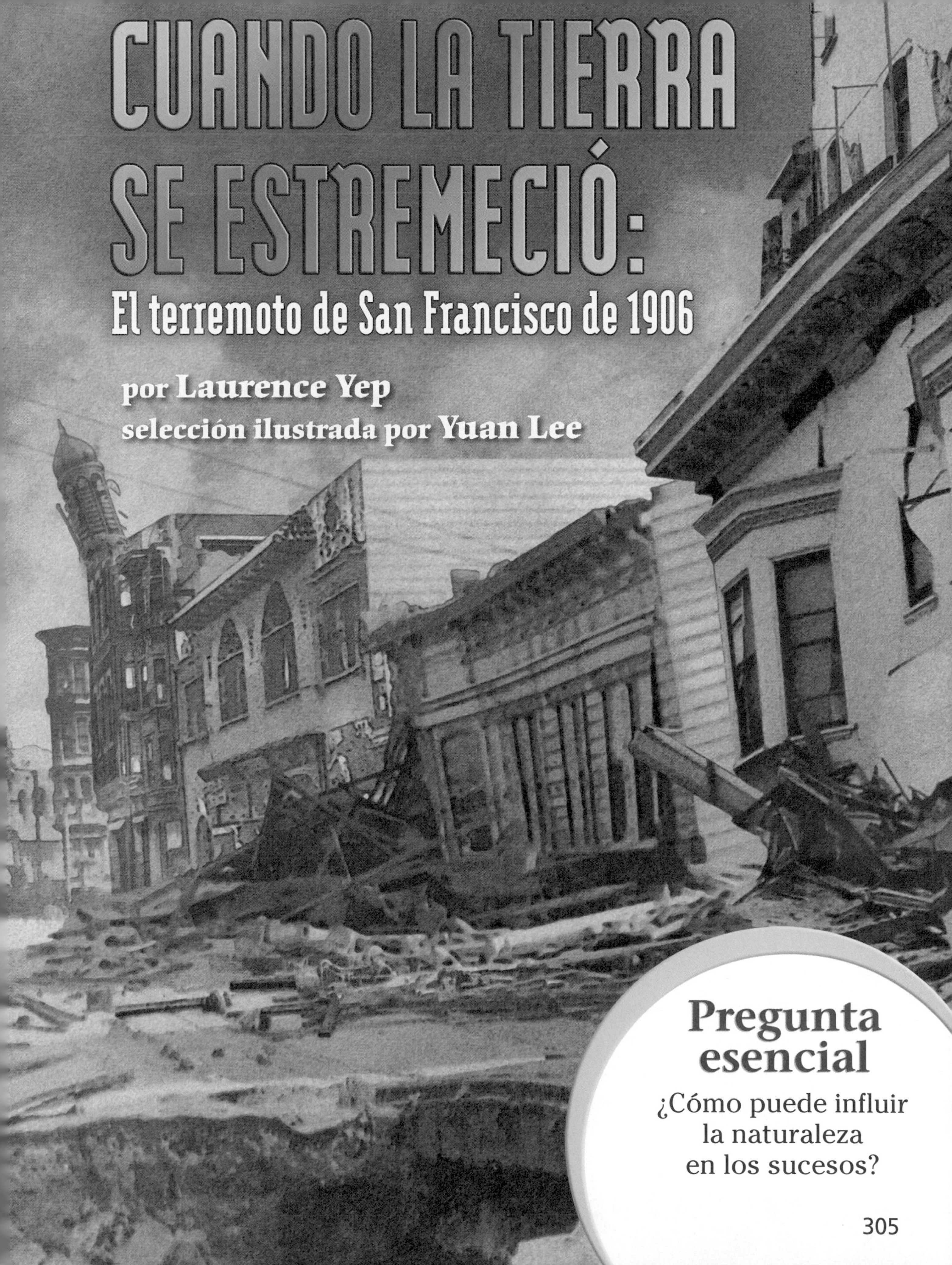

CUANDO LA TIERRA SE ESTREMECIÓ:

El terremoto de San Francisco de 1906

por **Laurence Yep**

selección ilustrada por **Yuan Lee**

Pregunta esencial

¿Cómo puede influir la naturaleza en los sucesos?

Son las 5:12 de la mañana del miércoles 18 de abril de 1906. En el Barrio Chino de San Francisco, Chin y su padre, Ah Sing, están en su apartamento. Se están aseando. Se preparan para ir a casa de la familia Travis, donde Ah Sing trabaja para mandar dinero a su esposa en China. Su amigo Ah Quon vive cerca.

De pronto, todo comienza a temblar. El tazón cruza lentamente la mesa. Después, incluso la mesa se aleja arrastrándose. Chin salpica agua por todos lados.

—Puedes escribirle a tu madre sobre tu primer terremoto —dice su padre despreocupadamente.

El suelo se balancea debajo de ellos como si fuera un mar de madera. El plato se resbala por el borde y se hace añicos. Algunas cajas se desploman de una pila. Sus pertenencias se desparraman por las tablas del piso. Chin y su padre caen de rodillas.

Ah Sing intenta lucir valiente.

—El dragón de la Tierra debe estarse rascando —dice riendo.

Chin trata de ser igual de valiente. Cuando la habitación se aquieta, intenta bromear como su padre.

—Realmente debe tener una picazón.

Antes de que su padre pueda responder, vuelve a temblar.

Chin espera que termine, pero continúa sin pausa. El edificio de viviendas cruje y gruñe como un viejo gigante. Su cama y su cómoda merodean como animales hambrientos.

Ah Sing gatea hasta Chin y lo abraza.

—No te asustes —le dice. La voz de Ah Sing suena graciosa porque tiembla junto con la habitación.

Debajo de ellos, las vigas de madera ocultas se quiebran como palillos. Un segundo después, un lado de la habitación se inclina hacia arriba. Sin poder evitarlo, padre e hijo se deslizan junto con todos los muebles hacia la pared opuesta. Chin se siente como un muñeco. Sus pertenencias se aplastan y golpean al amontonarse.

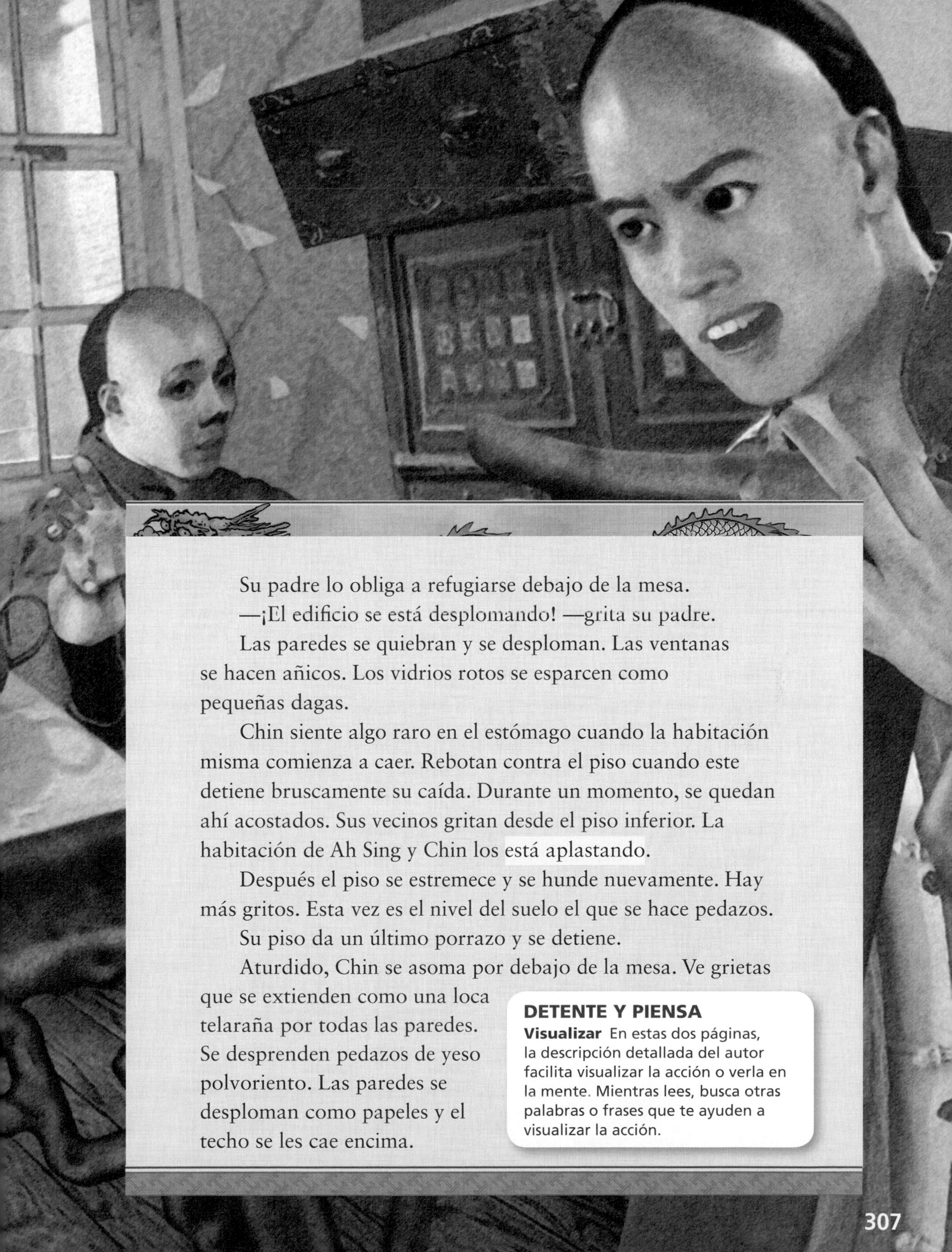

Su padre lo obliga a refugiarse debajo de la mesa.

—¡El edificio se está desplomando! —grita su padre.

Las paredes se quiebran y se desploman. Las ventanas se hacen añicos. Los vidrios rotos se esparcen como pequeñas dagas.

Chin siente algo raro en el estómago cuando la habitación misma comienza a caer. Rebotan contra el piso cuando este detiene bruscamente su caída. Durante un momento, se quedan ahí acostados. Sus vecinos gritan desde el piso inferior. La habitación de Ah Sing y Chin los está aplastando.

Después el piso se estremece y se hunde nuevamente. Hay más gritos. Esta vez es el nivel del suelo el que se hace pedazos.

Su piso da un último porrazo y se detiene.

Aturdido, Chin se asoma por debajo de la mesa. Ve grietas que se extienden como una loca telaraña por todas las paredes. Se desprenden pedazos de yeso polvoriento. Las paredes se desploman como papeles y el techo se les cae encima.

DETENTE Y PIENSA

Visualizar En estas dos páginas, la descripción detallada del autor facilita visualizar la acción o verla en la mente. Mientras lees, busca otras palabras o frases que te ayuden a visualizar la acción.

5:15 a.m. a 5:20 a.m.
Miércoles 18 de abril de 1906
Debajo de San Francisco

El terremoto hace que la tierra rebote de arriba a abajo, y que se retuerza hacia adelante y hacia atrás. Los caballos salen desbocados a las calles desde las estaciones de bomberos. En la calle Mission, se estaba arreando el ganado desde los muelles hasta el patio del matadero, pero sale en estampida. La manada arrolla y cornea a un hombre.

Una sexta parte de la ciudad está sobre el área del vertedero, donde el polvo, las rocas y los escombros se han depositado a lo largo de la orilla de la bahía, dentro de los riachuelos y los estanques. Las casas, los apartamentos y las tiendas se construyeron encima. La calle Valencia se construyó de esta manera.

El terremoto hace surgir el agua subterránea de las profundidades y la mezcla con el área del vertedero. El suelo deja entonces de ser sólido, lo cual se denomina licuefacción, y se vuelve como arena movediza. Se traga casas enteras. Eso sucede en la calle Valencia.

Incluso en suelo más sólido, los edificios se derrumban como casas hechas de barajas.

Miles de personas están atrapadas en toda la ciudad.

DETENTE Y PIENSA

Secuencia de sucesos Resume los sucesos ocurridos hasta ahora. ¿Qué te indican esos sucesos sobre lo que puede ocurrir después?

5:20 a.m.
Miércoles 18 de abril de 1906
Edificio de Chin y Ah Sing
Barrio Chino

Chin no puede ver. Tampoco puede moverse. Apenas puede respirar.

En la oscuridad, oye toser a su padre.

—¿Estás bien, Chin?

Su padre lo abraza con fuerza. Chin trata de responder, pero el polvo le llena la boca y la garganta. Así que simplemente asiente. Como su padre no puede verlo, Chin le aprieta el brazo.

Después se voltea para poder levantar una mano. Puede sentir el tablero de la mesa, pero las patas se han roto. Los fragmentos desprendidos del techo y de la pared han convertido el lugar en una pequeña cueva.

Su padre empuja los vestigios que lo rodean.

—No se moverán —gruñe.

Chin lo ayuda a empujar mientras dice: —El techo entero se nos cayó encima.

Si su padre no lo hubiera jalado bajo la mesa, habría quedado aplastado. Pero ahora están enterrados vivos.

Oyen pisadas arriba.

—El dragón de la Tierra está loco —dice un hombre con miedo.

—¡Aquí! —grita Ah Sing.

—¡Auxilio! —vocifera Chin también.

Cerca de allí alguien grita: —¡Fuego!

Las pisadas se alejan corriendo.

Chin y su padre gritan hasta quedarse roncos.

Sin embargo, nadie los oye.

Atrapados debajo de las ruinas, quedarán enterrados vivos.

—Tendremos que rescatarnos nosotros mismos —dice su padre—. Intenta encontrar una sección suelta.

Se retuercen y serpentean. Hay un gran bloque de yeso cerca de la cabeza de Chin. Tantea con las manos hasta que siente el yeso. Algunos pedazos polvorientos caen en sus manos.

Oye cavar a su padre. Chin araña los tablones rotos y el yeso. El polvo les ahoga la nariz y la garganta. Sin embargo, escarban como animales salvajes.

6:00 a.m.
Miércoles 18 de abril de 1906
Edificio de Chin y Ah Sing
Barrio Chino

Chin y su padre cavan en la oscuridad. Solo espera que estén cavando hacia afuera de las ruinas. Le duelen los brazos y está cubierto de heridas y moretones. El polvo le ahoga la boca y la garganta. Siente como si ni siquiera pudiera respirar. La Tierra se los ha tragado.

—¡Fuego! —grita la gente de arriba. Siente los golpes de los pies que corren.

Grita:

—¡Déjenme salir!

Su padre deja de cavar y lo abraza:

—¡No entres en pánico!

Pero el miedo se retuerce en el interior de Chin como una serpiente. Está tan seco que ni siquiera puede llorar. Se queda allí acostado. Sus uñas están rotas y sus dedos sangran.

Jamás escaparán. Piensa en su madre. No sabrá cómo murieron.

De pronto, una brisa roza su rostro como una mano suave. Chin huele aire fresco.

Olvida su dolor y olvida que está cansado. Rasga los vestigios, pero sólo logra hacer un túnel angosto, que es apenas lo suficientemente grande para él.

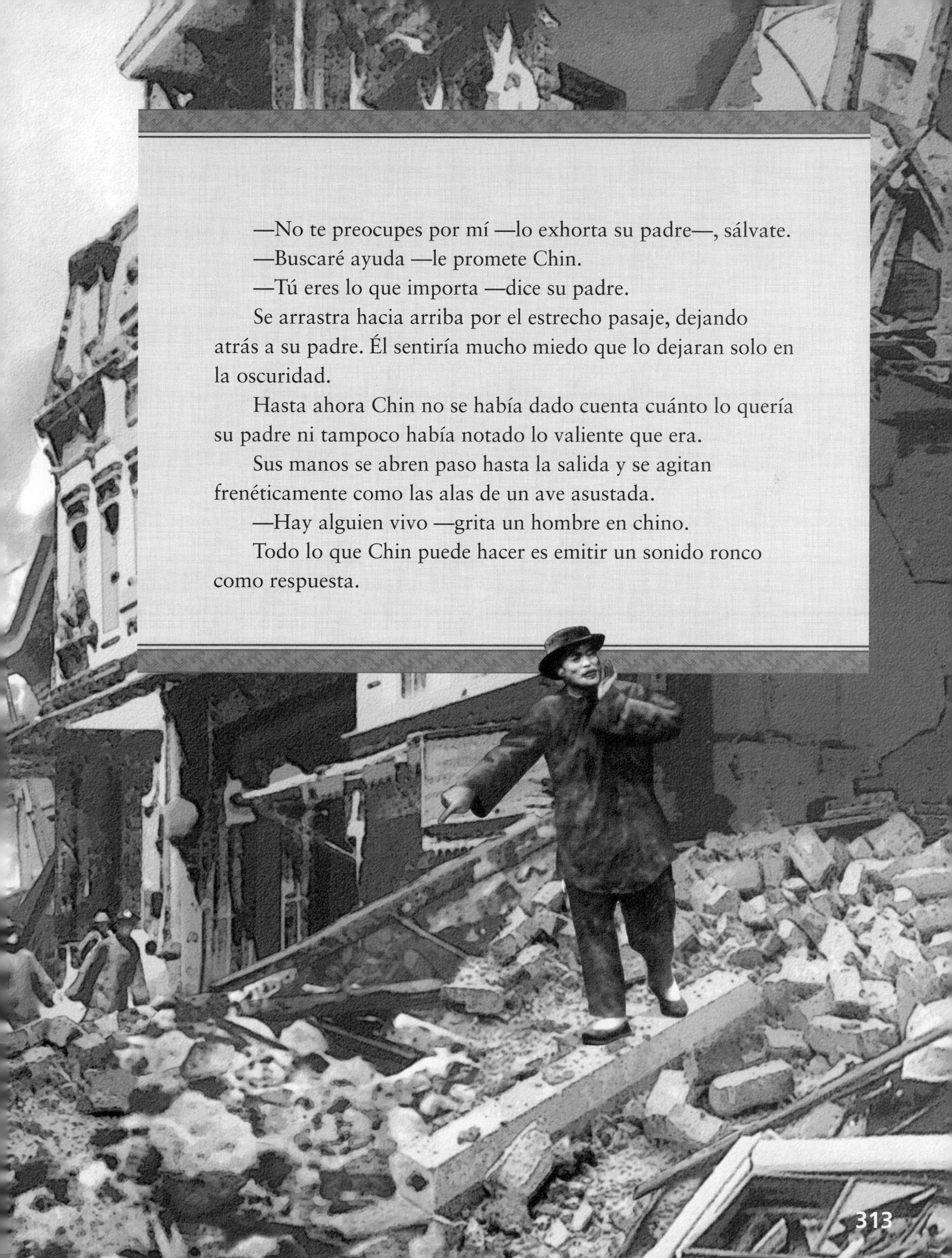

—No te preocupes por mí —lo exhorta su padre—, sálvate.

—Buscaré ayuda —le promete Chin.

—Tú eres lo que importa —dice su padre.

Se arrastra hacia arriba por el estrecho pasaje, dejando atrás a su padre. Él sentiría mucho miedo que lo dejaran solo en la oscuridad.

Hasta ahora Chin no se había dado cuenta cuánto lo quería su padre ni tampoco había notado lo valiente que era.

Sus manos se abren paso hasta la salida y se agitan frenéticamente como las alas de un ave asustada.

—Hay alguien vivo —grita un hombre en chino.

Todo lo que Chin puede hacer es emitir un sonido ronco como respuesta.

Oye pasos encima de él. Alguien comienza a cavar. Tablas, ladrillos y pedazos de yeso se agolpan a un lado. A ciegas, Chin ayuda a su rescatador a ensanchar el agujero.

Unas manos fuertes aprietan sus muñecas. Siente que lo alzan hasta que ve la cara grande de Ah Quon que sonríe abiertamente.

—Eres el nabo más grande que haya sacado jamás —dice Ah Quon riendo con alivio mientras jala a Chin por encima de las ruinas.

Chin tiene un único pensamiento en su mente:

—Mi padre —dice jadeando y señala hacia abajo.

Mientras Ah Quon cava en busca de su padre, Chin logra escupir el polvo de yeso. Después, también él quita escombros.

DETENTE Y PIENSA

Técnica del autor Cuando el autor, o el narrador, está en la historia, escribe desde el **punto de vista de la primera persona**. Cuando no está en la historia, escribe desde el **punto de vista de la tercera persona**. ¿Desde qué punto de vista está escribiendo el autor aquí?

Es tu turno

Sobrevivientes

Escribir sobre la supervivencia ¿Qué lecciones sobre cómo sobrevivir a un desastre natural pueden aprender los lectores después de leer sobre Chin y su papá? Escribe un párrafo breve para responder a esta pregunta. Luego, indica de qué manera estas lecciones pueden ser útiles para sobrevivir a otro tipo de desastre natural. SALUD

Alerta: Dragón de la Tierra

Investigar sobre los terremotos Chin y Ah Sing dicen que el "dragón de la Tierra" es la causa del terremoto. Con un compañero, investiguen en Internet las causas de los terremotos. Luego, comenten por qué un terremoto podría compararse con un dragón que vive dentro de la Tierra. PAREJAS

Vivir con la licuefacción

Turnarse y comentar

Vuelve a leer la **página 308** del **Libro del estudiante.** En un organizador gráfico, haz una lista con la secuencia de sucesos que llevaron a la licuefacción durante el terremoto. Luego, compara tu organizador gráfico con el de un compañero y comenten cómo la naturaleza y la actividad humana en conjunto influyeron sobre los sucesos del 18 de abril de 1906. SECUENCIA DE SUCESOS

Conectar con las Ciencias

VOCABULARIO CLAVE

temblar	vestigio
bloque	pertenencia
vivienda	aplastar
ruina	escombro
madera	construirse

GÉNERO

Un **texto informativo**, como este artículo de revista, da datos y ejemplos sobre un tema.

ENFOQUE EN EL TEXTO

Diagrama Un texto informativo puede incluir un diagrama, una imagen que explica cómo funciona algo o cómo se relacionan las partes entre sí. ¿Cómo apoya el diagrama en la página 317 a la información en el texto?

LOS TORNADOS DE TEXAS

El 28 de marzo del 2000, un tornado pasó por el centro de Fort Worth, Texas. En aproximadamente 10 minutos, la fuerza del tornado aplastó la ciudad, que quedó hecha escombros. Inmediatamente después, un segundo tornado dañó los edificios de los pueblos cercanos. Cada bloque de cemento caído aumentaba el vestigio y las ruinas.

Todos los años, en los Estados Unidos, se forman alrededor de mil tornados. De todos los estados, Texas tiene la mayor cantidad de tornados. Tiene un promedio de 153 tornados cada año. Texas tiene el ambiente ideal para los tornados. Está ubicado entre el aire cálido del golfo de México y el aire frío de las montañas Rocosas. El aire cálido y el frío ayudan a causar los tornados.

Frecuencia de los tornados

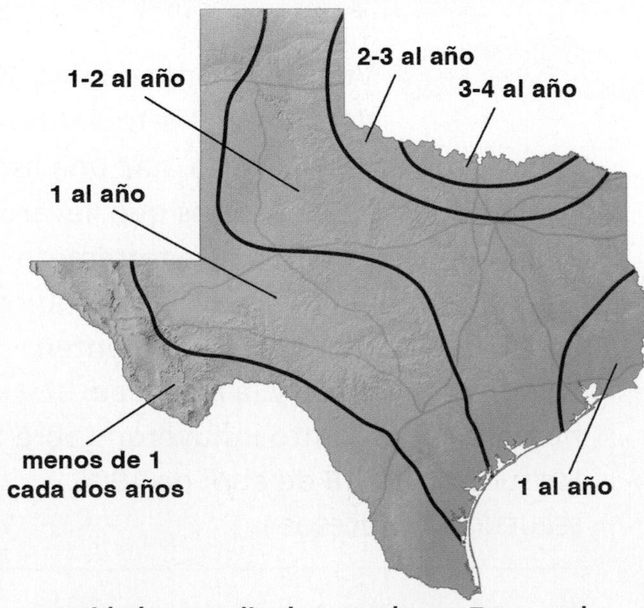

Cantidad promedio de tornados en Texas cada 2,500 millas cuadradas.

Supercélulas y nubes embudo

Los tornados se forman cuando el aire cálido que se mueve en direcciones diferentes asciende y se enfría. Si el aire sigue ascendiendo y girando, puede transformarse en una tormenta llamada *supercélula*. Luego, puede convertirse en un tornado.

Los meteorólogos, científicos que estudian el clima, no pueden predecir exactamente cuándo ocurrirá un tornado. Sin embargo, pueden usar radares para seguir las tormentas. Cuando una supercélula aumenta en intensidad, el radar mide su rotación para observar los cambios de velocidad. Los meteorólogos también pueden localizar tornados mediante el estudio de las corrientes en chorro. Lo hacen observando modelos por computadora e imágenes de satélite para detectar señales de tormentas.

Fort Worth se prepara para un tornado el 28 de marzo de 2000.

Nacimiento de un tornado

El aire cálido en ascenso que hay en una supercélula empieza a girar mientras el aire frío más pesado cae. El tornado se forma entre la corriente ascendente giratoria y la corriente descendente que se desploma.

Seguridad contra tornados

Los edificios que están en las zonas de tornados deben construirse con techos y cimientos fuertes. Los edificios más débiles construidos con madera se pueden hacer más fuertes con acero y concreto. Los informes meteorológicos se usan para alertar a los habitantes de que un tornado va en camino. También se usan las sirenas de alerta de tornado en varios estados.

Un *alerta* de tornado se anuncia cuando las condiciones son favorables para la formación de un tornado. Un alerta de tornado significa que se ha visto un tornado. Si oyes un alerta de tornado, no te quedes afuera y no trates de salvar tus pertenencias preferidas. Los escombros que vuelan pueden lastimar a las personas y dañar los edificios, desde viviendas de vecindarios hasta rascacielos. Sigue estas reglas simples:

- Métete dentro de un edificio estable.
- Dirígete a una habitación interior.
- Mantente lejos de las ventanas. Si el vidrio comienza a temblar, se puede romper.
- Antes de salir, espera hasta que la tormenta haya pasado.

El mapa de un radar muestra una línea de tormentas severas que pueden causar tornados al sur de Dallas y de Fort Worth.

Hacer conexiones

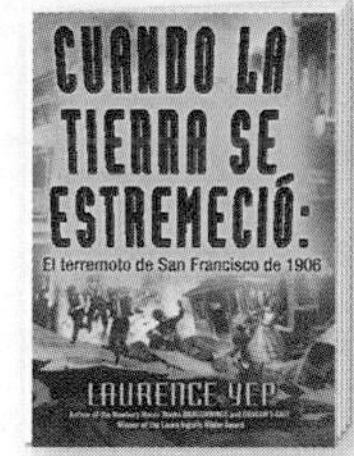

El texto y tú

Escribir un plan para casos de desastre
¿Qué clase de desastre natural ocurre donde tú vives? ¿Cuáles son los peligros relacionados con ese desastre? Escribe un plan paso por paso de lo que se debe hacer para estar preparados en esa clase de desastre. Entonces, en grupo, tomen turnos para dar instrucciones verbalmente. Después de que cada compañero hable, repite las instrucciones en tus propias palabras.

De texto a texto

Comparar experiencias Chin y su padre tienen una verdadera experiencia durante el terremoto. Compara y contrasta su experiencia con una de las aventuras de Stormy en *Stormalong* (Lección 5). Anota tus ideas en un diagrama de Venn.

El texto y el mundo

Conectar con la tecnología Investiga qué es un sismógrafo y qué hace. Toma notas de tu investigación y utilízalas para escribir un párrafo sobre el sismógrafo. Comparte tus hallazgos con la clase.

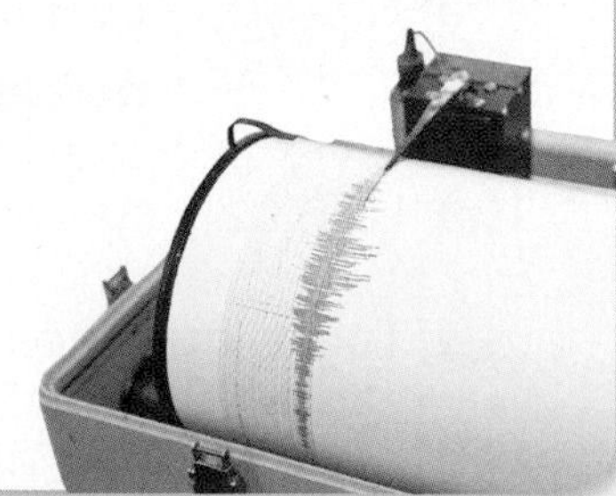

Gramática

Adjetivos posesivos Los adjetivos posesivos se usan para indicar que algo pertenece a alguien. Son: *mi, mis; tu, tus; su, sus; nuestro, nuestra, nuestros, nuestras*. También se pueden usar frases con *de* para indicar pertenencia.

Lenguaje académico

adjetivo

sustantivo

Adjetivos posesivos
Empieza a temblar y todos salen de sus casas.
Mi padre me toma de la mano y empieza a correr.
Las sirenas de los bomberos se oyen por todas partes.
Los dueños de las casas tratan de salvar algunas de sus pertenencias.

Lee las oraciones e identifica los adjetivos posesivos.

1. La niña y su padre se paran bajo el marco de una puerta.
2. Todos nuestros vecinos corren y gritan desesperados.
3. Los bomberos llegan con su grupo de rescate.
4. El personal del hospital hace uso de todos sus recursos.

Ideas Cuando escribas, trata de usar adjetivos posesivos y frases con *de* para indicar pertenencia. Recuerda que puedes formar una oración compuesta uniendo dos oraciones simples con *y* o *pero*.

Relacionar la gramática con la escritura

Cuando corrijas tu párrafo de solución de problemas, asegúrate de incluir adjetivos posesivos para indicar pertenencia y de formar oraciones compuestas cuando sea posible.

Escribir para persuadir

Ideas Una composición sobre **problemas y soluciones** primero describe un problema y luego explica cómo resolverlo. Mientras escribes, incluye razones y detalles que apoyen tus argumentos principales. Trata de ser lo más persuasivo que puedas para convencer al lector de que acepte tu solución. Usa la siguiente Lista de control de la escritura al revisar tu trabajo.

Jeff escribió una composición sobre problemas y soluciones en la que explica por qué hay que usar casco para andar en bicicleta. Después agregó detalles persuasivos para reforzar sus argumentos.

Lista de control de la escritura

- **Ideas** ¿Expliqué claramente el problema, la solución y por qué funciona la solución?
- **Organización** ¿Facilitan las palabras de transición el seguimiento de la secuencia de mis ideas?
- **Elección de palabras** ¿Usé palabras que hicieron irrefutable mi argumento?
- **Voz** ¿Sonó segura mi voz para que mi borrador resultara más persuasivo?
- **Fluidez de las oraciones** ¿Usé correctamente los pronombres posesivos?
- **Convenciones** ¿Usé correctamente la ortografía, la gramática y la puntuación?

Borrador revisado

Andar en bicicleta es un ejercicio excelente. Además, es una buena manera de trasladarse. Pero andar en bicicleta puede ser peligroso si no usas casco. Todos los años llegan ^más de 500.000^ ciclistas con lesiones a las salas de emergencia. Muchos ciclistas sufren lesiones cerebrales. Los expertos dicen que ^hasta un 85 porciento^ ~~muchas~~ de esas lesiones cerebrales se podrían haber evitado con un casco.

Copia final

Usa tu casco

por Jeff Kowalski

Andar en bicicleta es un ejercicio excelente. Además, es una buena manera de trasladarse. Pero andar en bicicleta puede ser peligroso si no usas casco. Todos los años llegan más de 500,000 ciclistas con lesiones a las salas de emergencia. Muchos ciclistas sufren lesiones cerebrales. Los expertos dicen que hasta un 85% de esas lesiones cerebrales se podrían haber evitado con un casco.

¿Cómo podemos asegurarnos de que la gente use casco? Primero, debería haber cascos disponibles para todos los ciclistas. Segundo, los fabricantes de cascos tendrían que hacerlos más atractivos y que se ajusten mejor. Tercero, las escuelas deberían dar clases de seguridad para ciclistas. Finalmente, todos debemos usar casco y también pedir a nuestros amigos que usen los suyos. Si lo hacemos, ¡salvaremos vidas!

Agregué hechos para reforzar mis argumentos. También usé un pronombre posesivo.

Leer como escritor

¿Qué detalles persuasivos agregó Jeff para reforzar sus argumentos? ¿Qué detalles podrías agregar para mostrar la seriedad de tu problema de seguridad o del peligro?

Lección

13

exposición
alerta
agotamiento
fracturar
estándar
visión
acurrucarse
grandioso
perderse
concluir

Librito de vocabulario

Tarjetas de contexto

Vocabulario en contexto

1
exposición
Un museo de historia natural hace una exposición basada en las costumbres de estos elefantes.

2
alerta
Esta madre guepardo permanece alerta para olfatear el alimento así como también el peligro.

3
agotamiento
Este colibrí vuela largas distancias en busca de alimento, pero su agotamiento no lo detendrá.

4
fracturar
La superficie helada de estas aguas ha sido fracturada por el paso de una nave rompehielos.

- **Estudia cada Tarjeta de contexto.**
- **Utiliza un diccionario como ayuda para entender estas palabras.**

5

estándar

Los estándares que se emplean para proteger la vida silvestre en el Polo Norte son muy discutidos.

6

visión

Los artistas pueden tener una visión de qué tan real se verá la pintura terminada cuando reproducen una escena de un ambiente natural.

7

acurrucarse

Los gansitos se acurrucan entre sí para mantenerse abrigados mientras descansan.

8

grandioso

Los diseños de las telerañas son grandiosos, muy placenteros para la vista.

9

perderse

Este cervatillo ahora está a salvo. Casi se pierde pero la mamá lo encontró.

10

concluir

Observando esta vista concluyo que la naturaleza está dotada de belleza.

Contexto

VOCABULARIO CLAVE **El último rincón inexplorado** Si concluyo que ya no queda por explorar lugar sobre la tierra, tendría que pensarlo de nuevo. Los científicos todavía siguen aprendiendo sobre la Antártida. Esta tierra helada, que se pierde en el fondo del mundo, presenta una exposición de maravillas. Un visitante alerta podría ver cómo los pingüinos padres se acurrucan con sus crías, o podría observar cómo grandiosos grupos de focas retozan sobre el hielo. Muchos tienen la visión de explorar este lugar, que es peligroso incluso para los estándares de los aventureros. El clima severo puede hacer que la superficie helada sea fracturada así como hacer que las personas lleguen al agotamiento físico. Sin embargo, los científicos y los exploradores continúan visitando este hermoso lugar.

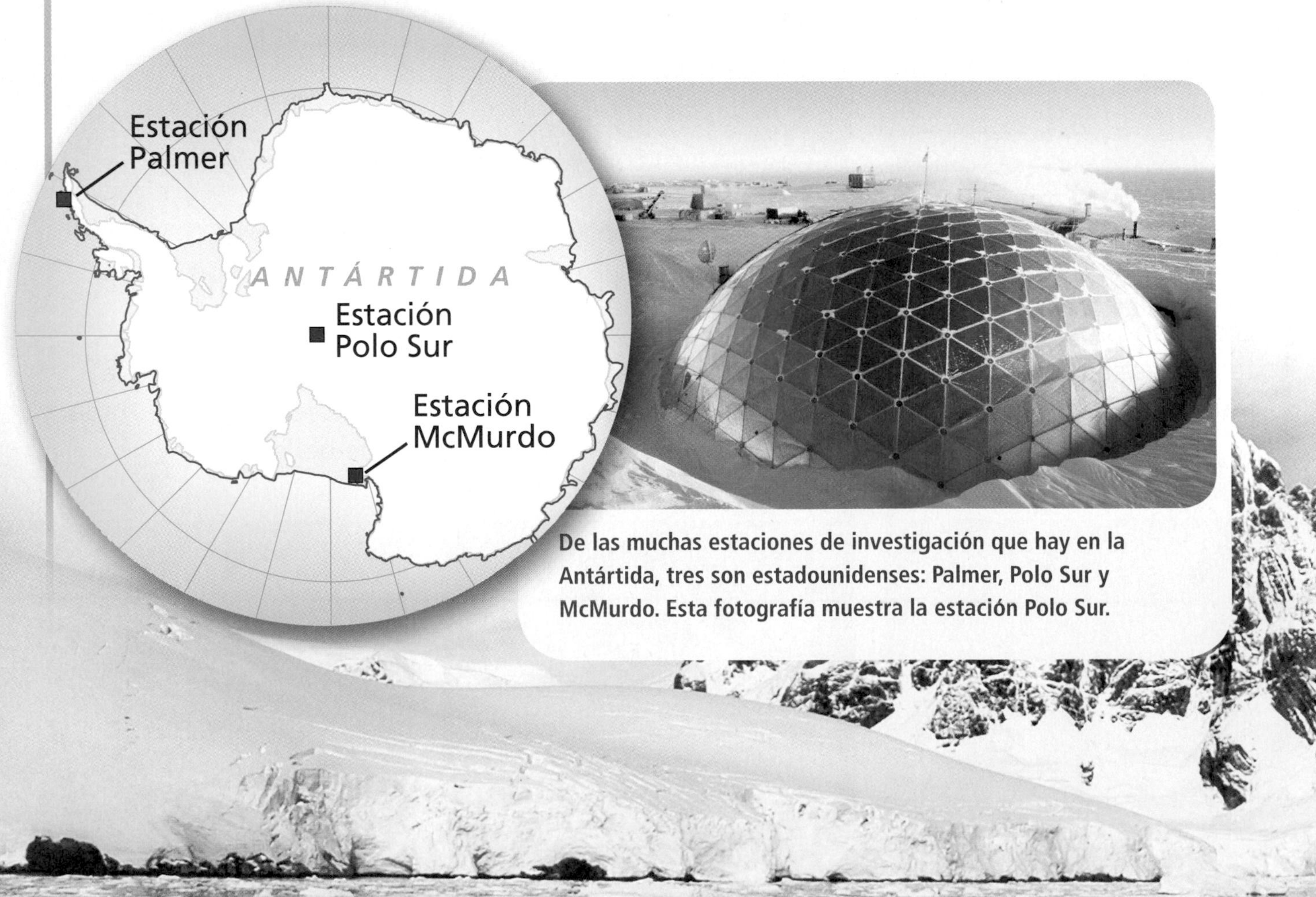

De las muchas estaciones de investigación que hay en la Antártida, tres son estadounidenses: Palmer, Polo Sur y McMurdo. Esta fotografía muestra la estación Polo Sur.

Comprensión

DESTREZA CLAVE Causa y efecto

Mientras lees *Diario de la Antártida*, fíjate en cómo algunos sucesos preceden a otros. En la selección, la autora habla sobre sus aventuras en la Antártida. Cada vez que le sucede algo, esto la lleva a otra cosa. Algunas veces, una causa puede llevar a diferentes efectos. Crea un organizador gráfico como el siguiente para demostrar cómo cada causa lleva a un efecto.

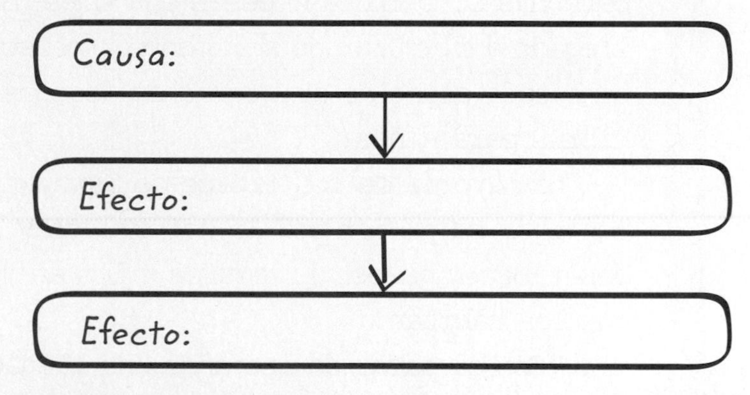

ESTRATEGIA CLAVE Resumir

De vez en cuando, mientras lees, intenta resumir o volver a contar brevemente las secciones más importantes de la selección. Resumir puede ayudarte a poner las ideas juntas y a sacar conclusiones o hacer generalizaciones.

SENDEROS EN DIGITAL Presentado por DESTINO Lectura™
Lección 13: Actividades de comprensión

VOCABULARIO CLAVE

exposición	**alerta**
agotamiento	**fracturar**
estándar	**visión**
acurrucarse	**grandioso**
perderse	**concluir**

Causa y efecto Observa cómo unos sucesos causan que ocurran otros sucesos, o efectos.

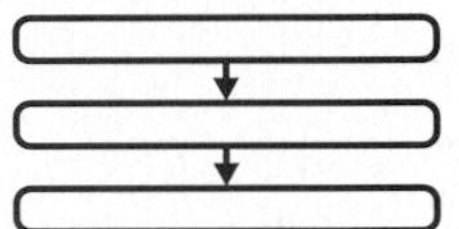

Resumir Cuenta brevemente, con tus propias palabras, las partes importantes del texto.

GÉNERO

Una **narrativa de no ficción** da información basada en hechos contando una historia verídica.

Establecer un propósito Antes de leer, establece un propósito basándote en el género y en lo que quieres averiguar.

CONOCE A LA AUTORA E ILUSTRADORA

Jennifer Owings Dewey

Cuando Jennifer Owings Dewey tenía diez años, escribió una autobiografía ilustrada. No estaba segura de su habilidad para dibujar figuras humanas, así que dibujó a todas las personas como frutas. Desde entonces ha llegado a ilustrar no solamente a personas, sino toda clase de criaturas en docenas de libros para niños.

La mayoría de los libros de Dewey reflejan su pasión por la naturaleza y describen lugares silvestres y los animales que los habitan.

"Con el pasar de los años... he llegado a entender cuánto creemos saber y cuánto no sabemos", dice Dewey de sus textos sobre la naturaleza. Añade que nunca dejará de escribir para los niños porque, al igual que ella misma... los niños quieren saber el porqué de las cosas.

Diario de la Antártida

Cuatro meses en el fondo del mundo

escrito e ilustrado por
Jennifer Owings Dewey

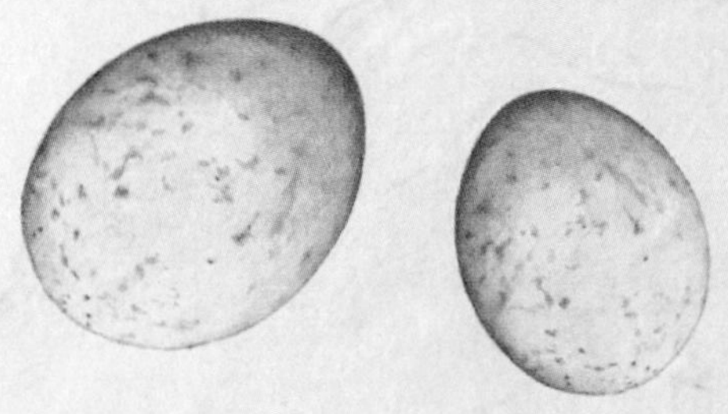

Pregunta esencial

¿Qué efectos tienen los sucesos de la naturaleza en otros sucesos?

Desde hacía tiempo, la autora tenía la visión de explorar ella misma la Antártida, que denomina "la región más ventosa, más fría, más prohibida de la Tierra". Recientemente, viajó en avión y en barco a este continente helado. Su primer encuentro emocionante fue con las ballenas jorobadas, cuando su barco se detuvo para dejarlas pasar. Ahora se ha establecido en la estación Palmer, donde pasará cuatro meses. Durante su visita a la Antártida, planea dibujar y fotografiar este lugar fascinante y también escribir sobre él.

vista al alejarse de la estación Palmer

27 de noviembre
Isla Litchfield

Cuando hace buen tiempo voy a la Isla Litchfield y paso allí el día, a veces también la noche. Litchfield está a tres millas de distancia de Palmer en bote inflable; es una isla protegida, que dos o tres personas visitan al año. Antes de ir a Litchfield, me enseñan a caminar en suelo abierto en la Antártida. A una pulgada de musgo le toma cien años crecer. El roce descuidado del tacón de una bota podría destrozar doscientos años de crecimiento en cuestión de segundos.

viaje en bote inflable

Empaco mi comida y ropa adicional en una bolsa marinera impermeable. Una mochila pequeña contiene lápices, bolígrafos y papel para dibujar y escribir. No hay agua dulce en la isla, pero llevo dos cantimploras con un galón de agua cada una.

Cada isla tiene un refugio de emergencia con alimentos y provisiones, marcado con una bandera. Está disponible por si alguien se pierde durante una tormenta.

Sola, después del transporte a la isla, escucho las aves, su sonido, el silbido del suave viento, las olas que golpean las playas llenas de grava y ningún sonido humano, excepto mi respiración.

Cae la luz del crepúsculo y me arrastro dentro de mi tienda de campaña; alerta e incapaz de dormir durante un largo rato, escucho los sonidos de la noche antártica.

DETENTE Y PIENSA

Técnica de la autora La autora usa metáforas en el tercer párrafo al comparar algo con otra cosa completamente diferente sin usar las palabras **parecido** o **como**. Ejemplo: "las olas que golpean". Encuentra otro ejemplo en el tercer párrafo.

3 de diciembre
Isla Litchfield

Litchfield, una de las islas más grandes cercanas a la costa, tiene una colonia de pingüinos, o área de anidamiento, en la suave pendiente del extremo oeste. El suelo es rocoso, pero lo suficientemente plano como para que los pingüinos construyan sus nidos. Hay una playa cerca donde pueden recolectar los pequeños guijarros grises que utilizan para hacer sus nidos.

La colonia consiste en doscientos o trescientos pingüinos: es pequeña según los estándares de estas aves. Los pingüinos son casi todos de la especie "adelia", bautizada así en 1838 por Dumont d'Urville, en honor a su esposa. Me pregunto: ¿se parecían a ella, actuaban como ella o simplemente el explorador la echaba de menos?

Las parejas se saludan en el nido con llamados similares a rebuznos. Se frotan el pecho y el estómago, aletean, estiran el cuello y extienden el pico hacia el cielo, un comportamiento denominado "exposición estática".

Encuentro un sitio abrigado junto a la colonia y coloco las seis libras de metal de mi máquina de escribir en lo alto, sobre una roca plana. Los pingüinos comienzan a deambular por allí.

Se acurrucan cerca de mí: huelen a guano y agua salada. Me jalan suavemente la ropa con sus picos y un pájaro osado toma mi gorra y se la lleva. Les da curiosidad el sonido que hace la máquina de escribir cuando tecleo: "tap-tap". Suben y pasan por encima de mí, jalan el papel metido en el rodillo. Los dejo curiosear. Los visitantes humanos no deben tocar a los pingüinos, ni a ningún otro animal salvaje, pero los pingüinos pueden tomarse su tiempo pasándonos revista.

Sigo a los pingüinos cuando van a recoger guijarros. Es una tarea pesada para un pingüino adelia. Transportan un guijarro a la vez con el pico. Serán necesarios cientos de viajes para completar un nido.

Colocar un guijarro en su lugar toma tiempo. Con el guijarro en el pico, el pingüino hace círculos alrededor del nido, mientras se inclina haciendo reverencias como si fuera un mayordomo. Finalmente, cuando decide dónde es más necesario el guijarro, el ave lo deja caer y se aleja arrastrando los pies hacia la playa, para buscar otro. Si un pingüino le roba un guijarro a otro, estalla una ruidosa discusión. Las aves enojadas chillan como niños peleando, pero nunca llegan a los golpes.

pingüino adelia

DETENTE Y PIENSA

Resumir La autora observa diferentes formas de comportamiento en los pingüinos mientras está en la isla Litchfield. Resume los comportamientos que ella menciona.

20 de diciembre
Estación Palmer

He aprendido que el animal más grande de la tierra, la ballena azul de cien toneladas, sólo se alimenta de uno de los animales más pequeños de la Tierra, el krill. Hay más krill en los mares que estrellas en el universo visible.

El krill es uno de los eslabones de una cadena alimentaria simple. Los pingüinos, las focas y las ballenas comen krill. A su vez, el diminuto krill, semejante al camarón, come fitoplancton, plantas unicelulares que brotan en el mar durante la primavera y el verano.

Mi nuevo amigo, Carl, un oceanógrafo, me dijo que deberíamos probar el krill, ya que tantos animales crecen tan bien alimentándose de krill. En el laboratorio de biología colocamos cucharadas de krill en un frasco. Buscamos una sartén, después derretimos mantequilla y cocinamos krill allí.

Alguien dice: "Añade ajo".

Otra persona agrega: "¿Y qué tal un poco de pimienta y sal?".

Añadimos esos ingredientes. Cuando la mezcla parece lista, nos la comemos.

—Sabe a mantequilla —dice uno.

—Sabe más a ajo —replica otro.

—Sabe a mantequilla y a ajo —dice Carl.

—El krill no tiene sabor propio —concluyo yo.

24 de diciembre
Estación Palmer

Eran las tres de la mañana y había luz afuera, yo no podía dormir. Bajé lentamente las escaleras, anoté mi salida y tomé el sendero señalado con banderas que subía hasta el glaciar.

Vestida con una gorra de vigilante, tres capas de ropa debajo de mi anorak y botas, trepé por el sendero en un silencio total, roto sólo por el ruido de la nieve que crujía bajo mis suelas. Nubes de color verde y violeta cubrían el cielo de un extremo al otro. El mar tenía color de estaño.

Cerca de la cima escuché el sonido de algo que se fracturaba, como una bofetada aumentada un millón de veces en mi oído. Después siguió otro y otro más. Ecos y réplicas crepitaron en el aire. El cielo comenzó a resplandecer con una luminosidad espectral, como si alguien que se encontrara en el firmamento hubiera encendido una luz de neón en lugar del sol.

Sentí que caía en picada hacia abajo. Una grieta había aparecido bajo mis pies, una fisura del glaciar.

Estoy viva porque la grieta era angosta. Caí hasta los hombros: las suelas de mis botas eran demasiado anchas para caber a través de la parte inferior de la grieta. Miré fijamente hacia abajo, al interior de un agujero verde azulado recortado en planos, como un diamante.

Después de respirar profundamente un par de veces, comencé a trepar hacia fuera. Aterrorizada al pensar que la grieta podría agrandarse, me moví lentamente. Pasó una hora antes de que estuviera sobre hielo firme.

El color del cielo se volvió gris azulado con rayas amarillas a lo largo del horizonte occidental. Vi con horror un diseño de grietas zigzagueantes, como una vidriera fracturada, a través de la superficie del glaciar.

Observé mi reloj. Había salido hacía tres horas. No sé por qué, pero no quería que nadie viniera a rescatarme. Decidí gatear cuesta abajo por el glaciar, valiéndome de las manos y las rodillas.

Sentía mi camino pulgada a pulgada. Frotaba la superficie de la nieve con mis palmas antes de avanzar.

Esta noche tengo un agotamiento nuevo, surgido de haber sufrido un susto de muerte mientras observaba uno de los cielos más bellos que veré en mi vida.

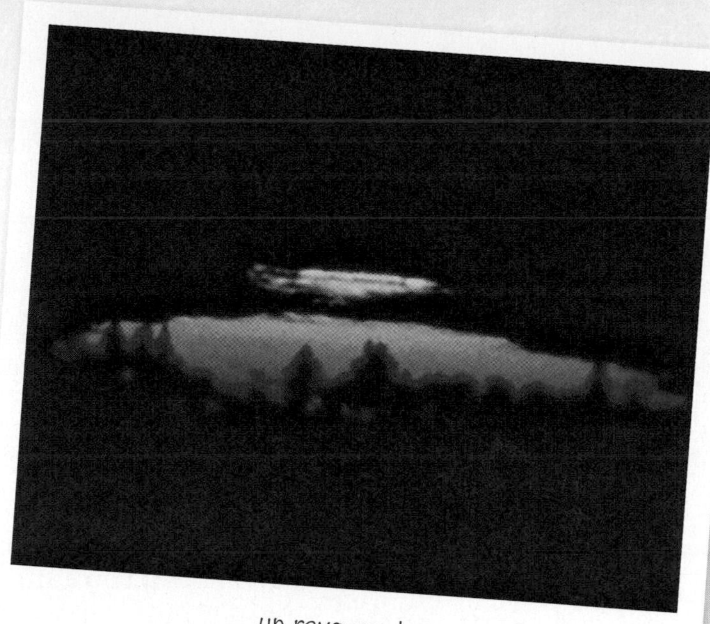
un rayo verde

6 de enero
Estación Palmer

Hace un rato, mi amigo Carl, el oceanógrafo, vino a mi habitación y me dijo:

—Ven, vamos a ver el rayo verde.

—¿El qué? —le pregunté.

—Ven, ya verás. Apresúrate o nos lo perderemos.

Nos dirigimos cuesta arriba por el glaciar y nos sentamos en la cima, mirando hacia el oeste. El sol se deslizaba lentamente hacia el horizonte. A medida que caía, su orbe resplandecía con un color anaranjado oscuro. Su forma era gruesa, como una calabaza aplastada. Cerca del final de la caída, la luz de la parte superior del orbe emitió un destello verde, el rayo verde.

—Allí está —dije—. ¡Lo vi!

El rayo verde es un fenómeno raro y fugaz de la atmósfera terrestre. Para percibirlo a simple vista, el horizonte tiene que estar limpio de nubes durante la caída del sol, como sucede frecuentemente sobre el mar. Ese destello verde se produce en ciertas condiciones del cielo relacionadas con el modo en que se refracta la luz. Dura menos de una vigésima de segundo.

12 de marzo
El regreso a casa

huevo de pingüino

Antes de irme, recogí (con permiso) un huevo de pingüino estéril que nunca empollaría. Le hice un lugar en mi maleta regalando muchas de mis prendas de vestir.

La compañía aérea perdió mi maleta en Miami. Le dije a la gente de la aerolínea que necesitaba recuperarla, implorando y suplicando:

—Tengo un huevo de pingüino ahí —les dije. Se miraron entre ellos y me observaron con extrañeza.

Afortunadamente para mí, y para ellos, encontraron la maleta.

El huevo me recuerda mi viaje al lugar donde los pingüinos crían polluelos plumosos, el krill pulula en cantidades mayores que las estrellas del cielo, las ballenas tienen derechos y los icebergs flotan a la deriva en arcos grandiosos que atraviesan el oleaje del océano Antártico. En casa, miro hacia afuera y veo el paisaje desértico: entonces recuerdo el desierto antártico, la última gran frontera silvestre de la Tierra.

DETENTE Y PIENSA

Causa y efecto La autora dice que fue afortunado para los empleados de la aerolínea que encontraran su maleta. ¿Qué crees que podía haber sucedido si la maleta no hubiera sido encontrada?

Es tu turno

¿Cuál es peor?

Comparar extremos El frío continente antártico tiene uno de los climas más extremos de la Tierra. Escribe un párrafo donde compares y contrastes la Antártida en invierno con un desierto del suroeste de Estados Unidos. ¿En cuál de estos climas extremos crees que es más difícil la supervivencia? ¿Por qué? CIENCIAS

¿Un poco de krill?

Crear una receta Para experimentar, la autora de "Diario de la Antártida" probó krill con ajo y mantequilla. Con un compañero, creen su propia receta con krill como ingrediente principal. En la receta, incluyan todos los pasos necesarios para preparar y servir el plato. PAREJAS

Seguir la cadena alimentaria

Turnarse y comentar Comenta la siguiente pregunta con un compañero: *¿Cuál es la importancia del krill en la cadena alimentaria de la Antártida?* Den ejemplos y detalles de la selección para apoyar sus respuestas. ¿Qué efectos puede tener la desaparición del krill en otros animales y ecosistemas oceánicos? CAUSA Y EFECTO

Archivo Editar Ver Favoritos

Conectar con los Estudios Sociales

VOCABULARIO CLAVE

exposición	alerta
agotamiento	fracturar
estándar	visión
acurrucarse	grandioso
perderse	concluir

GÉNERO

Un **texto informativo** proporciona hechos así como ejemplos sobre un tema.

ENFOQUE EN EL TEXTO

Medios digitales Todos los medios de información digitales, como los artículos en la Internet, tienen ciertas convenciones idiomáticas que los diferencian de otros medios de información. ¿En qué se parece y en qué se diferencia el lenguaje usado en el artículo y en el *blog* —sitio personal en la Internet— de la página 342, respecto al uso del tono y de la elección de palabras?

El maratón glacial

por Misha Herenger

Bienvenidos al Maratón del Hielo antártico, donde los participantes atraviesan 26.2 millas en el continente más frío de nuestro planeta. La nieve, el hielo y las ráfagas de viento frío hacen descender la temperatura hasta 40 grados bajo cero. Estas condiciones hacen de esta carrera un verdadero reto, incluso para los estándares de los deportes extremos.

Antártida

Herramientas Ayuda

buscar

Inicio | Correr a través de la nieve | Sitio del corredor

Correr a través de la nieve

Los corredores compiten en un recorrido marcado sobre la nieve y el hielo previamente suavizado y apisonado. Como el hielo de la Antártida está fracturado por grietas, el recorrido de la carrera ha sido bien planificado para evitar peligros. Sin embargo, hasta el mejor corredor con sus estilos grandiosos y la mayor experiencia debe estar alerta a las condiciones cambiantes del lugar.

Los corredores reciben consejos de seguridad por la mañana. Además hay motonieves y puestos de ayuda a lo largo del recorrido. De este modo nadie corre el riesgo de perderse. No hay límite de tiempo para el maratón y está permitido realizar el trayecto caminando.

La Antártida les da a los corredores una visión helada pero hermosa. Pero hacia el final de la competencia los corredores sienten un agotamiento aplastante. Quizás muchos corredores, cansados por la exposición a la intemperie, prefieran estar en el interior de sus abrigadas tiendas de campaña, donde pueden acurrucarse dentro del calor de sus bolsas de dormir y disfrutar de un merecido descanso.

Sitio del corredor

El ganador del Maratón del Hielo 2006 fue Evgeniy Gorkov, un corredor ruso. Líneas abajo verás un extracto del sitio en la Internet que Gorkov mantuvo mientras competía, contando sobre su preparación y su victoria. (Si esta lectura te ha llevado a concluir que Gorkov compite en maratones en todo el mundo, estás en lo correcto).

7 de enero de 2006   La carrera

45 minutos antes de comenzar. He tomado una taza de cocoa con un pedazo de pan; me puse bronceador. Parece que estoy listo. Los nervios no son mayores que en un maratón regular y el viento sigue siendo la incógnita más grande. Soy el número dos en la carrera. He doblado el número y lo he colgado en mi gorra. Quiero acabar la carrera sin tiempo específico. El objetivo principal es terminar sin dañar mis órganos internos o mi piel. Haré la próxima nota al finalizar la carrera.

5 horas 10 minutos después soy el primero en llegar a la meta, después de una agotadora distancia de 5.5 millas. Hubo vientos de 45 nudos. Fuera de las carreras en el desierto, este es el maratón más duro que he corrido. El viento terrible es la dificultad más grande. Después está lo resbaladizo del terreno. A pesar de que la superficie ha sido emparejada con motonieves, la corteza es relativamente fina y al hundirse los pies los pasos resultan muy lentos y esforzados. ¿Voy a correr este maratón de nuevo? Poco probable, a menos que arreglen el viento. ¿Se lo recomiendo a otros? Por supuesto que sí.

Hacer conexiones

El texto y tú

El tiempo y tú Piensa en una ocasión en que sucedió algo inesperado causado por el tiempo o la naturaleza. ¿Cómo lo enfrentaste? ¿Dónde estabas? ¿Qué estabas haciendo? Escribe un párrafo sobre la experiencia y explica qué aprendiste de ella.

Hubo una gran tormenta de rayos la última vez que fui a acampar.

De texto a texto

Peligro en la Antártida "El maratón glacial" explica que los corredores del Maratón de Hielo de la Antártida «deben mantenerse alerta ante los cambios de las condiciones de la pista». Recuerda lo que leíste en *Diario de la Antártida* sobre la caída de Jennifer Owings Dewey en la grieta. Con un compañero, comenten por qué los corredores deberían estar conscientes de algunos de los mismos peligros.

El texto y el mundo

Hacer un diagrama de una cadena alimentaria Crea un diagrama de una cadena alimentaria de la Antártida. Empieza por elegir uno de los animales sobre los que has aprendido. Luego, investiga otras plantas y otros animales que pertenezcan a la misma cadena alimentaria que ese animal.

Gramática

El pretérito y el imperfecto Para hablar del pasado se usan dos tiempos verbales: el pretérito y el imperfecto. El **pretérito** se usa para narrar acciones que sucedieron en momentos específicos. El **imperfecto** se usa para hacer descripciones de personas o cosas y de acciones que ocurren con frecuencia o que no han acabado.

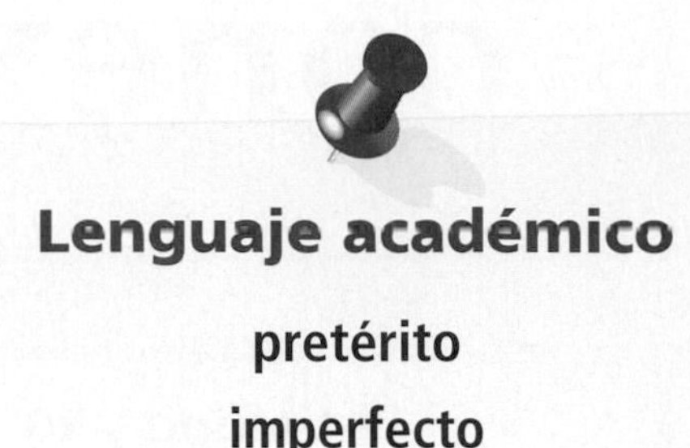

Lenguaje académico

pretérito

imperfecto

Terminaciones de verbos regulares en pasado		
	Pretérito	**Imperfecto**
-ar:	*é, aste, ó, amos, aron* *Ella viajó en avión a ese continente.*	*-aba, -abas, -aba, -ábamos, -aban* *Llevaba una mochila pequeña con sus pertenencias.*
-er, ir	*í, iste, ió, imos, ieron* *Ella escribió un libro sobre su viaje.*	*-ía, -ías, -ía, -íamos, -ían* *Los pingüinos olían a agua salada.*

Turnarse y comentar **Lee las oraciones con un compañero. Di si las ideas expresan una acción acabada en pretérito o una descripción en imperfecto.**

1. Ella subió a la montaña.
2. En la cima de la montaña hacía mucho frío.
3. Después bajó a la playa.
4. Estaba soleado en la playa.

Convenciones Cuando escribas un párrafo en pasado, asegúrate de usar el pretérito para narrar las acciones y el imperfecto para describir a las personas y las situaciones. Combinar el pretérito y el imperfecto hará que tus párrafos sean más claros y ayudará al lector a comprender lo que estás tratando de decir.

Incorrecto	Correcto
Una tarde fui de visita a la colonia de pingüinos. Los observé atentamente y luego los dibujé. Se vieron muy graciosos y no parecían tener frío. Yo, en cambio, me estuve congelando.	Una tarde fui de visita a la colonia de pingüinos. Los observé atentamente y luego los dibujé. Se veían muy graciosos y no parecían tener frío. Yo, en cambio, me estaba congelando.

Relacionar la gramática con la escritura

Cuando corrijas tu carta persuasiva, presta atención al uso de los verbos en pasado. Asegúrate de haber usado el pretérito para narrar el pasado y el imperfecto para describirlo.

Escribir para persuadir

Ideas Cuando escribes una **carta persuasiva,** tratas de hacer que tu lector actúe o sienta de una manera determinada. Debes incluir al menos dos razones y detalles para apoyar tu pedido. Tu carta también debe incluir el encabezado, el saludo, el cierre y la firma.

Jenna escribió una carta persuasiva para pedirle a su maestra que aprobara una excursión de la clase a un acuario cercano. Más tarde, arregló algunas oraciones para que el tono de su carta fuera más amistoso, sincero y positivo.

Lista de control de la escritura

- **Ideas** ¿Hice un pedido claro y lo apoyé con razones y detalles?
- **Organización** ¿Usé correctamente todas las partes de la carta?
- **Elección de palabras** ¿Elegí cuidadosamente palabras que fueran convincentes?
- **Voz** ¿El tono de mi carta es amistoso y positivo?
- **Fluidez de las oraciones** ¿Usé correctamente los verbos regulares y los auxiliares?
- **Convenciones** ¿Usé la ortografía, la gramática y la puntuación correctas?

Borrador revisado

~~¡Nuestra clase nunca logra ir a ningún lugar emocionante!~~ Sé que estará de acuerdo con que las excursiones son maneras fantásticas de hacer emocionante el aprendizaje. Ya que usted ahora está pensando en las excursiones para realizar más adelante este año, espero que tenga en cuenta mi idea. Como sabe, hemos leído sobre los pingüinos de la Antártida. Ahora queremos aprender más sobre estas aves sorprendentes. Por supuesto, ¡no podemos ir de excursión a la Antártida! Entonces, en su lugar, nos gustaría ir al Acuario de New England.

Copia final

Avenida Pine 4680
Boston, MA 02101
18 de octubre de 2010

Estimada señorita Beal:

Sé que estará de acuerdo con que las excursiones son maneras fantásticas de hacer emocionante el aprendizaje. Ya que usted ahora está pensando en las excursiones para realizar más adelante este año, espero que tenga en cuenta mi idea. Como sabe, hemos leído sobre los pingüinos de la Antártida. Ahora queremos aprender más sobre estas aves sorprendentes. Por supuesto, ¡no podemos ir de excursión a la Antártida! Entonces, en su lugar, nos gustaría ir al Acuario de New England. Es casi tan bueno como la Antártida. ¡Allí viven tres tipos de pingüinos! La clase también vería muchos otros animales sorprendentes, como los tiburones y las focas. Yendo al acuario, podríamos aprender mucho sobre la vida marina. Por favor, apruebe mi idea para una excursión de la clase.

Atentamente,
Jenna Morgan

Reemplacé mi primera oración para hacerla más amistosa. Verifiqué si usé correctamente los verbos auxiliares.

Leer como escritor

¿Cómo modificó Jenna su primera oración para hacer que el tono fuera más amistoso y positivo? Cuando escribas tu propia carta persuasiva esta semana, corrige todas las oraciones que no suenen amistosas ni sinceras.

Lección

14

sociable
intercambio
exceso
reforzar
almacenamiento
transportar
cámara
escaso
obstáculo
arduo

Librito de vocabulario

Tarjetas de contexto

Vocabulario en contexto

1 sociable

Las cabras montesas son gregarias, así como las personas son sociables. Viven en grupos.

2 intercambio

Los delfines se comunican entre sí y lo hacen con intercambios de sonidos.

3 exceso

Esta persona cosecha el exceso de la miel de un panal de abejas. Ellas necesitan el resto para poder vivir.

4 reforzar

El cuidado que le dan los elefantes a sus crías va a reforzar los vínculos de la manada.

- Estudia cada Tarjeta de contexto.
- Usa las claves de contexto para conocer el significado de estas palabras.

5 **almacenamiento**

Las ardillas llevan semillas hacia un lugar de almacenamiento para así tener alimento durante el invierno.

6 **transportar**

Las pequeñas hormigas transportan objetos muy pesados haciéndolo en grupo.

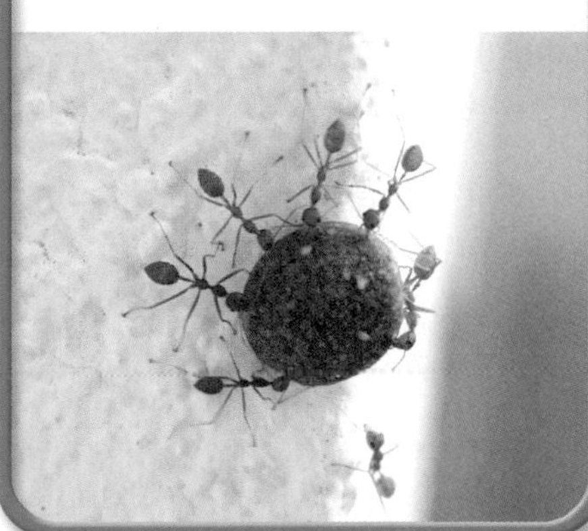

7 **cámara**

Las avispas colocan sus huevos en una cámara ahuecada de su colmena.

8 **escaso**

Cuando no hay agua o el alimento es escaso, los leones padecen para encontrarlos.

9 **obstáculo**

No hay obstáculos que bloqueen la entrada a la madriguera de este conejo.

10 **arduo**

La confección de una bella manta puede convertirse en una tarea muy ardua.

Contexto

VOCABULARIO CLAVE **La asombrosa hormiga** Al igual que los humanos, las hormigas forman grupos sociables. Además, realizan diferentes actividades durante las estaciones del año. Esta línea cronológica muestra algunas de las actividades de una colonia de hormigas.

Un año en la vida de una colonia de hormigas

Primavera

- Las hormigas deben reforzar el hormiguero reparando los daños.
- Las hormigas salen del hormiguero para buscar alimento.

Verano

- Ahora hay abundantes alimentos para recolectar, quizás haya hasta exceso de comida.
- Las hormigas recogen tanto alimento como pueden y lo transportan al hormiguero.
- En el interior del hormiguero, las hormigas trabajan en forma ardua para llevar el alimento a una cámara de almacenamiento.
- Sin embargo, las "hormigas de clima frío", como la pequeña hormiga mielera, descansan en esta época del año.

Otoño

- Las hormigas se pelean con las hormigas de otras colonias por el alimento, que se está volviendo escaso. Estos intercambios de fuerza física pueden ser bastante feroces.
- Las hormigas cierran las entradas al hormiguero cuando se preparan para el invierno.

Invierno

- Para sobrevivir, las hormigas deben superar los obstáculos del invierno. Las temperaturas son muy frías y las provisiones de alimento son cada vez menores.
- Por otro lado, las hormigas de clima frío están atareadas en esta época del año.

Comprensión

DESTREZA CLAVE Características del texto y de los elementos gráficos

Mientras lees *Vida y momentos de la hormiga*, fíjate en las ayudas visuales dentro del texto como títulos, leyendas, diagramas, líneas cronológicas y otros elementos que te ayuden a localizar y a comprender la información. En un organizador gráfico, anota las características del texto y de los elementos gráficos de la selección y sus propósitos.

Característica del texto o del elemento gráfico	Número de página	Propósito
•	•	•
•	•	•
•	•	•

ESTRATEGIA CLAVE Preguntar

Hacerte preguntas antes, durante y después de leer te permitirá comprender mejor la selección. Puedes utilizar un organizador gráfico para que te ayude a encontrar respuestas a algunas de tus preguntas.

SENDEROS EN DIGITAL Presentado por DESTINO Lectura™
Lección 14: Actividades de comprensión

Selección principal

VOCABULARIO CLAVE

sociable	**transportar**
intercambio	**cámara**
exceso	**escaso**
reforzar	**obstáculo**
almacenamiento	**arduo**

DESTREZA CLAVE

Características del texto y de los elementos gráficos Examina la manera en que el texto y las ilustraciones funcionan juntos.

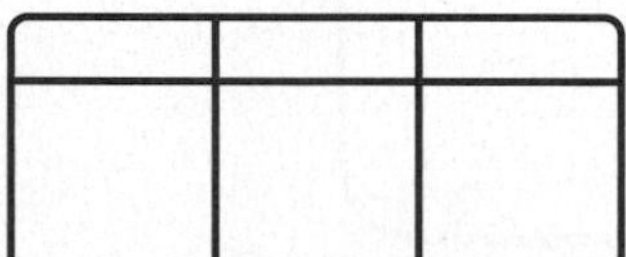

ESTRATEGIA CLAVE

Preguntar Haz preguntas antes de leer, mientras lees, y después de leer.

GÉNERO

Un **texto informativo** ofrece hechos y ejemplos sobre un tema.

Establecer un propósito Antes de leer, establece un propósito para la lectura basándote en el género y en lo que quieres saber.

CONOCE AL AUTOR E ILUSTRADOR

Charles Micucci

Charles Micucci enfoca su trabajo de manera práctica. Para la investigación de *Vida y momentos de la hormiga,* construyó su propio criadero de hormigas y observó su comportamiento. Entre otros libros de Micucci de esta serie están *Vida y momentos de la manzana, Vida y momentos de la abeja* y *Vida y momentos del maní.* Para el libro de la manzana, sembró veintitrés semillas de manzana y cultivó las plantas en su departamento. Dos de esas plantas se transplantaron después al Central Park de la ciudad de Nueva York. Micucci ha ilustrado además varios libros de otros autores.

Vida y momentos de la hormiga

Escrito e ilustrado por
Charles Micucci

Pregunta esencial

¿Cómo contribuyen las ilustraciones a que un texto sea interesante?

Dueñas de la Tierra

Las hormigas han excavado la tierra durante más de 100 millones de años. Su dinastía se extiende desde la época de los dinosaurios hasta la actualidad.

Son uno de los insectos más importantes del mundo. Aran más suelo que los escarabajos, comen más insectos que las mantis religiosas y superan en número a muchos insectos, en una relación de 7 millones a 1.

Excavando túneles en las selvas, en los bosques y en los jardines de todos los continentes, excepto la Antártida, las hormigas se pasean como si fueran las dueñas de la Tierra. Y quizás lo sean.

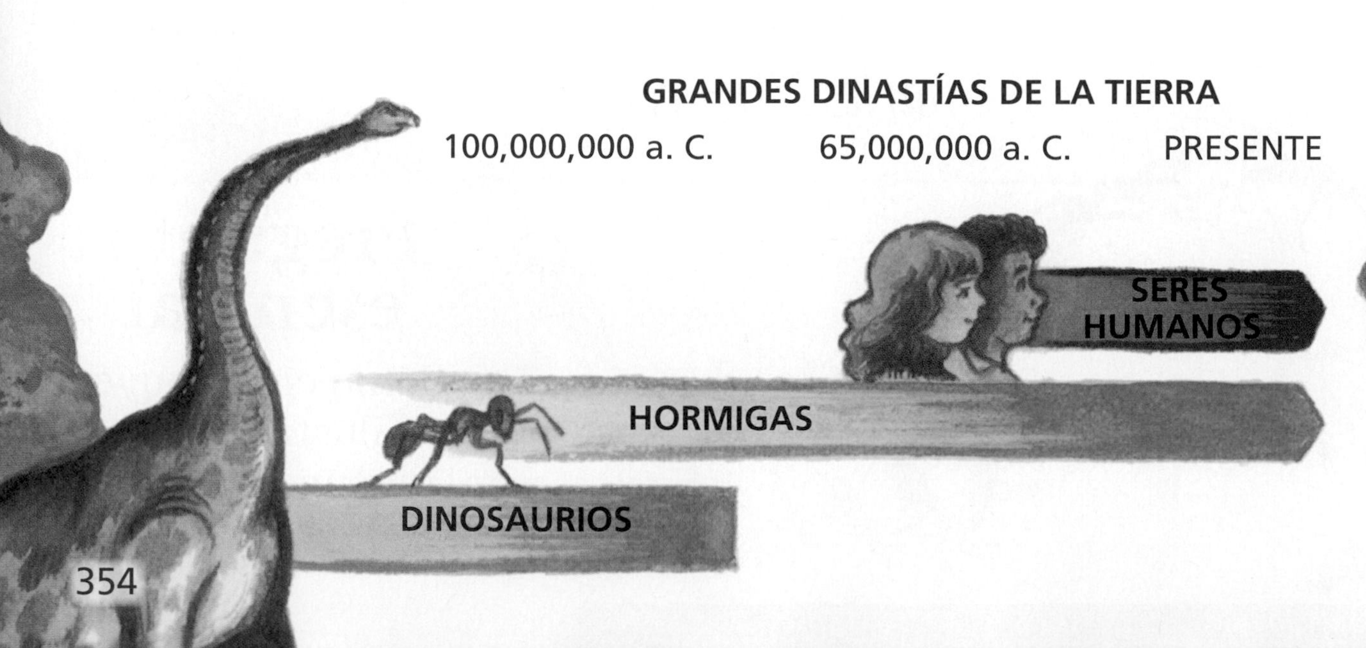

Onza por onza, la hormiga es uno de los animales más fuertes de la Tierra. Una hormiga puede levantar una semilla que pesa cinco veces más que ella, mientras que un elefante puede levantar un tronco de hasta solo un quinto de su peso.

Cada año, las hormigas de todo el mundo excavan más de 16 mil millones de toneladas de tierra, suficiente para llenar 3 mil millones de camiones de basura.

Con frecuencia se compara a las hormigas con las personas porque viven en comunidades, son sociables y trabajan juntas para resolver sus problemas.

En el interior de un hormiguero

La mayoría de las hormigas construyen sus hogares bajo tierra. Las hormigas excavan sacando la tierra con sus mandíbulas. Cuando mastican la tierra, se mezcla con su saliva y así forman pequeños ladrillos. Después amontonan estos ladrillos para reforzar los túneles. Finalmente, las hormigas transportan afuera el exceso de tierra con sus mandíbulas y gradualmente se forma un hormiguero.

Debajo del hormiguero se encuentra el nido de hormigas. Los nidos pequeños tienen solo una cámara a pocas pulgadas debajo de la superficie, mientras que los nidos grandes pueden tener miles de cámaras y llegar a una profundidad de veinte pies. Todos los nidos proporcionan refugio contra la intemperie y un medio ambiente seguro para que la hormiga reina ponga los huevos.

Un hormiguero absorbe los rayos del sol y transfiere el calor hacia abajo dentro del nido. Un hormiguero puede estar diez grados más caliente que el área que le rodea.

Con frecuencia, las hormigas anidan debajo de una piedra o de un tronco, lo cual protege el nido y atrapa la humedad del suelo. Las hormigas necesitan humedad para que sus cuerpos no se sequen.

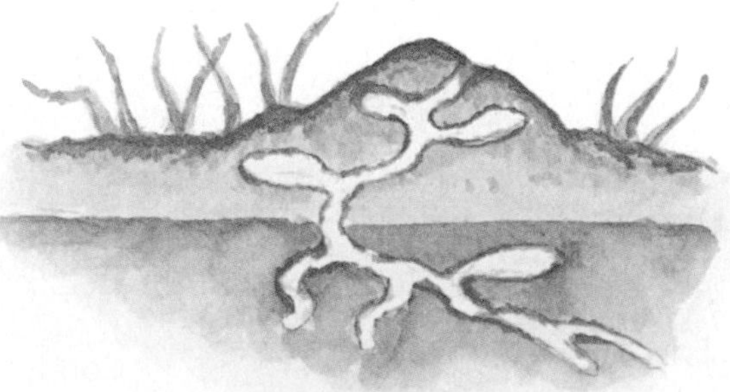

Las hormigas excavan sus nidos a una profundidad suficiente para llegar al suelo húmedo. Cuando el aire seca el nido, excavan nuevos túneles en el suelo húmedo.

DETENTE Y PIENSA

Preguntar ¿Hay algo que no entiendes en esta página? ¿Qué preguntas harías para que te ayuden a entenderlo mejor?

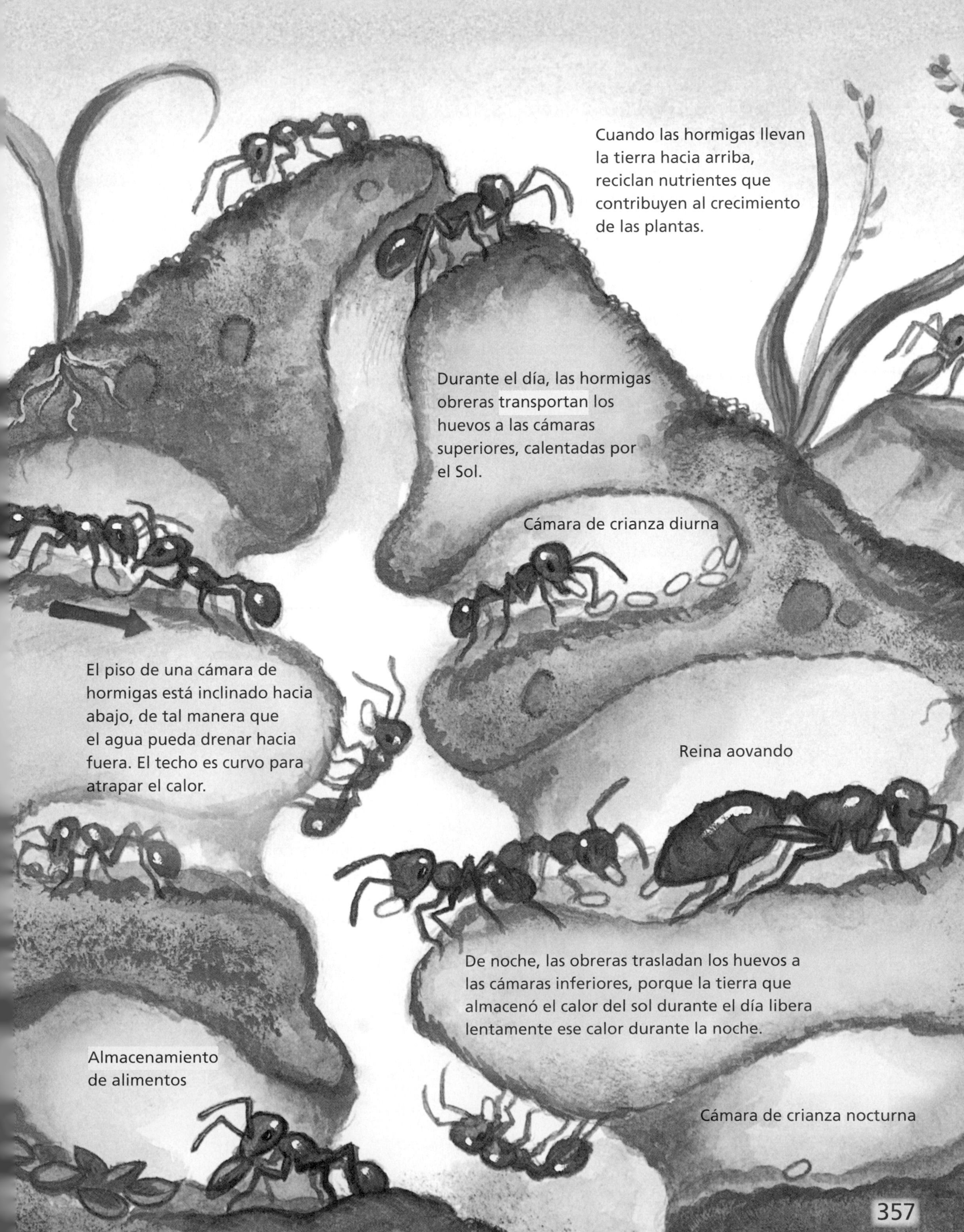
Cuando las hormigas llevan la tierra hacia arriba, reciclan nutrientes que contribuyen al crecimiento de las plantas.
Durante el día, las hormigas obreras transportan los huevos a las cámaras superiores, calentadas por el Sol.
Cámara de crianza diurna
El piso de una cámara de hormigas está inclinado hacia abajo, de tal manera que el agua pueda drenar hacia fuera. El techo es curvo para atrapar el calor.
Reina aovando
De noche, las obreras trasladan los huevos a las cámaras inferiores, porque la tierra que almacenó el calor del sol durante el día libera lentamente ese calor durante la noche.
Almacenamiento de alimentos
Cámara de crianza nocturna

Una vida dedicada al trabajo

Las hormigas comienzan su vida laboral limpiándose a sí mismas. En un par de días, empiezan a compartir los alimentos y a asearse unas a otras. Los intercambios de alimentos unen a la colonia. No hay una hormiga jefe, pero las hormigas activas usualmente comienzan a realizar las tareas de la colonia y luego otras hormigas se les unen.

Las hormigas más jóvenes trabajan en el nido. Cuidan de la hormiga reina, alimentan a las larvas y excavan túneles. Después de un par de meses, las hormigas dejan el nido para buscar alimento. Nunca dejan de trabajar; exhaustas o con heridas de batalla, las hormigas trabajan hasta morir.

Criada de la reina
Las hormigas jóvenes ayudan a la reina a poner sus huevos sosteniéndolos con las mandíbulas.

Hormiga "nodriza"
Las hormigas lamen a las larvas para que no se sequen y las alimentan para que crezcan.

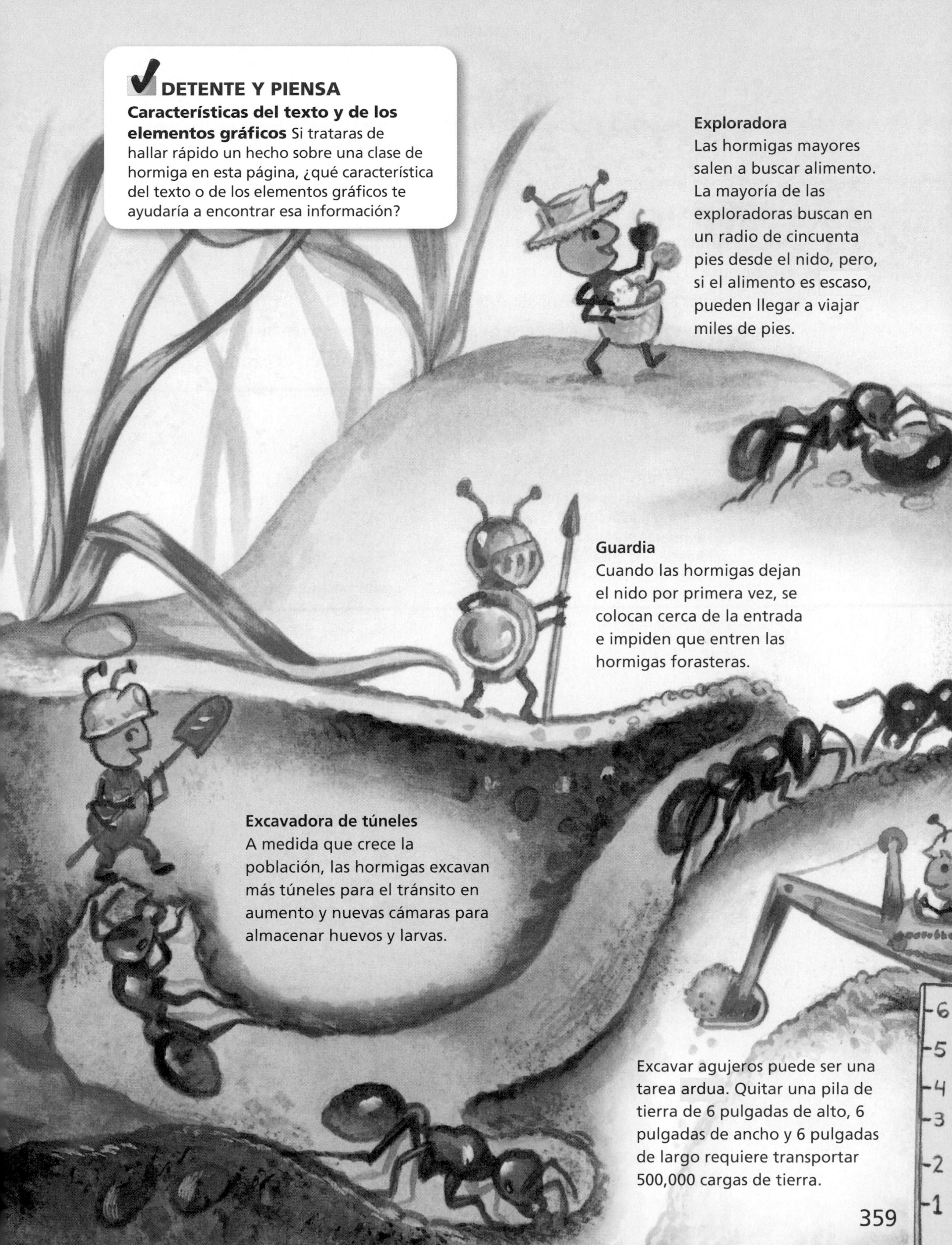

DETENTE Y PIENSA

Características del texto y de los elementos gráficos Si trataras de hallar rápido un hecho sobre una clase de hormiga en esta página, ¿qué característica del texto o de los elementos gráficos te ayudaría a encontrar esa información?

Exploradora
Las hormigas mayores salen a buscar alimento. La mayoría de las exploradoras buscan en un radio de cincuenta pies desde el nido, pero, si el alimento es escaso, pueden llegar a viajar miles de pies.

Guardia
Cuando las hormigas dejan el nido por primera vez, se colocan cerca de la entrada e impiden que entren las hormigas forasteras.

Excavadora de túneles
A medida que crece la población, las hormigas excavan más túneles para el tránsito en aumento y nuevas cámaras para almacenar huevos y larvas.

Excavar agujeros puede ser una tarea ardua. Quitar una pila de tierra de 6 pulgadas de alto, 6 pulgadas de ancho y 6 pulgadas de largo requiere transportar 500,000 cargas de tierra.

Carreteras comunitarias

Algunas hormigas vinculan sus hormigueros a las fuentes de alimento mediante un sistema de caminos. A diferencia de los rastros olfativos, que son invisibles, estos caminos pueden verse fácilmente. Las cuadrillas de construcción quitan la hierba y las ramitas para formar caminos de dos a seis pulgadas de ancho que pueden extenderse por más de seiscientos pies. Cuando el alimento es abundante, un millar de hormigas por pie se apiña en el camino. Las colonias de hormigas establecidas pueden recorrer las mismas carreteras comunitarias durante muchos años.

DETENTE Y PIENSA

Técnica del autor A veces el autor usa la imaginación o palabras y frases que ayudan a formar mentalmente una imagen de cosas no mostradas en una ilustración. Encuentra un ejemplo de imaginación en la página 360.

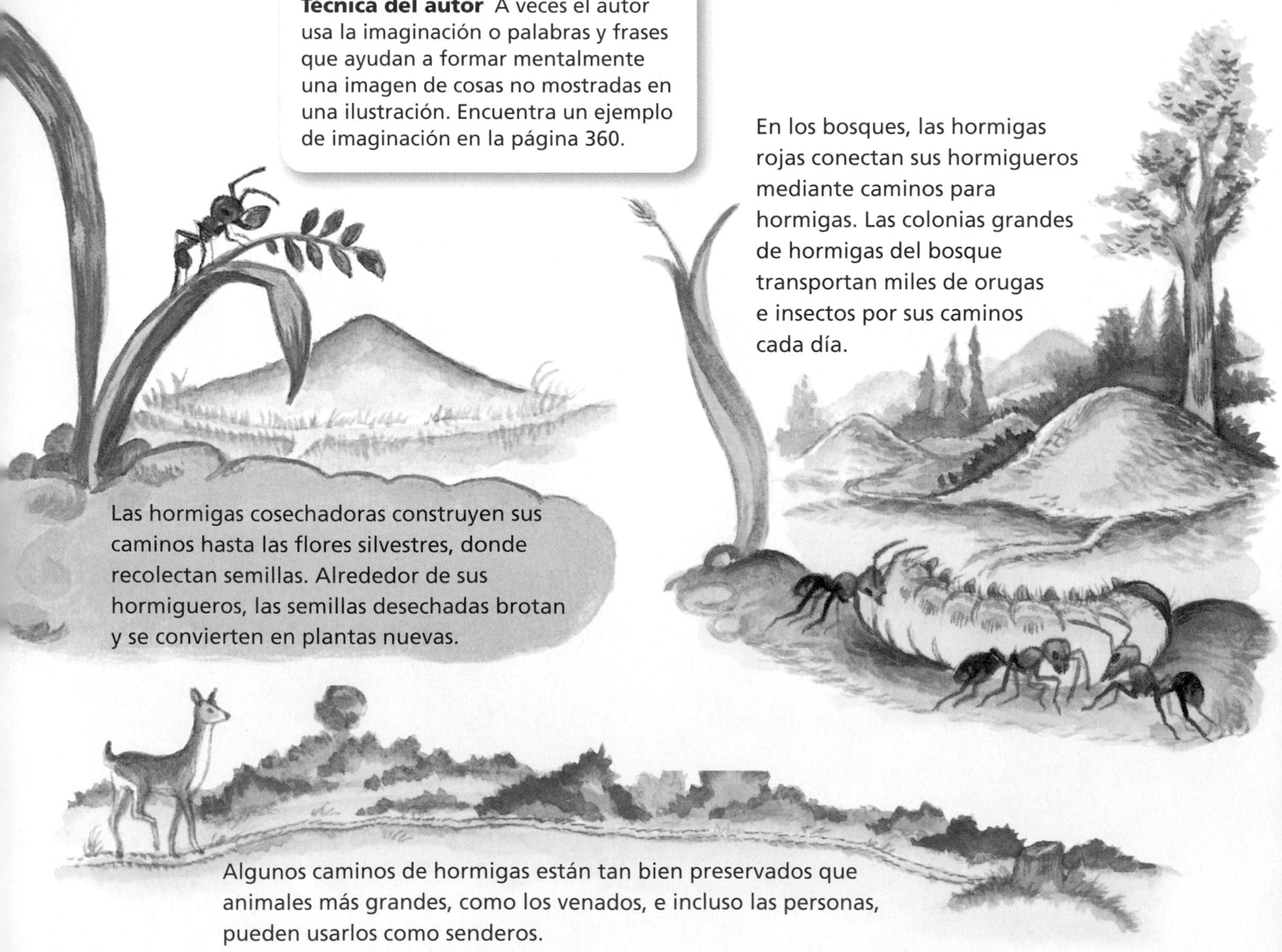

En los bosques, las hormigas rojas conectan sus hormigueros mediante caminos para hormigas. Las colonias grandes de hormigas del bosque transportan miles de orugas e insectos por sus caminos cada día.

Las hormigas cosechadoras construyen sus caminos hasta las flores silvestres, donde recolectan semillas. Alrededor de sus hormigueros, las semillas desechadas brotan y se convierten en plantas nuevas.

Algunos caminos de hormigas están tan bien preservados que animales más grandes, como los venados, e incluso las personas, pueden usarlos como senderos.

Las hormigas legionarias forman puentes vivientes para cruzar arroyos enlazándose unas con otras.

Algunas hormigas cavan túneles bajo los arroyos y otros obstáculos. Las hormigas cosechadoras de hojas llegan a cavar túneles hasta de quinientos pies de largo para evitar los arroyos.

Harlow Shapley, un astrónomo cuyo pasatiempo era estudiar a las hormigas, llevó a cabo pruebas para evaluar su velocidad: descubrió que corren más rápido en los días calurosos.

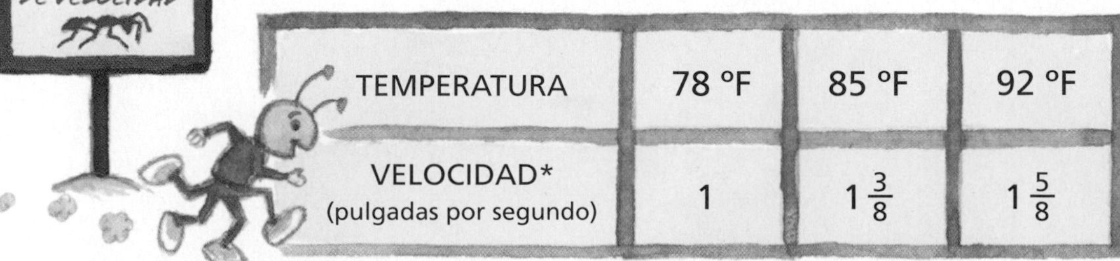

TEMPERATURA	78 °F	85 °F	92 °F
VELOCIDAD* (pulgadas por segundo)	1	$1\frac{3}{8}$	$1\frac{5}{8}$

*Las velocidades corresponden a la hormiga argentina.

lagarto cornudo

pájaro carpintero

armadillo

Un mundo peligroso

Cuando mides menos de un cuarto de pulgada de altura, el mundo puede ser un lugar peligroso. Cada vez que una hormiga deja su hogar, corre el riesgo de no regresar. Los lagartos cornudos se comen a las hormigas con un lengüetazo cuando salen del nido, los pájaros carpinteros las atrapan cuando suben a los árboles, y la hormiga león, un insecto con alas, las embosca en pozos de arena fina.

A veces las hormigas no están a salvo ni siquiera en su propio hogar. Los armadillos se dan un festín con las hormigas excavadoras, tal como lo hace el mayor demoledor de viviendas: el oso hormiguero gigante de Suramérica y Centroamérica. Con siete pies de largo y con un peso que puede alcanzar las setenta libras, un oso hormiguero gigante puede desgarrar y abrir un nido de hormigas en cuestión de minutos y devorar veinte mil hormigas en una sola comida.

Trampa de arena sin retorno

La hormiga león excava un pozo de arena circular y espera en el fondo.

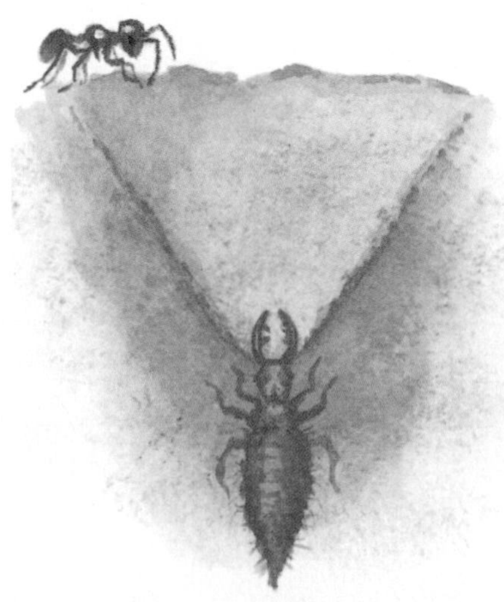

Cuando una hormiga se asoma al pozo, la hormiga león lanza arena al aire para que la hormiga se tropiece.

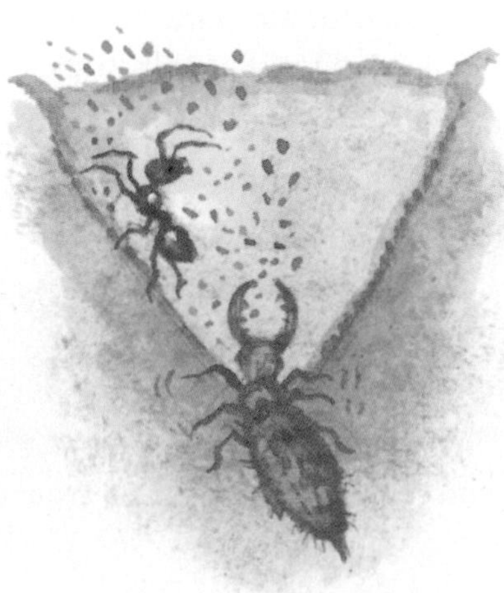

La hormiga tropieza y se cae al pozo. Entonces la hormiga león la agarra con sus grandes pinzas.

El oso hormiguero gigante

El oso hormiguero gigante es un animal lento, corto de vista y desdentado que se ha salvado de la extinción por una única razón: se especializa en comer hormigas y termitas.

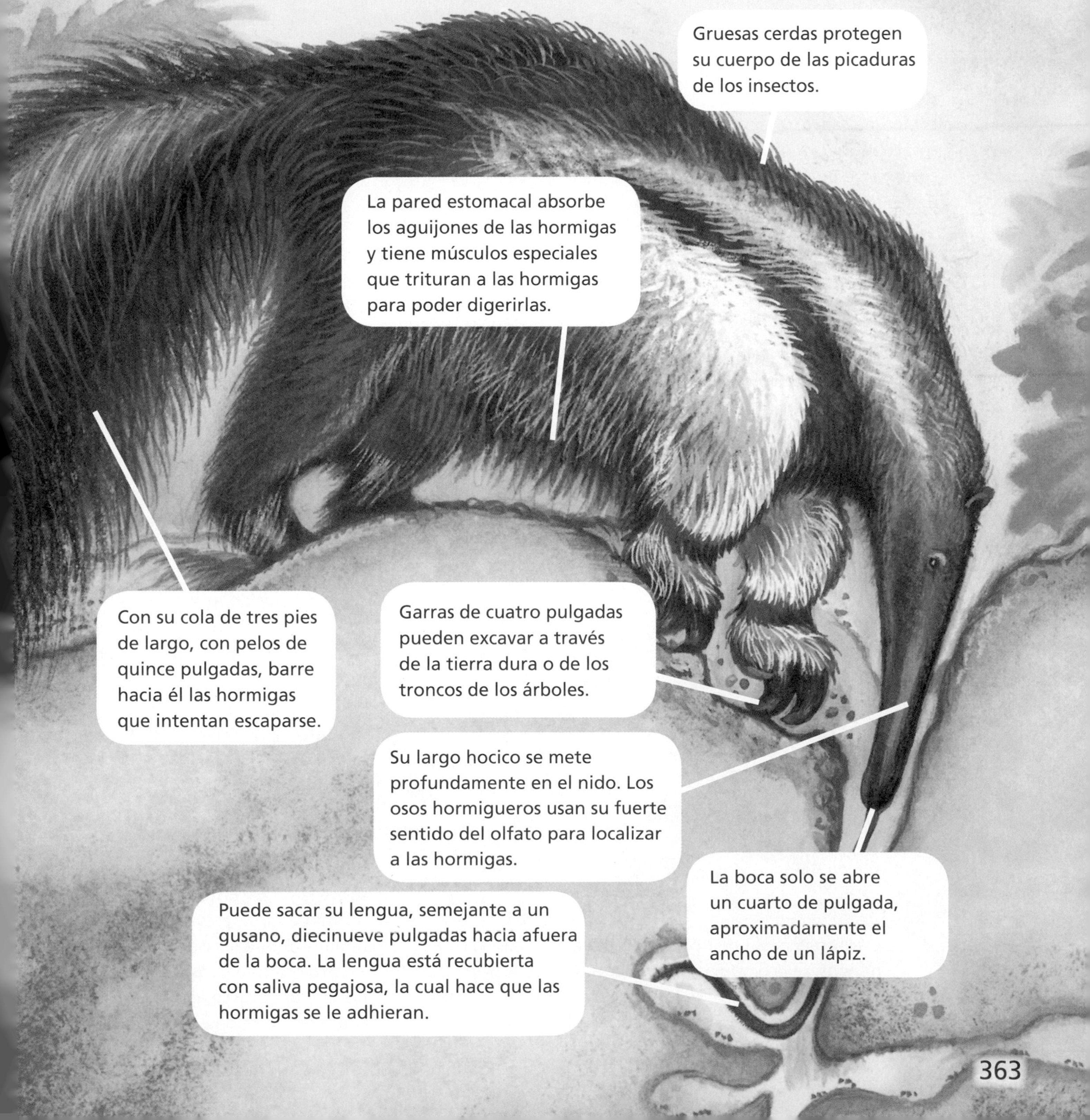

Gruesas cerdas protegen su cuerpo de las picaduras de los insectos.

La pared estomacal absorbe los aguijones de las hormigas y tiene músculos especiales que trituran a las hormigas para poder digerirlas.

Con su cola de tres pies de largo, con pelos de quince pulgadas, barre hacia él las hormigas que intentan escaparse.

Garras de cuatro pulgadas pueden excavar a través de la tierra dura o de los troncos de los árboles.

Su largo hocico se mete profundamente en el nido. Los osos hormigueros usan su fuerte sentido del olfato para localizar a las hormigas.

La boca solo se abre un cuarto de pulgada, aproximadamente el ancho de un lápiz.

Puede sacar su lengua, semejante a un gusano, diecinueve pulgadas hacia afuera de la boca. La lengua está recubierta con saliva pegajosa, la cual hace que las hormigas se le adhieran.

Cómo reciclan hojas las hormigas

Las hormigas cosechadoras recogen hojas y las llevan al nido. En el proceso, desaceleran el crecimiento excesivo del bosque y restituyen al suelo alimento proveniente de las hojas.

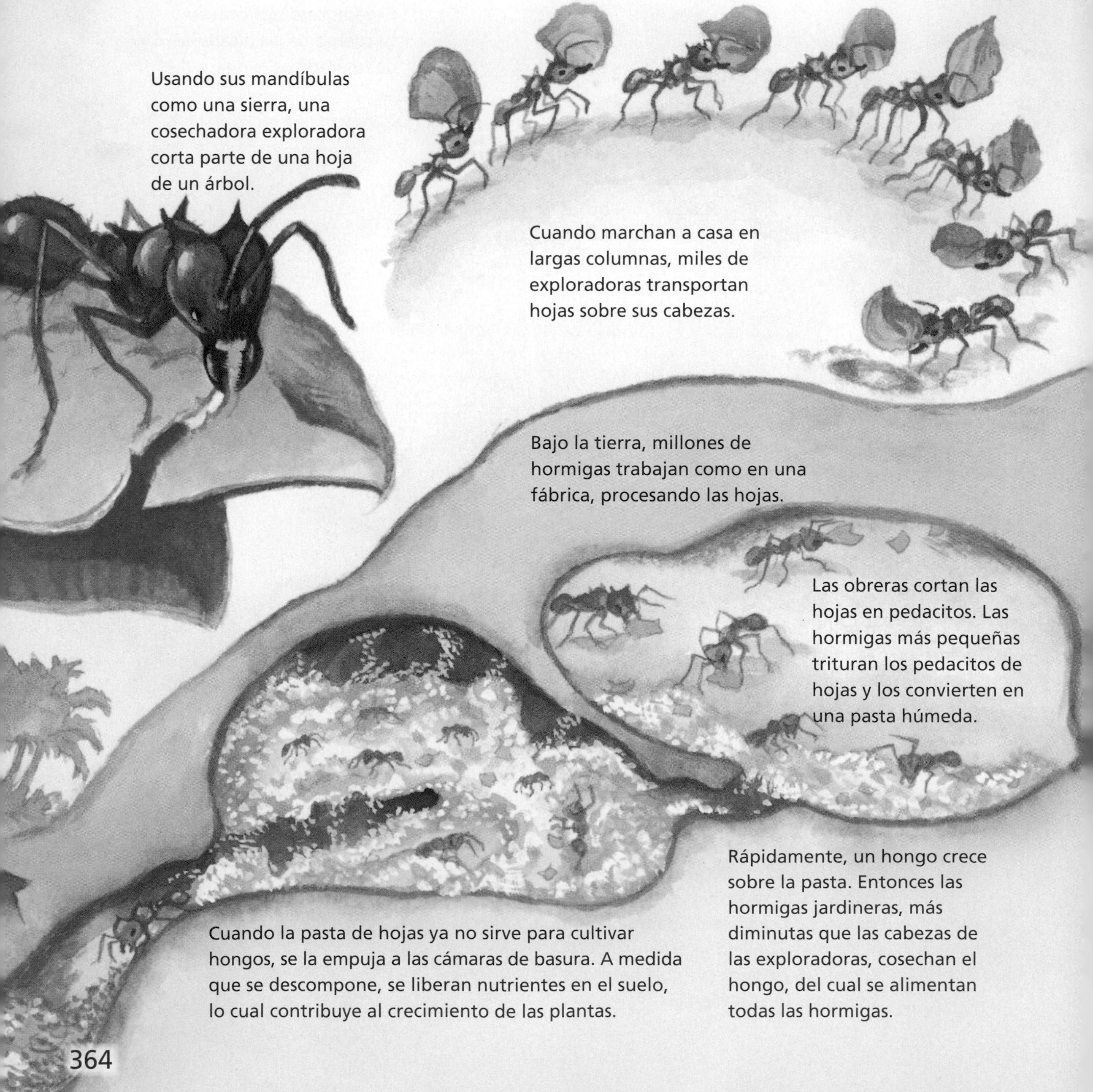

Usando sus mandíbulas como una sierra, una cosechadora exploradora corta parte de una hoja de un árbol.

Cuando marchan a casa en largas columnas, miles de exploradoras transportan hojas sobre sus cabezas.

Bajo la tierra, millones de hormigas trabajan como en una fábrica, procesando las hojas.

Las obreras cortan las hojas en pedacitos. Las hormigas más pequeñas trituran los pedacitos de hojas y los convierten en una pasta húmeda.

Rápidamente, un hongo crece sobre la pasta. Entonces las hormigas jardineras, más diminutas que las cabezas de las exploradoras, cosechan el hongo, del cual se alimentan todas las hormigas.

Cuando la pasta de hojas ya no sirve para cultivar hongos, se la empuja a las cámaras de basura. A medida que se descompone, se liberan nutrientes en el suelo, lo cual contribuye al crecimiento de las plantas.

Es tu turno

Hormigas y humanos

Comparar estructuras sociales Piensa en las diferentes maneras en que las hormigas trabajan en conjunto para crear una sociedad. Luego, escribe un párrafo donde compares y contrastes las colonias de hormigas y las comunidades humanas. ¿En qué se parecen? ¿En qué se diferencian? ESTUDIOS SOCIALES

¡Bienvenidos, visitantes!

Ser guía Imagina que eres una hormiga. Tu trabajo consiste en mostrar el hormiguero a las hormigas que lo visitan. Con un compañero, hagan un mapa del hormiguero. Decidan a dónde llevarán a los visitantes, qué les mostrarán y qué les contarán sobre los diferentes sectores del hormiguero. Rotulen cada sector del mapa y agreguen leyendas. PAREJAS

Hablar sobre los elementos gráficos

Turnarse y comentar

Con un compañero, hojeen la selección. Comenten cómo está presentada la información, con atención en el texto y los elementos gráficos de cada página. Si no se hubieran usado elementos gráficos para ilustrar el texto, ¿los lectores podrían haber reaccionado de otra manera? ¿Cómo? CARACTERÍSTICAS DEL TEXTO Y DE LOS ELEMENTOS GRÁFICOS

Conectar con los

cuentos tradicionales

VOCABULARIO CLAVE

sociable	intercambio
exceso	reforzar
almacenamiento	transportar
cámara	escaso
obstáculo	arduo

GÉNERO
Una **fábula** es un cuento corto en el cual un personaje, generalmente un animal, aprende una lección.

ENFOQUE EN EL TEXTO
Una **moraleja** es la lección que aprende el personaje de una fábula. ¿Qué te enseña esta fábula acerca de ayudar a otros?

LA PALOMA Y LA HORMIGA

adaptado por Anne O'Brien

Esta adaptación de una antigua fábula está ambientada en la isla de Puerto Rico, donde un ancho río, el Río de la Plata, fluye desde las montañas hasta el mar. Cerca del río se alza un gran árbol llamado ausubo.

Una paloma estaba sentada en las ramas de un árbol de ausubo. Era una criatura muy sociable, a quien le gustaba conocer a otros animales.

Al pie del árbol había un hormiguero. Allí trabajaba una hormiga que transportaba alimento hasta el lugar de almacenamiento en el hormiguero. La paloma observaba cómo la hormiga reforzaba el hormiguero y despejaba la cámara central. La veía apartar los obstáculos de los túneles.

—¡Qué trabajadora! —observó la paloma.

No mucho después, escuchó la vocecita de la hormiga: —¡Tengo tanta sed!

La paloma quiso ayudarla. Voló a una rama baja.

—El río no está lejos —gritó la paloma—. Está justo detrás de los pastos altos.

En la orilla del río, la hormiga bebió por largo rato. Después, súbitamente, una ráfaga de viento la arrastró al agua.

—¡Auxilio! —gritó la hormiga. Al escuchar el grito de la hormiga, la paloma tomó una ramita con su pico y la dejó caer al agua.

—¡Trepa y sálvate! —exclamó la paloma. Aferrándose a la ramita, la hormiga llegó a la orilla arrastrada por el agua.

—¿Cómo te podré agradecer? —preguntó la hormiga a la paloma—. La vida es dura y tanta generosidad es escasa.

—Fue un placer —respondió la paloma—. Me gusta ayudar a las demás criaturas. Nunca habrá generosidad en exceso en este mundo.

La hormiga volvió a su arduo trabajo pensando en las palabras de la paloma.

Más tarde ese mismo día, apareció un cazador llamado Rafael, que llevaba una gran bolsa. Divisó a la paloma en el árbol de ausubo. Comenzó a trabajar cerca del hormiguero y construyó una trampa para aves.

La hormiga vio la bolsa y la trampa. «Cuando el cazador atrapa un ave, la mete a la bolsa y se la lleva», pensó la hormiga.

Justo en ese momento, la hormiga vio a la paloma volar hacia la trampa.

—¡Oh, no! —dijo la hormiga—. ¡Va a atrapar a la paloma! Tengo que actuar rápidamente.

En un abrir y cerrar de ojos, la hormiga trepó al pie de Rafael y le picó el tobillo. El cazador gritó de dolor y se frotó el tobillo. La paloma, asustada, voló a la copa del árbol.

—Qué lástima —pensó Rafael—, ahora tendré que atrapar mi presa en otro lugar.

Cuando el cazador se marchó, la paloma se dirigió a su amiga.

—Ahora tengo que agradecerte yo —dijo.

—Fue un placer —respondió la hormiga.

La lección que enseña esta fábula es la siguiente: El intercambio de actos de generosidad es la mejor manera de hacer amigos.

Hacer conexiones

El texto y tú

Hacer una lista de "datos divertidos" *Vida y momentos de la hormiga* contiene muchos datos sobre las hormigas. ¿Qué datos te parecieron los más divertidos para aprender? Dale un vistazo al texto otra vez y haz una lista de cinco datos que te parezcan interesantes en las hormigas. Comparte tu lista con un compañero.

De texto a texto

Comparar cuentos tradicionales Como las hormigas de verdad, la hormiga de la fábula es una gran trabajadora. Piensa en otra fábula o cuento tradicional que tenga una hormiga como personaje. Escribe un párrafo para comparar y contrastar los dos personajes.

El texto y el mundo

Comparar hormigas Usa textos de referencia y un navegador de Internet para investigar sobre dos clases de hormigas. Luego, crea una tabla para compararlas. Incluye detalles que digan cómo son, dónde viven y cuáles son sus hábitos. Presenta tus resultados a la clase.

Gramática

El participio pasado El **participio pasado** es una forma no conjugada del verbo. Se forma agregando las terminaciones *-ado* e *-ido* a la raíz de los verbos. Se usa con el **verbo auxiliar** *haber* en presente para formar el **pretérito perfecto,** y con el pretérito imperfecto forma el **pluscuamperfecto.**

Lenguaje académico

participio pasado
verbo auxiliar
pretérito perfecto
pluscuamperfecto

Pretérito perfecto. Haber: *he, has, ha, hemos, han*	**Pluscuamperfecto. Haber:** *había, habías, había, habíamos, habían*
Las hormigas han existido en la tierra por millones de años.	Muchas hormigas no estaban en su nido. Habían salido a buscar alimento.
Han cavado túneles para construir sus hogares debajo de la tierra.	Otras se habían quedado a cuidar a la reina.

Turnarse y comentar

Trabaja con un compañero. Di si se habla de algo usando el pretérito perfecto o el pluscuamperfecto.

1. Las hormigas han creado caminos resistentes.
2. Habían salido en busca de alimento.
3. El oso hormiguero ha sobrevivido comiendo hormigas.
4. Muy pocas hormigas se habían salvado.

Fluidez de las oraciones Cuando escribas, recuerda que puedes formar oraciones compuestas combinando oraciones simples que estén relacionadas. Asegúrate de mantener la secuencia de los tiempos.

Oraciones simples relacionadas

El científico ha observado a las hormigas por mucho tiempo.

El científico ha tomado notas detalladas por mucho tiempo.

Oración compuesta

El científico ha observado las hormigas y ha tomado notas detalladas por mucho tiempo.

Relacionar la gramática con la escritura

Cuando corrijas tu ensayo persuasivo, identifica oraciones simples que puedas combinar para formar oraciones compuestas. Trata de usar los tiempos perfectos y mantén la secuencia de los tiempos.

Taller de lectoescritura: **Preparación para la escritura**

Escribir para persuadir

Organización Los buenos escritores organizan sus ideas antes de escribir un **ensayo persuasivo.** Tomar notas puede servirte para identificar razones, datos y ejemplos para incluir en tu ensayo. Hacer un organizador gráfico puede servirte para organizarlos para tu ensayo.

Para su ensayo persuasivo, Julio eligió escribir sobre las granjas de hormigas del salón de clases. Primero, hizo algunas investigaciones y tomó notas. Luego, usó un mapa de apoyo de ideas para organizar sus razones, sus datos y sus ejemplos. Más adelante, volvió a ordenar las razones según su importancia.

Lista de control del proceso de escritura

- **Preparación para la escritura**
  - ¿Enuncié una opinión, u objetivo, clara?
  - ¿Enumeré razones poderosas que apoyen mi objetivo?
  - ¿Incluí hechos y ejemplos para apoyar mis razones?
  - Si investigué, ¿identifiqué las fuentes y tomé notas usando mis propias palabras?
- Hacer un borrador
- Revisar
- Corregir
- Publicar y compartir

Borrador revisado

¿Por qué son interesantes las hormigas?

— más fuertes que los elefantes para su tamaño

— construyen hogares subterráneos con muchas partes

— trabajan juntas para cuidar a la reina, los huevos y las larvas

Micucci, Charles. Vida y momentos de la hormiga.

¿Cómo funcionan las granjas de hormigas?

— dos tipos: gel; arena o tierra

— enviar un cupón para conseguir 25 hormigas

— alimentarlas y darles agua todos los días

"Armar una granja de hormigas de la clase."

AllThingsAnt.com. 15 Nov. 2010

Mapa de apoyo de ideas

Objetivo: Los estudiantes del salón 6 quieren conseguir una granja de hormigas.

Razón: Nos enseñará a ser responsables.
Datos y ejemplos: Tendremos que elegir la granja (arena, tierra o gel). Empezaremos con 25 hormigas. Tendremos que alimentarlas y darles agua con regularidad.

Razón: Las hormigas son fascinantes.
Datos y ejemplos: Para su tamaño, las hormigas son más fuertes que los elefantes. Tienen una estructura social complicada.

Razón: Podremos aprender mediante la observación.
Datos y ejemplos: Podríamos observar cómo construyen los hormigueros y cómo se cuidan unas a otras. Podríamos observar cómo la comunidad se desarrolla y crece.

Tomé notas sobre las hormigas y las granjas de hormigas. Luego, usé las notas para crear un mapa de apoyo de ideas. Enumeré razones para apoyar mi objetivo. Agregué datos y ejemplos para apoyar mis razones. Esto me ayudó a organizar mis ideas.

Leer como escritor

¿Cómo puede ayudar a Julio el mapa de apoyo de ideas para desarrollar los párrafos? Cuando escribas un ensayo persuasivo esta semana, busca cuáles son las maneras en que un mapa de apoyo de ideas puede ayudarte a organizar tus pensamientos.

Lección 15

variedad
rastro
hábitat
organismo
especie
vasto
directamente
afectar
radiación
prohibir

Librito de vocabulario

Tarjetas de contexto

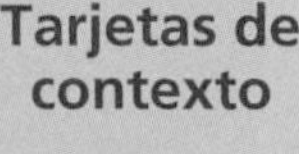

Vocabulario en contexto

1 **variedad**

El bosque tropical contiene una amplia variedad de vida silvestre.

2 **rastro**

Lávate bien las manos, o quedarán rastros de suciedad y de gérmenes.

3 **hábitat**

Los bosques y los océanos son hábitats que albergan muchos tipos de plantas y animales.

4 **organismo**

Los biólogos estudian los organismos, o seres vivos, de la Tierra.

- **Analiza cada Tarjeta de contexto.**
- **Usa un diccionario para que entiendas el significado de estas palabras.**

5
especie
Hay muchas especies diferentes de tiburones, por ejemplo, el tiburón martillo.

6
vasto
Los vastos desiertos se extienden cientos de millas en todas direcciones.

7
directamente
Plantar un árbol beneficia directamente al ambiente. Puedes ver los resultados en todas partes.

8
afectar
El humo y la contaminación afectan negativamente al aire y resultan dañinos para la salud.

9

radiación
El sol y otras estrellas producen radiación, unos rayos de energía invisibles.

10
prohibir
Prohibir tirar la basura irresponsablemente protege al ambiente y la salud de las personas.

Contexto

VOCABULARIO CLAVE **¿Cómo afectan nuestras acciones a la Tierra?** Es importante recordar que las acciones de las personas afectan directamente al ambiente. La Tierra parece tener vastos territorios. Tendemos a pensar que nuestro comportamiento personal no tiene mucha influencia. De hecho, nuestras acciones dejan rastros en el planeta en una variedad de formas. Por ejemplo, si no nos mantenemos en el sendero mientras hacemos una caminata, nuestras pisadas pueden dañar los hábitats delicados y, por lo tanto, los organismos que viven en ellos. Muchas especies de animales y de plantas se han extinguido como resultado de la destrucción de sus hábitats.

Al igual que las personas, los gobiernos también tienen un papel importante en la protección del ambiente. Por ejemplo, varios países tuvieron que prohibir el uso de algunos productos químicos porque debilitan la atmósfera. Muchos científicos creen que estos productos permiten que la radiación nociva del sol llegue a la Tierra.

Comprensión

DESTREZA CLAVE Ideas principales y detalles

Mientras lees *Ecología para niños* busca las ideas principales o los puntos más importantes que el autor plantea. Busca los detalles de apoyo que aporten datos o ejemplos de las ideas principales. Usa un organizador gráfico como este para ver y resumir la relación entre una idea principal y los detalles que la apoyan.

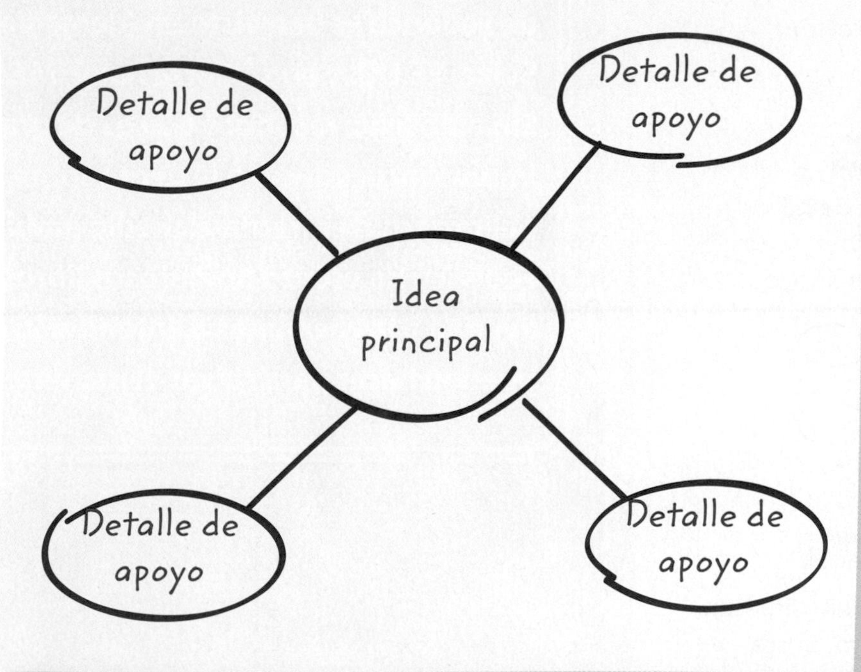

ESTRATEGIA CLAVE Verificar/Aclarar

Te ayudará a entender lo que lees al verificar tu comprensión y detenerte para aclarar la información que parece no tener sentido. Como ayuda para verificar y aclarar los datos, anota las ideas principales y los detalles de apoyo en el organizador gráfico.

Selección principal

variedad	rastro
hábitat	organismo
especie	vasto
directamente	afectar
radiación	prohibir

DESTREZA CLAVE

Ideas principales y detalles Menciona las ideas clave de un tema y los detalles de apoyo.

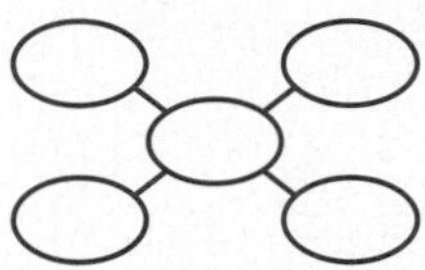

Verificar/Aclarar Mientras lees, nota lo que es confuso. Busca maneras de entenderlo.

GÉNERO

Un **texto informativo** da datos y ejemplos sobre un tema.

Establecer un propósito Antes de leer, establece un propósito para la lectura basándote en lo que sabes acerca del género y en tus conocimientos previos.

CONOCE AL AUTOR

Federico Arana

Federico Arana ha pasado su vida estudiando el medio ambiente y, como profesor de ciencias, sabe todo sobre ecología. También pinta y practica música. Las pinturas de Federico se han visto en Alemania, Suiza, EE.UU. y en su tierra natal, México. Sin embargo, reconoce que es de gran importancia educar a la gente sobre los peligros que enfrenta el medio ambiente. Federico ha escrito numerosos libros que ayudan a las personas a entender lo que pueden hacer para salvar el planeta.

Ecología para niños

por Federico Arana

Pregunta esencial

¿Cómo pueden los detalles ayudar a entender la idea principal?

Ecología

¿Qué significa la palabra ecología? El término fue inventado por Ernst Haeckel, un biólogo alemán, uniendo dos elementos provenientes del griego: eco, que significa «casa», y logía, que significa «estudio». Juntos quieren decir "el estudio de la casa". La «casa» en la que Haeckel pensaba es nuestro planeta, la Tierra. La Tierra es el hogar de todos los seres vivos: humanos, animales, plantas, hongos y hasta diminutos microbios.

Estudiar una casa es aprender cómo la usan sus habitantes. Un ecólogo es un científico que estudia las relaciones entre los organismos y su ambiente. El ambiente es lo que rodea a los organismos. Puede contener agua, gases, rocas y temperatura.

Los ecólogos también estudian el delicado equilibrio entre usar el ambiente y, a la vez, protegerlo.

Un día, un ecólogo preguntó a un niño qué creía que significaba proteger el ambiente.

El niño dijo:

—Vas al bosque y buscas a alguien que quiere cortar un árbol. Le quitas el hacha. Le cuentas la importancia que tienen los árboles. Le dices que ayudan a la belleza natural cuidando el suelo, dando oxígeno al aire y refugio a las aves y a otros animales.

Los árboles nos brindan recursos y belleza natural.

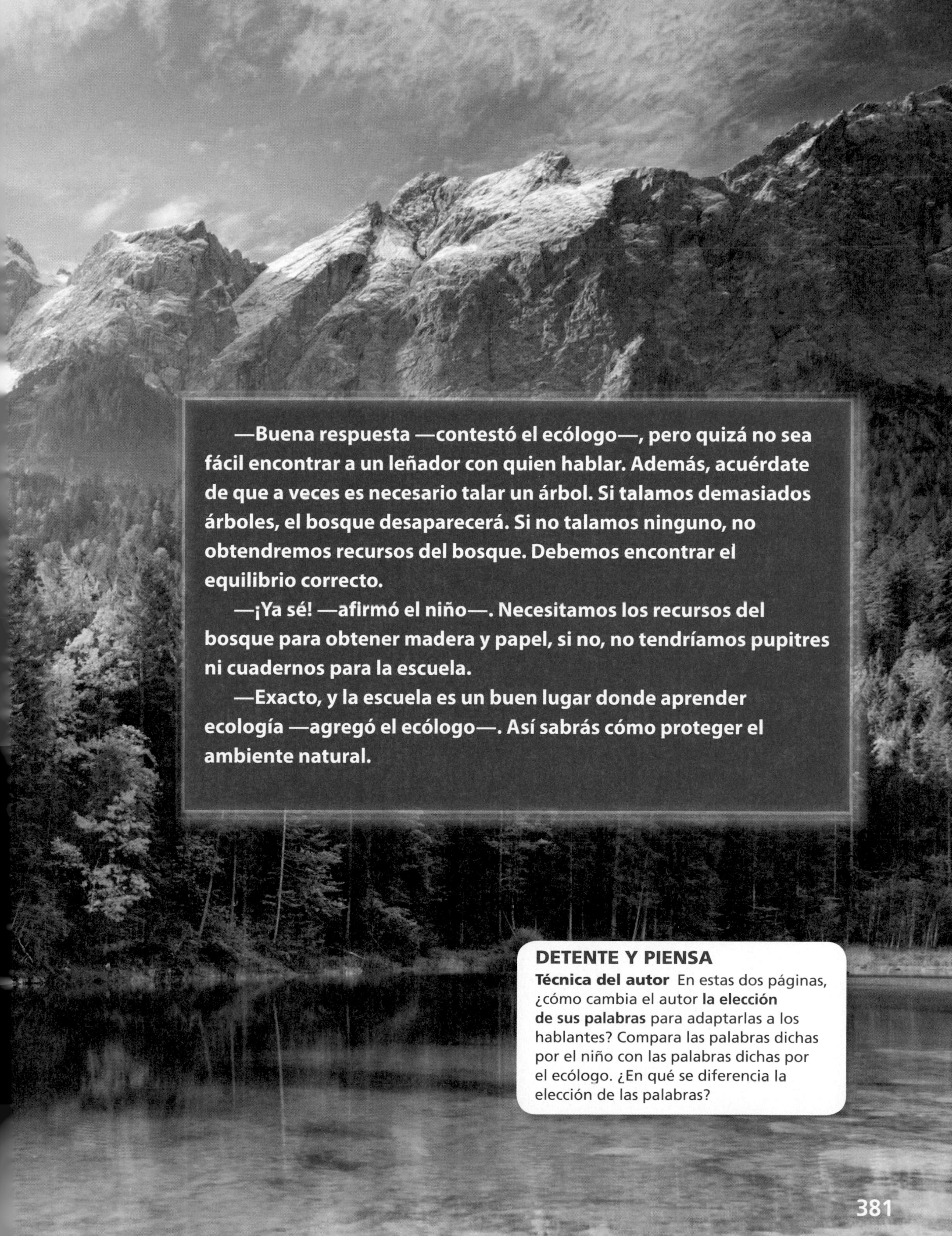

—Buena respuesta —contestó el ecólogo—, pero quizá no sea fácil encontrar a un leñador con quien hablar. Además, acuérdate de que a veces es necesario talar un árbol. Si talamos demasiados árboles, el bosque desaparecerá. Si no talamos ninguno, no obtendremos recursos del bosque. Debemos encontrar el equilibrio correcto.

—¡Ya sé! —afirmó el niño—. Necesitamos los recursos del bosque para obtener madera y papel, si no, no tendríamos pupitres ni cuadernos para la escuela.

—Exacto, y la escuela es un buen lugar donde aprender ecología —agregó el ecólogo—. Así sabrás cómo proteger el ambiente natural.

DETENTE Y PIENSA

Técnica del autor En estas dos páginas, ¿cómo cambia el autor **la elección de sus palabras** para adaptarlas a los hablantes? Compara las palabras dichas por el niño con las palabras dichas por el ecólogo. ¿En qué se diferencia la elección de las palabras?

Ecosistemas

Los científicos llaman a la Tierra y la atmósfera que la rodea *biosfera.* Para estudiarla, la dividen en partes llamadas ecosistemas.

Un ecosistema es un área natural donde grupos de seres vivos y cosas sin vida interactúan con su ambiente. Ejemplos de ecosistemas son los bosques, los lagos, los pantanos y los desiertos.

Un ecosistema y los organismos que viven en él pueden depender de otros ecosistemas. Por ejemplo, un oso que vive en un bosque podría recurrir a un lago para buscar peces para comer y agua para beber.

De la misma manera, los problemas de un ecosistema afectan directamente a los organismos de otros ecosistemas. Pensemos, por ejemplo, en los problemas del bosque húmedo tropical.

Los osos dependen de dos ecosistemas diferentes.

La destrucción de los bosques

Cuatro de los siete continentes de la Tierra tienen rastros de los que fueron vastos bosques tropicales. Ahora, estos bosques han desaparecido.

¿Cómo desaparecieron? Una gran parte de ellos fue talada para limpiar el suelo para la agricultura. Esto ocasionó problemas. La capa de tierra sobre la que se asienta un bosque es delgada. Sin árboles con raíces profundas, la lluvia arrastra la tierra. Pronto solo queda un suelo seco y arenoso donde pueden crecer muy pocas cosas.

Si no hay plantas para comer, los animales tienen que abandonar sus hábitats. También se pierden enormes cantidades de oxígeno. Se cree que la selva amazónica por sí sola produce un tercio de todo el oxígeno de la atmósfera terrestre. Además, muchas plantas de los bosques tropicales se usan para fabricar medicinas. Preservar el bosque tropical es importante para todos los seres vivos.

Talar un bosque tropical puede crear problemas en el mundo.

DETENTE Y PIENSA

Verificar/Aclarar Comprueba tu comprensión sobre los problemas que se crearon por talar bosques tropicales. Repasa el segundo párrafo. ¿Por qué la falta de árboles provocó que los animales se fueran?

Un océano de recursos

Otro ecosistema que hay que usar y proteger es el mar.

El mar cubre cuatro quintos de la superficie terrestre. Es un mundo asombroso repleto de una enorme **variedad** de criaturas. Entre ellas, peces, cangrejos, medusas, corales, esponjas, almejas, caracoles y algas. Los mamíferos marinos, como los delfines y las ballenas, pasan toda su vida en el mar. Otros mamíferos, como las focas, las morsas, los osos polares, viven cerca del mar y pasan mucho tiempo en él. Las tortugas marinas y algunas aves, como los pingüinos, pasan la mayor parte de su vida en el mar. Los científicos siguen descubriendo nuevas **especies** de vida marina.

En el mar vive una variedad de criaturas asombrosa.

Los peces son un recurso alimenticio importante. El mar proporciona cincuenta millones de toneladas de pescado cada año. Sin embargo, la sobrepesca —recolectar demasiados peces— ha puesto a algunas especies en peligro. La ecología puede mostrar a las personas cómo pescar con responsabilidad. Aprender sobre los animales del océano y sobre su relación con el ambiente puede ayudar a prevenir su pérdida. Con base en esta información, se puede **prohibir** la pesca cuando sea necesario. Se deben usar las redes correspondientes para evitar que queden atrapados peces jóvenes y otros animales marinos.

El mar nos brinda también otras clases de riquezas. Proporciona sal, hierro y cobre. Debajo del mar, es posible encontrar combustibles fósiles, como petróleo y gas natural.

Por el mar se pueden transportar personas y cargas. El mar es también una prometedora fuente de nueva energía gracias al poder de las mareas. Debemos usar estos recursos del mar y, a la vez, protegerlo.

DETENTE Y PIENSA

Ideas principales y detalles Para el tema de ecología, el autor apoya con detalles las ideas principales. En el primer párrafo de esta página, ¿qué detalles apoyan la idea principal de que la ecología nos enseña a pescar con responsabilidad?

La protectora capa de ozono

Otra parte importante de la biosfera de la Tierra es la atmósfera, un manto de aire que envuelve al planeta. Parte de la atmósfera está formada por la capa de ozono, que nos protege de los rayos del Sol.

La luz solar nos permite ver y es necesaria para el crecimiento. Su calor controla la temperatura de la Tierra. Todos los seres vivos necesitan la luz y el calor del Sol para vivir y para crecer.

El Sol produce también poderosa **radiación**: rayos X, rayos ultravioleta y microondas. Si la capa de ozono desapareciera, la Tierra recibiría demasiada cantidad de estos rayos nocivos, que dañarían a todos los seres vivos.

Se ha prohibido el uso de productos químicos que pueden debilitar la capa de ozono. Pensando ecológicamente, podemos usar los recursos del Sol sin peligro.

La capa de ozono protege a la Tierra de los rayos nocivos del Sol.

¿Cómo puedes proteger la biosfera terrestre?

Una manera de proteger el ambiente es ayudar a detener la contaminación. Estas son algunas ideas:

Coloca la basura en su lugar. El lugar que le corresponde no son las calles, los ríos ni los océanos. La basura y otras clases de contaminación hacen daño a los seres vivos.

Cuando puedas, usa relojes y calculadoras que funcionen con energía solar. Si usas la energía de pilas, recíclalas cuando estén gastadas.

Cuando salgas de una habitación, apaga la luz. Cuando no estés usando la televisión, la radio o la computadora, apágalas también. De esta manera, tu familia usará menos electricidad y ahorrará dinero.

Ahorra agua por todos los medios posibles. Toma duchas cortas. Cierra la llave mientras te cepillas los dientes. Si una llave de agua gotea, pide a un adulto que la arregle.

Por último, recuerda que muchas personas cometen errores porque no tienen conocimientos sobre ecología y contaminación. En lugar de enojarte con ellas, ¡enséñales! Ayudarás a mejorar el ambiente para ti y para tus hijos.

Un ambiente limpio es responsabilidad de todos.

Es tu turno

Ecología en acción

Escribir un párrafo
Protegemos los bosques, pero también talamos árboles para obtener madera y hacer papel. Escribe un párrafo donde expliques de qué manera cuidamos otro recurso natural, como el agua, a la vez que lo usamos de manera responsable. En tu párrafo, usa datos de la selección y otros que conozcas. Incluye detalles que apoyen tu idea principal. IDEAS PRINCIPALES Y DETALLES

Nuestra casa

Crear un cartel En la selección, aprendiste que la palabra *ecología* proviene de dos palabras griegas que significan "el estudio de la casa", y que nuestra casa es la Tierra. Con un compañero, hagan un cartel que muestre la idea de que la Tierra es la casa de todos los seres vivos. PAREJAS

Turnarse y comentar

El poder del océano

Con un compañero, comenten los detalles que usa el autor para apoyar la idea de que los océanos de la Tierra son importantes. Hagan una lista de cinco detalles que los ayudan a comprender por qué los océanos son un recurso tan valioso. ¿Qué podría pasar si los océanos de la Tierra se contaminaran tanto que ya no pudieran recuperarse? CAUSA Y EFECTO

Conectar con la

poesía

VOCABULARIO CLAVE

variedad	rastro
hábitat	organismo
especie	vasto
directamente	afectar
radiación	prohibir

GÉNERO

La **poesía** usa el sonido y el ritmo de las palabras para sugerir imágenes y expresar sentimientos.

ENFOQUE EN EL TEXTO

Rima es el sonido repetido al final de dos o más palabras. Ayuda a los poemas dándoles ritmo y forma.

Maravilloso Tiempo

Los poemas sobre el tiempo que leerás a continuación traen una variedad de palabras. "El rayo" es un poema concreto. Sus palabras forman la imagen de la trayectoria de un rayo. "Lluvia de invierno" es un haiku, mientras que "Tiempo", "Paraguas" y "Restaurante Buentiempo" describen el tiempo que se adapta a todos los hábitats.

El rayo

¡INFORMATIVO!
BEN FRANKLIN
EL ACTIVO
USÓ
COMETA Y LLAVE
PARA UN DESTELLO
LLAMATIVO

Adaptación del original
de Joan Bransfield Graham

Lluvia de invierno

Lluvia de invierno,
un paraguas y un saco
saltando en un charco.

Adaptación del original de Buson

Paraguas

Allá mojada,
acá sequita.
Acogedor paragüitas
tengo para mí solita.

Adaptación del original de Rob Hale

Tiempo

El tiempo está lleno
de sonidos bellos:
él canta
y respira
y susurra
y suspira
y ruge
y chasquea
y silba
y gorjea
y truena
y zumba
y brama
y retumba
y chilla
y rechina
y aúlla
y destella
y ESTALLA.

Adaptación del original de Aileen Fisher

Restaurante Buentiempo

Si buscas con algo tu vasta panza llenar,
Restaurante Buentiempo es el sitio ejemplar.
Botellas de lluvia te sirven de entrada,
la niebla en copa trae rastros de Granada.
El trueno es delicia, lo piden a gritos,
incluye tornados y calma apetitos.
La brisa de nieve es otro manjar,
con lluvia y rocío la puedes untar.
Ciclones y granizo de postre van a servir,
mas cómelo lento o te va a indigestar.
Si afuera hace frío o está muy caliente,
¡en este lugar mejora el ambiente!

Adaptación del original
de Calef Brown

Escribe un poema sobre el tiempo

El tiempo afecta directamente a organismos de todas las especies, desde una manada de búfalos hasta un enjambre de pulgas diminutas. ¿Cómo te afecta a ti? ¿Qué piensas de la radiación del Sol? ¿Se debería prohibir la nieve? Escribe un poema sobre lo que te gusta del tiempo o lo que no te gusta. Incluye las razones.

Hacer conexiones

 El texto y tú

Hacer una lista de hábitos Vuelve a leer la última página de *Ecología para niños*. Identifica cinco cosas que las personas pueden hacer para proteger el medio ambiente. Luego, haz una lista de las cosas que ya haces para proteger el planeta. Haz una segunda lista de las cosas que te gustaría empezar a hacer.

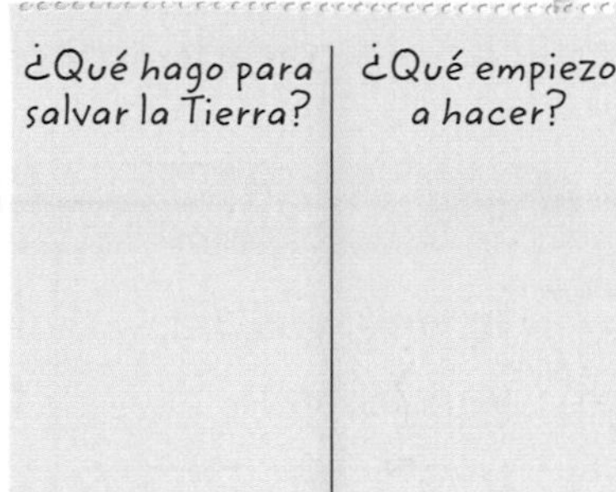

 De texto a texto

Comparar poemas Compara dos poemas de "Maravilloso tiempo". Responde estas preguntas sobre cada uno: ¿Tiene el poema rima o está escrito en versos libres? ¿Contiene el poema metáforas o símiles? ¿Contiene el poema recursos sonoros, como las aliteraciones? Luego, crea un diagrama de Venn para mostrar en qué se parecen y en qué se diferencian los poemas.

 El texto y el mundo

Registrar las precipitaciones El agua es un recurso importante. Investiga la cantidad de lluvia que cae en tu comunidad o en tu estado en un año típico. Registra la información en una tabla.

Gramática

Verbos irregulares Los **verbos irregulares** no siguen el patrón de conjugación de los verbos regulares. Estos verbos pueden tener cambios tanto en la raíz como en la terminación. Sus formas, en el participio pasado, son en su mayoría irregulares.

Lenguaje académico

verbos irregulares

Presente	Pasado - pretérito	Participio pasado
ir: voy, vas, va, vamos, van	fui, fuiste, fue, fuimos, fueron	**ido**: Nunca habíamos **ido** a una reserva natural.
hacer: hago, haces, hace, hacemos, hacen	hice, hiciste, hizo hicimos, hicieron	**hecho**: Hemos **hecho** varias excursiones escolares.
decir: digo, dices dice, decimos dicen	dije, dijiste, dijo dijimos, dijeron	**dicho**: Nos han **dicho** que debemos tener cuidado.
traer: traigo, traes, trae, traemos, traen	traje, trajiste, trajo trajimos, trajeron	**traído**: Todos los estudiantes han **traído** sus tareas.
ver: veo, ves, ve vemos, ven	vi, viste, vio, vimos, vieron	**visto**: No hemos **visto** esa película.

¡Inténtalo! **Copia las oraciones en una hoja aparte y escribe la forma del verbo que se indica entre paréntesis.**

1. Nosotros __________ a una excursión escolar ayer. (ir)
2. Nuestra profesora había __________ mapas. (traer)
3. En el parque hay un letrero que __________ "Cuidado con los animales". (decir)
4. Nunca habíamos __________ tantos animales salvajes. (ver)

Convenciones El uso incorrecto del tiempo de los verbos puede confundir al lector. Cuando escribas, asegúrate de mantener la secuencia de los verbos según el tiempo en que se desarrolla la acción.

Secuencia de verbos incorrecta	Secuencia correcta
La profesora trae un cartel de una red alimentaria ayer. Nos pidió hacer una de tarea. Yo hago un dibujo de una red alimentaria para mi estanque. Mi profesora no lo vio todavía.	La profesora trajo un cartel de una red alimentaria ayer. Nos pidió hacer una de tarea. Yo hice un dibujo de una red alimentaria para mi estanque. Mi profesora no lo ha visto todavía.

Relacionar la gramática con la escritura

Cuando corrijas tu ensayo persuasivo, asegúrate de que la secuencia de los verbos y las formas de los verbos irregulares estén correctas.

Taller de lectoescritura: **Revisar**

Escribir para persuadir

✓ Ideas En un **ensayo persuasivo,** los buenos escritores presentan una opinión clara acerca de lo que quieren que su público piense o haga. Mientras revisas tu ensayo persuasivo, debes incluir razones robustas que apoyen tu opinión y respaldarlas con datos y ejemplos. Las palabras elegidas deben ser persuasivas y firmes.

Julio escribió el primer borrador de su ensayo persuasivo sobre los terrarios de hormigas. Luego, lo revisó. Reemplazó las palabras dudosas o vagas para que su ensayo fuera más vigoroso y persuasivo.

Lista de control del proceso de escritura

Preparación para la escritura

Hacer un borrador

▶ **Revisar**

- ✓ **¿Presenté mi opinión o meta con claridad?**
- ✓ **¿La respaldé con razones, datos y ejemplos?**
- ✓ **¿Usé palabras efectivas y específicas para que mis puntos sean persuasivos?**
- ✓ **¿Usé los verbos irregulares correctamente?**

Corregir

Publicar y compartir

Borrador revisado

La razón más importante para tener un terrario de hormigas es porque las hormigas son ~~interesantes~~ fascinantes. Están entre los insectos más eficaces de la tierra.

En proporción a su tamaño son más fuertes que los elefantes. Tienen una estructura social ~~asombrosa~~ compleja. Trabajan todas juntas. Construyen sus nidos y recogen sus alimentos. Cuidan de la reina ~~y de sus crías~~, sus huevos y las larvas que nacen de los huevos.

Copia final

Por qué el Salón 6 debería tener un terrario de hormigas

por Julio Cordoza

En la escuela primaria Chadbourne, una regla dice "se prohíben las mascotas en el salón de clases". Es razonable. Muchas personas son alérgicas a animales como los hámsteres, los conejos y los pollitos. ¿Pero no sería maravilloso si pudiéramos tener en el salón una mascota a la que nadie es alérgico? Así lo creen los estudiantes del Salón 6. Por eso queremos tener un terrario de hormigas.

La razón más importante para tener un terrario de hormigas es porque las hormigas son fascinantes. Están entre los insectos más eficaces de la Tierra. En proporción a su tamaño son más fuertes que los elefantes. Tienen una estructura social compleja. Trabajan todas juntas. Construyen sus nidos y recogen sus alimentos. Cuidan de la reina, de los huevos y de las larvas que nacen de los huevos.

En el trabajo final, reemplacé las palabras dudosas o vagas con otras más firmes y específicas para presentar mis ideas. También me aseguré de usar correctamente los verbos irregulares.

Leer como escritor

¿Qué palabras reemplazó Julio para que su escritura fuera más clara? ¿Qué palabras de tu ensayo podrías cambiar para hacerlo más claro y persuasivo?

Lee la selección. Piensa de qué manera la secuencia de sucesos afecta el argumento.

El nido de los pinzones

Carlitos estaba ansioso por comenzar su tarea. Esta primavera, el señor Wooster les había dado una tarea difícil a sus estudiantes: debían llevar un diario de ciencias sobre el nido de un pájaro. La tarea se dividía en tres partes. Primero, Carlitos debía encontrar el nido de un pájaro, analizarlo y describirlo en su diario de ciencias. Luego, debía identificar el pájaro que construyó el nido y dibujarlo. Por último, debía observar el nido todos los días durante dos semanas y tomar nota de sus observaciones.

Apenas bajó del autobús, Carlitos empezó a buscar el nido de algún pájaro. Buscó en los arbustos que estaban a los lados de la calle, pero solo encontró espinas. Le echó un vistazo a la casa de pájaros que había construido su abuelo. Estaba vacía. Miró en lo más alto del viejo roble. Ni un nido. Desanimado, Carlitos iba a entrar a la casa. Cuando abrió la puerta del frente, vio algo marrón sobre el porche. Escondido entre paja y flores secas, ¡había un nido de un pequeño pájaro!

Rápidamente, Carlitos sacó el diario de ciencias de su mochila y comenzó a tomar nota. El nido de forma ovalada estaba hecho de pasto seco y ramitas. Carlitos corrió hacia la cochera y volvió con un banquito en la mano. Se subió al banquito y, con mucho cuidado, le echó un vistazo al nido. Adentro había tres huevitos. Fue muy cuidadoso de no tocar el nido ni los huevos. Los huevos eran de un color celeste claro, casi blancos, con unas pocas manchitas negras. Carlitos miró el nido con atención para recordar perfectamente cómo era. En su diario de ciencias, escribió todo lo que vio.

Ahora, Carlitos debía descubrir qué tipo de pájaro anidaba allí. No tardaría mucho en hallar la respuesta.

Antes de salir para la escuela al día siguiente, Carlitos miró el nido por la ventana del frente. ¡Había dos pájaros! Un pajarito marrón estaba sentado en el nido. El otro estaba posado en el borde, dándole de comer al primer pajarito. Los dos se parecían, salvo que el segundo tenía partes de color rosado en la cabeza, el cuello y el lomo. Carlitos dibujó y coloreó los pájaros en su diario de ciencias. Luego, hojeó el libro sobre pájaros de su abuelo hasta que encontró una fotografía de los pájaros que acababa de ver. El nombre debajo del dibujo era *pinzón.* Anotó esos datos en su diario y terminó con la segunda parte de la tarea.

La siguiente tarea era observar el nido todos los días durante dos semanas. Por lo general, el pájaro marrón, que era la hembra, se sentaba solo en el nido. Algunas veces, el pájaro con partes rosadas, que era el macho, también estaba allí. Cada vez que Carlitos se acercaba al nido, los pájaros volaban hasta un cornejo cercano. Carlitos anotó en detalle sus observaciones diarias, pero ya comenzaba a aburrirse. No había ningún cambio.

Finalmente, habían pasado casi dos semanas desde que Carlitos había descubierto el nido. Hoy era el último día que tendría para escribir sobre el nido en su diario de ciencias. "Lo observaré cuando vuelva de la escuela", pensó mientras desayunaba. Cuando fue la hora de la llegada del autobús, Carlitos tomó su mochila y caminó hacia la puerta del frente. Cuando la abrió, oyó unos gorjeos. De inmediato, miró hacia el nido. La mamá no se había ido como era su costumbre. Carlitos se acercó al nido y la mamá empezó a revolotear. Carlitos vio los tres piquitos en forma de V que se asomaban por sobre el nido. Los pajaritos bebé tenían los picos abiertos y cada vez gorjeaban más fuerte. Carlitos estaba ansioso por anotar sus observaciones. Camino a la escuela en el autobús, escribió sobre lo que había visto y oído.

Carlitos también pensó qué pasaría después. ¿Cómo alimentarían los papás a las crías? ¿Con qué rapidez crecerían los bebés? ¿Cuándo se marcharían todos? Carlitos decidió que, después de todo, ¡esta no sería su última anotación en su diario de ciencias!

Conclusión de la Unidad 3

Gran idea

Manual de instrucciones En "Vida y momentos de la hormiga", aprendiste cómo las hormigas construyen sus hogares. Elige uno de los tipos de construcciones donde viven los seres humanos. Compara cómo construyen sus hogares las hormigas y los seres humanos. Muestra tus conclusiones en un manual con ilustraciones paso por paso.

Escuchar y hablar

¿Fotografías o dibujos? Las selecciones de la Unidad 3 tienen diferentes tipos de ilustraciones. Algunas tienen fotografías y otras tienen dibujos. Con un compañero, comparen los tipos de ilustraciones. ¿Una resulta más útil que otra? ¿Por qué? Comenten por qué son útiles.

Unidad 4

¡NUNCA TE RINDAS!

Gran idea
Hay más de un secreto para triunfar.

Lecturas conjuntas

Lección

Un caballo llamado Libertad
Ficción histórica
página 406

Spindletop
Texto informativo: Estudios Sociales
página 418

Lección

El trabajo de Ira: De perro de servicio a perro guía
Narrativa de no ficción: Estudios Sociales
página 430

El coyote pegajoso
Cuento de enredos y travesuras: Cuentos tradicionales
página 442
Teatro del lector

Lección

18

La corredora de la Luna
Ficción realista
página 454

El Día de la Luna
Texto informativo: Estudios Sociales
página 466

Lección

Cosechando esperanza
Biografía: Estudios Sociales
página 478

El huerto de la escuela
Texto informativo: Ciencias
página 490

Lección

Sacagawea
Biografía: Estudios Sociales
página 502

Poesía indígena sobre la naturaleza
Poesía
página 518

Lección

16

VOCABULARIO CLAVE

llevar
crecer
contar
fama
valer la pena
hacerse cargo
situación
merecer
defender
satisfecho

Librito de vocabulario

Tarjetas de contexto

Vocabulario en contexto

1

llevar

La mujer guía llevó a los exploradores por lugares muy seguros conocidos por ella.

2

crecer

El número de carretas que iban hacia el oeste continuó creciendo en la década de 1850.

3

contar

Esta familia construyó una casa de adobe. Contaba con el material apropiado en las cercanías del lugar.

4

fama

Cuando los clientes se encontraban satisfechos con una tienda, la fama del lugar se expandía rápidamente.

- Estudia cada Tarjeta de contexto.
- Separa en sílabas las palabras más largas. Usa un diccionario para comprobar tu trabajo.

5 valer la pena

Esta parcela tiene terreno fértil y acceso al agua. Vale la pena trabajarla.

6 hacerse cargo

Se aproxima un tornado. Mamá quiere que me haga cargo del plan de emergencia que tenemos.

7 situación

Los portadores de correos estaban preparados para cualquier situación al cabalgar solos.

8 merecer

Si trabajas fuerte, como las personas de esta granja, mereces una buena recompensa.

9 defender

El grupo de viajeros que iba al oeste se defendió de los ataques formando un círculo con las carretas.

10 satisfecho

Esta familia de colonos estaba satisfecha a pesar de los peligros y la vida dura en el Oeste.

Contexto

VOCABULARIO CLAVE **La diligencia** En el siglo XIX, la diligencia llevó a muchas personas a través del territorio norteamericano. Se contaba con este medio de transporte como el más confortable. Pero los pasajeros se enfrentaban a toda clase de situación. ¡A veces debían ayudar a pasar la diligencia a través de un río que estaba creciendo! Muchas veces el conductor defendió a los pasajeros de los bandidos, lo que le hizo ganar fama. Sus amigos le dirían: "Vale la pena tu dedicación y te mereces la fama por haber dejado a más de una persona satisfecha". El conductor contestaría orgulloso: "Simplemente dejen que me haga cargo y llevaré a los pasajeros a su destino sanos y salvos".

Partes de una diligencia

Las pertenencias de los pasajeros se transportaban en el **portaequipajes**, colocado sobre el techo de la diligencia. A cada pasajero se le permitía llevar hasta 25 libras de equipaje.

El correo se llevaba en la **cajuela**, en la parte posterior de la diligencia.

El **pescante**, o asiento del conductor, era elevado para que el conductor pudiera ver fácilmente hacia adelante.

Las **persianas** estaban hechas de cuero engrasado para evitar que entraran el polvo, la lluvia o la nieve.

Los **escalones** para entrar en la diligencia podían plegarse después de que los pasajeros habían subido a bordo.

Comprensión

DESTREZA CLAVE Comparar y contrastar

Para ayudarte a comprender un cuento, puede ser de gran ayuda que compares y contrastes las acciones y los pensamientos de los personajes. Mientras lees *Un caballo llamado Libertad*, compara y contrasta los personajes principales. Busca en qué aspectos Charlotte y James son similares y diferentes. Usa el organizador gráfico de abajo para comparar y contrastar estos personajes.

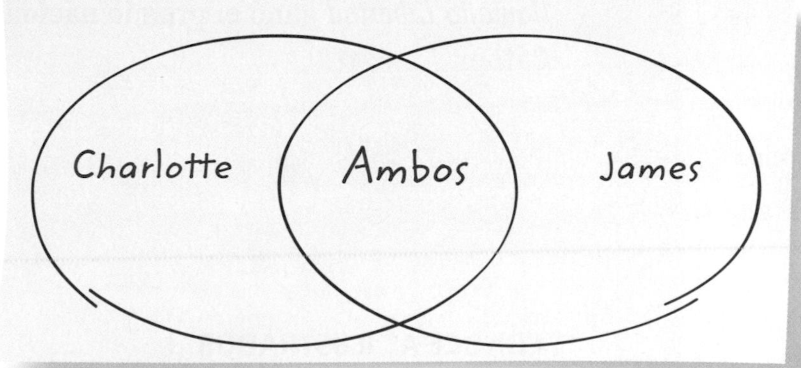

ESTRATEGIA CLAVE Verificar/Aclarar

Puedes utilizar tu organizador gráfico para verificar tu compresión de los sucesos en *Un caballo llamado Libertad*. Aclarar la información que no tiene sentido te ayudará también a hacer comparaciones y contrastes.

SENDEROS EN DIGITAL Presentado por DESTINO Lectura™
Lección 16: Actividades de comprensión

Selección principal

VOCABULARIO CLAVE

llevar	hacerse cargo
crecer	situación
contar	merecer
fama	defender
valer la pena	satisfecho

DESTREZA CLAVE

Comparar y contrastar Examina en qué se parecen y en qué se diferencian los personajes.

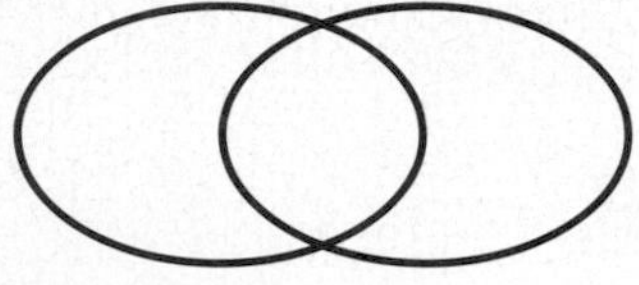

ESTRATEGIA CLAVE

Verificar/Aclarar Al leer, fíjate en lo que sea confuso. Busca maneras de entenderlo.

GÉNERO

Una **ficción histórica** es un cuento cuyos personajes y sucesos están ambientados en la historia.

Establecer un propósito Antes de leer, establece un propósito basándote en el género y en lo que quieres saber.

CONOCE A LA AUTORA

Pam Muñoz Ryan

Para investigar *Un caballo llamado Libertad*, Pam Muñoz Ryan recuerda: "Yo quería viajar por un camino polvoriento con surcos profundos, a través de colinas ondulantes". Encontró un parque de diversiones que ofrecía dar vueltas en diligencias antiguas. Ahí viajó en uno de esos carruajes, se sentó junto al conductor y hasta llevó las riendas de los caballos. *Un caballo llamado Libertad* ganó el premio nacional Willa Cather.

CONOCE AL ILUSTRADOR

Marc Scott

Marc Scott sabe mucho sobre ilustrar una escena llena de acción. Además de trabajar en libros sobre la pesca de ballenas y sobre minería, ha realizado ilustraciones para videojuegos basadas en la Serie Mundial de béisbol, en el esquí acrobático y en la película *La guerra de las galaxias*.

Un caballo llamado Libertad

por Pam Muñoz Ryan

selección ilustrada por Marc Scott

Pregunta esencial

¿Qué cualidades tienen en común las personas de éxito?

A mediados del siglo XIX, cuando a la mayoría de las mujeres no se les permite trabajar, Charlotte Parkhurst se disfraza de hombre para poder conducir carretas. Se hace llamar "Charley" y mantiene en secreto su verdadera identidad. Años más tarde, "Charley" se mudó de Rhode Island a una región cerca de Sacramento, California. Allí, junto con sus amigos James y Frank, se gana la vida conduciendo diligencias arrastradas por caballos. De pronto, un terrible accidente la deja parcialmente ciega. Ahora, con tan solo un ojo, Charlotte debe volver a aprender a conducir carretas.

Al día siguiente, la diligencia se volcó, pero Charlotte pudo saltar a tiempo. ¿Qué estaba haciendo mal? Sabía conducir una carreta de caballos. No necesitaba practicar con los caballos o las riendas. Los conocía perfectamente. Lo que no conocía era su ojo. Debía entrenar su ojo sano, aprender a usarlo de nuevo.

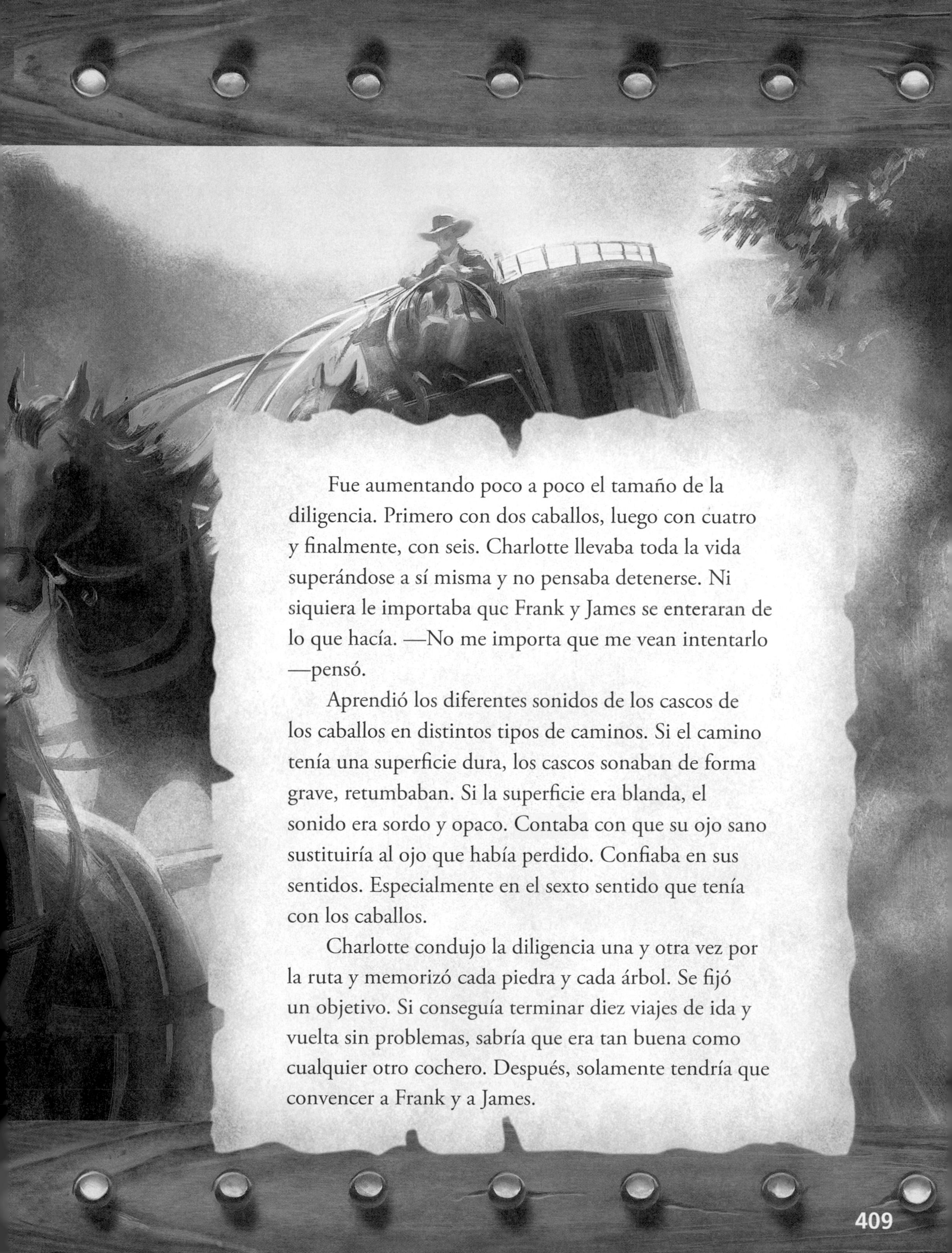

Fue aumentando poco a poco el tamaño de la diligencia. Primero con dos caballos, luego con cuatro y finalmente, con seis. Charlotte llevaba toda la vida superándose a sí misma y no pensaba detenerse. Ni siquiera le importaba quc Frank y James se enteraran de lo que hacía. —No me importa que me vean intentarlo —pensó.

Aprendió los diferentes sonidos de los cascos de los caballos en distintos tipos de caminos. Si el camino tenía una superficie dura, los cascos sonaban de forma grave, retumbaban. Si la superficie era blanda, el sonido era sordo y opaco. Contaba con que su ojo sano sustituiría al ojo que había perdido. Confiaba en sus sentidos. Especialmente en el sexto sentido que tenía con los caballos.

Charlotte condujo la diligencia una y otra vez por la ruta y memorizó cada piedra y cada árbol. Se fijó un objetivo. Si conseguía terminar diez viajes de ida y vuelta sin problemas, sabría que era tan buena como cualquier otro cochero. Después, solamente tendría que convencer a Frank y a James.

Después del décimo viaje sin problemas, Charlotte fue a hablar con James:

—Quiero tomar la ruta que pasa por el río.

—Charley, ya sabes. Frank y yo pensamos…

—Acompáñame, y si crees que no puedo hacerlo, no te volveré a molestar —dijo Charlotte.

—¿Qué dirán los viajeros del parche que tienes sobre el ojo? —preguntó James.

—Diles que es para asustar a los bandidos. No sabrán que es mentira.

—No sé…

Charlotte defendió sus ideas.

—Ya conoces mi buena fama. La única razón por la que vine a California es para conducir diligencias. Y vine porque ustedes me lo pidieron. Sabes que he estado practicando. Todo lo que te pido es que recuerdes cómo conducía antes. No te lo pediría si no supiera que puedo volver a hacerlo.

A regañadientes, James dijo:

—En cuanto vea que no puedes manejar la situación, yo tomaré las riendas.

—Yo te diré si necesito ayuda. No te entrometas, a no ser que yo te lo pida.

—De acuerdo —dijo James.

—¿Mañana?

—Mañana, si el tiempo se mantiene así.

—No voy a ser un cochero de buen tiempo —dijo Charlotte—. Quiero guiar como siempre, como los demás cocheros.

—Bueno, supongo que te lo mereces. Mañana salimos, así llueva o haga sol.

Fue una de esas tormentas en que la lluvia cae torrencialmente, pero la diligencia tenía prevista su partida. El coche estaba repleto de pasajeros, equipaje y sacos de correo que tenían que llegar a su destino. Después de asegurar el equipaje, Charlotte ya estaba completamente empapada. James, cargando su escopeta, iba a su lado.

El viento arreciaba y la lluvia llegaba de todas partes. James parecía nervioso.

—¡Charley, no puedo ni ver el camino! —gritó.

—¡Bueno, entonces es bueno que yo me haga cargo, porque puedo olerlo y escucharlo! —gritó Charlotte.

James se recostó en el asiento mientras la diligencia se adentraba en la tormenta. El lodo llegaba hasta la mitad de las ruedas, pero Charlotte fue capaz de encontrar el camino.

Cuando llegaron al río, vieron que estaba creciendo y casi llegaba hasta los postes de contención. Charlotte detuvo la diligencia en la orilla norte.

—Quédense adentro —les dijo a los pasajeros—. Voy a revisar el puente.

Charlotte se quitó los guantes y caminó con cuidado sobre las tablas bamboleantes para ver si el puente era seguro. Dio varias patadas y escuchó los gemidos de la madera. Revisó las tablas hinchadas y tiró de las cuerdas de seguridad hasta que se sintió satisfecha.

Volvió a la diligencia y les dijo a los viajeros que salieran.

—No vale la pena que arriesguen sus vidas —dijo Charlotte—. James, voy a acompañarlos a ti y a estas buenas personas hasta el otro lado el puente. Allí me pueden esperar.

Pero un caballero corpulento se negó a bajar.

—Prefiero arriesgarme dentro del coche —dijo.

—No en mi diligencia —dijo Charlotte.

—Estoy acostumbrado a la aventura —replicó.

—El puente no soportará más peso y no estoy dispuesto a perder en este río a mi primer pasajero. Así que o sale o yo lo ayudaré a salir.

Todavía refunfuñando, el hombre se bajó de mala gana.

Bajo la lluvia cegadora, Charlotte llevó a los pasajeros en grupos pequeños hasta el otro lado del puente. Cuando estuvieron a salvo en la otra orilla, volvió a buscar la diligencia.

DETENTE Y PIENSA

Técnica de la autora Algunas veces los autores usan un tipo de metáfora llamada **personificación**, que da características humanas a objetos inanimados. Por ejemplo, "los gemidos de la madera" hace que el puente parezca tener vida. Busca otro ejemplo de personificación en el primer párrafo de la página 414.

Subió de nuevo al pescante. Un trueno retumbó cerca. Supo lo que iba a pasar y sujetó con fuerza las riendas mientras esperaba el relámpago. Cayó a una milla de distancia, pero ella mantuvo bien sujetos a los caballos. Confiando en sus instintos, avanzó por el puente con extremada lentitud. Las tablas crujían mientras las ruedas de hierro traqueteaban sobre ellas. Los viajeros se apiñaban y miraban ansiosamente desde la otra orilla. Por debajo, a pocos pies, el río corría vertiginosamente.

El puente se meció y los caballos se agitaron y relincharon. Con un chasquido, la diligencia quedó en medio del puente.

Charlotte mantenía la vista en la otra orilla.

Oía los crujidos y gemidos de la madera desgastada que significaban que el puente se estaba desmoronando.

Se paró en el pescante. “Mantenlos derechos sobre el puente, Charlotte”. Se secó el agua del ojo sano y mientras juntaba las riendas con pulso firme, restalló la fusta y gritó: —¡Vamos!

El empujón la lanzó hacia atrás. Los caballos se agitaron, pero ella agarró con fuerza las riendas. Luego salieron disparados a toda velocidad como liebres asustadas. El puente se derrumbó y cayó a las aguas agitadas cuando apenas habían pisado tierra firme las ruedas traseras del coche.

—¡Bien, mis hermosos caballos, bien! —gritó Charlotte.

DETENTE Y PIENSA

Comparar y contrastar Compara y contrasta los pensamientos y las emociones de Charlotte con los de los pasajeros mientras ella lleva la diligencia sobre el puente.

Los viajeros corrieron hacia la diligencia gritando alborotados, mientras Charlotte tranquilizaba a los caballos.

—¡Nos podíamos haber caído todos al río! —gemía una mujer.

—¡El corazón me va a estallar! —exclamó un hombre al reunirse con los demás.

—¡Nos habríamos ahogado!

—¡Ese muchacho salvó mi vida! —dijo el caballero que al principio se había negado a abandonar la diligencia.

Y por la forma en que hablaban y la manera en que James asentía con la cabeza, Charlotte supo que nunca más dudarían de que ella podía guiar una diligencia.

DETENTE Y PIENSA

Verificar/Aclarar Piensa en los logros de Charlotte. ¿Cómo sabes que James le permitirá seguir trabajando como conductora de diligencia?

Es tu turno

¡Esa es la actitud!

Respuesta breve Charlotte debe mantener en secreto que es mujer para poder conducir una diligencia. ¿Qué muestra esto sobre la actitud hacia las mujeres a mediados del siglo XIX? Escribe un párrafo donde compares la actitud hacia las mujeres en la época de Charlotte y la actitud hacia las mujeres en la actualidad.
ESTUDIOS SOCIALES

Robar la escena

Representar una escena Charlotte tuvo experiencias y desafíos emocionantes. Trabaja con un grupo pequeño y elijan una escena del cuento. Distribuyan los papeles. Usen detalles del cuento para lograr que la escena parezca real y sea emocionante. Ensayen la escena y luego represéntenla para el resto de la clase.
GRUPO PEQUEÑO

¿Confías en mí?

Turnarse y comentar Piensa en el momento del cuento cuando Charlotte trata de convencer a James de que puede volver a conducir la diligencia. Con un compañero, comenten los problemas con los que se enfrentan los personajes al tomar decisiones. ¿En qué se parecen y en qué se diferencian sus problemas? ¿De qué manera las características de los personajes afectan a la forma en que se resuelve el problema? COMPARAR Y CONTRASTAR

Conectar con los
Estudios Sociales

VOCABULARIO CLAVE

llevar	crecer
contar	fama
valer la pena	hacerse cargo
situación	merecer
defender	satisfecho

GÉNERO

Un **texto informativo**, como esta entrada de **enciclopedia en la web**, da información objetiva sobre un tema.

ENFOQUE EN EL TEXTO

Convenciones de los medios de comunicación digitales Los distintos tipos de medios de comunicación digitales, como los artículos web y los correos electrónicos, tienen convenciones de escritura diferentes para fines diferentes. Compara y contrasta las formas y los propósitos de este artículo de una enciclopedia en la web y el correo electrónico en la página 420.

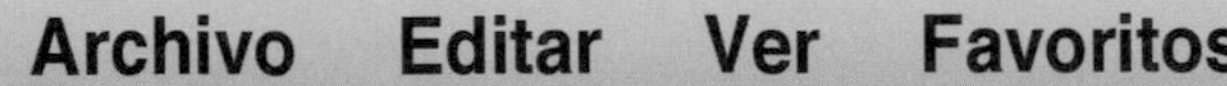

Historia de Texas: En línea

Spindletop

Noticias • Publicaciones • Enseñanza • Acontecimientos

En la década de 1890, Texas producía poco petróleo. Pero un hombre arriesgado pensó que valía la pena hacer un estudio más detenido de la zona este de Texas. En 1892, Pattillo Higgins, un geólogo autodidacta, empezó a perforar buscando petróleo. Perforó cerca de Beaumont, Texas, en una colina llamada Spindletop Hill. Spindletop era una cúpula salina, que es una colina formada por la subida de sales minerales subterráneas. Las primeras perforaciones de Higgins no dieron resultado. Su situación financiera estaba mal, así que contrató al capitán Anthony F. Lucas para que se hiciera cargo.

Herramientas Ayuda

Búsqueda

PETRÓLEO: Spindletop

El géiser de Lucas

Lucas era un geólogo destacado, que tenía fama de experto en cúpulas salinas. Empezó a hacer perforaciones en Spindletop en 1899. Al principio, él tampoco tuvo suerte y el dinero con el que contaba se estaba agotando. Lucas llevaba a hombres de negocios a Beaumont, con la esperanza de que invirtieran en el pozo. La mayoría pensaba que él no merecía su ayuda, pero Lucas defendió sus ideas sobre las cúpulas salinas y el petróleo. Finalmente, unos inversionistas quedaron satisfechos de que su proyecto valía la pena, y llegaron los fondos.

En la mañana del 10 de enero de 1901, el equipo de Lucas perforó a una profundidad de 1,139 pies... y encontró petróleo. "El géiser de Lucas", como llegó a conocerse, lanzó petróleo a más de 150 pies de altura. Con el tiempo, produciría 100,000 barriles por día. Hasta ese momento pocos pozos petroleros de Texas habían producido más de 25 barriles por día.

Pozo Spindletop, 1901

Archivo Editar Ver Favoritos Herramientas Ayuda

Nacimiento de una industria

Spindletop fue el pozo petrolero más grande que se había visto en el mundo. El vecino Beaumont se transformó en uno de los primeros pueblos en auge por el petróleo. Su población de 10,000 habitantes se triplicó en tres meses, y creció finalmente hasta alcanzar los 50,000. Hoy se conoce a Spindletop como el lugar de nacimiento de la industria petrolera moderna.

Agradecemos los aportes de nuestros lectores. Por favor, envíennos sus comentarios por correo electrónico.

De: TCastillo@beaumont.net
A: editor@historiadetexas.com
CC

Asunto: Spindletop

Estimado equipo de Historia de Texas en línea:

Les envío un dato interesante del que me enteré. Apenas dos años después de Spindletop, en el área de Beaumont había más de 600 compañías petroleras, con 285 pozos productores de petróleo. ¡Algunas de esas compañías petroleras todavía existen!

Gracias por el artículo.

Taylor Castillo
4.º grado
Escuela de Beaumont Hill

Hacer conexiones

El texto y tú

Escribir una carta Imagina que has viajado atrás en el tiempo hasta mediados del siglo XIX. ¿Qué diferencias notas entre tu vecindario de ahora y el del pasado? Escribe una carta a un amigo en la que compares y contrastes los dos escenarios.

De texto a texto

Comparar y contrastar ¿En qué se parecen los desafíos que enfrenta Charlotte Parkhurst a los que enfrentan Pattillo Higgins y Anthony Lucas en Texas? ¿En qué se diferencian? Muestra evidencia del texto.

El texto y el mundo

Conectar con los Estudios Sociales En *Un caballo llamado Libertad*, Charlotte Parkhurst supera un desafío físico para continuar haciendo lo que le encanta. Trabaja en equipo para identificar a una persona famosa de la que has oído hablar o que haya hecho algo parecido, y discutan sus experiencias.

Gramática

¿Qué es un adjetivo? Un **adjetivo** es una palabra que da información sobre un sustantivo. Algunos adjetivos describen una *cualidad* y se llaman **calificativos**. Generalmente van después del sustantivo. Otros indican *cantidad* u *orden* y se llaman **determinativos**. Generalmente se escriben antes del sustantivo.

Lenguaje académico

adjetivo
adjetivos calificativos
adjetivos determinativos

Calificativo	Determinativo
Charlotte se valía de su ojo sano.	Ella hizo diez recorridos sin problemas.

Los adjetivos también muestran una *relación, origen* u *orden*.

origen

Era un geólogo estadounidense.

orden

En el último pozo que hizo, encontró petróleo.

Turnarse y comentar **Con un compañero, halla los adjetivos que hablan sobre los sustantivos subrayados. Identifica los adjetivos que indican cualidad, orden o cantidad.**

1. Era una conductora valiente.
2. Ella ató un caballo al primer amarradero que encontró.
3. Dejó tres caballos en el establo.
4. Entró en el consultorio limpio del doctor.
5. Quería que el doctor le revisara el ojo lastimado.

Fluidez de las oraciones Para que tu escritura sea fluida, puedes combinar oraciones cambiando de lugar algunos adjetivos. Si dos oraciones cortas hablan del mismo sustantivo, trata de llevar el adjetivo de una oración a la otra. Al combinarlas, coloca el adjetivo antes o después del sustantivo, según corresponda.

Oraciones breves y cortadas

Los caballos trotaban por el camino polvoriento.

Había cinco caballos.

Oración más larga y con mayor fluidez

Los cinco caballos trotaban por el camino polvoriento.

Relacionar la gramática con la escritura

Cuando revises tu escritura, busca oraciones breves y cortadas en las que se repita un sustantivo. Trata de combinarlas cambiando de lugar un adjetivo.

Escribir para contar

✓ Ideas En *Un caballo llamado Libertad,* la autora crea un pintoresco símil —una comparación hecha con *como*— cuando dice que los caballos corren "como liebres asustadas". Cuando revises una **descripción** de una narrativa personal, agrega símiles para describir imágenes vivaces con palabras.

Claire hizo el borrador de un párrafo descriptivo de un viaje en autobús durante un temporal. Después releyó su borrador y agregó algunos símiles.

Lista de control de la escritura

✓ Ideas
¿Usé símiles para describir imágenes vivaces?

✓ Organización ¿Todos mis detalles son acerca de una idea principal?

✓ Elección de palabras ¿Mis palabras dicen exactamente lo que yo quiero decir?

✓ Voz ¿Indiqué cómo es estar en el lugar que describí?

✓ Fluidez de la oración ¿Combiné oraciones breves o cortadas, de modo que se lean con fluidez?

✓ Convenciones ¿Usé la ortografía, la gramática y el procedimiento correctos?

Borrador revisado

sonó como una explosión de dinamita.
¡Pum! El trueno ~~fue realmente fuerte~~.

Todos los que íbamos en el autobús gritamos y, entonces, los niños más grandes empezamos a reír. Algunos de los pequeños de preescolar [asustados] rompieron [en llanto] ~~a llorar~~. ~~Estaban asustados.~~ De repente, la lluvia empezó a golpetear sobre el techo. Golpeaba cada vez más fuerte [como un redoble de tambor].

Copia final

Un viaje para recordar

por Claire Amaral

¡Pum! El trueno sonó como una explosión de dinamita. Todos los que íbamos en el autobús gritamos y, entonces, los niños más grandes empezamos a reír. Algunos de los pequeños de preescolar, asustados, rompieron en llanto. De repente, la lluvia empezó a golpetear sobre el techo. Golpeaba cada vez más fuerte, como un redoble de tambor. Mi ventanilla se empañó y, abajo, en el frente, los limpiaparabrisas se sacudían a un lado y a otro como un director de orquesta que lleva el ritmo de alguna música súper rápida. Cuando el autobús se detuvo y la puerta se abrió, el agua de la calle tapaba el borde de la acera. Los niños que se bajaban tenían que saltar hasta la acera. ¡Por una vez, me alegré de ser la última en bajar!

En mi trabajo final, agregué algunos símiles. También combiné dos oraciones cortas cambiando un adjetivo de lugar.

Leer como escritor

¿Qué te ayudan a ver o a oír los símiles de Claire? ¿En qué lugar de tu descripción puedes agregar símiles?

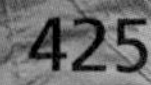

Lección

17

recompensar
graduarse
símbolo
adopción
desobedecer
confianza
pacientemente
confesar
ceremonia
realizar

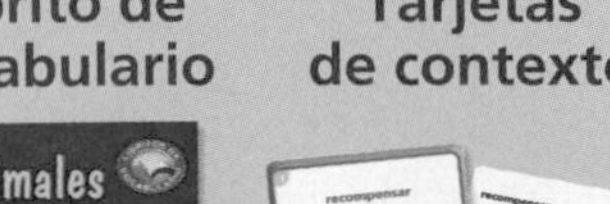

Librito de vocabulario

Tarjetas de contexto

Vocabulario en contexto

1 recompensar

Muchas mascotas quieren recompensar con afecto el cuidado de sus dueños.

2 graduarse

Algunos perros logran graduarse en las escuelas de entrenamiento.

3 símbolo

La correa, para algunos perros, viene a ser un símbolo de diversión al aire libre.

4 adopción

Este perro es el regalo para un niño que fue dado en adopción.

- **Estudia cada Tarjeta de contexto.**
- **Usa las claves de contexto para definir el significado de estas palabras.**

5 desobedecer

Los perros bien entrenados no van a desobedecer las órdenes que les son impartidas.

6 confianza

Recompensar a un perro lo estimula y le da la confianza que necesita para progresar en su aprendizaje.

7 pacientemente

Los perros de exhibición deben esperar con calma y pacientemente su hora de participar.

8 confesar

Esta niña le confiesa a su mamá que cuidar de una mascota es un trabajo arduo.

9 ceremonia

En la ceremonia de premiación se otorgan los trofeos a los perros ganadores.

10 realizar

Este perro realiza su tarea de pastorear ovejas.

Contexto

VOCABULARIO CLAVE **Animales de servicio** Los animales de servicio están entrenados para no desobedecer, además se comportan pacientemente. Se les llega a tener mucha confianza. Muchos animales de servicio ayudan a personas minusválidas. Estos animales son un símbolo de verdera cooperación. Una familia que había tomado en adopción a un niño minusválido le regaló un perro para que lo guiara por las calles. Este niño nos confiesa que quiere hacer una ceremonia para recompensar a su manera todo el trabajo que su perro realiza. En esa ceremonia, su perro podrá graduarse con honores por ser ¡el mejor perro de servicio que se haya conocido!

Usa esta tabla para explicar en qué situación podría un perro de servicio ayudar a alguien.

Tareas de los perros de servicio

	Para una persona con dificultad para ver	▸ Encontrar un camino sin obstáculos para la persona. ▸ Ayudar a la persona a evitar obstáculos tales como ramas bajas y objetos grandes.
	Para una persona con dificultad para oír	▸ Alertar a la persona si suena el timbre de la puerta o el detector de humo. ▸ Alertar a la persona cuando alguien se acerca desde atrás o desde un costado.
	Para una persona con dificultad para moverse	▸ Tirar de la silla de ruedas de la persona. ▸ Ayudar a la persona a levantarse después de una caída.

Comprensión

DESTREZA CLAVE Secuencia de sucesos

Mientras lees *El trabajo de Ira*, nota la secuencia en que ocurren los sucesos. Algunos sucesos pueden ocurrir al mismo tiempo, pero otros lo hacen uno tras otro. Busca fechas y palabras clave para ayudarte como: *siguiente*, *entonces* y *ahora*. Un organizador gráfico como el siguiente puede permitirte identificar la secuencia de los sucesos presentados en un cuento.

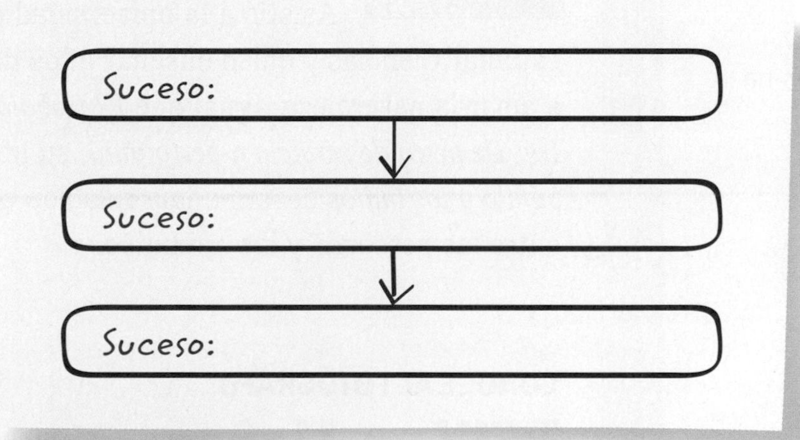

ESTRATEGIA CLAVE Resumir

Puedes utilizar la secuencia de sucesos y tu organizador gráfico para resumir, o replantear brevemente, los sucesos más importantes de la selección. Debes usar tus propias palabras al resumir para que te ayuden a estar seguro de que entiendes la selección. Resumir también ayuda a demostrar cómo el autor organiza los sucesos.

Selección principal

VOCABULARIO CLAVE

recompensar	confianza
graduarse	pacientemente
símbolo	confesar
adopción	ceremonia
desobedecer	realizar

DESTREZA CLAVE

Secuencia de sucesos Examina el orden cronológico en que tienen lugar los sucesos.

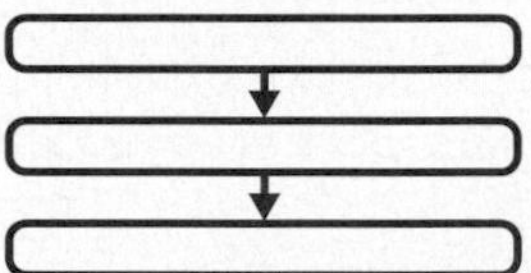

ESTRATEGIA CLAVE

Resumir Vuelve a contar brevemente las partes importantes del texto.

GÉNERO

Una **narrativa de no ficción** da información sobre hechos reales contando una historia verdadera.

Establecer un propósito Establece un propósito para la lectura basándote en el género y en tus conocimientos previos.

CONOCE A LA AUTORA

Dorothy Hinshaw Patent

Dorothy Hinshaw Patent siempre ha adorado a los animales y estar al aire libre. De niña tenía serpientes, ranas y peces en su habitación. Asistió a la universidad para estudiar Ciencias y quiso enseñar a los demás a amar la naturaleza. Igual que *El trabajo de Ira: De perro de servicio a perro guía*, su libro *El búfalo y los indios* describe una relación estrecha entre las personas y los animales.

CONOCE AL FOTÓGRAFO

William Muñoz

William Muñoz ha viajado por Estados Unidos estudiando detalladamente con su cámara los animales y el medio ambiente. Entre los animales que ha fotografiado están los osos pardos, las águilas pescadoras y las águilas blancas. Él y Dorothy Hinshaw Patent han trabajado juntos en más de sesenta libros.

El trabajo de Ira

De perro de servicio a perro guía

por Dorothy Hinshaw Patent
fotografías de William Muñoz

Pregunta esencial

¿Qué pasos puedes dar que te conduzcan al éxito?

Ira nació en la granja Oso Tímido, *Shy Bear,* en Montana, junto con su hermana, Ivy, y su hermano, Ike. Como todos los cachorros, los tres jóvenes perros, de la raza *golden retriever*, nacieron con los ojos cerrados, las orejas aterciopeladas y un pelaje muy suave. Sin embargo, a diferencia de la mayoría de los cachorros, estos tres nacieron con un propósito especial ya que se espera que antes de que cumplan dos años se conviertan en perros de servicio, los cuales ayudarán a personas que no pueden desplazarse por sí solas a llevar una vida más plena. Ira, Ivy e Ike pertenecen a *PawsAbilities*, una organización que entrena perros compañeros para personas con discapacidades.

Brea, la madre de los perritos, y Kathleen Decker, la coordinadora de los cachorros en adopción de *PawsAbilities*, los cuidan muy bien. Los cachorros crecen grandes y fuertes. Sus ojos y oídos se abren para poder asimilar el mundo que los rodea. Rápidamente empiezan a saltar y jugar juntos, volviéndose cada día más osados. A las cuatro semanas, Kathleen comienza a darles comida para cachorros. Antes de cumplir las seis semanas ya no necesitan la leche de su madre. Pronto dejarán este hogar.

Antes de que puedan ayudar a personas discapacitadas, los perros de servicio deben aprender a manejarse con confianza en el mundo y en cualquier situación que pueda presentárseles: ruidos altos, autobuses malolientes, multitudes de personas.

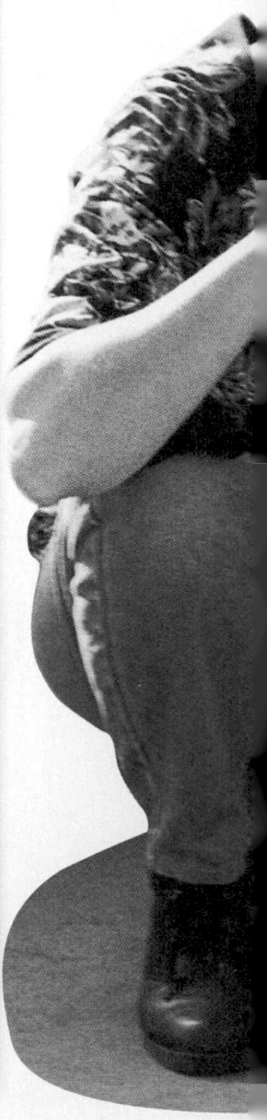

Cada cachorro vivirá con una persona especial llamada criador del cachorro en adopción. El cachorro se convertirá en un miembro más de la familia, donde le darán mucho amor, atención y elogios a medida que le enseñan el mundo.

A las ocho semanas de edad, aproximadamente, Ira, Ivy e Ike conocen a sus criadores. Ira va al hogar de Sandy Welch, una maestra de sexto grado de Lolo, Montana. Sandy ya tiene su propio y hermoso *golden retriever*, Laddy Griz. Laddy e Ira se hacen amigos rápidamente. Kathleen visita a Ira y a Sandy un mes después para ver cómo está Ira y comprobar sus destrezas.

Una de las tareas más importantes que realiza un perro de servicio es recuperar cosas, por ejemplo, cuando el dueño deja caer sus llaves. Sandy ya ha estado trabajando esta destreza con Ira, así que Kathleen lanza sus llaves y le pide a Ira que las vaya a buscar y se las traiga. El cachorro corre, las recoge con su boca y se las devuelve a Kathleen. ¡Buenas noticias: Ira ya está en camino de convertirse en un perro de servicio!

DETENTE Y PIENSA

Secuencia de sucesos En orden cronológico, explica los sucesos en los que Ira se ve envuelto en la página 433.

Ira recupera las llaves de Kathleen.

Desde el principio, los criadores de cachorros se reúnen para aprender cómo enseñarles todo lo que deben saber. Los cachorros tienen que aprender a acercarse o a sentarse cuando se les ordena y a caminar, sujetos con una correa siguiendo de cerca a su dueño.

Kathleen también les enseña a presionar con la pata la señal de acceso para sillas de ruedas. El símbolo aparece sobre los botones que abren las puertas automáticamente al ser presionados. Kathleen utiliza una tapa de plástico pegada a una vara con una tira de tela. Sobre la tapa está la señal de acceso de sillas de ruedas. Coloca una golosina para perros sobre el escritorio y la cubre con la tapa. Uno por uno, los cachorros olfatean y presionan la tapa con su nariz, intentando obtener la golosina; pero sólo cuando la tocan con una pata Kathleen alza la vara para que el cachorro reciba su recompensa.

Ivy intenta descubrir cómo alcanzar la golosina que está debajo de la tapa de plástico.

Ira se baja del autobús.

Después, el grupo va a la estación de autobuses. La empresa de autobuses le presta a *PawsAbilities* un autobús con chofer. Los cachorros practican cómo subir y bajar una y otra vez. Pasean por la ciudad y aprenden a mantenerse tranquilos en el autobús cuando se detiene y vuelve a arrancar. Hacia el final del día, pasear en autobús se ha vuelto tan natural como un viaje en carro.

Los criadores de cachorros llevan a los perros dondequiera que pueden, como por ejemplo a eventos deportivos y mercados de frutas y verduras. Cada dos semanas, el grupo se encuentra en un sitio distinto en algún lugar de la ciudad. En el centro comercial los cachorros aprenden a no distraerse en la tienda de mascotas o con la multitud de personas que pasan. También practican cómo abrir la puerta presionando el botón que tiene el símbolo de silla de ruedas. En la universidad, aprenden cómo jalar y abrir una puerta usando un tirador hecho con una cuerda atada a la perilla. En la biblioteca, aprenden a echarse en silencio debajo de la mesa, mientras los criadores de cachorros hojean libros. También aprenden a entrar correctamente al ascensor, caminando junto al criador de cachorros en lugar de ir adelante o atrás. Sería peligroso si la puerta del ascensor se cerrara atascando la correa.

Sandy lleva a Ira a su salón de clases dos días por semana. Les explica a sus estudiantes la importancia de entrenarlo correctamente.

—Ira debe aprender a echarse solo y permanecer así, aunque se aburra —dice—. Deben dejarlo tranquilo, aunque quiera que lo acaricien, así no se distrae de su tarea. Ustedes también pueden ayudar a enseñarles a otros niños que no deben acariciar a un perro de servicio que está en su período de entrenamiento.

Ira tiene su propio rincón en el salón, donde debe reposar sobre su alfombra tranquilamente. Si se levanta y deambula por el salón, Sandy dice con voz firme: —¡Alfombra! Después le dice que se siente, se eche o se quede parado. También debe aprender a estar siempre cerca de la persona a la que ayuda.

Cuando Sandy y sus estudiantes trabajan con Ira, forman un círculo y lo llevan al centro. Después uno de los niños lo llama. Ira sabe que le darán una golosina si apoya su cabeza sobre el regazo del niño. Los niños se turnan llamándolo y así lo ayudan a que aprenda a acudir cada vez que es llamado. Después le enseñan a usar su nariz para presionar el interruptor de la luz, otra tarea importante que debe aprender un perro de servicio.

Ira aprende a acudir cuando lo llaman.

Es necesaria mucha práctica para que Ira aprenda a apretar un interruptor de luz con la nariz en lugar de hacerlo con la boca.

Ira pasea por toda la escuela y así se acostumbra a lugares ruidosos como la cafetería y el gimnasio mientras acontecen los eventos de animación. Sandy también lo lleva a otros salones de clase y les habla a otros estudiantes sobre los perros de servicio.

Cuando se aproxima el verano, los estudiantes de Sandy deben decirle adiós a Ira. Cada niña o niño tiene la oportunidad de expresar lo que significó para ella o él la presencia de Ira en su salón de clases.

—Me sentí especial porque pude ayudar a entrenarlo —dice una niña.

—Nunca me habían gustado los perros antes de que llegara Ira, pero ahora me gusta tenerlo cerca —confiesa un niño.

—Tener a Ira en el salón fue realmente estupendo —dice otra niña.

Para recompensar a los niños y niñas por toda su ayuda, Sandy organiza una excursión a la granja Oso Tímido donde se turnan para confeccionar juguetes para perros, armar un álbum de recortes para el futuro compañero de Ira, dar vueltas por la granja y jugar con los cachorros de seis semanas de edad. También pueden por última vez decirle adiós a Ira.

DETENTE Y PIENSA

Resumir Usando tus propias palabras resume las destrezas que Ira aprende en la escuela de Sandy.

Cuando empieza el verano ya es hora de que Ira deje a Sandy y reciba un entrenamiento más específico para perros de servicio, pero las instalaciones de entrenamiento que le han asignado no están listas todavía. Glenn Martyn, el director de *PawsAbilities*, no puede encontrar otro grupo de perros de servicio que Ira pueda emplear. Todos se preocupan. ¿Qué pasará? ¿Podrá Ira aprender otra carrera?

Aunque raramente aceptan perros criados y entrenados en otro lugar, la asociación de Perros Guías para Ciegos de San Rafael, California, toma cartas en el asunto. —Ira tiene mucha confianza en sí mismo, lo cual es muy importante en un perro guía, así que le daremos una oportunidad —dice su coordinador—, pero tendremos que cambiarle el nombre. Cada perro que entrenamos tiene un nombre distinto y ya tenemos uno llamado Ira. Cambiaremos la manera de escribirlo a "Irah", así no tendrá que aprender un nombre nuevo.

Ira trabaja con Stacy en el campus de Perros Guías para Ciegos.

Ahora Irah debe aprender todo un conjunto de nuevas destrezas, lo cual toma de cuatro a cinco meses. Tiene que acostumbrarse a llevar puesto un arnés de perro guía. La entrenadora, Stacy Burrow, lo ayuda a aprender muchas cosas tales como detenerse en las esquinas de las calles y cruzar sólo cuando el camino está despejado.

Lo más importante que debe aprender un perro guía es la desobediencia inteligente. Saber cuándo desobedecer puede permitirle a un perro guía salvar la vida de su dueño. Por ejemplo, si una persona ciega le dice al perro que continúe caminado cuando un carro pasa un semáforo en rojo, el perro debe negarse a obedecer. Irah es inteligente y aprueba con buenas notas.

DETENTE Y PIENSA

Técnica de la autora La **elección de palabras** incluye palabras de señalamiento, tales como *después* y *desde el principio*, para explicar secuencia de sucesos. Encuentra una palabra o una frase de señalamiento en la página 440.

Después del entrenamiento, Irah es nombrado guía de Donald Simmonson, un afinador de pianos que ya ha jubilado a dos perros guías cuando se volvieron demasiado viejos. Trabajan juntos tres semanas en San Rafael hasta que llega el momento de graduarse.

Sandy viene desde Montana para la graduación. Se encuentra con Irah y conoce a Donald antes de la ceremonia. Irah y Sandy están encantados de volverse a ver, pero Irah sabe que ahora su lugar está con Donald.

Durante la ceremonia, se anuncia el nombre de Donald. Sandy le entrega a Irah. Ahora Irah es el perro de Donald y ambos serán cariñosos y generosos compañeros. Sandy extrañará a Irah, pero está feliz porque el perro ha encontrado un hogar con alguien como Donald.

En su hogar de Kennewick, Washington, Donald e Irah siguen aprendiendo a trabajar en equipo. Grayson, el perro guía jubilado de Donald, también vive allí. Se hacen amigos y juegan juntos tal como lo hacían Irah y Laddy.

Stacy, Sandy e Irah esperan mientras Donald habla durante la graduación.

Cuando Donald sale a trabajar, Irah lo guía. Una vez que entran a la habitación donde está el piano, Donald dice: —Irah, encuentra el piano —e Irah lo conduce hasta el instrumento. Entonces Donald se pone a trabajar e Irah se echa a su lado, esperando pacientemente, tal como aprendió a hacerlo en el salón de clases de Sandy. Se encuentra allí para ayudar a Donald en cualquier momento que sea necesario.

—Estoy tan contento de que Irah y yo nos hayamos encontrado —dice Donald—. Es el perro perfecto para mí.

Sandy y Donald se hacen amigos y, para darle una sorpresa, Sandy invita a Donald a la graduación de octavo grado de los niños y niñas que ayudaron a entrenar a Irah.

La esposa de Donald, Robbie, conduce su casa rodante hasta Montana para asistir a la graduación. Después de que Sandy habla ante el público acerca de Irah y Donald, muestra la película de la graduación de los perros guías para ciegos. Después anuncia que Donald e Irah están en el auditorio y Joey, el estudiante preferido de Irah, los acompaña hasta el escenario. Los niños y niñas están sorprendidos y encantados de ver los resultados de su arduo trabajo y el de tantas otras personas. ¡Su propio estudiante canino, Irah, ahora es un perro guía capaz de trabajar!

Joey acompaña a Donald e Irah hasta el escenario para el gran momento.

Es tu turno

Mejores amigos

Respuesta breve Los perros y los seres humanos se han ayudado unos a otros durante miles de años. Los seres humanos alimentan y protegen a los perros. Los perros ayudan a arrear a los animales y protegen a sus dueños. Escribe un párrafo sobre otras maneras en que los perros y los seres humanos se ayudan unos a otros. ESTUDIOS SOCIALES

Entrenar a un cachorro

Hacer un folleto Con un compañero, hagan un folleto para invitar a las personas a convertirse en criadores de cachorros. En pocas palabras, resuman lo que los criadores de cachorros tienen que hacer. Asegúrense de incluir dibujos de cachorros. PAREJAS

Las razones de la autora

Turnarse y comentar Con un compañero, hagan una lista de los pasos que se siguieron para convertir a Ira en un perro guía. Comenten qué creen que es lo más importante que puede hacer un criador de perros para entrenar a un buen perro guía. SECUENCIA DE SUCESOS

Conectar con los cuentos tradicionales

VOCABULARIO CLAVE

recompensar	graduarse
símbolo	adopción
desobedecer	confianza
pacientemente	confesar
ceremonia	realizar

GÉNERO

Un **cuento de enredos y travesuras**, como este Teatro del lector, es una historia en la que un personaje engaña a otros personajes.

ENFOQUE EN EL TEXTO

En un **cuento de enredos y travesuras**, un bromista hace la trama engañando a otro personaje y a menudo el bromista resulta engañado a su vez. ¿Qué otras historias acerca de bromistas has leído antes? Compara y contrasta sus acciones con las de Coyote mientras lees esta selección.

Teatro del lector

EL COYOTE PEGAJOSO

adaptado por Kate McGovern

PERSONAJES

Narrador

Aldeano	Zapatero
Coyote	Apicultor

Narrador: El coyote es un embustero. Le encanta desobedecer las reglas y engañar a la gente.

Aldeano: Coyote, siempre asustas a nuestros animales de la granja. ¡Es hora de que te detengas!

Narrador: Los aldeanos deciden capturar al coyote y encerrarlo. Pero el coyote tiene confianza en sí mismo: sabe que si realiza una buena acción, los aldeanos no querrán capturarlo.

Coyote: Zapatero, yo te puedo ayudar.

Zapatero: ¿Cómo?

Coyote: Veo que has hecho unos zapatos especiales para la hija del apicultor.

Zapatero: Es verdad. Los usará en una ceremonia de su escuela. Va a graduarse este año.

Coyote: Yo mismo le llevaré estos zapatos al apicultor de tu parte.

Narrador: Entonces el coyote toma los zapatos y se dirige a la casa del apicultor. Tiene la esperanza de que los aldeanos lo recompensen por su amabilidad. De pronto, el coyote ve que el apicultor se acerca cuesta abajo por el sendero, transportando un gran tarro. En el frente del tarro se ve la imagen de una abeja.

Coyote: Esa abeja es un símbolo. Debe haber miel en ese tarro. ¡Mmm!

Narrador: El coyote espera pacientemente al apicultor. Después el coyote deja caer los zapatos para distraer al apicultor.

Apicultor: ¿Por qué estos zapatos están en el suelo?

Narrador: Cuando el apicultor deja el tarro en el suelo, el coyote agarra y se come rápidamente un poco de miel.

Coyote: Mmm, ¡pegajosa y deliciosa! Un momento, ¿qué es esto? ¡Se me pegó una mosca en el hocico!

Narrador: El coyote se revuelca en el suelo para quitarse la mosca, pero su piel pegajosa se cubre de ramitas y hojas. Algunos aldeanos ven al coyote y creen que es un monstruo. Se alejan corriendo muy atemorizados.

Coyote: ¡Soy un desastre! Iré al río a limpiarme.

Narrador: El coyote se lava las hojas de su pelo.

Aldeano: Por aquí había un monstruo cubierto de hojas y ramas. ¿Adónde se fue?

Coyote: No había ningún monstruo. Era yo, el coyote pegajoso. Estaba cubierto de miel, tierra y hojas.

Narrador: Cuando el coyote confiesa lo que ha hecho, los aldeanos se ríen.

Aldeano: ¿Qué haríamos sin ti, coyote? Nos haces reír. Claro que puedes quedarte en nuestro pueblo.

Coyote: Gracias, amigos. Me alegra poder quedarme. Intentaré no causarles muchos problemas.

Narrador: Desde entonces, el coyote ayuda frecuentemente a los aldeanos. Incluso a veces los protege, como si fueran sus hijos en adopción. De vez en cuando, sin embargo, le gusta gastarles una buena broma.

Hacer conexiones

El texto y tú

Trabajar con animales ¿Has cuidado alguna vez a un animal o entrenado a una mascota? Escribe un párrafo sobre una lección que hayas aprendido trabajando con un animal o describe lo que has aprendido observando a otros.

De texto a texto

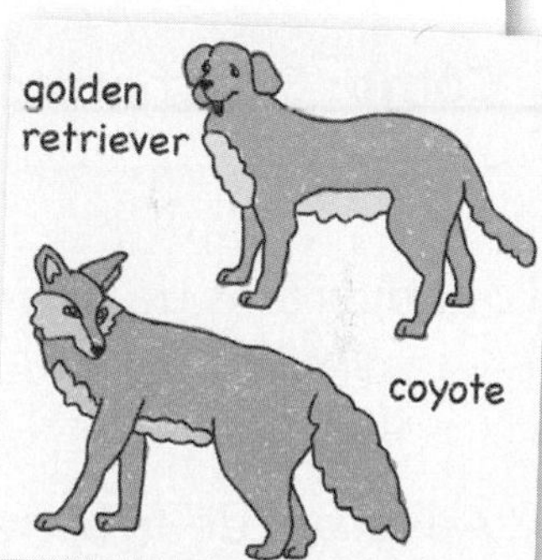

De texto a texto Piensa en lo que has leído en *El trabajo de Ira* y en «El coyote pegajoso». Luego, investiga sobre los *golden retrievers* y los coyotes para determinar en qué se parecen y en qué se diferencian. Haz un cartel en el que compares los dos animales. Incluye una ilustración de cada animal.

El texto y el mundo

Conectar con los Estudios Sociales A Ira lo entrenaron primero como perro de servicio y luego como perro guía. ¿Para qué otros trabajos y servicios se puede entrenar a los perros? Trabaja con un grupo para investigar otras maneras en que se entrena a los perros para ayudar a los humanos. Presenta los resultados a la clase.

Gramática

Lenguaje académico

adverbios
de tiempo
de lugar
de modo
afirmación
negación

Los adverbios Un **adverbio** es una palabra que describe a un verbo. Los adverbios de **tiempo** indican cuándo se realiza la acción. Los adverbios de **lugar** indican dónde se realiza y los adverbios de **modo** indican cómo se realiza. Muchos adverbios de modo terminan en *-mente*.

Adverbios

Cuándo: Después le ladró a un pájaro bullicioso.

Dónde: La mamá estaba cerca.

Cómo: El cachorrito jugaba alegremente con su cola.

Los adverbios de **afirmación** y **negación** afirman o niegan algo.

Adverbio de **afirmación:** A los cachorros también les encanta dar paseos.

Adverbio de **negación:** Nuestro cachorro nunca atrapa ardillas.

Inténtalo **Escribe las siguientes oraciones en una hoja aparte. Identifica los adverbios y di a qué clase corresponden: lugar, tiempo, modo, afirmación o negación.**

1. Un gato viene a nuestro jardín diariamente.
2. Nuestra perra le ladra enérgicamente.
3. Pero no hace nada.
4. Después le abrimos la puerta para que salga al jardín.
5. ¡Y ahí sí se va a buscar al gato!

Elección de palabras Cuando escribas, usa adverbios precisos para dar a tus lectores imágenes claras de cómo, cuándo y dónde suceden las cosas. Los adverbios precisos también ayudan a que tu escritura sea más interesante y se entienda con más facilidad.

Adverbio menos preciso	Adverbio más preciso
 Un perro bien adiestrado generalmente obedece las órdenes.	 Un perro bien adiestrado obedece fielmente las órdenes.

Adverbio menos preciso	Adverbio más preciso
El perro era muy obediente.	El perro era extraordinariamente obediente.
Mi perro es bastante grande.	Mi perro es increíblemente grande.

Relacionar la gramática con la escritura

Cuando corrijas tu carta informal, identifica lugares donde puedas usar adverbios más precisos. Asegúrate de crear imágenes claras mediante el lenguaje descriptivo.

Escribir para contar

✔ Voz En *El trabajo de Ira,* Don deja aflorar sus sentimientos cuando dice: "Estoy tan contento de que Ira y yo nos hayamos encontrado". Mientras revisas tu **carta amistosa**, no cuentes simplemente lo que sucedió. Deja que tus palabras muestren lo que sientes de verdad. Usa la siguiente Lista de control de la escritura al revisar tu trabajo.

Anthony hizo el borrador de una carta a su tía sobre tener un perro. Después revisó algunas partes para que sus sentimientos afloren más claramente.

Lista de control de la escritura

- ✔ **Ideas** ¿Mi final resume mi idea principal?
- ✔ **Organización** ¿Conté los sucesos en orden cronológico?
- ✔ **Elección de palabras** ¿Elegí palabras vivaces e interesantes?
- ✔ **Voz** ¿Mi escritura dice cómo soy y muestra mis sentimientos?
- ✔ **Fluidez de las oraciones** ¿Combiné oraciones breves o cortadas, de modo que se lean con fluidez?
- ✔ **Convenciones** ¿Usé la ortografía, la gramática y el procedimiento correctos?

Borrador revisado

Querida tía Brenda:

¡Adivina!

La semana pasada me regalaron ~~una~~ la perrita ~~. Es una perra muy buena~~ más inteligente y más adorable. En el albergue para animales, de inmediato me llamó la atención una perrita blanca y marrón llamada Patsy. ~~La vi~~ Ella vino directo hacia mí moviendo la cola. Cuando la acaricié, me lamió la cara. ~~Así que decidí que la quería.~~ No veo la hora de que conozcas a Patsy.

Copia final

Nashville, 30 de junio de 2008

Querida tía Brenda:

¡Adivina! La semana pasada me regalaron la perrita más inteligente y más adorable. En el albergue para animales, de inmediato me llamó la atención una perrita blanca y marrón llamada Patsy. Ella vino directo hacia mí moviendo la cola. Cuando la acaricié, me lamió la cara. Después de eso, de ninguna manera me habría ido del albergue sin ella. Cuando llegamos a casa, empecé a enseñarle y en seguida aprendió a sentarse y quedarse quieta. Ahora le estoy enseñando a dar la patita. No veo la hora de que conozcas a Patsy. ¡Por favor, ven a visitarnos pronto!

Te quiere,

Anthony

En mi carta final, hice cambios para mostrar mejor mis sentimientos. También combiné dos oraciones cortas cambiando un adverbio de lugar.

Leer como escritor

¿Qué partes muestran cómo se siente Anthony con respecto a su perrita Patsy? ¿En qué lugar de tu carta puedes tú mostrar más sentimientos?

Lección 18

gigantesco
diminuto
especialmente
rozar
desaparecer
celos
neblina
atraer
deliberadamente
clara

Librito de vocabulario

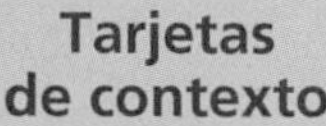

Tarjetas de contexto

Vocabulario en contexto

1
gigantesco

Una buena jugada puede darle un giro gigantesco a un partido de fútbol.

2
diminuto

Las pelotas que se usan en el golf son diminutas comparadas con las de otros deportes.

3
especialmente

Esta niña está orgullosa, especialmente porque triunfó compitiendo contra excelentes corredoras.

4
rozar

Después de la prueba de natación estos niños descansaban mientras el agua les rozaba los pies.

- **Estudia cada Tarjeta de contexto.**
- **Usa un diccionario para ayudarte a entender el significado de estas palabras.**

5 desaparecer

La pelota pasó por encima de la cabeza de este jugador y desapareció entre los arbustos.

6 celos

Algunos niños también pueden sentir celos, como cuando un amigo tiene éxito en el deporte.

7 neblina

Debido a la densa neblina que cubría el campo, se tuvo que cancelar el partido.

8 atraer

Un buen lanzador juvenil puede atraer la atención de los cazadores de talentos.

9 deliberadamente

En las carreras de relevos, los más veloces en un equipo, deliberadamente, son los últimos en salir.

10 clara

Esta clara fotografía se tomó como un recuerdo del mejor equipo del torneo.

Contexto

VOCABULARIO CLAVE **Ser un buen deportista** ¿Piensas que te pueda atraer jugar fútbol o béisbol? A la mayoría de los niños les gusta jugar afuera, y puede ser en una noche clara o en una que haya neblina. Algunas personas tienen recuerdos muy felices de cuando jugaban en días fríos y el viento les rozaba las mejillas.

Los juegos les dan a todos la oportunidad de competir y divertirse. Pero, ¿qué pasa cuando buenos amigos están en equipos contrarios? ¿Deliberadamente dejas de dar lo mejor de ti o te esmeras especialmente en ganar? Probablemente, alguna amistad desapareció por allí debido a los celos deportivos. Una competencia puede tener resultados emotivos gigantescos o diminutos. ¿Cómo haces para tratar de ser un buen deportista?

Se debe ser buen perdedor, ya sea en un juego de fútbol, un evento de atletismo o un concurso de ortografía.

Comprensión

DESTREZA CLAVE Comprender a los personajes

Al leer *La corredora de la Luna*, infiere los sentimientos y los motivos del comportamiento que tienen los personajes. Piensa en la forma en que piensan y cómo actúan entre ellos. ¿Cómo actuarías en situaciones similares? Un organizador gráfico te ayudará a llevar un registro de los pensamientos, las acciones y las palabras de los personajes.

Pensamientos	Acciones	Palabras

ESTRATEGIA CLAVE Preguntar

Puedes utilizar tu organizador gráfico para hacer preguntas importantes acerca del comportamiento y de la personalidad de un personaje. Por ejemplo, podrías preguntar por qué un personaje actúa de una cierta manera o dice ciertas cosas. Es útil hacerte preguntas antes, durante y después de leer un texto.

SENDEROS EN DIGITAL Presentado por DESTINO Lectura™
Lección 18: Actividades de comprensión

Selección principal

gigantesco	celos
diminuto	neblina
especialmente	atraer
rozar	deliberadamente
desaparecer	clara

Comprender a los personajes Usa detalles para comprender mejor a los personajes y sus relaciones.

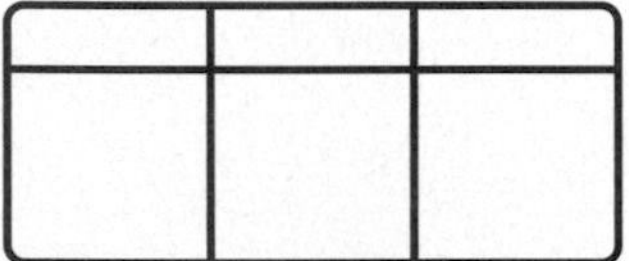

ESTRATEGIA CLAVE

Preguntar Haz preguntas antes de leer, mientras lees y después de leer.

GÉNERO

Una **ficción realista** es un cuento de la actualidad que podría ocurrir en la vida real.

CONOCE A LA AUTORA

Carolyn Marsden

A los trece años de edad, Carolyn Marsden reescribió el libro *20,000 leguas de viaje submarino* de Julio Verne, usando una nave espacial en vez de un submarino. Hoy en día tiene varios proyectos en marcha a la vez y se empeña en escribir todos los días. "A través de la escritura —dice— tengo la oportunidad de vivir muchas vidas".

CONOCE AL ILUSTRADOR

Cornelius Van Wright

"El arte no es cuestión de tomar simplemente un pincel y trabajar, —dice este ilustrador—. Un buen cuadro lleva tiempo. No es un proceso de 'uno más uno es igual a dos'. Tienes que sentir que la pintura toma forma. Después de un rato —dice— tu mente entra en una 'zona óptima' donde las ideas fluyen fácilmente".

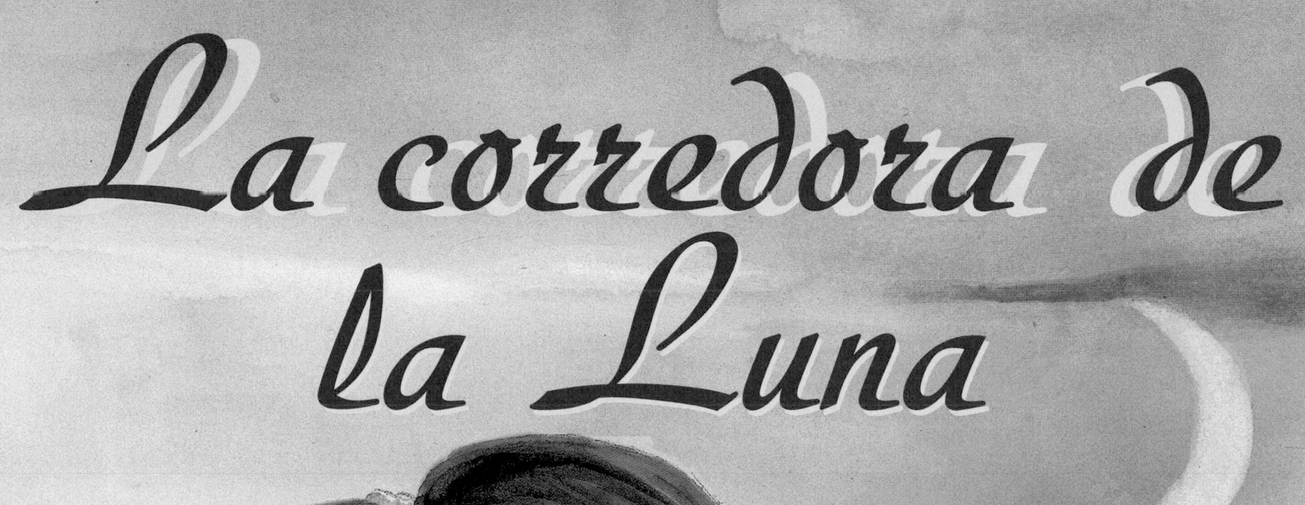

La corredora de la Luna

por Carolyn Marsden

selección ilustrada por Cornelius Van Wright

Pregunta esencial

¿Cómo puede uno compartir sus éxitos con los demás?

Cuando Mila ingresa a una nueva escuela se vuelve rápidamente una de las «Amigas-Colegas» con Ruth, Alana y Sammy. Pero las cosas comienzan a cambiar cuando empiezan las pruebas de atletismo. Mila descubre que es una corredora muy rápida. Todas se sorprenden, especialmente Ruth. Ruth ha sido siempre una de las mejores atletas de la escuela, pero durante una carrera de prueba, ella y Mila empatan, el primer lugar. Aunque Mila sabe que corre más rápido que Ruth, no desea lastimar los sentimientos de su amiga y pierde la siguiente carrera de prueba deliberadamente. Ahora las niñas saben que su amistad está en problemas. Luego se sientan enfrente de la casa de Ruth a comer papas fritas y a beber limonada.

Al sentarse en la silla del jardín, Mila quiso que todavía fuera el día en que las Amigas-Colegas la habían acogido en su grupo.

Pequeños pájaros marrones brincaban en las ramas del nogal. ¿Tuvieron ellos celos o miedo alguna vez?

Quería esconderse de Ruth, cubriéndose el rostro con el vaso de limonada. En cambio, le dijo: —Ruth, ¿crees que…? —hizo una pausa, pues no sabía cómo expresarlo—. ¿Crees que el grupo de las Amigas Colegas se está desintegrando?

DETENTE Y PIENSA

Técnica de la autora Los autores narran sus cuentos desde puntos de vista diferentes. A veces los autores están en el cuento y en otras están fuera. ¿Desde qué punto de vista se narra este cuento? ¿Cómo lo sabes?

Ruth alzó la vista mientras bebía. —¿Por qué me preguntas eso?

Mila se encogió de hombros y se esforzó para seguir. —Bueno, tú y Sammy ahora juegan mucho solas, y Alana y yo también.

—Sí, lo he notado —dijo Ruth mientras se sacudía una hoja de su antebrazo.

—Esto empezó cuando comenzó el atletismo.

Ruth observó fijamente su vaso vacío, como si estuviera examinando los trozos de pulpa de limón adheridos a los costados.

¿Continuaría mirando fijamente el interior del vaso o lo posaría sobre la mesa y se marcharía? La conversación podía terminar ahí y jamás recomenzar. Mila debía continuar hablando

—Yo nunca había corrido antes, al menos no en carreras, ni con alguien tomándome el tiempo —dijo—. No era mi intención empatar contigo en la carrera. No sabía que era capaz de hacerlo.

—No fue tu culpa —dijo Ruth.

—Pero aun así te enfadaste —replicó Mila.

—Sí, un poco.

Mila posó su vaso y luego volvió a recogerlo. Necesitaba algo de qué aferrarse. —Pero no era mi intención empatar contigo.

—No te disculpes.

Un ave aterrizó del otro lado de la mesa. Ladeó la cabeza, primero hacia un lado y después hacia el otro, echando miraditas a la bolsa de papas fritas. *¿Sólo una, por favor? ¿Sólo un mordisquito?*

Ruth metió la mano en la bolsa y lanzó una papita frita hacia el ave, que comenzó a jalarla, intentando arrancar un pedacito. Otras dos aves bajaron volando para ayudar.

DETENTE Y PIENSA

Preguntar ¿Por qué es tan difícil para Mila conversar con Ruth?

—Saliste de la nada y corriste tan rápido como yo —dijo Ruth—. He trabajado toda mi vida para ser una buena deportista. Practico fútbol tres veces por semana. Y ahora llegas tú… Pero está bien. En serio, está bien.

Mila se sintió como una de las avecitas, en el extremo de una rama, pero sin alas. Sin embargo, debía continuar.

—En las pruebas traté de correr más lentamente.

—Sé que lo hiciste y eso fue peor. Sabes, Mila, cuando los atletas compiten, no es justo si uno no se esfuerza todo lo que puede. Me hiciste sentir como si no hubiera ganado. Como si en cualquier momento pudieras sorprenderme y golpearme sin saber qué fue lo que me golpeó.

—No sabía qué otra cosa podía hacer.

—Sí, sé que perdiste a propósito porque somos amigas. Una verdadera atleta no habría hecho eso.

—Pero no soy una verdadera atleta —dijo Mila—. Soy una niñita.

Ruth se rió tan fuerte que las aves levantaron vuelo.

—Eres una niñita veloz.

La risa de Ruth hizo que Mila también riera. Después entrelazó los dedos y miró hacia abajo, hacia sus manos. Suspiró y alzó el rostro hacia Ruth.

—Sólo quiero ser una Amiga-Colega.

Ruth lanzó otra papita para atraer a las aves nuevamente antes de responderle a Mila. Entornó los ojos y volteó el rostro hacia el sol brillante.

—Es demasiado tarde, ya eres más que una amiga.

—¿Qué quieres decir?

—Una amiga es una amiga. Tengo muchas. Pero no hay mucha gente con quien competir —hizo una pausa—. Tengo una idea. Quiero averiguar algo. Vamos al parque ahora mismo y corramos.

De pronto, Mila sintió como si sus piernas necesitaran muletas. Se preguntaba si Wilma Rudolph se había sentido alguna vez tan débil. Sin embargo, no había manera de evitar esta carrera.

—Si no corres, nunca sabremos si puedes vencerme. Jamás podré pensar en mí como la más veloz.

—De acuerdo —dijo Mila lentamente—. Correré contra ti.

Ruth extendió las manos, con las yemas de los dedos llenas de sal y grasientas por las papas fritas, preparada para dar el apretón de manos típico de las Amigas-Colegas.

El parque estaba ahí cerca, bajando por la calle desde la casa de Ruth. Mientras caminaban, Mila pensó en el Festival Chino de la Luna, una ocasión especial para celebrar la amistad. Ojalá fuera otoño y no primavera. Si solo pudiera darle a Ruth un sencillo pastel lunar…

Cuando llegaron al césped verde, Ruth se dirigió a un olivo, el que tenía debajo un pequeño pedazo de tierra descubierta.

—Corramos desde ese pino de allá hasta aquí —dijo marcando una línea con el dedo del pie—. Son aproximadamente cincuenta metros.

Mila asintió. ¿Realmente estaría todo bien si ganaba? La siguió hasta el pino, donde Ruth marcó otra línea.

Ruth se apoyó en el tronco del árbol, estiró una pierna hacia atrás y la hizo rebotar contra el talón.

Como no quería copiar a Ruth, Mila flexionó su cuerpo hacia adelante hasta tocarse los dedos de los pies con las manos.

—¡Oigan chicos! —gritó Ruth llamando a dos niños que atravesaban el parque. Se puso las manos alrededor de la boca y dijo: —¿Pueden ayudarnos con nuestra carrera?

Los niños se acercaron, uno llevaba puesta una camiseta rayada, el otro una gorra de béisbol de color violeta, volteada hacia atrás.

Ruth le hizo un gesto al de la gorra.

—Te paras aquí —le dijo señalando la línea de salida que había dibujado—. Harás la cuenta hacia atrás para que comencemos.

Luego señaló la línea junto al olivo.

—Tú te colocas allí —le dijo al otro niño—. Observa quién atraviesa la línea primero. Observa atentamente porque es posible que lleguemos casi al mismo tiempo.

De pronto, Mila deseó que Ruth le ofreciera otro de los apretones de manos típicos de las Amigas-Colegas, pero Ruth estaba ocupada secándose las palmas en sus pantalones cortos.

El niño dijo —Tres, dos, uno… ¡fuera!

Mila se precipitó hacia adelante, apretando con fuerza sobre el suelo con los dedos de los pies. Todo su miedo desapareció. ¡Había partido!

Sin embargo, un momento después, como si un susurro de viento se hubiera atravesado en su camino, se encontró disminuyendo la velocidad, al igual que en las pruebas de atletismo, cuando se había rezagado a propósito. Rezagada. Se había sentido horrible.

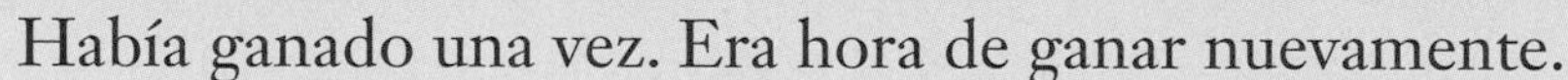

Había ganado una vez. Era hora de ganar nuevamente.

En ese momento, el mundo quedó en silencio. El aire se llenó con el olor de las flores de los naranjos, una densa neblina de dulzura. La luz del sol caía como una cascada encantadora y suave alrededor de su cabeza y de sus hombros. Sentía que una brisa muy leve la rozaba al correr. Tenía todo el tiempo del mundo para recorrer la corta distancia entre el lugar donde estaba y el árbol.

No giró la cabeza para mirar, pero Mila sabía que Ruth estaba corriendo a su lado. Corrían como los antílopes africanos que Mila había visto en una película, a grandes zancadas sobre una llanura amarilla, debajo de árboles con ramas planas y horizontales.

Un salto gigantesco llevó a Mila hacia arriba y adelante, atravesando la línea. El salto la transportó más allá del niño con la camiseta de rayas.

El silencio se rompió: —¡Ganaste! —dijo el niño señalando a Mila.

Mila echó un vistazo hacia abajo. Después, aunque su respiración era agitada, miró a Ruth.

Ruth estaba doblada sobre sí misma, con las manos en las rodillas y respirando con dificultad. Finalmente, alzó la cabeza y logró sonreír.

Los niños se alejaron y Mila y Ruth se acostaron sobre el césped, dentro de una cuna formada por un gran nido de flores blancas diminutas. La respiración de las niñas se fue calmando hasta que ambas respiraron al mismo ritmo.

Aunque todavía era de día, Mila notó una clara luna creciente en el cielo. Durante las dos semanas siguientes continuaría creciendo hasta llegar la noche de luna llena. Mila cerró los ojos. Estaba contenta de haber corrido contra Ruth. Al igual que la luna, ella misma estaba comenzando a sentirse completa y plena.

—Gracias —dijo Mila después de que la sombra del olivo cayera ligeramente sobre el rostro de las niñas.

—¿Por qué?

—Por ayudarme a dar lo mejor de mí.

✔ DETENTE Y PIENSA

Comprender a los personajes
Piensa en lo que Ruth le dice a Mila al principio del cuento. ¿Qué te dice aquí la sonrisa de Ruth sobre su reacción a la carrera en el parque?

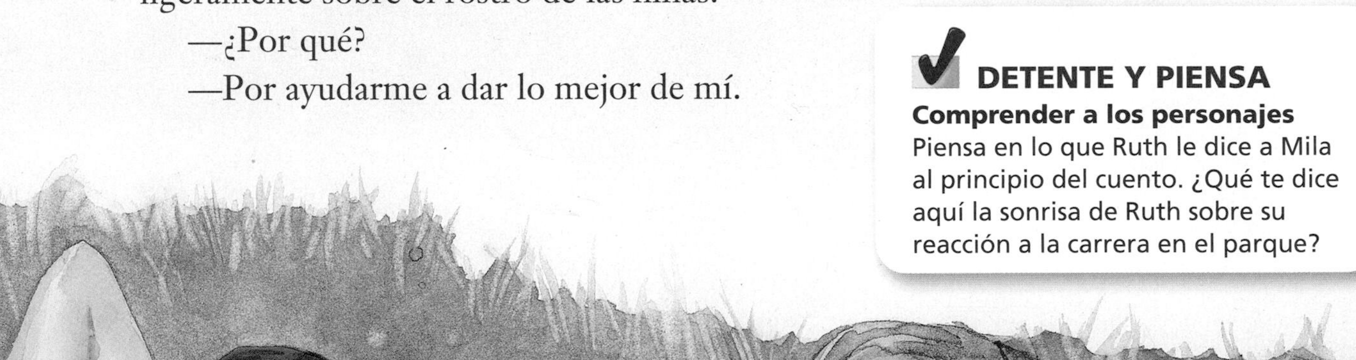

Es tu turno

En su lugar

Escribir sobre la amistad Mila deseaba celebrar su amistad con Ruth regalándole un pastel lunar en el Festival de la Luna. Piensa de qué manera demuestras a tus amigos que los quieres. Escribe un párrafo donde describas algunos de los gestos de amistad que tienes con tus amigos.
RESPUESTA PERSONAL

Todos ganan

Crear un premio Ruth no gana la carrera con Mila al final del cuento, pero demuestra que es buena deportista. En un grupo pequeño, diseñen y creen un premio para Ruth. Incluyan su nombre y tres o cuatro palabras que describan sus virtudes.
GRUPO PEQUEÑO

Dar lo mejor

Turnarse y comentar

Con un compañero, comenten por qué Ruth le sonrió a Mila después de la carrera en el parque. ¿Qué crees que hizo que Mila intentara ganar la carrera en vez de perder deliberadamente? Haz una lista de las características de la personalidad de Ruth y de Mila que las hacen actuar de esa manera en el cuento. Comenta con tu compañero cómo esas características afectan el cuento.
COMPRENDER A LOS PERSONAJES

Conectar con los

Estudios Sociales

VOCABULARIO CLAVE

gigantesco	diminuto
especialmente	rozar
desaparecer	celos
neblina	atraer
deliberadamente	clara

GÉNERO

Un **texto informativo**, como este **artículo en línea**, provee datos y ejemplos sobre un tema

ENFOQUE EN EL TEXTO

Convenciones de los medios de comunicación digitales

Los distintos tipos de medios de comunicación digitales, como los artículos en Internet y los boletines de prensa, tienen convenciones de escritura diferentes para propósitos diferentes. Compara y contrasta las formas y los propósitos de este artículo en Internet con el boletín de prensa y el anuncio en la página 468.

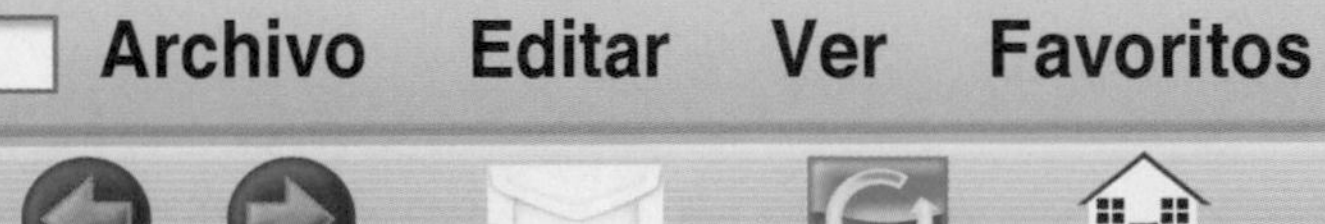

El Día de la Luna

Durante más de mil años, los habitantes de China han celebrado un día festivo para la Luna. Tiene lugar en septiembre o a principios de octubre (mira la tabla de abajo). Es decir, tiene lugar en el octavo mes del calendario chino. El día festivo se conoce como Festival de Mediados de Otoño o Festival de la Luna. Honra a la diosa de la luna, Chang'e.

Fecha del Festival de la Luna

Año	Día
2009	3 de octubre
2010	22 de septiembre
2011	12 de septiembre
2012	30 de septiembre
2013	19 de septiembre
2014	8 de septiembre

La leyenda de Chang'e

La destreza demostrada por Hou Yi con un arco y flechas dio celos a los otros arqueros. Aun así, estos lo aclamaron cuando sus flechas eliminaron nueve soles gigantescos que habían estado quemando la Tierra. El emperador recompensó a Hou Yi con una poción. Si bebía la mitad, viviría eternamente. Pero la esposa de Hou Yi, Chang'e, halló la poción primero y se la bebió toda. Flotó y flotó hasta la luna. Hoy en día todavía se puede ver a Chang'e en una noche clara, a mediados de otoño, en los días sin neblina.

Faroles y pastelitos de la luna

El Festival de la Luna está lleno de tradiciones. La gente sigue encendiendo velas en faroles y deliberadamente los dejan flotar en los ríos. Estos faroles se ven diminutos a la distancia y van rozando suavemente el agua. Para muchos, lo que más les atrae de la fiesta es el pastelito de la luna. Es crujiente y recubierto en el exterior y está relleno de dulce. El pastelito de la luna es algo especialmente buscado en este día de fiesta. Si alguien quiere uno de estos pasteles al final del día, lo más probable es que cuando se acerque a buscarlo descubra que ha desaparecido.

Muchas ciudades celebran festivales de la Luna. En el 2007, el Centro del Barrio Chino, en Austin, Texas, realizó el Festival de la Luna en su primer cumpleaños. Para hacerle saber al público sobre el festival, el centro envió boletines de prensa por correo electrónico y colocó información en su sitio web.

PARA PUBLICAR INMEDIATAMENTE:

Alrededor de 5,000 personas asistieron al primer aniversario y celebración del Festival de la Luna en el Centro del Barrio Chino

Austin, TX, 27 de septiembre del 2007. La celebración más grande del Festival de la Luna del centro de Texas se realizó en el Centro del Barrio Chino de Austin, en su primer aniversario. El evento de dos días tuvo lugar el sábado 22 y el domingo 23 de septiembre de 2007. Fue la celebración asiática más grande del centro de Texas, con una asistencia de 5,000 personas. El evento gratuito incluyó a cantantes de todo el mundo, practicantes de artes marciales, bailarines asiáticos, tambores japoneses y guitarra china.

Hacer conexiones

El texto y tú

Escribir sobre la amistad Piensa en una ocasión en la que competiste contra un amigo. En un párrafo, describe lo que sucedió. ¿Qué aprendiste de la experiencia?

De texto a texto

Maneras de tener éxito Cuando uno tiene éxito, ¿significa que uno siempre gana? Piensa en *Un caballo llamado Libertad*, *El trabajo de Ira* y *La corredora de la Luna*. Di lo que significa tener éxito en cada una de estas selecciones.

El texto y el mundo

Conectar con los Estudios Sociales Las personas celebran el Festival de la Luna con pastelitos de la luna. Investiga sobre alguna comida que otra cultura usa para celebrar un feriado. Averigua cómo la hacen y cuándo se come. Junta datos de por lo menos dos fuentes. Comparte lo que aprendiste con un compañero de clase. Luego, pide a tu compañero que resuma bien la información. Revisen lo necesario y presenten a la clase lo que averiguaron.

Gramática

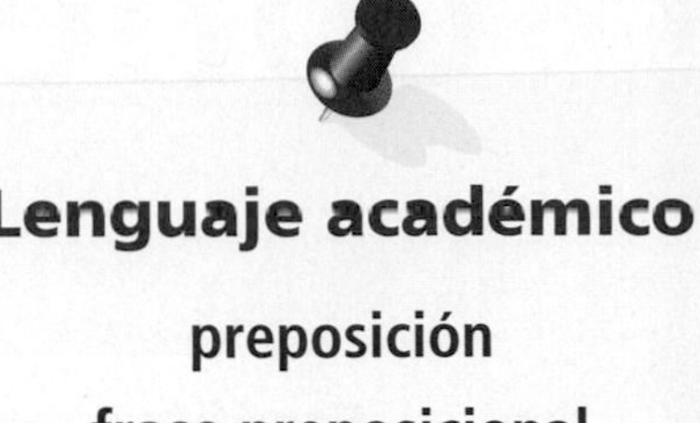

Preposiciones y frases preposicionales Una **preposición** es una palabra que relaciona palabras de una oración. Una **frase preposicional** empieza con una preposición y sigue con un sustantivo o un pronombre. Las preposiciones se usan para expresar ubicación, tiempo, dirección o para proporcionar detalles. Alguna preposiciones comunes son: *a, bajo, con, contra, de, desde, durante, en, entre, hacia, hasta, para, por, sin, sobre.*

Preposiciones y frases preposicionales	
expresa ubicación:	frase preposicional preposición sustantivo Las aves brincaban en las ramas.
expresa tiempo:	frase preposicional preposición sustantivo Las observamos durante una hora.
proporciona detalles:	frase preposicional preposición sustantivo El tema de la conversación fue la amistad.

Turnarse y comentar

Con un compañero, halla las preposiciones de las frases preposicionales subrayadas. Di si cada frase preposicional expresa ubicación, tiempo, dirección o si proporciona otros detalles.

1. Dos de las niñas jugarán una carrera.
2. Se dirigen hacia el parque.
3. La carrera empezará en unos minutos.
4. Las ayudará el niño con la gorra violeta.

Ideas En tu escritura, puedes usar preposiciones para agregar información útil e interesante a las oraciones. Las oraciones con frases preposicionales ayudan al lector a visualizar lo que describes en tu narración.

Relacionar la gramática con la escritura

Cuando revises tu composición narrativa, busca oraciones que puedas hacer más descriptivas agregando frases preposicionales.

Escribir para contar

Elección de palabras En *La corredora de la Luna (Moon Runner),* la autora usa sinónimos para evitar la repetición de palabras. Por ejemplo, en lugar de repetir *miró* usa *alzó la vista* o *echando miraditas.* Cuando revises tu composición narrativa, reemplaza las palabras repetidas por sinónimos más exactos. Mientras revisas, usa la Lista de control de la escritura.

Tina escribió el borrador de un párrafo sobre cómo hizo una amiga nueva. Después reemplazó algunas palabras por sinónimos.

Lista de control de la escritura

- **Ideas** ¿Incluí detalles vivaces?
- **Organización** ¿Escribí un comienzo interesante?
- **Elección de palabras** ¿Usé sinónimos para evitar la repetición de palabras?
- **Voz** ¿Dije lo que estaba pensando y sintiendo?
- **Fluidez de las oraciones** ¿Varié la forma en que empiezan mis oraciones?
- **Convenciones** ¿Usé la ortografía, la gramática y el procedimiento correctos?

Borrador revisado

¿Alguna vez perdiste y ganaste al mismo tiempo? Un día, en el recreo, seis de nosotros nos alineamos para correr una carrera. Briana, la niña nueva, era una corredora genial y yo pensaba lo fantástico ~~genial~~ que sería vencerla. Alguien gritó: "¡Ya!", y todos salimos. Durante unos segundos, Briana y yo estuvimos a la cabeza del grupo ~~durante unos segundos.~~ Entonces, de repente, mi pie golpeó un bulto y mis dos palmas pegaron ~~golpearon~~ duro contra el pavimento.

Copia final

Cuando perder es ganar

por Tina Moore

¿Alguna vez perdiste y ganaste al mismo tiempo? Un día, en el recreo, seis de nosotros nos alineamos para correr una carrera. Briana, la niña nueva, era una corredora genial y yo pensaba lo fantástico que sería vencerla. Alguien gritó: "¡Ya!", y todos salimos. Durante unos segundos, Briana y yo estuvimos a la cabeza del grupo. Entonces, de repente, mi pie golpeó un bulto y mis dos palmas pegaron duro contra el pavimento. Cuando alcé la vista, mis compañeros de clase corrían adelante. Me miré las manos y vi que sangraban. Entonces noté que a mi lado había un par de zapatillas azules.

—¿Estás bien? —preguntó Briana.

Yo le sonreí mientras ella me ayudaba a levantarme. Ambas habíamos perdido la carrera, pero en ese mismo momento, las dos habíamos ganado una amiga.

En el trabajo final, reemplacé por sinónimos algunas palabras que se repetían. También modifiqué una oración moviendo una frase al principio.

Leer como escritor

¿Qué sinónimos usó Tina para no repetir las mismas palabras? ¿Qué palabras repetidas de tu trabajo puedes reemplazar por sinónimos?

Lección 19

Vocabulario en contexto

superar
asociación
capitolio
sequía
dedicar
publicidad
violencia
conflicto
horizonte
brillante

Librito de vocabulario

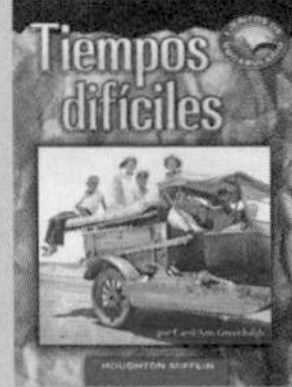

Tarjetas de contexto

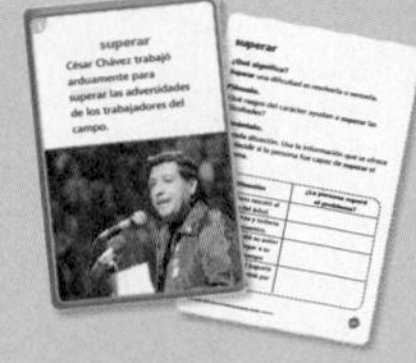

1 **superar**

César Chávez trabajó arduamente para superar las adversidades de los trabajadores del campo.

2 **asociación**

Estos niños han formado una asociación para mantener las playas limpias.

3 **capitolio**

El capitolio es el edificio donde se reúnen los legisladores de un estado para crear o modificar las leyes.

4 **sequía**

En la década de 1930, una prolongada sequía dificultó la vida de muchos granjeros.

- Estudia cada Tarjeta de contexto.
- Usa un diccionario para que te ayude a entender estas palabras.

5
dedicar
Martin Luther King Jr. quiso dedicar su vida a la lucha por la igualdad. Esa fue su obra.

6
publicidad
Las autoridades usan los medios de comunicación para hacer publicidad a sus planes e ideas.

7
violencia
Muchas personas creen que los cambios deben producirse sin violencia, por medios pacíficos.

8
conflicto
Los conflictos pueden resolverse utilizando el diálogo.

9
horizonte
En las granjas muchas veces César Chávez trabajó hasta que el sol se puso en el horizonte.

10
brillante
Los colores brillantes de la bandera estadounidense simbolizan la libertad.

Contexto

VOCABULARIO CLAVE **Trabajadores agrícolas migrantes** Los granjeros estadounidenses han cultivado frutas y verduras durante siglos en campos inmensos que se extienden hacia el horizonte. Con frecuencia, estos cultivos deben cosecharse a mano, proceso que toma mucho tiempo. Para superar este problema, se empezó a contratar a migrantes, o trabajadores ambulantes.

A ellos se los trataba muy mal, pero se tenían que dedicar a su trabajo. Trabajaban bajo el sol brillante y caliente por salarios muy bajos. Surgieron conflictos con los dueños de las granjas. Ponerse en huelga, o negarse a trabajar, podía ocasionar violencia. Durante mucho tiempo, los campesinos migrantes no tuvieron una asociación que los ayudara, ni tenían contacto con los funcionarios del capitolio estatal. Tampoco tenían acceso a la publicidad para contarle al público acerca de su situación. Entonces llegó un joven llamado César Chávez.

En la década de 1930, como consecuencia de una gran sequía, muchas personas de las Grandes Llanuras se mudaron a California y se convirtieron en trabajadores agrícolas migrantes. César Chávez fue uno de ellos.

Comprensión

DESTREZA CLAVE Persuadir

Mientras lees *Cosechando esperanza, la historia de César Chávez*, piensa si la autora está tratando de persuadirte, o convencerte, para que pienses o actúes de cierta manera. Pregúntate: *¿De qué está tratando la autora de persuadirme? ¿Cómo usa la autora el lenguaje para persuadirme?* Usa un organizador gráfico como el de abajo para ayudarte a identificar el propósito de la autora y sus razones.

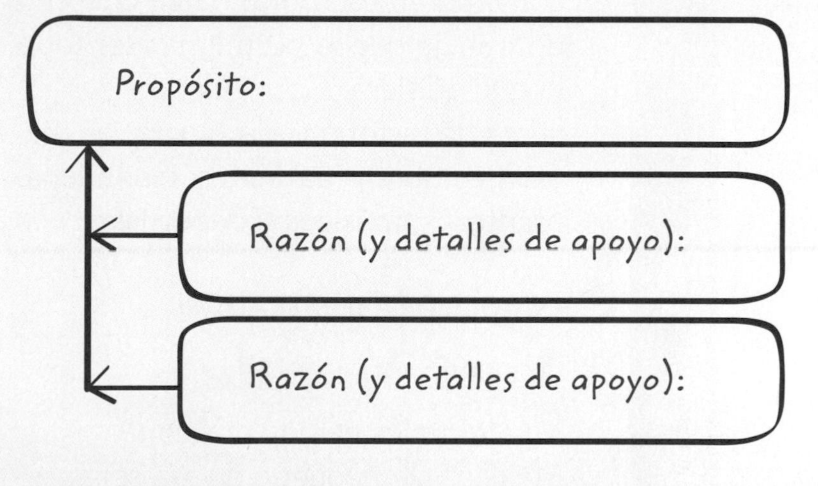

ESTRATEGIA CLAVE Inferir/Predecir

A veces, las razones de la autora no están enunciadas directamente en el texto. Usa tu organizador gráfico para que te ayude a inferir, o deducir, esas razones utilizando detalles y evidencia del texto. Inferir las razones puede ayudarte a saber si estás de acuerdo o no con la autora.

SENDEROS EN DIGITAL Presentado por DESTINO Lectura™
Lección 19: Actividades de comprensión

Selección principal

VOCABULARIO CLAVE

superar	publicidad
asociación	violencia
capitolio	conflicto
sequía	horizonte
dedicar	brillante

DESTREZA CLAVE

Persuadir Di cómo intenta un escritor convencer a los lectores de que apoyen una idea.

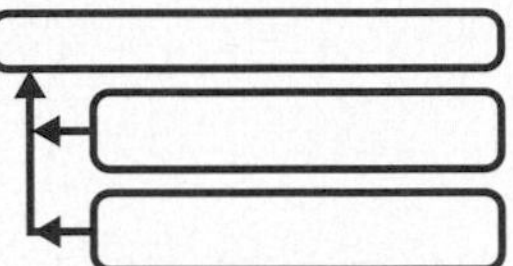

ESTRATEGIA CLAVE

Inferir/Predecir Usa las pistas del texto para entender lo que la autora no plantea directamente.

GÉNERO

Una **biografía** relata los sucesos de la vida de una persona, escritos por otra persona.

Establecer un propósito Antes de leer, establece un propósito basándote en el género y en lo que tú quieres descubrir.

CONOCE A LA AUTORA

Kathleen Krull

Cuando era adolescente, a Kathleen Krull la despidieron de su trabajo de tiempo parcial en una biblioteca ¡por leer demasiado! Cuando se convirtió en escritora, había encontrado un trabajo que le permitiría leer todo lo que quisiera. Conocida por sus libros de historia y sus biografías, ha escrito sobre presidentes, científicos, escritores, músicos y deportistas.

CONOCE A LA ILUSTRADORA

Yuyi Morales

Yuyi Morales nació en Xalapa, México. De pequeña quería ser acróbata. Hoy es escritora e ilustradora, y sus libros se han publicado en inglés y en español. No todas sus obras de arte las hace sobre el papel: también fabrica títeres.

Cosechando esperanza

La historia de César Chávez

por Kathleen Krull ilustrado por Yuyi Morales

Pregunta esencial

¿Qué razón podría tener un líder para usar la persuasión?

Cuando era niño, César Chávez vivía en el rancho de su familia en Arizona. Tenían una casa grande y toda la comida que querían. A César le encantaba jugar con sus primos y su hermano Richard. Le gustaba escuchar los cuentos de sus familiares sobre la vida en México.

En el verano de 1937, cuando César tenía diez años, los árboles que rodeaban el rancho empezaron a marchitarse. El sol achicharró la tierra de la granja hasta dejarla tan dura como las piedras. La sequía estaba sofocando la vida en Arizona. Sin agua para sus cosechas, la familia Chávez no ganaba lo suficiente para pagar las cuentas.

Llegó un día en que la madre de César no podía dejar de llorar. César se sintió desconcertado viendo a su padre amarrar todas sus posesiones al techo del viejo carro. A pesar de su larga lucha, la familia ya no era dueña del rancho. No tenían más remedio que unirse a los cientos de miles de personas que huían hacia los fértiles valles de California en busca de trabajo.

La vida anterior de César había desaparecido. Ahora él y su familia eran campesinos migrantes. Trabajaban las tierras de otra gente, de un lado a otro de California, recogiendo cualquier tipo de fruta o verdura que estuviera de temporada.

Cuando la familia Chávez llegó a lo que sería su primera casa en California, lo que encontraron fue una cabaña en malas condiciones. Le faltaban las puertas y la basura cubría todo el suelo, que era de tierra. Un aire frío y húmedo se colaba dentro de las cobijas y la ropa. Compartían el agua y los baños con otras doce familias. Con tanta gente el lugar estaba siempre sucio. Los vecinos peleaban constantemente y todo aquel ruido molestaba a César. No había dónde jugar con Richard. Las comidas eran a veces hojas de dientes de león recogidas al borde del camino.

DETENTE Y PIENSA
Inferir/Predecir ¿Por qué la familia Chávez soporta esas pobres condiciones de vida? ¿Qué evidencia en el texto te lo indica?

César reprimió la amargura que le causaba haber perdido su hogar y empezó a trabajar junto a su familia. Aunque era pequeño y no muy fuerte, era un trabajador incansable. Casi todo tipo de cultivo era un tormento. Arrancar remolacha le desgarraba la piel entre el dedo pulgar y el índice. Los viñedos rociados con pesticidas le irritaban los ojos y le hacían difícil la respiración. Lo peor era la lechuga. Limpiar las malas hierbas alrededor de la lechuga con el azadón de mango corto le causaba espasmos de dolor por toda la espalda. Trabajar la tierra de otros en vez de la propia le parecía una forma de esclavitud.

La familia Chávez hablaba constantemente de ahorrar lo suficiente para poder volver a comprar su rancho. Pero al final del día, la familia entera sólo recibía treinta centavos por su trabajo. Conforme pasaban los años, hablaban cada vez menos del rancho.

Las ciudades no eran mucho mejor que los campos. En muchas tiendas y restaurantes había señales que decían: SOLO PARA BLANCOS. Ninguna de las treinta y cinco escuelas a las que asistió César a lo largo de los años parecía tampoco un lugar seguro. En una ocasión en que César rompió la regla de hablar siempre en inglés, la maestra le colgó del cuello un letrero que decía: SOY UN PAYASO, HABLO ESPAÑOL. Aunque le gustaba aprender llegó a odiar la escuela por los conflictos que allí se producían. Incluso a él mismo le pareció un milagro terminar el octavo grado. Después de eso dejó la escuela para dedicarse a trabajar a tiempo completo en los campos.

El no haber podido estudiar avergonzó a César por el resto de su vida. Sin embargo, cuando era joven lo único que quería era traer comida a la mesa de su familia. Cuando trabajaba le molestaba que los patrones trataran a los trabajadores como herramientas en vez de como a seres humanos. No les daban agua potable, períodos de descanso o acceso a cuartos de baño. Cualquiera que se atreviera a protestar era despedido, castigado o incluso a veces, asesinado.

Así que César, como otros campesinos migrantes, tenía miedo y desconfianza cuando desconocidos llegaban tratando de ayudar. ¿Cómo podían esas personas saber lo que se sentía no tener poder? ¿Quién podía luchar contra tanta adversidad?

Y sin embargo, César nunca había olvidado su antigua vida en Arizona y la fuerte impresión que había sentido cuando todo se vino abajo. El trabajo en el campo no tenía por qué ser tan miserable.

Con desconfianza, empezó a poner atención a lo que decían los que venían de afuera. Empezó a pensar que quizás habría esperanza. Y con poco más de veinte años de edad decidió dedicar el resto de su vida a luchar por el cambio.

Volvió a recorrer California, esta vez para convencer a la gente de que se uniera a la lucha. Al principio, de los cientos de trabajadores con los que hablaba, quizás encontraba uno que estuviera de acuerdo con él. Uno a uno, así es como empezó.

Una docena de mujeres acudieron a la primera reunión que organizó César. Él se sentó callado en un rincón. A los veinte minutos, todo el mundo empezó a preguntarse cuándo aparecería el organizador. César creyó que iba a morirse de vergüenza.

—Bueno, yo soy el organizador —les dijo, y se forzó a seguir hablando con la esperanza de inspirar respeto con su traje nuevo y el bigote que se estaba dejando crecer. Las mujeres lo escucharon cortésmente y él pensaba que lo hacían por lástima.

Pero a pesar de su timidez, César mostró que podía resolver problemas. La gente confiaba en él. Con los trabajadores era infinitamente paciente y compasivo. Con los patrones era testarudo, exigente y obstinado. Estaba aprendiendo a ser un luchador.

En la lucha por la justicia les dijo a todos que la verdad era un arma más poderosa que la violencia.

—La no violencia —les dijo— requiere más valor.

Había que usar la imaginación para encontrar la forma de superar la falta de poder.

Más y más gente empezó a escucharlo.

Una noche, ciento cincuenta personas se reunieron en un viejo teatro abandonado en Fresno. En esta primera reunión de la Asociación Nacional de Campesinos, César presentó su bandera: un águila negra, el pájaro sagrado de los aztecas.

La Causa había nacido.

Había llegado la hora de la rebelión y el lugar era Delano. Aquí en el corazón del exuberante Valle de San Joaquín, viñedos de brillante color verde se extendían hacia el horizonte. Los trabajadores malpagados trabajaban encorvados sobre los viñedos la mayor parte del año. Entonces, en 1965, los dueños de los viñedos les redujeron aún más los salarios.

César eligió luchar contra uno de los cuarenta patrones, con la esperanza de que otros recibieran el mensaje. Con los racimos de uvas maduros en las viñas, miles de trabajadores dejaron los campos de esa compañía y se declararon en huelga. Las uvas maduras no duran mucho.

DETENTE Y PIENSA

Técnica de la autora Los autores usan modismos o frases que significan algo diferente de lo que significan las palabras en sí. "La no violencia requiere más valor", es un modismo que se usa en esta página. Encuentra más modismos en el resto de la historia.

La compañía contraatacó de todas las maneras posibles, desde los golpes hasta las balas. César se negó a responder con violencia. La violencia sólo perjudicaría *La Causa*.

Lo que hizo fue organizar una marcha, una marcha de más de trescientas millas. Él y quienes le apoyaban caminarían desde Delano hasta el Capitolio del estado en Sacramento para pedirle ayuda al gobierno.

César y otros sesenta y siete campesinos empezaron a caminar una mañana. Su primer obstáculo fue la policía de Delano. Treinta policías unieron sus brazos para impedirle al grupo cruzar la calle. Después de tres horas de discutir en público, el jefe de policía se retiró. El grupo entusiasta se encaminó bajo un sol abrasador hacia el norte. Su grito de solidaridad era *Sí Se Puede*.

Llegaron a Ducor durante la primera noche. Los caminantes durmieron afuera de la pequeña cabaña de la única persona que les dio la bienvenida.

En una sola fila continuaron cubriendo un promedio de quince millas al día. Pulgada a pulgada cruzaron el Valle de San Joaquín, mientras que las uvas sin cosechar en Delano se cubrían de moho blanco. Muy pronto, a César le salieron ampollas en los pies. Él y muchos otros sangraban a través de los zapatos.

La noticia se propagó. A lo largo del camino los campesinos les ofrecían comida y bebida. Cuando se ponía el sol, los caminantes encendían velas y seguían adelante.

El albergue no era ya un problema. Los simpatizantes empezaron a darles la bienvenida con banquetes. Cada noche había un discurso.

—Este peregrinaje es la llama —gritó un orador— que iluminará nuestra causa para que todos los campesinos vean lo que pasa aquí.

Seguidores entusiastas mantenían a los caminantes despiertos mientras hablaban sobre el cambio. Cada mañana la línea de caminantes aumentaba. César siempre iba adelante.

En el noveno día, cientos de caminantes cruzaron Fresno.

La larga y pacífica marcha fue una sorpresa ya que la gente no sabía cómo vivían los campesinos de California. Ahora eran los estudiantes, funcionarios públicos, líderes religiosos y ciudadanos de toda procedencia quienes ofrecían ayuda. Para la compañía de los viñedos, la publicidad se estaba haciendo insoportable.

Y en los viñedos las uvas continuaban pudriéndose.

En Modesto, al decimoquinto día, una multitud exaltada celebró el cumpleaños de César, quien cumplía treinta y ocho años. Dos días después, cinco mil personas recibieron a los caminantes en Stockton con flores, guitarras y acordeones.

DETENTE Y PIENSA

Persuadir ¿Cuáles son algunas palabras y frases que usa la autora en esta página para persuadir al lector de que la marcha está empezando a afectar a las personas?

Aquella noche César recibió un mensaje del que estaba seguro era una broma. Pero por si acaso era verdad, dejó la marcha y alguien lo condujo por la noche a una mansión en el rico Beverly Hills. Los oficiales de la compañía de viñedos le estaban esperando. Estaban dispuestos a reconocer la autoridad de la Asociación Nacional de Campesinos, prometiendo un contrato con más paga y mejores condiciones.

César se apresuró a regresar para unirse a la marcha.

El domingo de Pascua, cuando los caminantes llegaron a Sacramento, la marcha tenía más de diez mil personas.

Desde los escalones del edificio del Capitolio se hizo el anuncio jubiloso: César Chávez acababa de firmar el primer contrato para los campesinos en la historia de los Estados Unidos.

Es tu turno

Mostrar el camino

Escribir sobre la historia César Chávez trabajó arduamente por los derechos de los trabajadores del campo. Piensa en algún otro líder que haya defendido los derechos de otras personas. Escribe un párrafo que describa en qué creía esa persona y qué hizo para lograr los cambios. ESTUDIOS SOCIALES

¡Que se oigan las voces!

Escribir una canción Durante las marchas, se suele cantar. Con un compañero, escriban la letra de una canción que los trabajadores del campo podrían cantar durante la marcha a Sacramento. Usen la música de una canción que conozcan como melodía. En la canción, digan por qué están marchando y qué esperan lograr. PAREJAS

No peleen: ¡Marchen!

Turnarse y comentar

Con un compañero, comenten los resultados de la marcha a Sacramento. ¿Por qué creen que César Chávez usó la persuasión en lugar de la violencia para obtener lo que él y los trabajadores del campo querían? ¿Qué fue lo que finalmente persuadió a los dueños de los viñedos de aceptar sus pedidos? PERSUASIÓN

Conectar con las

Ciencias

VOCABULARIO CLAVE

superar	asociación
capitolio	sequía
dedicar	publicidad
violencia	conflicto
horizonte	brillante

GÉNERO

Un **texto informativo** como este artículo de revista proporciona datos y ejemplos sobre un tema.

ENFOQUE EN EL TEXTO

Gráfico Un texto informativo puede incluir un gráfico, un diagrama que muestra cómo se relacionan entre sí los diferentes hechos y números. ¿Qué te informa sobre la nutrición el gráfico de la página 492?

El Huerto de la escuela

por Ned L. Legol

El programa «El huerto de la escuela» es parte huerto, parte cocina y parte salón de clases. Se trata de la alegría de aprender. El gran huerto está justo detrás de la Escuela Media Martin Luther King, Jr., en Berkeley, California. La cocinera Alice Waters fundó «El huerto de la escuela». A ella le gusta dedicar gran parte de su tiempo a este programa.

Dentro de El huerto de la escuela

Todos los años, los estudiantes de sexto grado de la escuela plantan, cuidan y cosechan los cultivos del huerto. Aprenden sobre los efectos que el clima y la meteorología cambiantes tienen en las plantas. Durante una sequía, por ejemplo, deben regar el huerto con mayor frecuencia. Esto hace que todas las cosas sigan vivas y estén saludables.

Los estudiantes cultivan todo tipo de frutas, verduras y hierbas. Colores brillantes rodean a los niños mientras trabajan en el huerto, que se extiende hacia el horizonte.

Hora de cocinar

Los estudiantes también aprenden a cocinar saludablemente con los productos que cultivan. La escuela alberga a estudiantes de culturas diferentes. Por lo tanto, las comidas varían desde los curries indios hasta las hojas de parra mediterráneas. Algunos de los niños aprenden a superar su temor a los alimentos desconocidos.

Si hay conflictos en la cocina o en el huerto, los estudiantes deben trabajar para resolverlos. El programa se adecua a la visión de inclusión, igualdad y crecimiento pacífico sin violencia, de Martin Luther King, Jr.

«El huerto de la escuela» ha inspirado programas similares por todo el país. Estos estudiantes en Florida pertenecen al programa Planta un Millar de Jardines.

Es rico y, también, saludable

«El huerto de la escuela» ha recibido buena publicidad por enseñar sobre los alimentos saludables. Lo que crece en el huerto está libre de pesticidas y fertilizantes. Las comidas que se preparan son buenas para los niños.

Muchos otros grupos, como la Asociación Dietética Estadounidense, también enseñan a los niños y a los adultos a comer sanamente. Debido a que es tan importante, la necesidad de un almuerzo escolar saludable es algo que se habla con frecuencia en el capitolio de cada estado.

Buena alimentación

De acuerdo al gobierno de los EE. UU., se deberían comer los tipos y las cantidades de comida siguientes.

Granos	Verduras	Frutas	Aceites	Leche	Carne/ Frijoles
6 oz	2.5 tazas	2 tazas	5 cdt	3 tazas	5.5 oz

Medidas
oz = onzas
cdt = cucharas de té

Fuente: Departamento de Agricultura de los Estados Unidos

Hacer conexiones

El texto y tú

Escribir un párrafo Piensa en alguna vez que hayas tenido que ser persistente para resolver un problema. Describe esa ocasión. Explica el problema que tuviste que resolver y de qué te sirvió ser persistente para resolverlo.

De texto a texto

Comparar y contrastar Piensa en algunas de las experiencias que tuvieron César Chávez *en Cosechando esperanza* y Mila en *La corredora de la Luna*. ¿En qué se parecen y en qué se diferencian? Anota tus ideas en un diagrama de Venn.

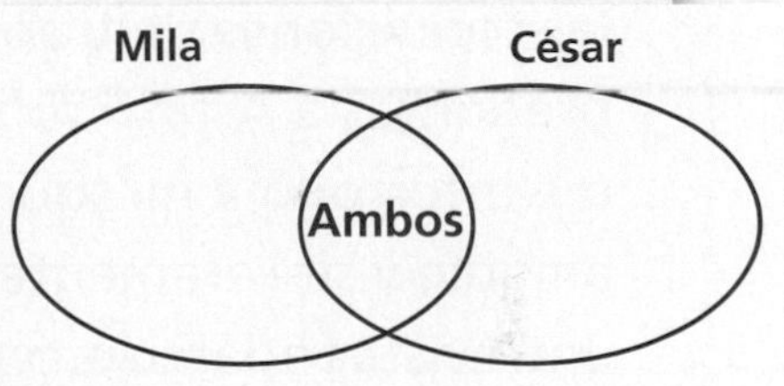

El texto y el mundo

Conectar con los Estudios Sociales La agricultura es una industria importante en Texas. Trabaja con un compañero para hacer una lista de los diferenes productos agrícolas que se producen en tu comunidad. Comparte tu lista con la clase.

Gramática

Palabras de transición Las **palabras de transición** conectan oraciones y permiten que el lector dé sentido a lo que lee. Algunas palabras de transición, como *primero, luego, después* y *por último* pueden indicar orden cronológico. Otras, como *así, como resultado* y *para resumir,* pueden comenzar o concluir un artículo, un discurso o un ensayo.

Lenguaje académico

palabras de transición

Palabras de transición

Pilar, Arturo y yo nos paramos al lado de la periodista, en el campo. El camarógrafo nos enfocó. Primero, el periodista le hizo preguntas a Pilar sobre las condiciones de trabajo. A continuación, le hizo preguntas a Arturo sobre los ranchos. Por último, me interrogó a mí sobre la escuela. Respondimos amable y sinceramente. Como resultado, nuestras entrevistas aparecieron en las noticias de la noche.

palabras de transición que indican orden cronológico

palabra de transición que indica conclusión

Turnarse y comentar **Con un compañero, identifica las palabras de transición de las siguientes oraciones. Di cuáles indican orden cronológico y cuáles indican una conclusión.**

1. Primero, los trabajadores se reunieron en la entrada.
2. A continuación, empezaron la marcha hacia el norte.
3. Durante ese tiempo, ganaron muchos seguidores.
4. Después, su líder se reunió con los patrones.
5. Como resultado, obtuvieron el reconocimiento del nuevo sindicato.

Fluidez de las oraciones Cuando escribas, usa palabras de transición para que el orden de los sucesos sea más claro para el lector. Si incluyes una conclusión al final de un escrito, usa una palabra de transición para indicarlo.

Empecé a comer el sándwich.
Lo saqué de la bolsa.

Claro

Empecé a comer el sándwich después de sacarlo de la bolsa.

Relacionar la gramática con la escritura

La próxima semana, mientras revisas tu narrativa personal, verifica si has usado palabras de transición para indicar el orden de los sucesos. También indica al lector el lugar en que empieza la conclusión de tu narración.

Taller de lectoescritura: **Preparación para la escritura**

Escribir para contar

✔ **Organización** Los buenos escritores organizan sus ideas antes de hacer un borrador. Para escribir una **narrativa personal** puedes organizar tus ideas en un cuadro de sucesos. En tu cuadro, escribe los sucesos principales en orden. Debajo de cada suceso principal, escribe detalles importantes o interesantes sobre él. Usa la siguiente Lista de control del proceso de escritura a medida que revisas tu trabajo.

Steve decidió escribir sobre una aventura de la clase. Primero tomó unas notas. Luego las organizó en un cuadro.

Lista de control del proceso de escritura

▶ **Preparación para la escritura**

- ✔ ¿Pensé en mi propósito para escribir?
- ✔ ¿Elegí un tema sobre el que me gustará escribir?
- ✔ ¿Exploré mi tema para recordar los sucesos y los detalles?
- ✔ ¿Organicé los sucesos en el orden en que ocurrieron?

Hacer un borrador

Revisar

Corregir

Publicar y compartir

Explorar un tema

Tema: mi clase participó en una Caminata contra el Hambre

comentar el proyecto con la clase

- mi idea: Caminata contra el Hambre
- ayudar a la gente
- caminata de 20 millas
- votación: ¡mi idea ganó!

reunir los donativos prometidos

- conseguimos que la gente donara dinero
- total: $425

día de la caminata

- viaje en autobús
- gran multitud
- globos, comida
- caminamos 5 horas
- ¡CANSADOS!
- banda
- me sentí realmente orgulloso

Cuadro de sucesos

Suceso: Mi clase comentó ideas para realizar un proyecto comunitario.

Detalles: Algunos niños dieron ideas. La mía fue hacer una Caminata contra el Hambre para ayudar a la gente, caminar 20 millas y recibir meriendas gratis. Votamos y mi idea ganó.

Suceso: Reunimos los donativos de la gente.

Detalles: Amigos y parientes prometieron donar dinero. Recaudamos $425.

Suceso: El 6 de mayo, la clase fue en autobús a la caminata.

Detalles: En el lugar de partida: gran multitud, globos, agua gratis, barras de granola, gorras.

Suceso: Caminamos durante 5 horas.

Detalles: Fácil al principio, difícil después...; cansados, dolor de pies.

Suceso: Terminamos la caminata.

Detalles: Una banda estaba tocando. Yo sólo quería irme a casa. Al día siguiente, me sentí realmente orgulloso.

En mi cuadro, puse los sucesos y los detalles en un orden que tiene sentido. Además, agregué algunos detalles nuevos.

Leer como escritor

¿Qué clase de orden usó Steve para organizar sus sucesos? ¿Qué partes de tu cuadro de sucesos puedes organizar más claramente?

Lección 20

territorio
acompañar
proponer
intérprete
tarea
provisiones
ruta
cuerpo
rudimentario
lugar de referencia

Librito de vocabulario

Tarjetas de contexto

Vocabulario en contexto

1

territorio

Para la mayoría de las personas, los polos representan territorio desconocido.

2

acompañar

Un guía te debe acompañar si quieres entrar a explorar una cueva.

3

proponer

Un grupo de científicos propuso realizar más viajes de exploración hacia Marte.

4

intérprete

Un intérprete es muy útil cuando las personas hablan idiomas diferentes.

- Estudia cada Tarjeta de contexto.
- Usa las claves de contexto para determinar el significado de estas palabras.

5 **tarea**

Los buceadores tienen una gran tarea. Se les requiere no dañar el ambiente marino ni a sus criaturas.

6 **provisiones**

Los excursionistas necesitan llevar consigo provisiones, tales como alimentos y agua.

7 **ruta**

Los que practican el montañismo buscan una ruta segura para llegar a la cumbre.

8 **cuerpo**

En una expedición científica, cada miembro del cuerpo de investigadores es un experto.

9 **rudimentario**

La exploración espacial se ha desarrollado mucho desde sus inicios rudimentarios.

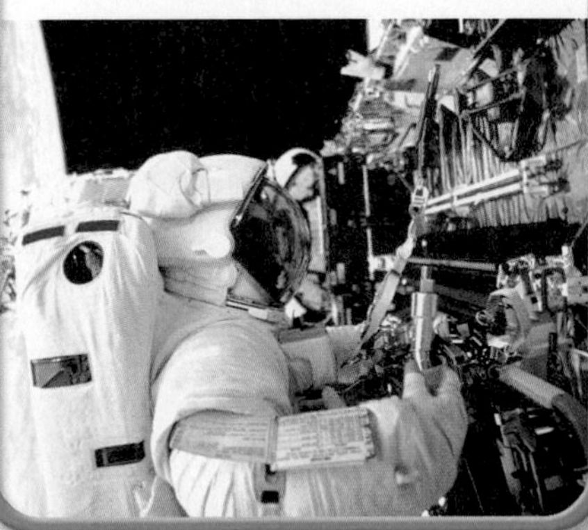

10 **lugar de referencia**

Identificar un lugar de referencia facilita el viaje de regreso en un lugar desconocido.

Contexto

VOCABULARIO CLAVE **La exploración del Oeste** En el año 1803, el presidente Thomas Jefferson hizo algo asombroso: ¡Duplicó el tamaño de los Estados Unidos! Francia le vendió las tierras que se extienden hacia el oeste del río Mississippi en una transacción conocida como la Adquisición de Luisiana.

Entonces, Jefferson propuso que los capitanes Meriwether Lewis y William Clark condujeran una expedición denominada Cuerpo de Descubrimiento. Su tarea era buscar una ruta fluvial a través de este nuevo territorio y conocer a los indígenas que vivían allí. Lewis y Clark sabían que el viaje sería difícil. Buscaron hombres que los pudieran acompañar y reunieron provisiones. Pronto necesitarían un intérprete para no tener problemas de comunicación con los indígenas. En el largo camino muchas veces tuvieron que fabricar medios de transporte, herramientas y utensilios rudimentarios.

Mientras el Cuerpo de Descubrimiento exploraba la región, se prestó mucha atención a cada lugar de referencia.

Comprensión

DESTREZA CLAVE Ideas principales y detalles

Mientras lees *Sacagawea*, deduce las ideas más importantes que presenta la autora. Busca detalles que aporten datos o ejemplos de apoyo para esas ideas principales. Usa un organizador gráfico como este para ver y resumir la relación entre una idea principal y sus detalles de apoyo; luego, resume las ideas más importantes.

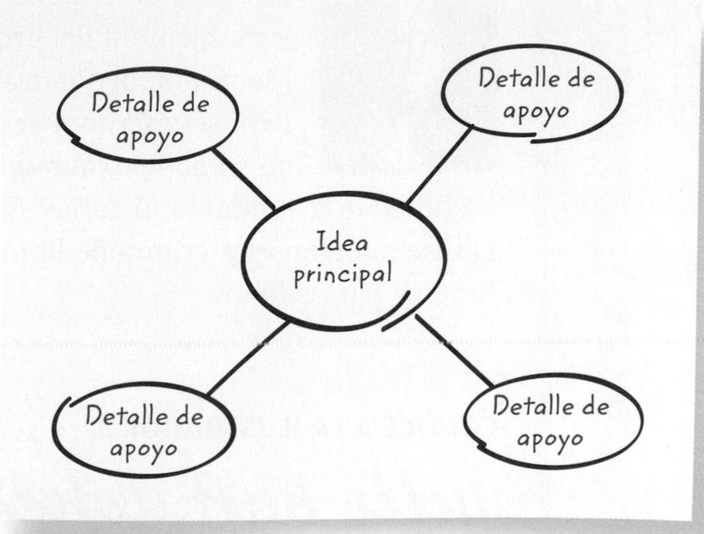

ESTRATEGIA CLAVE Visualizar

Puedes visualizar varias etapas del viaje de Sacagawea para ayudarte a identificar las ideas más importantes y los detalles de apoyo de cada una. Los detalles descriptivos ayudarán a crearte imágenes mentales que hacen más claras las ideas principales.

SENDEROS EN DIGITAL Presentado por DESTINO Lectura™
Lección 20: Actividades de comprensión

Selección principal

territorio	**provisiones**
acompañar	**ruta**
proponer	**cuerpo**
intérprete	**rudimentario**
tarea	**lugar de referencia**

DESTREZA CLAVE

Ideas principales y detalles Resume las ideas clave de un tema y los detalles que las apoyan.

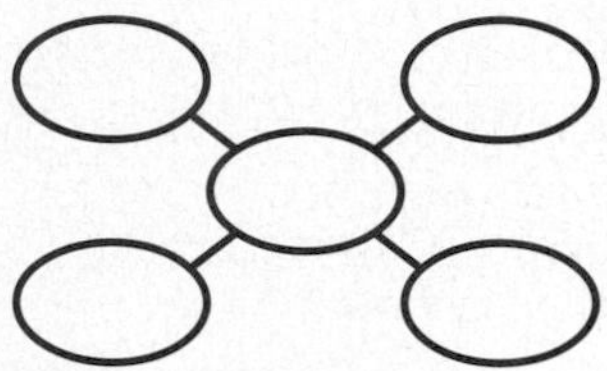

ESTRATEGIA CLAVE

Visualizar Usa detalles del texto para formarte imágenes mentales de lo que estás leyendo.

GÉNERO

Una **biografía** es un texto sobre los sucesos de la vida de una persona, escrito por otra persona.

Establecer un propósito Antes de leer, establece un propósito basándote en el género y en lo que tú quieres averiguar.

CONOCE A LA AUTORA

Lise Erdrich

Lise Erdrich es parte indígena y es miembro del grupo Turtle Mountain, de Plains-Ojibway. Para ser escritora se inspiró en su abuelo, que se la pasaba escribiendo o contando historias. Su hermana Louise también es escritora de libros para niños y para adultos.

CONOCE A LA ILUSTRADORA

Julie Buffalohead

Julie Buffalohead, parte india ponca, investigó el arte tradicional de los indígenas estando en la universidad. Con frecuencia describe las leyendas y tradiciones indígenas en sus cuadros. A veces usa la pintura como una manera de explorar temas importantes, como los prejuicios que algunas personas pueden tener acerca de los indígenas.

SACAGAWEA

por Lise Erdrich ilustrado por Julie Buffalohead

Pregunta esencial

¿Qué hace que un equipo tenga éxito?

Son los principios del siglo XIX. Sacagawea es una joven de origen shoshone, tribu que habita en las aldeas del río Knife, Dakota del Norte. Cuando era niña, los indios de la tribu hidatsa la secuestraron de su casa en las montañas Rocosas. Desde entonces, ha vivido con ellos en las Grandes Llanuras, lejos de su familia. Sacagawea ha aprendido mucho de los hidatsa, incluso cómo cultivar alimentos. Ahora está casada con un cazador de pieles canadiense de origen francés llamado Toussaint Charbonneau.

Mientras tanto, los capitanes Meriwether Lewis y William Clark han estado preparando la expedición llamada Cuerpo de Descubrimiento (Corps of Discovery). Ellos y su equipo están a punto de empezar un viaje de exploración hasta el océano Pacífico.

El 14 de mayo de 1804, una tripulación de más de cuarenta hombres inició su travesía río arriba por el Missouri en un barco de quilla y dos grandes canoas llamadas piraguas. La expedición del Cuerpo de Descubrimiento estaba en camino.

Llegaron a las aldeas del río Knife a finales de octubre. Los recibieron con gran entusiasmo. A Sacagawea le contaron historias sobre un gigantesco perro negro que viajaba con los exploradores. Se enteró de que un bravo y asombroso "hombre blanco" de piel negra formaba parte de la tripulación. Se trataba de York, el esclavo del Capitán Clark.

Los exploradores construyeron un fuerte y lo llamaron Fuerte Mandan. Luego se instalaron y pasaron el invierno en las aldeas del río Knife. Lewis y Clark supieron pronto que necesitarían caballos para cruzar las montañas Rocosas. Los aldeanos les dijeron que podrían conseguirlos de la tribu shoshone cuando la expedición llegara al paso de la montaña.

El astuto Charbonneau les propuso que lo contrataran como guía e intérprete. No hablaba shoshone, pero Sacagawea sí. Le dijo a su esposa que se unirían a la expedición en la primavera. Aunque éstas eran noticias emocionantes para Sacagawea, su mente estaba en otra parte. Pronto sería madre.

En febrero llegó el momento para que Sacagawea tuviera su bebé. Fue un parto largo y difícil. El capitán Lewis quiso ayudarla. Le dio a un miembro de la tripulación dos cascabeles de serpiente para que los triturara y los mezclara con agua. Unos pocos minutos después de beber la mezcla, Sacagawea dio a luz a un varoncito. Aunque le pusieron "Jean-Baptiste Charbonneau", el capitán Clark lo llamaba Pompy. Al poco tiempo todos lo conocían como Pomp.

El 7 de abril de 1805, la expedición inició su travesía hacia el oeste, luchando contra la corriente poderosa y turbia del Missouri en dos piraguas y seis canoas más pequeñas. Pomp no tenía ni siquiera dos meses de edad. En sus caminatas por las orillas del río, Sacagawea llevaba a Pomp sobre su espalda, en un portabebés, o envuelto cómodamente en su manto.

Cada miembro de la expedición iba contratado por una habilidad especial: cazador, herrero, carpintero, marinero. Como intérprete Charbonneau cobraba mucho más dinero que cualquier otro, aunque sus habilidades como marino, guía y explorador eran muy limitadas. La única cosa que hacía bien era cocinar salchichas de búfalo.

A pesar de no cobrar ni un centavo, Sacagawea hacía todo lo que podía para ayudar a la expedición. Mientras caminaba por la orilla junto al capitán Clark, buscaba plantas que le podían servir para mantener sana a la tripulación. Recogía bayas o desenterraba raíces de alcachofas con su pala. Su niñez con la tribu shoshone la había preparado bien para el viaje.

La expedición tenía menos de dos meses de haber comenzado cuando estuvo a punto de terminar en desastre. Charbonneau dirigía un bote por aguas picadas cuando una ráfaga de viento volteó el bote hacia un lado. Perdió el control y soltó el timón mientras el bote se llenaba de agua. Los objetos de valor de la expedición se iban perdiendo en el agua. Charbonneau recibió la orden de enderezar el bote o lo fusilarían.

Sacagawea mantuvo la calma y rescató las cosas importantes de los capitanes: diarios de navegación, pólvora, medicinas, instrumentos científicos y todo lo que pudo alcanzar. Sin esas provisiones, la expedición no hubiera podido continuar.

Pocos días después, llegaron a un hermoso río. Los capitanes, en agradecimiento, lo llamaron río Sacagawea.

✔ DETENTE Y PIENSA

Ideas principales y detalles

Identifica y resume la idea principal y los detalles de apoyo en el último párrafo de la página 506.

Para el mes de junio, la expedición entraba en la región montañosa. Pasó muy poco tiempo antes de que pudieran escuchar el rugido distante de las Grandes Cataratas del Missouri. Según el capitán Lewis, la vista de las cataratas era lo más impresionante que había visto en su vida. Sin embargo, no había manera de atravesarlas en bote. Les llevó aproximadamente un mes pasar alrededor de las Grandes Cataratas y las cuatro cascadas que habían descubierto justo detrás de ellas.

Construyeron chirriantes vagones rudimentarios para llevar los botes y las provisiones. Azotados por el granizo, la nieve y el viento, los hombres arrastraron los chirriantes vagones por encima de rocas filosas y nopales que agujereaban sus mocasines.

Un día, una copiosa lluvia causó un aluvión. Rocas, lodo y agua bajaban en picada por el cañón. Sacagawea abrazó a su hijo con todas sus fuerzas y Clark los empujó y arrastró hasta un lugar seguro. El portabebé, la ropa y las cobijas de Pomp desaparecieron con el agua, pero ninguno de los tres resultó con herida alguna.

Para mediados de julio, la expedición volvía a navegar por el Missouri. Llegaron a un valle donde se unían tres ríos, un lugar que Sacagawea conocía bien. Si ella estaba triste de volverlo a ver, no lo demostró. Los capitanes se enteraron de cómo Sacagawea había sido capturada y de cómo habían matado a su gente.

Sacagawea reconoció una montaña que su gente usaba como lugar de referencia llamada Cabeza de Castor. Sabía que debían estar acercándose al campamento de verano de la tribu shoshone.

DETENTE Y PIENSA

Técnica de la autora En el primer párrafo de esta página está la palabra *rugido*. Rugir es un ejemplo de **onomatopeya**. Es decir, el significado de una palabra es similar a su sonido. Encuentra otro ejemplo de onomatopeya en el segundo párrafo.

Casi dos semanas después, mientras Sacagawea caminaba a lo largo de la ribera del río, reconociendo aquel territorio familiar, vio a lo lejos a algunos hombres a caballo. De pronto, el capitán Clark vio como ella saltaba y bailaba de alegría chupándose los dedos. Sabía que esto significaba que esa era su gente, los shoshone.

Una multitud entusiasmada saludó a los exploradores en el campamento de la tribu. A pesar de que habían pasado muchos años desde la captura de Sacagawea, una mujer la reconoció, corrió hacia ella y la abrazó.

Lewis y Clark se dieron cuenta que necesitarían los caballos de la tribu shoshone más de lo que habían pensado. Había más territorio montañoso de lo que esperaban entre el río Missouri y una ruta navegable hacia el Pacífico. Se llamó a una reunión del gran consejo para discutir el asunto. Sacagawea fue una de las traductoras.

Traducir para los hombres en el consejo del jefe era una gran responsabilidad. Sacagawea quería hacer un buen trabajo, pero al ver la cara del jefe de la tribu comenzó a llorar. ¡Era su hermano, Cameahwait! Sacagawea saltó, tiró su manta sobre él y lloró.

Cameahwait también estaba muy emocionado. Pero el consejo debía continuar. A pesar de que las lágrimas le seguían brotando, Sacagawea continuó con su tarea hasta que terminó el concilio.

Sacagawea pasó los últimos días de agosto con su gente. El tiempo transcurría muy rápido. Pronto la expedición se vio cabalgando en los caballos de los shoshone para continuar su travesía por las montañas, dejando sus botes atrás.

En la siguiente etapa del viaje estuvieron a punto de morir. Los senderos de la montaña eran estrechos y peligrosos, especialmente una vez que empezó a nevar. Los pies se les congelaron, no tenían suficiente comida y las montañas parecían interminables.

Finalmente, la expedición llegó hasta el lado del Pacífico de las montañas Rocosas. Allí, los indios de la tribu nez percé los ayudaron a construir nuevos botes y aceptaron cuidarles los caballos en caso de que volvieran por esa ruta en la primavera.

La tripulación, con gran alivio, echó los botes al río Clearwater y dejó que la corriente los llevara hacia el océano.

A comienzos de noviembre, los exploradores escucharon el inconfundible bramido de las olas. ¡Finalmente habían llegado al océano Pacífico!

La tripulación votó para decidir dónde estaría el campamento de invierno. Sacagawea también pudo votar. Quería quedarse donde pudiera encontrar muchas raíces de wapato para la comida de invierno. Levantaron un campamento no lejos del océano por si acaso venía un barco para llevarlos de regreso a casa. Para entonces la gente del este pensaba que todos en la expedición habían muerto hacía mucho tiempo. Ningún barco vino por ellos.

Una lluvia fría los iba mojando mientras cortaban troncos y construían el Fuerte Clatsop. Los cazadores fueron a buscar comida mientras Sacagawea cavaba en busca de raíces de wapato en el terreno saturado de agua.

DETENTE Y PIENSA

Visualizar Cuando Sacagawea vuelve a reunirse con los shoshone, en las páginas 509–510, ¿qué frases te ayudan a visualizar lo que sucede?

El día de Navidad fue lluvioso y sombrío, pero los miembros de la expedición estaban decididos a celebrar. Los hombres dispararon sus armas como saludo y cantaron. Sacagawea le regaló al capitán Clark dos docenas de colas de comadreja blanca.

A principios de enero, Clark oyó de algunos indios que una ballena se había quedado varada en la orilla del mar. Decidió bajar hacia la playa a buscar grasa de aquella ballena para mejorar la dieta de sus hombres. Todos estaban cansados de comer carne y pescado magros.

Sacagawea se armó de valor e insistió en acompañar a Clark. No había viajado tanto para irse sin ver el mar. Y quería ver a aquella monstruosa criatura. Los capitanes aceptaron que fuera.

Finalmente, Sacagawea vio el océano Pacífico. Inmóvil, observó aquellas aguas que se extendían sin fin frente a ella. En la playa se encontraba un gran esqueleto de ballena. Era una vista imponente, tan grande como lo que medirían veinte hombres acostados uno tras de otro. Aunque ya la ballena había sido limpiada por completo, Clark logró comprarles a los indios algo de grasa para alimentar a sus hombres.

La tripulación se mantuvo ocupada todo el invierno cazando y reparando los mocasines y sus equipos. Clark hizo mapas, mientras Lewis trabajaba en el informe para el presidente Jefferson.

Sacagawea cuidaba a Pomp, quien comenzaba a dar sus primeros pasos. El capitán Clark lo llamaba "mi pequeño bailarín". Se había encariñado con Sacagawea y su hijo. Cuando llegara el momento, la separación sería muy difícil.

Llegó la primavera y con ella el momento de regresar por donde habían venido. A finales de marzo, la expedición Cuerpo de Descubrimiento navegó por el río Columbia para recoger los caballos que habían dejado con la tribu de los nez percé.

En un lugar llamado Descanso del Viajero, la expedición se dividió en dos grupos. Sacagawea ayudaría a Clark a guiar a su grupo al sur, hacia el río Yellowstone. El grupo de Lewis se dirigiría al noreste a explorar el río Marias.

A finales de julio, el grupo de Clark se encontró con un enorme peñón a orillas del río Yellowstone. Clark la nombró Torre de Pompy, en honor a su adorado amiguito. En uno de los lados de la roca, escribió:

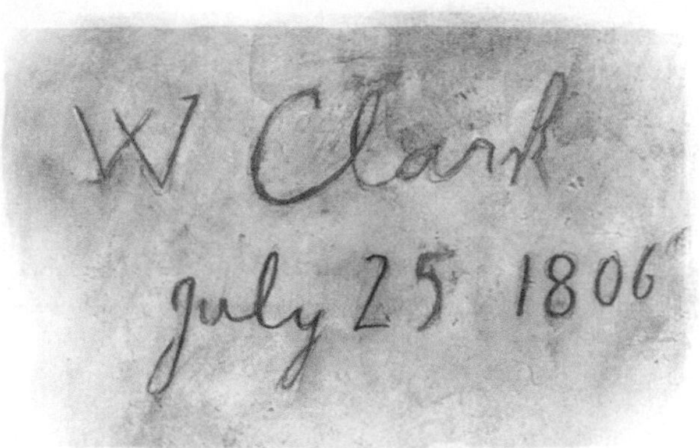

W. Clark, 25 de julio de 1806

Los dos grupos se encontraron el 12 de agosto. Dos días después, Sacagawea pudo ver una vez más las viviendas redondas hechas de adobe en las aldeas del río Knife. Había estado fuera un año y cuatro meses.

Lewis y Clark se prepararon para volver a Saint Louis. Antes de partir, el capitán Clark se acercó a conversar con Sacagawea y Charbonneau. Les ofreció llevar a Pomp a Saint Louis con él. Su intención era criar al niño como si fuera su propio hijo y darle una buena educación.

Sacagawea sabía que el capitán cuidaría bien a su hijo. Pero el niño no tenía siquiera dos años de edad. No podía dejarlo ir aún. Sacagawea y Charbonneau prometieron llevar a Pomp a visitar a Clark después de que pasara un año.

El 17 de agosto de 1806, Sacagawea vio cómo el Cuerpo de Descubrimiento partía río abajo por el Missouri. Su viaje de exploración había terminado, pero la expedición todavía tenía cientos de millas por recorrer.

Es tu turno

Unirse al Cuerpo de Descubrimiento

Escribir una explicación
Imagina que te han invitado a la expedición de Lewis y Clark. ¿Qué cualidades o habilidades habrías aportado al equipo? ¿Qué es lo que más habrías disfrutado del viaje? ¿Qué te habría parecido más difícil? Escribe un párrafo donde expliques tus ideas. RESPUESTA PERSONAL

¡Acción!

Representar una escena
Trabajen en un grupo pequeño. Imaginen que son los actores principales en una película sobre el Cuerpo de Descubrimiento. Elijan una escena de la selección y decidan quiénes actuarán en ella. Incluyan un narrador si es necesario. Busquen algunos objetos de utilería que ayuden a dar vida a la escena. Practiquen la escena y represéntenla para la clase. GRUPO PEQUEÑO

Jugadores en equipo

Turnarse y comentar Con un compañero, comenten por qué el Cuerpo de Descubrimiento tuvo éxito. ¿Qué problemas tuvieron que enfrentar? ¿Cómo trabajaron unidos para superar esos problemas? ¿Qué importancia tuvo Sacagawea como miembro del equipo? Usa detalles de la selección para apoyar tus ideas. IDEAS PRINCIPALES Y DETALLES

Conectar con la

poesía

VOCABULARIO CLAVE

territorio
proponer
tarea
ruta
rudimentario
lugar de referencia
acompañar
intérprete
provisiones
cuerpo

GÉNERO

La **poesía** utiliza el sonido y el ritmo de las palabras para sugerir imágenes y expresar sentimientos.

ENFOQUE EN EL TEXTO

El **verso libre** crea un tipo de poesía sin rima y sin ritmo regulares. Al leer *"El viento"*, observa cómo el poema no tiene rima ni ritmo como otros poemas que has leído antes. ¿Cómo crea la longitud de cada verso la sensación de movimiento del viento en el poema?

Poesía indígena SOBRE LA NATURALEZA

La naturaleza y la relación de las personas con la naturaleza son dos temas importantes de la poesía indígena. Un poema puede incluir detalles que describen un territorio común, tal como un bosque donde el viento susurra a través de los árboles. También puede personificar un objeto al otorgarle características humanas. Además, un poema podría decir qué es importante en la vida.

Aquí estoy,
contémplame,
dijo cuando apareció.
Soy la Luna,
contémplame.

Adaptación del original de ***Teton Sioux***

EL VIENTO

De noche,
el viento nos mantiene despiertos,
susurrando entre los árboles.
No sabemos cómo haremos para dormir,
hasta que lo hacemos:
nos quedamos dormidos tan pronto
como amaina el viento.

Adaptación del original de ***Crow***

PRESERVAR LAS TRADICIONES ORALES

Durante siglos, los indígenas han transmitido oralmente sus poemas, canciones y cuentos de una generación a la otra. Las personas que no hablaban los idiomas de los indígenas necesitaban un intérprete para poder comprender y poner por escrito esta literatura oral.

Hacia fines del siglo XIX, se podían utilizar grabadores cilíndricos para grabar y reproducir los sonidos. Comparados con los pequeños grabadores electrónicos actuales, los grabadores cilíndricos eran rudimentarios. Sin embargo, conservaban los sonidos con exactitud. En 1890 este instrumento se volvió importante para el científico Jesse Fewkes, a quien se le solicitó que acompañara a un cuerpo de investigadores al suroeste de los Estados Unidos. El grabador estaba entre las provisiones de Fewkes. Lo usó para grabar y conservar las tradiciones orales de los indígenas.

Un grabador cilíndrico

Tú, dueño del día,
haz que sea hermoso.
Muestra tus colores de arco iris,
así será hermoso.

Adaptación del original de ***Nootka***

RECUERDO MIS PEQUEÑAS AVENTURAS

Recuerdo mis pequeñas aventuras,
mis miedos,
esos miedos pequeños
que me parecían inmensos,
por todas las cosas vitales
que debía obtener y alcanzar;
pero hay una única cosa grandiosa,
la única cosa,
por la que vivir:
ver cómo amanece el grandioso día
y cómo el mundo se colma de luz.

Adaptación del original anónimo
(Indígena, siglo XIX)

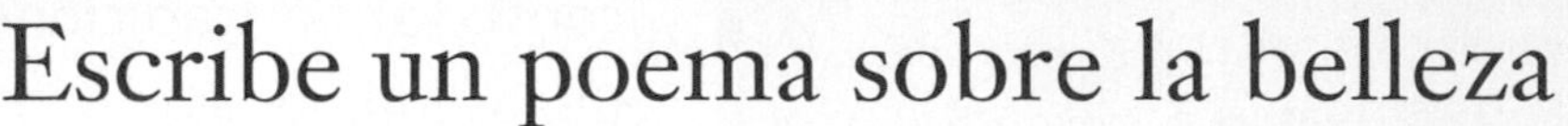

Escribe un poema sobre la belleza

El poema «Tú, dueño del día» sugiere que es tarea de cada persona hacer que el día sea hermoso. ¿Cómo harías para que tu día fuera hermoso? ¿Ayudarías a alguien que aprecias? ¿Tomarías una ruta especial para llegar a un lugar de referencia? ¿Harías un dibujo o admirarías el atardecer? ¿Tus amigos te han propuesto ideas como estas en el pasado? Escribe un poema que cuente qué harías.

Hacer conexiones

El texto y tú

Escribir una entrada de diario Sabemos detalles de la expedición Cuerpo de Descubrimiento porque Lewis y Clark llevaron un diario. Recuerda un viaje que hayas hecho. Escribe algunas páginas de un diario sobre él. Explica por qué el viaje fue importante para ti.

De texto a texto

Escribir un poema Piensa en uno de los lugares naturales de interés que vio Sacagawea durante su viaje. Luego escribe un poema sobre ese lugar, que tenga detalles sensoriales que ayuden a los lectores a imaginar la escena. Puedes buscar ideas en *Poesía indígena sobre la naturaleza.*

El texto y el mundo

Investigar sobre los indígenas Elige un grupo de indígenas que haya vivido en tu estado en el pasado. Encuentra por lo menos tres datos interesantes sobre este grupo y anótalos en un cartel junto con dibujos o fotografías que ayuden a explicar tus datos.

Gramática

Las abreviaturas Una **abreviatura** es una forma reducida de una palabra. Algunas abreviaturas comienzan con letra mayúscula y terminan en un punto. Las abreviaturas se usan para nombrar los títulos de las personas. También se usan en direcciones, o en calendarios.

Lenguaje académico

abreviaturas

Algunas abreviaturas comunes			
Títulos	Sr. → señor Ing. → Ingeniero	Gral. → general Dra. → Doctora	Sra. → Señora Srta. → Señorita
Direcciones	Avda. → Avenida Apto. → Apartamento	C.C. → Casilla de correo EE.UU. → Estados Unidos	N → Norte S → Sur
Meses	feb. → febrero	ag. → agosto	oct. → octubre
Días	lun. → lunes	miér. → miércoles	dom. → domingo

Inténtalo **Escribe las siguientes direcciones en una hoja aparte. Reemplaza las palabras subrayadas por las abreviaturas correspondientes.**

1. Señorita Raquel Lubkin
Avenida Libertadores, 272 Norte
San Diego, California
Estados Unidos

2. Doctor Randall Smith
Casilla de correo 2727
Montpelier, VER 05603

Convenciones Los buenos escritores utilizan abreviaturas solo en tipos especiales de palabras y escritos, como direcciones y listas. Cuando utilices abreviaturas, asegúrate de escribirlas correctamente.

Abreviaturas incorrectas	Abreviaturas correctas

Doct. James Sekiguchi	Dr. James Sekiguchi
Compa. Bradley	Cía. Bradley
Av Saratoga nº 127	Avda. Saratoga n.º 127
Montgomery, Ala. 36104, EE.UU.	Montgomery, AL 36104, EE. UU.
Mié, 18 de sep	Miér., 18 de sept.

Relacionar la gramática con la escritura

Cuando revises tu narrativa personal, corrige todos los errores de uso de mayúsculas y de puntuación.

Taller de lectoescritura: **Revisar**

Escribir para contar

✔ Ideas En *Sacagawea,* la autora no cuenta todos los detalles del viaje de los exploradores. En cambio, menciona solamente las partes más interesantes y más importantes. Cuando revises tu **narrativa personal,** observa cada detalle. ¿Es importante para tu cuento? ¿Es interesante? Usa la siguiente Lista de control del proceso de escritura a medida que revisas tu trabajo.

Steve hizo el borrador de su cuento sobre una aventura de la clase. Cuando lo revisó, quitó unos detalles poco interesantes e hizo también otros cambios.

Lista de control del proceso de escritura

Preparación para la escritura

Hacer un borrador

▶ **Revisar**

- ✔ ¿Empecé con un captador de interés?
- ✔ ¿Mencioné solamente las partes interesantes y las conté en orden?
- ✔ ¿Usé detalles y un diálogo vivaz?
- ✔ ¿Mis sentimientos afloran?
- ✔ ¿Mis oraciones son fluidas y variadas?
- ✔ ¿Mi final muestra cómo se resolvieron los sucesos?

Corregir

Publicar y compartir

Borrador revisado

Cuando la señora Kay pidió a nuestra clase que pensara un proyecto comunitario, alcé mi mano inmediatamente. ~~La señora Kay me llamó en quinto lugar~~.

—Hagamos una Caminata contra el Hambre —dije—. Recaudaremos dinero para ayudar a la gente y, además, será formidable caminar veinte millas. Y recibes meriendas gratis en el camino.

Votamos y ¡la caminata ganó! ~~La limpieza de un parque salió segunda~~.

Copia final

Nuestra Caminata contra el Hambre

por Steve Jones

Cuando la señora Kay pidió a nuestra clase que pensara un proyecto comunitario, alcé mi mano inmediatamente.

—Hagamos una Caminata contra el Hambre —dije—. Recaudaremos dinero para ayudar a la gente y, además, será <u>formidable</u> caminar veinte millas y recibir meriendas gratis en el camino.

Votamos y ¡la caminata ganó!

Nuestra primera tarea fue pedir a parientes y amigos que prometieran donar dinero para las familias necesitadas. Todos fueron generosos y también lo fue nuestro director, el señor Desmond. Cuando contamos los donativos, estallamos de alegría. ¡Habíamos recaudado $425!

Después, el 6 de mayo, fuimos en autobús hasta una calle donde empezaría la caminata. Había cientos de personas. Vimos globos, estandartes y mesas con jugo y barras de granola.

Quité algunos detalles sin importancia. Además, me aseguré de usar la puntuación correcta.

Leer como escritor

¿Cómo hizo Steve para mantener interesante su cuento? ¿Qué partes de tu cuento podrías hacer más interesantes?

Lee las dos selecciones. Piensa en qué se parecen y en qué se diferencian.

Aprender de los errores

Raúl y Ariel se acomodaron en sus bicicletas para empezar el circuito de bicicross. Ariel llevaba tres años compitiendo, pero esta era la primera carrera de Raúl. Esperaba recordar todo lo que Ariel le había enseñado.

Raúl repasó los últimos seis meses en su mente. Se había entusiasmado desde el momento en que Ariel le preguntó si le gustaría practicar ese deporte. Él le había ayudado a encontrar el equipo de seguridad y le había explicado la importancia de practicar y de establecer un horario para hacerlo juntos.

El entrenamiento era difícil. Pronto Raúl se aburrió de practicar la misma destreza una y otra vez. ¡Estaba listo para la carrera! Raúl terminó faltando a muchos de los entrenamientos. Y cuando fue, dedicó más tiempo a hacer jueguitos con la bicicleta que a escuchar los consejos de Ariel.

"Ahora empieza la verdadera diversión", pensó Raúl, mientras se preparaba en la línea de largada.

—Tómalo con seriedad —le avisó Ariel—. El bicicross puede ser peligroso.

¡Pum! Resonó el disparo de largada. Los niños salieron velozmente. Raúl vio el primer obstáculo en la distancia. Era una serie de vallas pequeñas.

—¡Aquí voy! —gritó cuando llegó a las vallas. Saltó de la bicicleta y cayó con todo su peso sobre un pie. De inmediato, tenía que colocarse la bicicleta al hombro. Raúl no podía recordar qué le había dicho Ariel sobre este punto. Intentó levantar la bicicleta por las ruedas pero se le cayó. Finalmente, la levantó del suelo. Mientras corría, trataba de balancear la bicicleta sobre el hombro. La bicicleta era pesada y le dolía el tobillo. Antes de que se diera cuenta, terminó en el suelo, con la cara en el barro.

—¿Estás bien? —oyó que le decía su amigo. Ariel tendió la mano para ayudarlo. Raúl estaba agradecido de que Ariel le diera más importancia a él que a la carrera. Tomó la mano de Ariel y se puso de pie.

—¡Ay! —gritó Raúl. Le dolía el tobillo al apoyarlo—. Tenías razón, Ariel. El bicicross requiere más que fuerza y velocidad. ¿Podemos entrenar juntos unos meses más? ¡Quiero llegar al final de mi próxima carrera!

¿El bicicross es para ti?

por Rick Spears, escritor de redacción

El bicicross es una carrera de bicicletas en campo abierto. Los corredores solo montan su bicicleta en un tramo de una carrera, porque solo una parte del circuito de dos millas no tiene obstáculos. En los otros tramos hay obstáculos como arenales, barriales y pilas de troncos. Cuando los ciclistas se encuentran con estos obstáculos, tienen dos opciones: los pueden pasar montados en su bicicleta o pueden bajarse, cargar la bicicleta y correr.

Debes ser un atleta fuerte y hábil para competir en este deporte. Estos son algunos elementos básicos que debes aprender y practicar antes de participar en una carrera de bicicross.

Bajar de la bicicleta

Para ser un corredor excelente, tienes que bajarte de la bicicleta sin disminuir la velocidad. Para lograrlo, desliza la pierna derecha por encima del asiento. Al mismo tiempo, aparta la bicicleta de tu cuerpo. Esto dejará espacio para que el pie derecho llegue al suelo junto al pie izquierdo. En el momento en que tu pie derecho se acerca al suelo, quita el pie izquierdo del pedal. Pon ambos pies en el suelo y… ¡empieza a correr!

Cargar la bicicleta

Apenas empiezas a correr, tienes que decidir qué harás con la bicicleta. Puedes cargarla al hombro o levantarla.

A veces, tendrás que correr rápido y saltar una serie de obstáculos. En estos casos, probablemente prefieras cargar la bicicleta al hombro. Tan pronto como tus pies tocan el suelo al bajar, toma el caño inferior. Levanta la bicicleta con cuidado dándola vuelta y coloca el cuadro sobre tu hombro derecho. Sostén el manubrio para evitar que la bicicleta se balancee mientras corres.

En ocasiones, querrás levantar la bicicleta para atravesar los obstáculos. Levantar es como cargar al hombro, pero deberás tomar el caño superior en lugar del inferior. Luego, levantas la bicicleta lo suficiente para atravesar los obstáculos. Después de haber atravesado los obstáculos, apoyas la bicicleta en el suelo con cuidado.

Volver a montarse

Una vez que bajaste de la bicicleta y la cargaste para atravesar un obstáculo, tendrás que volver a montarte. Apenas apoyes la bicicleta en el suelo, empújate con la pierna izquierda, desliza la pierna derecha por sobre el asiento y ubícate en la posición de manejo. Volver a montarse puede ser lo más difícil en el bicicross.

Imagina esta situación: estás por llegar a un obstáculo único y de poca altura. Quieres atravesarlo sin perder tiempo en bajarte de la bicicleta. Puedes hacerlo con un "salto de conejo". Para hacer este salto, levanta todo tu cuerpo. Esto hace que la bicicleta salte como un conejo justo por encima del obstáculo.

El bicicross es una manera excelente de mantenerse activo y divertirse. Sin embargo, puede ser peligroso. Asegúrate de estar bien preparado y tener el equipo de seguridad necesario. Entonces, ¡ya estarás listo para correr!

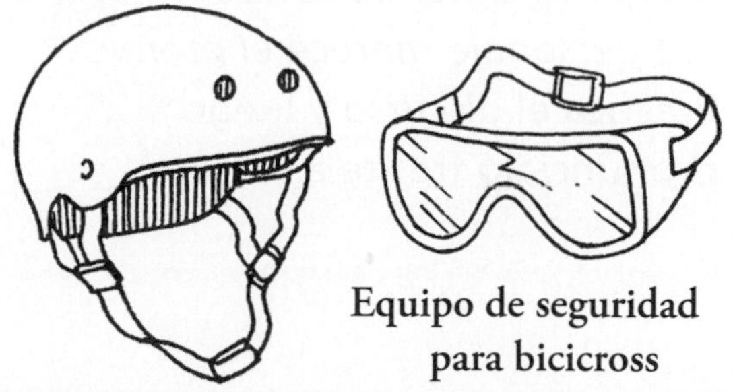

Equipo de seguridad para bicicross

Conclusión de la Unidad 4

Gran  idea

Receta para el éxito Haz una tarjeta con la receta para tener éxito. ¿Qué logro te haría sentir exitoso? Haz una lista de las cualidades que necesitas para tener éxito. Luego, haz una lista de los pasos que te ayudarían a lograrlo. Comparte tu receta con el resto de la clase.

Mi receta para el éxito

Cantidades necesarias:
-
-
-
-

Pasos:
1.
2.
3.
4.

Escuchar y hablar

Presentar un premio Los personajes de la Unidad 4 son exitosos por distintos motivos. Haz una lluvia de ideas para decidir un premio que le entregarías a uno de ellos. Prepara un discurso breve para presentar el premio. El discurso debe responder a las siguientes preguntas: *¿Qué es el premio? ¿Quién lo recibe? ¿Por qué ese personaje merece el premio?* Practica el discurso y luego pronúncialo frente a la clase.

El CAMBIO a nuestro alrededor

Unidad 5

Gran idea
Experimentamos cambios y los causamos.

Lecturas conjuntas

Lección

El mundo según Humphrey
Fantasía
página 534

Cambiar de canal
Aviso publicitario: Medios de comunicación
página 548

Lección

¡Yo podría hacerlo!
Biografía: Estudios Sociales
página 560

Trabajando por el voto
Obra de teatro
página 572

Lección

El árbol eterno
Texto informativo: Ciencias
página 584

Árboles altísimos
Poesía
página 600

Lección

Owen y Mzee
Narrativa de no ficción: Ciencias
página 612

Reserva marina
Texto informativo: Ciencias
página 624

Lección
25

Cuánto se divertían
Ciencia ficción
página 636

Tecnología para todos los estudiantes
Texto informativo: Ciencias
página 646

Lección 21

apreciar
bulla
combinación
enseguida
presentar
nocturno
proeza
esfuerzo
sugerir
alboroto

Librito de vocabulario

Tarjetas de contexto

Vocabulario en contexto

1 **apreciar**

Apreciar a sus mascotas es algo a lo que la mayoría de las personas da mucho valor.

2 **bulla**

Si un perro ladra fuerte y hace mucha bulla, debe ser entrenado para que no lo haga.

3 **combinación**

Muchas personas pueden sentir una combinación de amor por sus mascotas y de frustración con ellas.

4 **enseguida**

Si un perro necesita salir, sácalo enseguida, o de inmediato.

- **Estudia cada Tarjeta de contexto.**
- **Usa un diccionario para ayudarte a comprender el significado de estas palabras.**

5 presentar

Deberías tener mucho cuidado cuando presentas una mascota nueva a las demás mascotas de tu casa.

6 nocturno

El hámster es un animal nocturno. Quiere decir que esta mascota es más activa de noche.

7 proeza

Muchas personas disfrutan enseñando a sus mascotas a hacer trucos y otras proezas que requieren destreza.

8 esfuerzo

Hace falta esfuerzo, o mucho trabajo, para cuidar a una mascota, no importa qué clase de animal sea.

9 sugerir

Los expertos sugieren, o recomiendan, mantener la calma cuando se entrena a una mascota.

10 alboroto

Algunos pájaros hablan, pero también pueden crear un gran alboroto cuando gritan.

Contexto

VOCABULARIO CLAVE **Tiempo libre** ¿Cómo pasas tu tiempo libre en casa? ¿Hace mucha bulla tu estéreo provocando un verdadero alboroto? Quizás eres un ser nocturno y ves cómo los héroes de la televisión realizan proezas cada noche. Si tienes un hámster o un cobayo, quizás lees acerca de los roedores para apreciar mejor su comportamiento.

Si quieres tener un pasatiempo nuevo, ¿por qué no presentas la idea a tus padres? Te sugiero que lo hagas pues ellos enseguida pueden ayudarte a convertirla en realidad. La combinación de planificación y esfuerzo puede hacer que pasar el tiempo libre sea mucho mejor.

Aquí se presentan algunos pasatiempos a los que se dedican las personas en su tiempo libre. Algunos son muy comunes y otros no lo son.

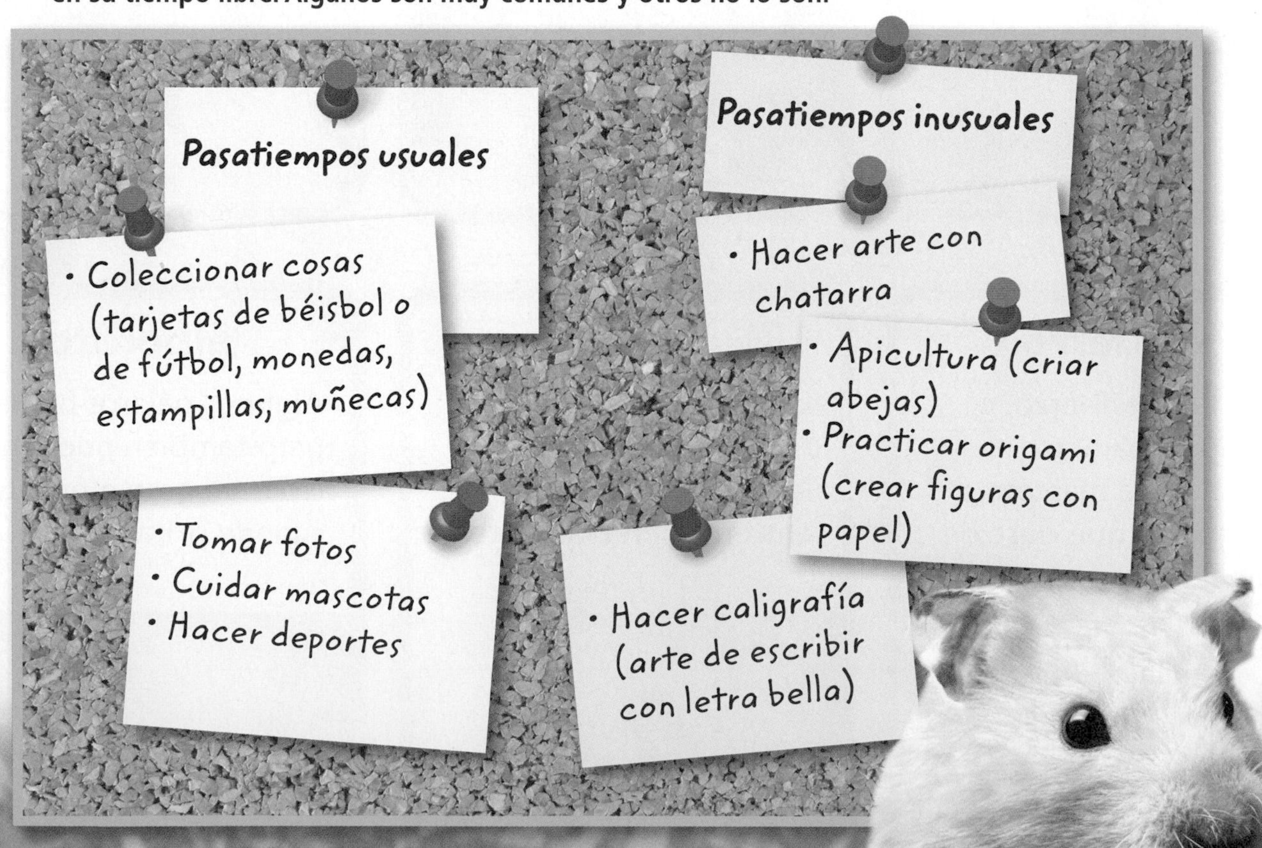

Comprensión

DESTREZA CLAVE Tema

Mientras lees *El mundo según Humphrey,* pregúntate qué lección importante aprenden los personajes principales a lo largo del cuento. Esa lección es el tema del cuento. Usa un organizador gráfico como este para llevar nota de los pensamientos y las acciones de los personajes, y de la forma en que estos cambian y maduran. Esto te ayudará a entender el tema del cuento.

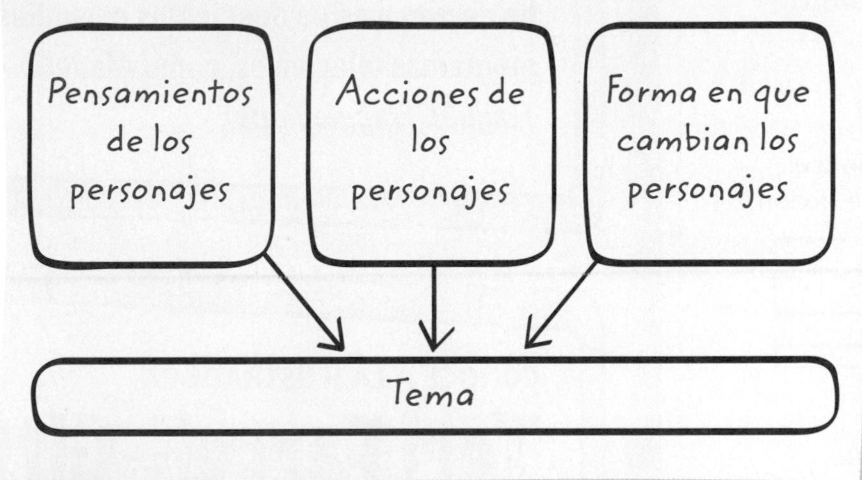

ESTRATEGIA CLAVE Resumir

Puedes usar la información de tu organizador gráfico como ayuda para resumir, o describir brevemente, los sucesos principales de *El mundo según Humphrey*. Al final de cada página, haz una pausa para resumir brevemente lo que acabas de leer y estar seguro de que lo entendiste.

SENDEROS EN DIGITAL Presentado por DESTINO Lectura™
Lección 21: Actividades de comprensión

Selección principal

VOCABULARIO CLAVE

apreciar	bulla
combinación	enseguida
presentar	nocturno
proeza	esfuerzo
sugerir	alboroto

DESTREZA CLAVE

Tema Explicar la lección o el mensaje de una obra de ficción.

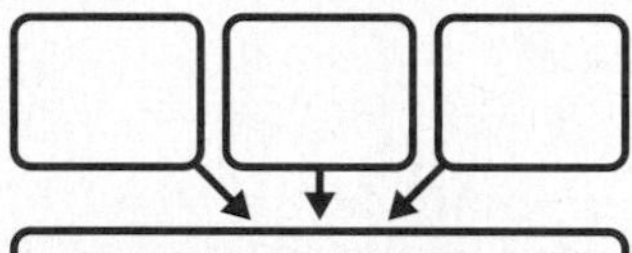

ESTRATEGIA CLAVE

Resumir Vuelve a contar brevemente, con tus propias palabras, las partes importantes del texto.

GÉNERO

Una **fantasía** es un cuento que tiene detalles que no podrían ocurrir pero que parecen reales.

Establecer un propósito Antes de leer, establece un propósito basándote en el género y en lo que tú quieres averiguar.

CONOCE A LA AUTORA

Betty G. Birney

Betty G. Birney escribió su primer "libro", titulado *El osito del bosque (The Teddy Bear in the Woods),* a los siete años de edad. Ahora es autora de más de veinticinco libros infantiles, entre ellos varios otros de la serie Humphrey. Aunque Birney critica a la televisión en esta selección, ha escrito más de doscientos episodios de programas televisivos, como *Madeline* y *Los Fraguel (Fraggle Rock).*

CONOCE A LA ILUSTRADORA

Teri Farrell-Gittins

Es posible que Teri Farrell-Gittins no fuera hoy una artista si hubiera visto tanta televisión como lo hace la familia de esta selección. Muy a menudo no tenía televisión en su casa cuando era pequeña, así que dibujaba mucho. El ilustrar esta selección le recordó lo importante que es desconectarse, usar la imaginación y salir al aire libre a ver la belleza de la naturaleza.

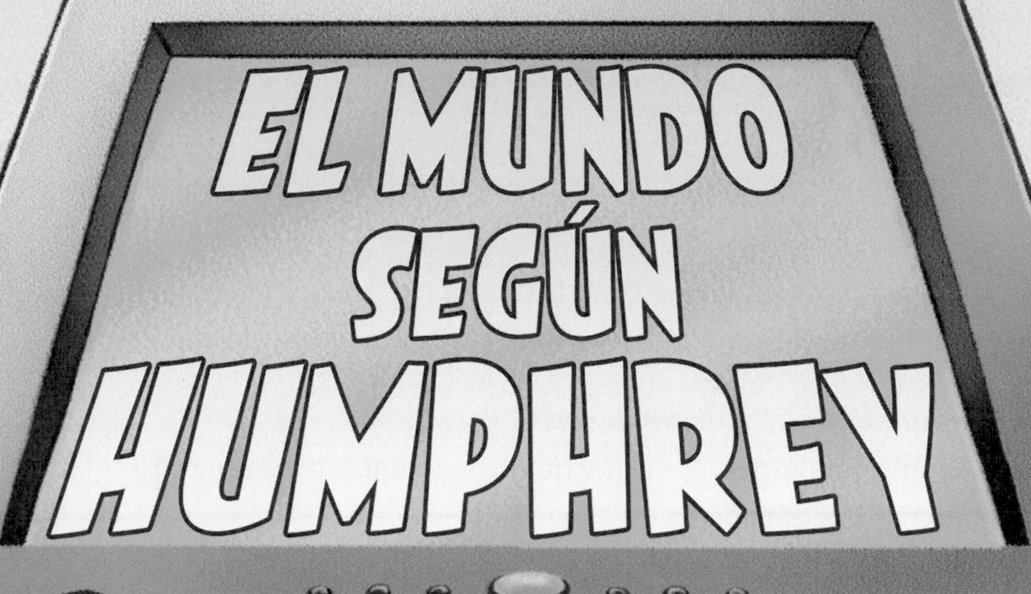

por Betty G. Birney
selección ilustrada por Teri Farrell-Gittins

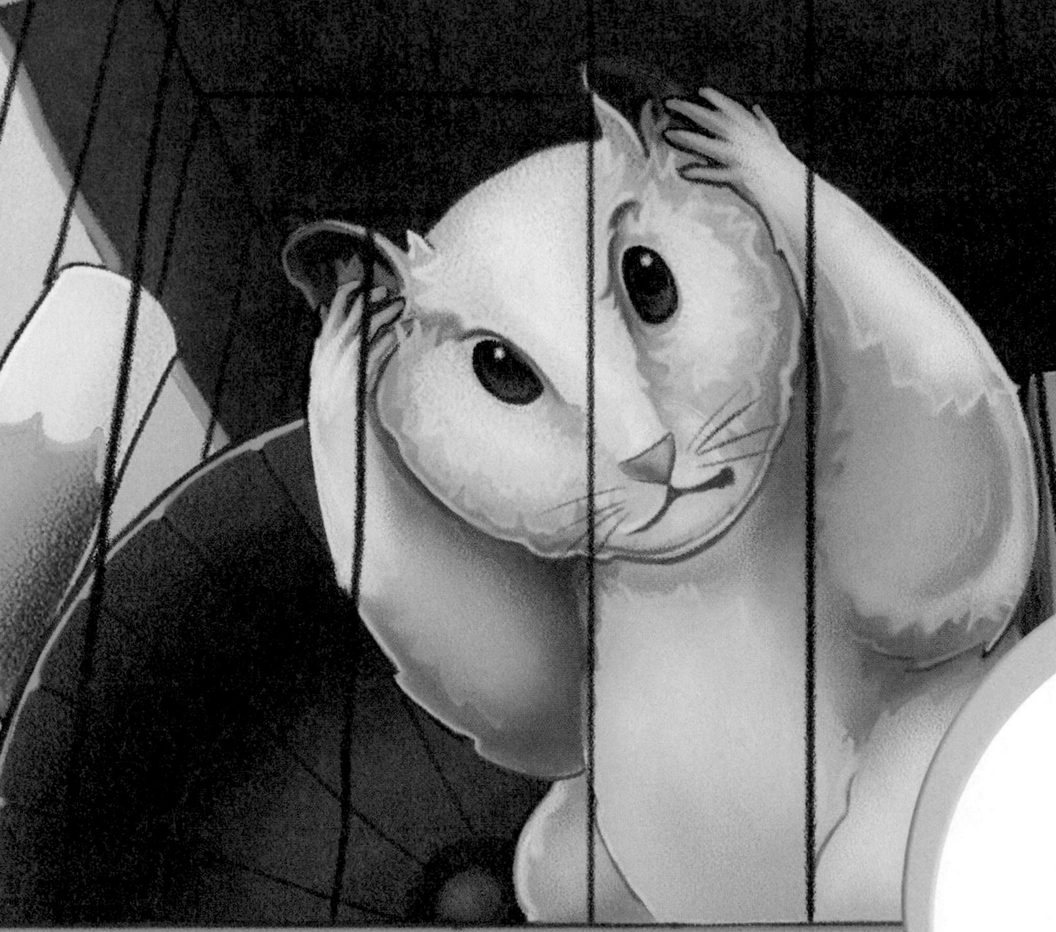

Pregunta esencial

¿Qué tendría de distinto tu día si no hubiera televisión?

Los niños de la clase de la maestra Brisbane adoran cuidar de su hámster, Humphrey. Los fines de semana son especialmente divertidos, porque uno de ellos se lleva a Humphrey a casa. Este fin de semana, el estudiante afortunado es A. J.

Bajamos del autobús cerca de la casa de A. J. Era una vieja casa de dos pisos con un gran pórtico. Apenas entré, toda la familia me dio una calurosa bienvenida: la mamá de A. J., su hermano menor, Teo, su hermanita, Delia, y su hermano bebé, Benjamín.

—Anthony James, ¿por qué no nos presentas a tu amiguito? —dijo su mamá al saludarnos.

¿Anthony James? Todos en la escuela lo llamaban A. J., por sus iniciales, o simplemente "Ajota".

—Él es Humphrey —respondió.

—Hola, Humphrey —dijo la Sra. Thomas.

—¿Cómo te fue hoy, Anthony?

—Pésimo. Garth estuvo lanzándome bandas elásticas todo el día. No me deja en paz.

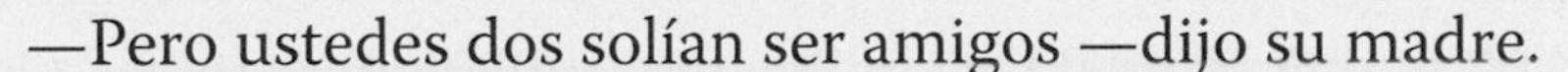

—Pero ustedes dos solían ser amigos —dijo su madre.

—Solíamos serlo, sí —replicó A. J.—, hasta que se convirtió en un TONTO.

La mamá dio unas palmaditas a su hijo en el hombro.

—Bueno, tienes todo el fin de semana para superarlo. Ahora lleva a Humphrey a la sala y acomódalo.

La Maestra Brisbane lo llamaba Baja-Tu-Voz-A. J., porque A. J. siempre levantaba muchísimo la voz al hablar en clase. Pronto noté que todos en casa de A. J. hablaban en voz muy alta. Tenían que hacerlo, porque de fondo se oía constantemente la bulla de la televisión.

Pues bien, todas las casas en las que he estado hasta ahora tenían un televisor y he disfrutado algunos de los programas que he visto.

Hay un canal que sólo transmite programas aterradores sobre animales salvajes que se atacan unos a otros. Quiero decir salvajes, como tigres, osos e hipopótamos. (¡Oh!, espero que esta palabra no esté en nuestra prueba de vocabulario en el futuro próximo). Esos programas me hacen apreciar la protección de una linda jaula. Siempre y cuando la cerradura no esté completamente cerrada.

Hay otro canal que sólo presenta personas vestidas de manera graciosa que bailan y cantan en lugares muy extraños. Me alegra estar cubierto por mi propio abrigo de piel y no tener que pensar en qué ponerme todos los días.

Pero los que más me gustan son los programas de dibujos animados. Tienen ratones, conejos y otros roedores interesantes, aunque nunca he visto un programa con un hámster. Todavía no.

De todas maneras, la diferencia en la casa de la familia Thomas es que la televisión está encendida *todo el tiempo*. Hay un televisor sobre una mesa, frente a un sofá grande y confortable y frente a una silla grande y confortable, donde casi siempre hay alguien sentado mirando la televisión. Lo sé porque pusieron mi jaula en el suelo junto al sofá. Desde allí, podía ver muy bien la televisión.

Sin embargo, no siempre podía escuchar la televisión, porque la madre de A. J. tenía una radio en la cocina, que sonaba muy fuerte casi todo el tiempo mientras ella cocinaba, hacía crucigramas o mientras hablaba por teléfono. No importaba qué estuviera haciendo, la radio siempre estaba encendida.

Cuando el papá de A. J. regresó a casa después del trabajo, se dejó caer sobre el sofá y se puso a ver la televisión mientras jugaba con el bebé. Después A. J. y Teo conectaron unos juegos de video y jugaron mientras su papá miraba. Delia escuchaba la radio con su mamá y bailaba en la cocina.

Cuando llegó la hora de cenar, todos los miembros de la familia tomaron sus platos y se sentaron en la sala para poder ver la televisión mientras comían.

Después vieron televisión un rato más. Hicieron palomitas de maíz y siguieron viendo la televisión.

Finalmente, los niños se fueron a la cama. Primero el bebé, después Delia y más tarde Teo y A. J.

Una vez que todos estuvieron en sus habitaciones, el Sr. y la Sra. Thomas continuaron viendo televisión y comieron un poco de helado. Más tarde, la Sra. Thomas bostezó ruidosamente. —Ya es suficiente para mí, Charlie. Me voy a la cama y te sugiero que tú también lo hagas —dijo.

Pero el Sr. Thomas simplemente siguió viendo televisión. O al menos siguió sentado allí hasta que se quedó dormido en el sofá.
Terminé viendo el resto del combate de lucha libre sin él.

DETENTE Y PIENSA

Técnica de la autora Los autores usan modismos o frases que significan algo diferente al significado de las palabras que acarrean. La señora Thomas dice "ya es suficiente", lo que significa que está cansada. Identifica otros modismos usados por los personajes en el resto del cuento y sus significados.

Desgraciadamente, el luchador que yo alentaba, Thor el Glorioso, perdió. Por fin, el Sr. Thomas se despertó, bostezó, apagó el televisor y subió la escalera hasta su dormitorio. Paz finalmente.

Sin embargo, el silencio duró sólo alrededor de diez minutos. Pronto mamá bajó con Benjamín y le dio su biberón mientras miraba la televisión. Cuando al fin Benjamín se quedó dormido, la Sra. Thomas bostezó y apagó el televisor. Bendito alivio.

Cinco minutos después, regresó el Sr. Thomas. —Lo lamento, hámster. No puedo dormir —mascculló hacia mí mientras encendía el televisor con el control remoto. Miró, miró y después cabeceó hasta quedarse dormido nuevamente; pero la televisión seguía encendida. No me quedó otra opción que ver una sarta de publicidades de ceras para carros, programas para bajar de peso, aparatos para hacer gimnasia y los Magníficos Clásicos de Armónica.

La combinación de ser un animal nocturno y estar bajo ese bombardeo de luz y sonido me mantuvo completamente despierto.

Al filo del amanecer, Delia entró a la habitación andando de puntillas, arrastrando su muñeca por el cabello, y cambió de canal para ver un programa de dibujos animados sobre princesas.

Vio otro programa sobre perros y gatos. (¡Qué miedo!) Después el Sr. Thomas se despertó y quiso saber los resultados de algunos eventos deportivos. La Sra. Thomas le entregó al bebé con su biberón y pronto los niños mayores pusieron los juegos de video en la televisión y sus padres los miraron jugar.

Era RUIDOSO-RUIDOSO-RUIDOSO. Pero los Thomas parecían no notarlo.

—¿Qué quieres para desayunar? —preguntó gritando mamá.

—¿Qué? —respondió papá gritando más fuerte todavía.

—¿QUÉ QUIERES PARA DESAYUNAR? —vociferó mamá.

—¡GOFRES TOSTADOS! —vociferó papá más fuerte.

—¡NO PUEDO OÍR LA TELEVISIÓN! —gritó Teo y subió el volumen.

—¿QUIERES JUGO? —gritó mamá.

—¡NO PUEDO OÍRTE! —respondió papá.

Y así siguieron. Con cada nueva pregunta el sonido de la televisión subía y subía hasta llegar a ser verdaderamente ensordecedor.

Entonces mamá encendió su radio.

Los Thomas eran una familia realmente simpática, pero yo estaba seguro de que sería un fin de semana muy largo y ruidoso si no se me ocurría un plan.

Así que giré en mi rueda durante un rato para ayudarme a pensar. Pensé, pensé y pensé otro poco. Entonces se me ocurrió la gran idea. Probablemente se me habría ocurrido antes, ¡si hubiera podido escuchar mis pensamientos!

Hacia el mediodía, toda la familia Thomas estaba viendo el partido de fútbol americano en la televisión. O, mejor dicho, el Sr. Thomas estaba viendo el partido de fútbol americano en la televisión, mientras A. J. y Teo le hacían preguntas a gritos. La Sra. Thomas estaba en la cocina escuchando la radio y hablando por teléfono. Delia jugaba al cucú con el bebé, sentados cómodamente en la silla.

Nadie me estaba mirando, así que abrí con cuidado la cerradura-que-no-cierra de la jaula y salí rápidamente.

Naturalmente, nadie pudo oírme cuando atravesé el piso con rápidos saltitos y di la vuelta por toda la habitación hasta llegar al espacio que estaba detrás del mueble del televisor. Entonces, con un gran esfuerzo, logré desconectar el enchufe: fue una de las proezas más difíciles de mi vida.

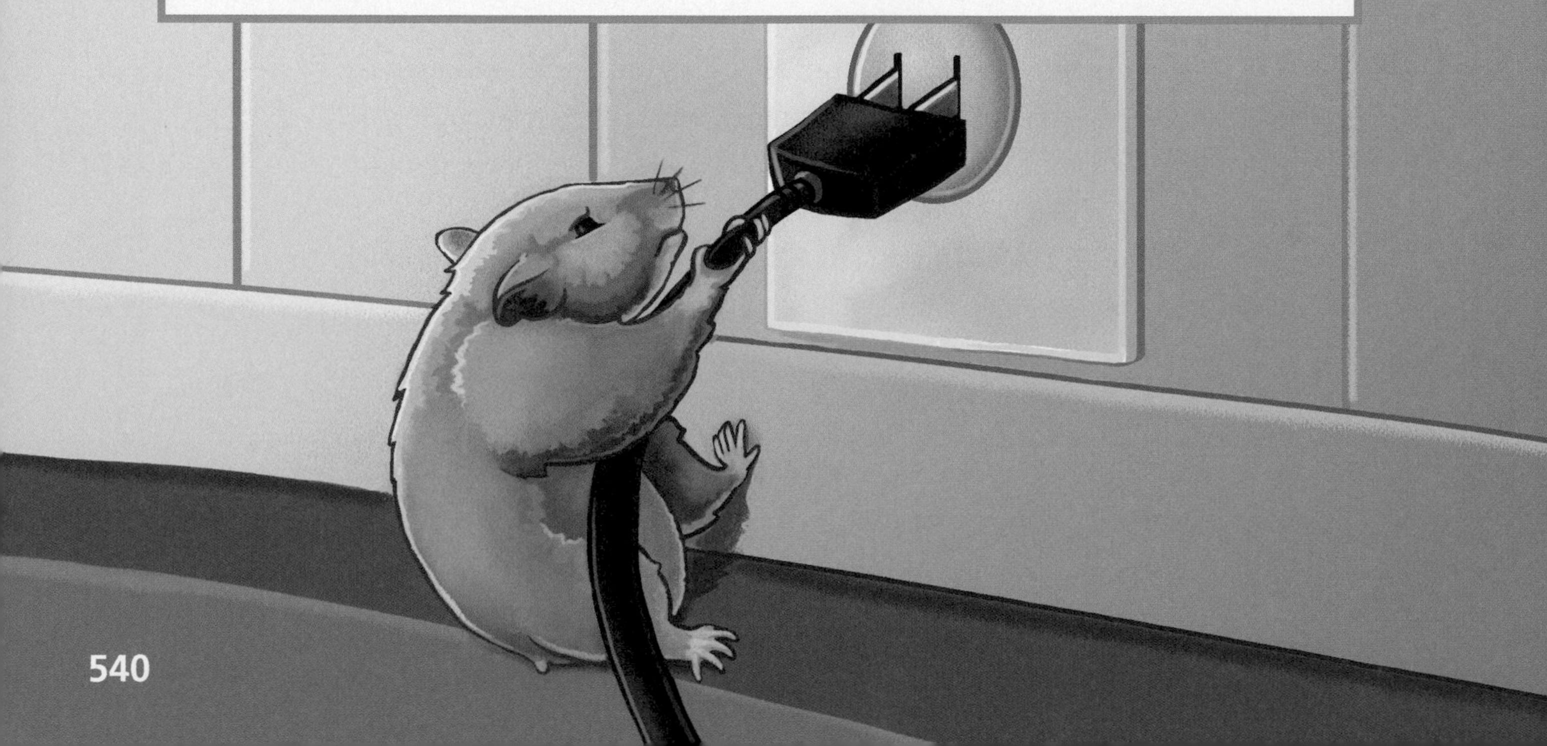

La televisión quedó en silencio. Maravillosa, feliz y calladamente en silencio. Tanto silencio, que me dio miedo moverme. Esperé detrás del mueble, inmóvil.

Los Thomas miraban fijamente la pantalla del televisor a medida que la imagen se oscurecía lentamente.

—Teo, ¿golpeaste el control remoto? —preguntó el Sr. Thomas.

—No. Está debajo de la mesa.

—Anthony, ve a encender esa cosa de nuevo —dijo el Sr. Thomas. A. J. dio un brinco y presionó el botón de encendido del televisor.

No pasó nada.

—¡Está dañado! —exclamó.

La Sra. Thomas llegó corriendo desde la cocina y preguntó: —¿Qué sucedió?

El Sr. Thomas le explicó que el televisor se había apagado y hablaron de cuán viejo era (cinco años), se preguntaron si tendría una garantía (nadie lo sabía) y si el Sr. Thomas era capaz de arreglarlo (no lo era).

—Todo andaba bien y se apagó de golpe sin motivo. Supongo que lo mejor es que lo llevemos a arreglar —dijo el Sr. Thomas.

—¿Cuánto tiempo tomará que lo arreglen? —preguntó Delia con una vocecita quejosa.

—No lo sé —respondió su papá.

—¿Cuánto costará? —preguntó la Sra. Thomas.

—¡Oh! —dijo su esposo—, había olvidado que no estamos muy bien de fondos en este momento.

El bebé comenzó a llorar. Pensé que el resto de la familia también se pondría a llorar.

—Bueno, me pagan el viernes que viene —dijo papá.

A. J. se levantó de un salto y agitó las manos diciendo: —¡Falta una semana entera para eso!

—Me voy a la casa de la abuela. Su televisión funciona —dijo Teo.

—Yo también —dijo Delia sumándose a la conversación.

—La abuela tiene la reunión del club de bridge esta noche en su casa —dijo mamá.

—Ya sé —dijo papá—. Vamos al cine a ver una película.

—¿Sabes cuánto cuesta ir al cine? —preguntó mamá—. Además, no podemos llevar al bebé.

—Oh.

Se quejaron y discutieron durante un buen rato, en voz tan alta que logré echar una carrera de regreso a mi jaula, pasando desapercibido. Después supongo que dormité. Recuerden que apenas si había pegado un ojo desde que había llegado. La discusión era un sonido de fondo amable y tranquilizador después de todo ese alboroto.

Estaba medio dormido cuando la discusión dio un giro.

—Pero no hay nada que hacer —se quejó Delia.

Su padre se rió entre dientes y le dijo: —¡Nada que hacer! Niña, mis hermanos y yo solíamos pasar los fines de semana en la casa de mi abuela, que nunca tuvo un televisor. ¡No lo habría permitido!

—¿Qué hacían? —preguntó A. J.

—¡Oh!, siempre teníamos algo que hacer —recordó—. Jugábamos a la baraja, juegos de tablero y de palabras. Y corríamos a su jardín para jugar al corre que te pillo.

Se rió entre dientes otra vez y añadió: —Muchas veces, simplemente nos sentábamos en el pórtico y hablábamos. Mi abuela... Ella sí que sabía *hablar*.

—¿De qué hablaban? —preguntó Teo.

—¡Oh!, nos contaba historias sobre su infancia. Sobre cosas graciosas, como esa vez que su tío se puso a caminar estando dormido y fue a la iglesia en pijamas.

La Sra. Thomas dio un grito de asombro:

—¡Oh!, sigue contando, Charlie.

—Solo les estoy contando lo que ella nos contó. El tío se despertó en medio del servicio religioso, miró hacia abajo y allí estaba, vestido con su pijama de rayas azules y blancas.

DETENTE Y PIENSA

Resumir Resume los sucesos que llevaron al señor Thomas a contar la historia de su abuela. Asegúrate de que tu resumen mantenga el significado y el orden de los sucesos.

Solté un chillido de sorpresa y todos los niños se rieron.

Después la Sra. Thomas contó sobre una niña de su clase que un día, por accidente, fue a la escuela en pantuflas.

—Sí, esas peludas —explicó con una gran sonrisa.

Hablaron y hablaron. Después el papá sacó una baraja y jugaron a un juego llamado Ocho Loco y a otro llamado Cerdito, en el que se ponían los dedos sobre las narices y se reían como hienas. Cuando Benjamín protestaba, se turnaban para mecerlo sobre las rodillas.

Después de un rato, la Sra. Thomas exclamó con sorpresa:

—¡Niños, cómo ha pasado el tiempo! ¡Ustedes deberían estar acostados hace una hora!

Todos los niños rezongaron y preguntaron si podían jugar a las cartas al día siguiente. Un rato más tarde, todos los miembros de la familia Thomas se habían ido a la cama y todo estaba SILENCIOSO-SILENCIOSO-SILENCIOSO por primera vez desde que había llegado a la casa.

Temprano en la mañana, Teo, Delia y A. J. bajaron corriendo las escaleras y jugaron al Ocho Loco. Más tarde, salieron corriendo afuera y lanzaron una pelota de fútbol en el jardín.

Los Thomas estaban desayunando con Benjamín cuando sonó el teléfono. El Sr. Thomas habló durante unos minutos. Solo decía:

—¡Oh!, está bien, sí.

Cuando colgó, le dijo a la Sra. Thomas:

—Vamos a tener un huésped, pero no se lo digas a Anthony James.

¡Oh!, ¡un misterio! Me gustan los misterios porque es divertido resolverlos, pero no me gustan los misterios porque me desagrada no saber qué está pasando. Así que esperé y esperé.

Unas horas más tarde, sonó el timbre de la puerta.

¡El huésped resultó ser Garth Tugwell!, que llegó acompañado por su padre.

—Realmente les agradezco —les dijo el Sr. Tugwell al matrimonio Thomas—. Fue idea de la maestra Brisbane. Como ahora Garth no puede tener a Humphrey en casa, sugirió que podría ayudar a A. J. a cuidarlo aquí.

Típico de la maestra Brisbane. ¡Como si yo diera lata y necesitara cuidados especiales!

Pero Garth había estado llorando porque no podía tenerme en su casa, así que quizás (sólo quizás) la maestra estaba tratando de ser amable.

Después de que el Sr. Tugwell se fuera, el Sr. Thomas llamó a A. J.

A. J. entró corriendo en la habitación y prácticamente dio marcha atrás cuando vio a Garth.

—Tenemos un huésped —dijo el Sr. Thomas—. Dale la mano, Anthony. Garth está aquí para ayudarte a cuidar de Humphrey.

A. J. y Garth se dieron la mano de mala gana.

—¿Cómo es esto? —le preguntó A. J.

Garth se encogió de hombros y replicó:

—Lo dijo la maestra Brisbane.

—Bueno, ven. Limpiaremos su jaula y acabamos con esto —dijo A. J.

Los niños no hablaron mucho mientras limpiaban la jaula, pero comenzaron a reírse cuando limpiaron el rincón que uso como bacinica. (No sé por qué eso siempre hace reír a todo el mundo).

Cuando dejaron de reírse, comenzaron a hablar y a bromear. Decidieron dejarme salir de la jaula, así que tomaron un juego de bloques viejos de la habitación de Delia y me construyeron un inmenso laberinto. ¡Oh, me encantan los laberintos!

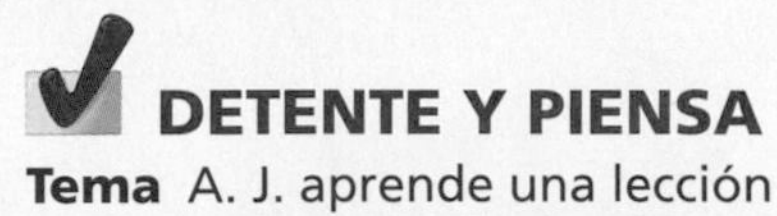

DETENTE Y PIENSA

Tema A. J. aprende una lección cuando Garth llega a su casa. ¿Qué mensaje nos deja esa nueva amistad?

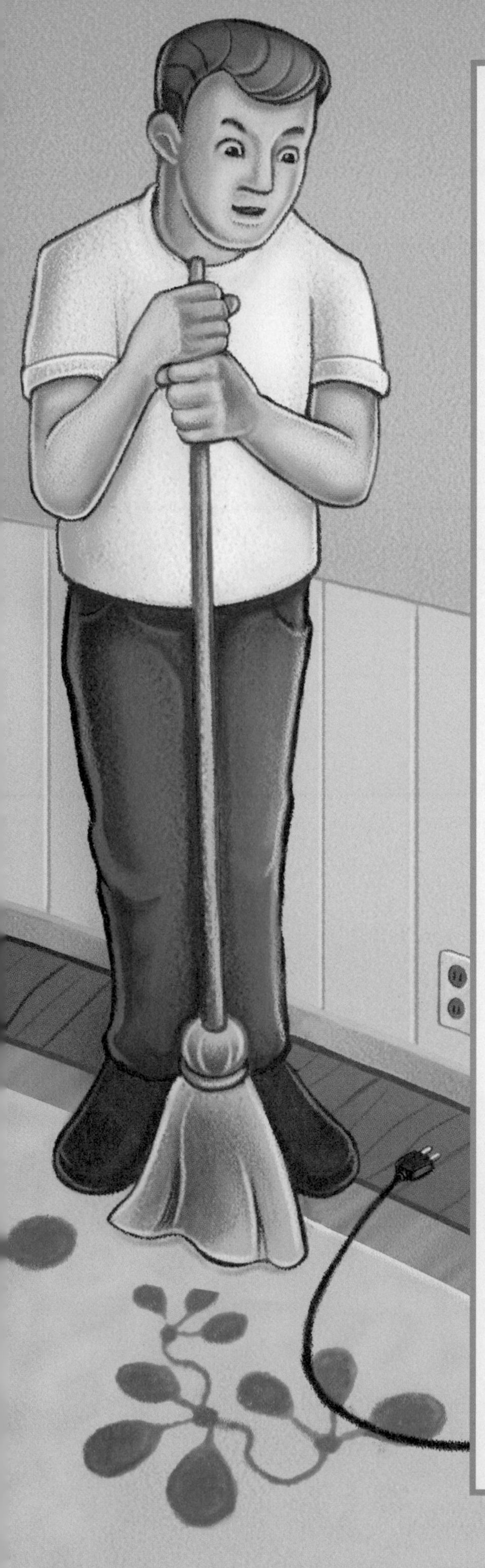

Cuando todos estábamos cansados de ese juego, A. J. se ofreció a enseñarle a Garth a jugar al Ocho Loco y después Teo y Delia se les unieron en un juego de Vamos a Pescar.

Nadie mencionó la televisión. Nadie disparó bandas elásticas.

Luego, en la tarde, todos los niños estaban afuera jugando fútbol americano. Yo estaba profundamente dormido hasta que la Sra. Thomas entró a la sala con una escoba y comenzó a barrer. Un instante después entró el Sr. Thomas.

—¿Qué estás haciendo, querida?

—¿Qué crees que estoy haciendo? Estoy barriendo. Sabes, con todo lo que merendamos aquí, el piso es un verdadero desastre —dijo.

—¿Benjamín duerme? —le preguntó su esposo.

—¡Ajá!

El Sr. Thomas se acercó a su esposa y le sacó la escoba de las manos:

—Ahora te sientas y descansas un momento, querida. Yo barreré. Vamos, no discutas.

La Sra. Thomas sonrió, le agradeció y se sentó en el sofá. El Sr. Thomas barrió por toda la habitación.

Incluso detrás de la televisión. ¡Oh!

Cuando llegó allí, dejó de barrer y se inclinó.

—Bueno, estaré… —masculló.

—¿Qué sucede? —preguntó la Sra. Thomas.

—Mira. ¡El televisor está desenchufado! —respondió su esposo—. ¡Está desenchufado!

Salió de atrás del televisor, con el enchufe en la mano y una cara de extrañeza.

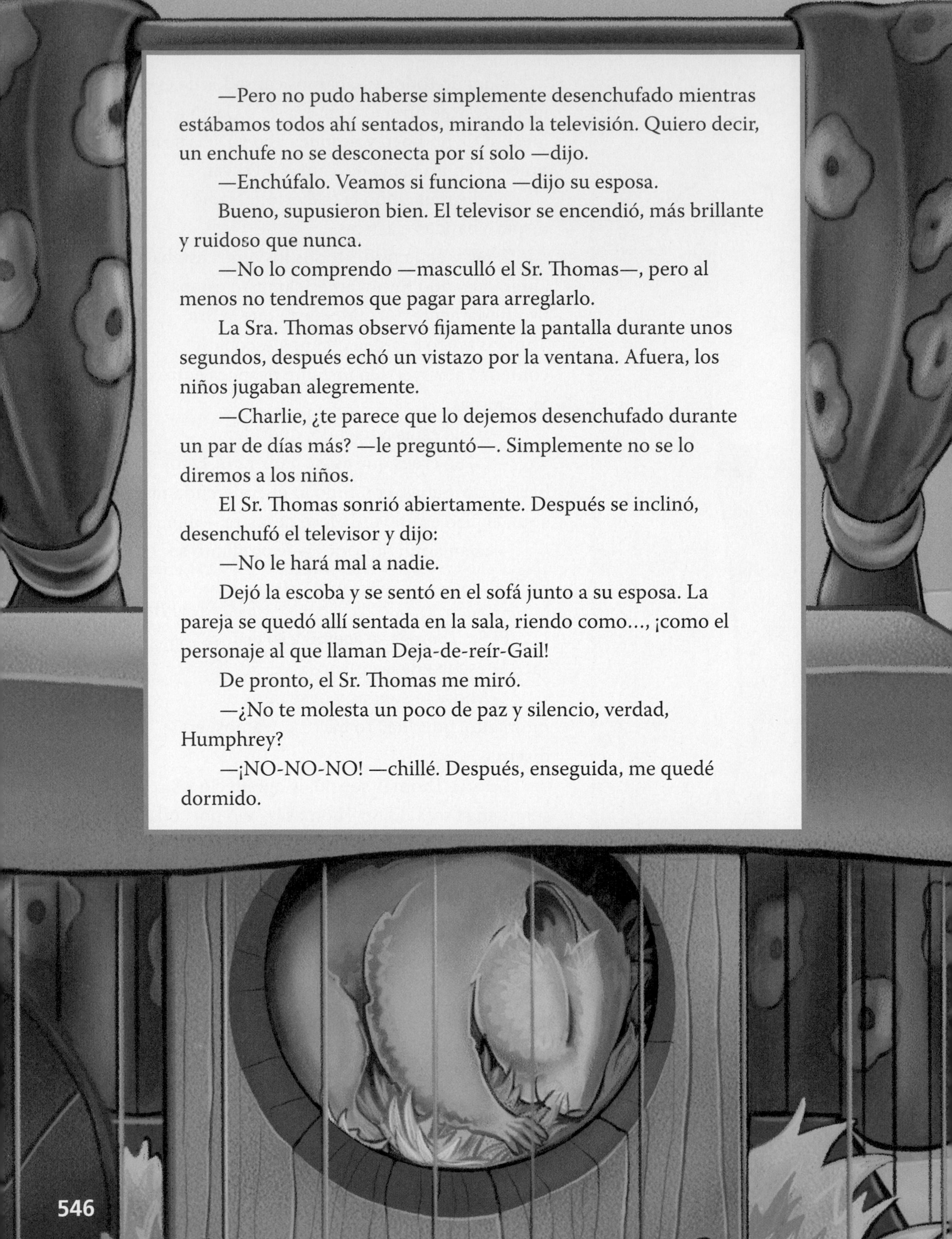

—Pero no pudo haberse simplemente desenchufado mientras estábamos todos ahí sentados, mirando la televisión. Quiero decir, un enchufe no se desconecta por sí solo —dijo.

—Enchúfalo. Veamos si funciona —dijo su esposa.

Bueno, supusieron bien. El televisor se encendió, más brillante y ruidoso que nunca.

—No lo comprendo —masculló el Sr. Thomas—, pero al menos no tendremos que pagar para arreglarlo.

La Sra. Thomas observó fijamente la pantalla durante unos segundos, después echó un vistazo por la ventana. Afuera, los niños jugaban alegremente.

—Charlie, ¿te parece que lo dejemos desenchufado durante un par de días más? —le preguntó—. Simplemente no se lo diremos a los niños.

El Sr. Thomas sonrió abiertamente. Después se inclinó, desenchufó el televisor y dijo:

—No le hará mal a nadie.

Dejó la escoba y se sentó en el sofá junto a su esposa. La pareja se quedó allí sentada en la sala, riendo como…, ¡como el personaje al que llaman Deja-de-reír-Gail!

De pronto, el Sr. Thomas me miró.

—¿No te molesta un poco de paz y silencio, verdad, Humphrey?

—¡NO-NO-NO! —chillé. Después, enseguida, me quedé dormido.

Es tu turno

Problemas eléctricos

Escribir una respuesta La familia Thomas no pudo ver la televisión por unos días. Elige otro artefacto electrónico que uses, por ejemplo, una computadora, una lavadora o un refrigerador. ¿Qué harías si ese artefacto dejara de funcionar? Escribe un párrafo que describa cómo manejarías la situación. RESPUESTA PERSONAL

Descanso de la televisión

Hacer un cálculo Con un compañero, calculen cuántas horas por semana miran la televisión y juegan a los juegos de video. Empiecen calculando cuántas horas por día les dedican a estas actividades. Una vez que tengan el total, hagan una lluvia de ideas con otras actividades que podrían hacer en ese tiempo. PAREJAS

¿Cuál es el mensaje?

Turnarse y comentar

¿Cuál es la lección que aprende la familia Thomas después de que Humphrey desconecta el enchufe del televisor? Con un compañero, comenten la lección o el tema del cuento "El mundo según Humphrey". Asegúrense de usar detalles de la historia para apoyar sus ideas. Luego, conversen sobre cómo usarían esta lección en la vida real. TEMA

Conectar con los

Estudios Sociales

VOCABULARIO CLAVE

apreciar	bulla
combinación	enseguida
presentar	nocturno
proeza	esfuerzo
sugerir	alboroto

GÉNERO

Los **anuncios publicitarios,** como estos carteles, son avisos breves creados para captar la atención del público con el fin de apoyar una idea o acción.

ENFOQUE EN EL TEXTO

Las **técnicas persuasivas** son los tipos de lenguaje y gráficos con los que un autor intenta convencer al lector de que piense o actúe de cierto modo. ¿Cómo trabajan juntos el lenguaje y los gráficos en su función de persuadir?

¿Cuántos anuncios publicitarios ves en un día normal? Probablemente veas cientos de ellos. Pueden estar en carteles enormes, camisetas, autobuses, tiendas, revistas y, por supuesto, en la televisión.

Los anuncios publicitarios pueden vender un producto, un servicio o una idea, pero todos tienen un objetivo: influenciarte. Los anuncios utilizan una combinación de técnicas para alcanzar ese objetivo. Presentan sus ideas no solo con palabras sino también con imágenes y colores.

Sé consciente de las técnicas persuasivas de los anuncios. Algunos tratan de convencerte de hacer cosas que no sabías que existían, incluyendo cosas que no quieres hacer. En las páginas siguientes hay dos carteles para que estudies. ¿Cómo influencian tus pensamientos y tu conducta?

APAGAR

¡No te quedes sentado!
Las líneas entrecortadas y dentadas dan a entender que la TV hace mucha bulla.
La luz tenue hace que la escena se vea nocturna, como si el niño se quedara levantado hasta tarde viendo la televisión. Los colores apagados sugieren aburrimiento.
A pesar del alboroto, el niño se ve aburrido. ¿Cómo hacen las diversas partes de este cartel para que pienses de cierta manera?

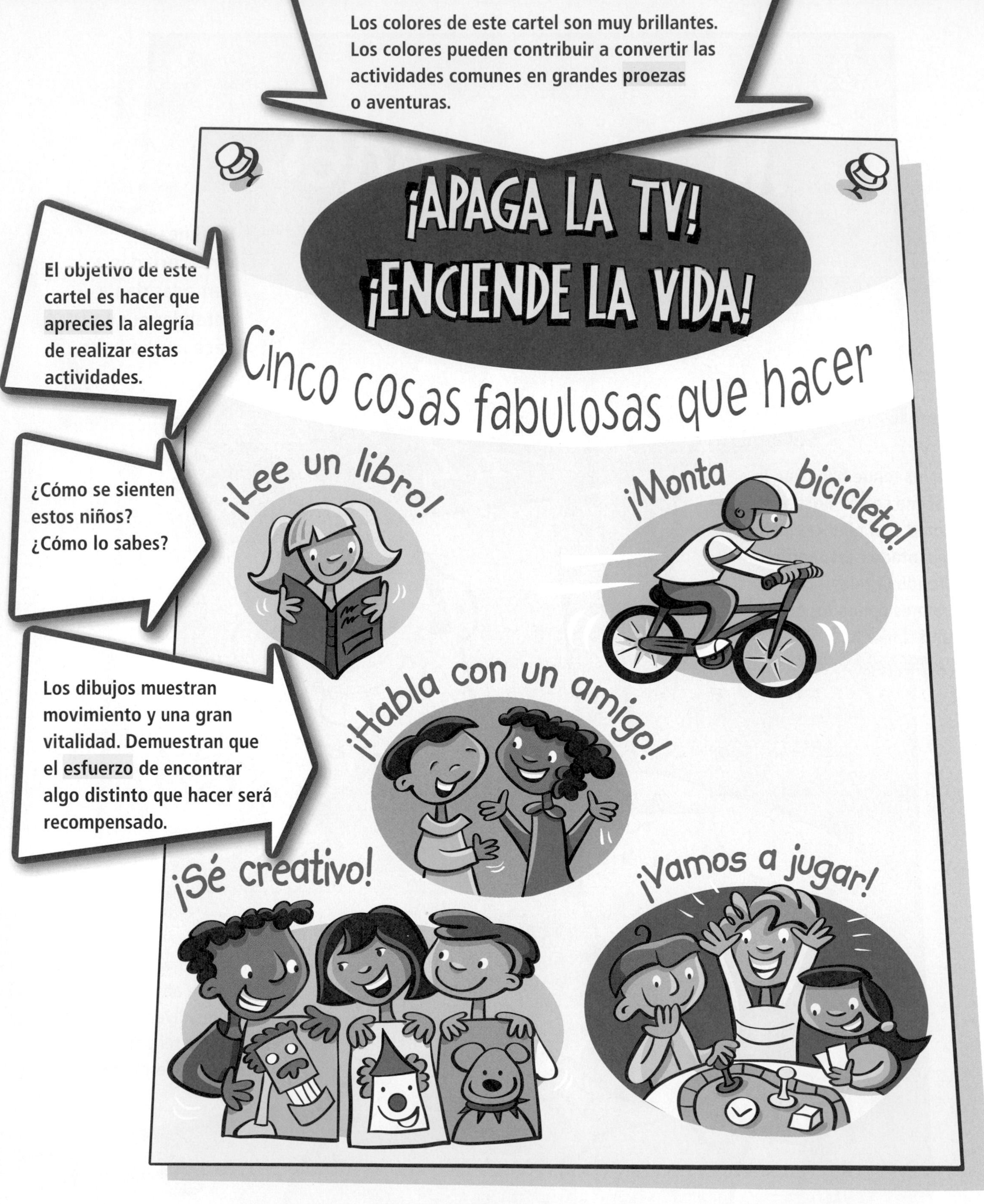

Estos carteles buscan influenciarte. Quieren que apagues la televisión y encuentres enseguida algo distinto que hacer. Explica los efectos positivos y negativos que tienen en la audiencia.

Hacer conexiones

El texto y tú

Expresar una opinión Por las noches, ¿prefieres mirar la televisión o participar en juegos de mesa y contar historias, como hizo la familia Thomas? Explica tus ideas en un párrafo.

De texto a texto

Hacer un cartel Imagina que Humphrey creó un cartel con «¡Televisión apagada, vida encendida!». ¿Qué clase de actividades mostraría Humphrey? Dibuja ese cartel y escribe leyendas para las imágenes.

El texto y el mundo

Analizar anuncios publicitarios Busca dos anuncios publicitarios gráficos: uno de una clase de alimento y otro de un juego que te guste. Luego compara tus anuncios con los de un compañero. ¿Cómo tratan estos anuncios de convencerte de que compres o uses sus productos? ¿Cómo te hacen sentir? Discútanlo juntos.

Gramática

Lenguaje académico

adjetivos

adverbios

Comparaciones con adjetivos y adverbios

Para comparar dos personas, animales o cosas usando adjetivos, sigue la regla: **más + adj. + que**. Para comparar una persona, animal o cosa con relación a las demás, sigue la regla: **el más + adj. + de**. Reemplaza *el* con *la, los, las,* según el sustantivo que estés comparando.

Comparaciones con adjetivos	Algunas películas de acción son violentas. Las películas de horror son más violentas que las de acción. Las películas de guerra son las más violentas de todas.

También puedes hacer comparaciones usando frases adverbiales.

Comparaciones con frases adverbiales	Yo cuento cuentos *con entusiasmo*. Mi papá los cuenta con más entusiasmo que yo. Mi tía los cuenta con menos entusiasmo que papá.

Turnarse y comentar

Trabaja con un compañero. Lee las oraciones y decide si se están comparando dos personas o cosas, o una persona o cosa con respecto a las demás.

1. Nuestra mascota es la más inteligente de todas.
2. Mi ratón era más pequeño que mi hámster.
3. Su piel es más gruesa que la piel del ratón que teníamos antes.

Ideas Cuando escribas, trata de usar comparaciones para que tus oraciones sean más claras y descriptivas.

Menos descriptivas	Más descriptivas
 Nuestro nuevo hámster es grande.	 Nuestro nuevo hámster es más grande que el anterior.
 Nuestro hámster corre con rapidez.	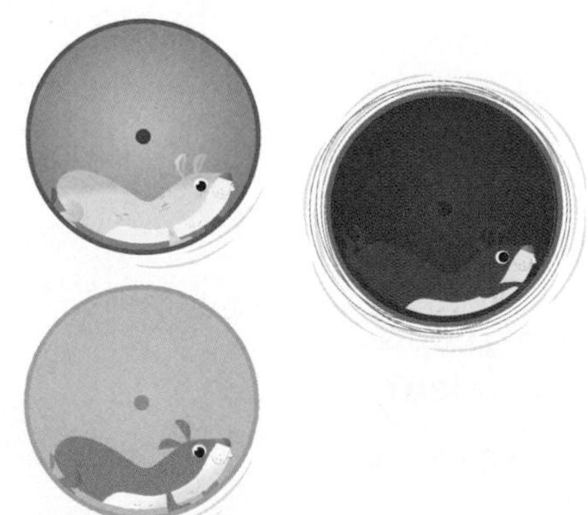 Nuestro hámster corre con la mayor rapidez.

Relacionar la gramática con la escritura

Cuando corrijas tu resumen, identifica lugares donde puedas usar adjetivos o frases adverbiales para hacer comparaciones. Esto hará que tus oraciones sean más claras e interesantes.

Escribir para informar

Ideas Un **resumen** de una selección de ficción es un breve recuento que informa a los lectores de qué trata el cuento. Para resumir una obra de ficción, habla de los personajes y sucesos principales del cuento. Un buen resumen no debe incluir detalles sin importancia. Un detalle es importante cuando ayuda a los lectores a entender los sucesos principales del relato o la razón por la que los personajes actúan de la manera en que lo hacen.

Amanda resumió una parte de *El mundo según Humphrey.* Después sacó algunos detalles sin importancia.

Lista de control de la escritura

- **Ideas** ¿Mencioné solamente los sucesos principales y los detalles importantes?
- **Organización** ¿Conté los sucesos en orden?
- **Elección de palabras** ¿Usé mis propias palabras?
- **Voz** ¿Hice que mi resumen pareciera interesante?
- **Fluidez de las oraciones** ¿Formé correctamente los adjetivos comparativos y superlativos?
- **Convenciones** ¿Usé la ortografía, la gramática y la puntuación correctas?

Borrador revisado

Humphrey es un hámster de la clase de la señora Brisbane. Cada fin de semana, un estudiante diferente de la clase se lleva a Humphrey a su casa para cuidarlo. Un fin de semana, Humphrey va a casa de A. J. Thomas. ~~A. J. tiene una hermanita que se llama Delia y un hermano bebé llamado Benjamín.~~ En la casa de A. J., Humphrey nota que todos hablan más fuerte de lo normal.

Copia final

Resumen de El mundo según Humphrey

por Amanda Farrell

Humphrey es un hámster de la clase de la señora Brisbane. Cada fin de semana, un estudiante diferente de la clase se lleva a Humphrey a su casa para cuidarlo. Un fin de semana, Humphrey va a casa de A. J. Thomas. En la casa de A. J., Humphrey nota que todos hablan más fuerte de lo normal. Se da cuenta de que eso sucede porque la televisión está constantemente encendida. El único momento en que Humphrey no oye la televisión es cuando la radio de la cocina suena más fuerte todavía. Aunque a Humphrey le gusta un poco la televisión, el ruido empieza a volverlo loco. ¡Teme que este será el fin de semana más largo y más ruidoso de su vida! Entonces se le ocurre una idea. Sin que nadie lo vea, ¡sale de su jaula y desconecta la televisión!

En mi resumen final, eliminé los detalles sin importancia. También me aseguré de usar correctamente los adjetivos comparativos y superlativos.

Leer como escritor

¿Por qué sacó Amanda ciertos detalles? Mientras escribes tu párrafo de resumen, no olvides mencionar solamente los detalles importantes e interesantes, y eliminar la información innecesaria.

Lección 22

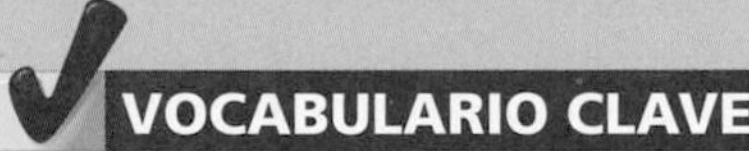

política
inteligente
desordenado
aprobar
urna
legislatura
enmienda
candidato
informado
negar

Librito de vocabulario

Tarjetas de contexto

Vocabulario en contexto

1

política

La política es el trabajo de gobernar. Postularse para un cargo público y votar forman parte de la política.

2

inteligente

Una persona lista toma una decisión inteligente al momento de votar.

3

desordenado

Si no existiera un conjunto de reglas o de leyes, los miembros de una sociedad podrían resultar desordenados.

4

aprobar

Los votantes son los encargados de aprobar a los candidatos que se presentan para ocupar cargos públicos.

- Estudia cada Tarjeta de contexto.
- Usa un diccionario para ayudarte a pronunciar estas palabras.

5

urna

El día de elecciones los votantes van a los centros de votación para depositar su voto en las urnas.

6

legislatura

Una legislatura es un grupo de funcionarios elegidos que hacen las leyes.

7

enmienda

No fue hasta 1920 que una enmienda a la Constitución permitió votar a todas las mujeres de Estados Unidos.

8

candidato

A veces los candidatos, las personas que se presentan para un cargo público, tienen debates.

9

informado

Esta votante se mantiene informada sobre los temas de la campaña, para decidir cómo votar.

10

negar

A la gente no se le debe negar, o impedir, reunirse con los funcionarios que han elegido.

Contexto

VOCABULARIO CLAVE **La vida de las mujeres en el siglo XIX** En el siglo XIX la actitud hacia las mujeres era muy diferente de la actual. Muchas personas sentían que no podían aprobar que las mujeres jóvenes recibieran educación. Se pensaba que la mujer no era lo suficientemente inteligente ni informada como para tomar decisiones propias. Por eso también se les negó el derecho al voto. Las urnas estaban cerradas para ellas. Solo los hombres podían ser candidatos en las elecciones. Algunas personas temían que los actos de la legislatura se volvieran desordenados si las mujeres entraban en la política. Recién en 1920 se adoptó una enmienda a la Constitución que otorgó a las mujeres el derecho al voto en los Estados Unidos.

Usa esta línea cronológica para resumir y explicar los pasos importantes en el camino hacia los derechos electorales de la mujer.

1850 1860 1870 1880 1890 1900 1910 1920

1851: Susan B. Anthony y Elizabeth Cady Stanton se conocen y se convierten en líderes del movimiento.

1869: La legislatura de Wyoming aprueba una ley que permite que las mujeres voten. Wyoming se convierte en el primer territorio estadounidense (y posteriormente en el primer estado) en garantizar este derecho.

1872: Susan B. Anthony vota en Rochester, Nueva York. Es arrestada y multada.

1920: Treinta y seis estados aprueban la Enmienda Decimonovena, la cual otorga a todas las mujeres estadounidenses el derecho al voto.

VOTOS PARA LAS MUJERES

Comprensión

DESTREZA CLAVE Causa y efecto

Al leer *¡Yo podría hacerlo!*, fíjate cómo la causa de un suceso tiene un efecto que puede resultar en otro suceso. Algunas veces, varias causas pueden resultar en un efecto. Otras veces, una causa puede tener varios efectos o empezar una cadena de sucesos. Una relación de causa y efecto puede estar indicada por una palabra clave como *porque*, *por lo tanto* o *cuando*. También esa relación podría estar expresada de forma implícita en el texto. Usa un organizador gráfico para demostrar una cadena de causas y efectos.

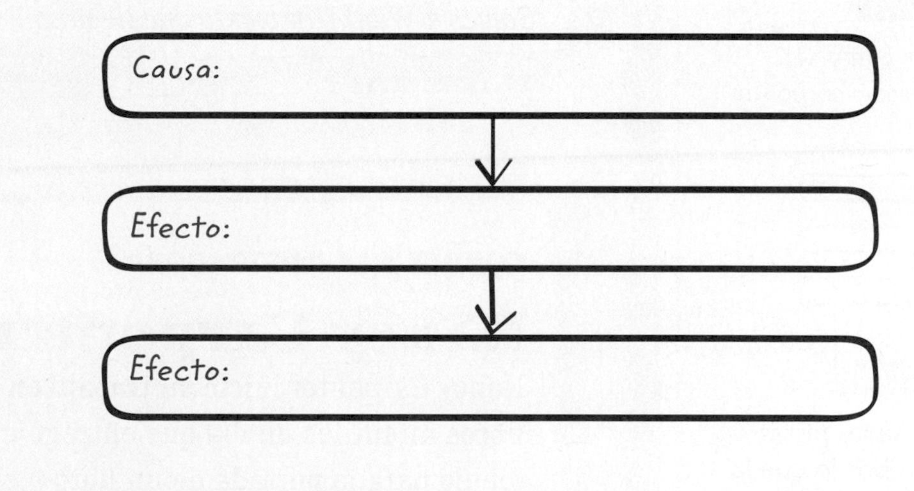

ESTRATEGIA CLAVE Inferir/Predecir

Cuando haces inferencias, empleas las claves del texto para inferir lo que el autor no dice de forma explícita. Hacer inferencias puede ayudarte a deducir la relación causa y efecto entre los sucesos presentados en *¡Yo podría hacerlo!*

política	legislatura
inteligente	enmienda
desordenado	candidato
aprobar	informado
urna	negar

Causa y efecto Di cómo se relacionan los sucesos y cómo un suceso causa otro.

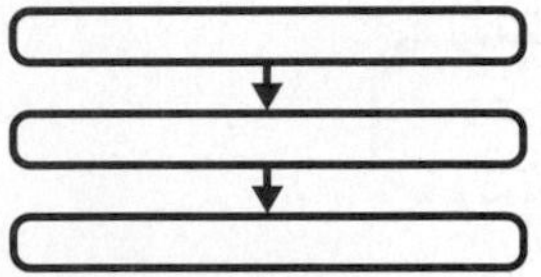

ESTRATEGIA CLAVE

Inferir/Predecir Usa las pistas del texto para descubrir lo que la autora no plantea directamente.

GÉNERO

Una **biografía** es un texto sobre los sucesos de la vida de una persona, escrito por otra persona.

Establecer un propósito Antes de leer, establece un propósito basándote en el género y en lo que quieras descubrir.

CONOCE A LA AUTORA

Linda Arms White

Linda Arms White se crió en los amplios espacios abiertos de Wyoming, que también es conocido como el Estado de la Igualdad. Cuando era pequeña, oyó historias inspiradoras sobre Esther Morris. De adulta, Linda empezó a escribir el día en que su hijo menor tenía edad para ir a la escuela. Ahora sus hijos han crecido y ella ha publicado muchos libros tanto para niños como para adultos, entre ellos *Too Many Pumpkins (Demasiadas calabazas)* y *Comes a Wind (Un viento que llega).*

CONOCE A LA ILUSTRADORA

Nancy Carpenter

Nancy Carpenter inició su trabajo en libros infantiles un día que entregó un dibujo para la portada de un libro y el editor derramó algo en él. “Entonces —dice ella—, volví a hacer el trabajo gratis”. Pronto el editor le dio un libro entero para ilustrar. Y siguieron diez más. Es la ilustradora de *Apples to Oregon (Manzanas a Oregon)*, *Fannie in the Kitchen (Fannie en la cocina)* y *Abe Lincoln: The Boy Who Loved Books (Abe Lincoln: el muchacho que adoraba los libros).*

¡Yo podría hacerlo!

ESTHER MORRIS logra que las MUJERES voten

Linda Arms White

ILUSTRACIONES DE

Nancy Carpenter

Pregunta esencial

¿Qué puede causar cambios en una comunidad?

En 1820, Esther McQuigg, de seis años de edad, observaba cómo su madre preparaba el té. —Yo puedo hacer eso —dijo.

—¿Hacer té? —preguntó su mamá—. Eso lo hacen las niñas mayores.

—Pero quiero aprender —dijo Esther, y así lo hizo. Puso agua en el hervidor y lo colocó sobre la estufa. Echó unas cucharadas de hojas de té en la tetera y después vertió agua hirviendo en ella. Esther coló el té en dos tazas, una para su madre y otra para ella.

Mientras estaban sentadas cerca de la ventana de su casa en Nueva York, Esther vio pasar hombres a caballo vestidos con sus mejores ropas; algunos llevaban banderas.

—¿Adónde van esos hombres, mamá? —preguntó Esther.

—Van a votar por el próximo presidente de los Estados Unidos —respondió su madre.

—¿Va a votar papá?

—Sí, papá siempre vota.

—¿Tú votarás, mamá?

—No, querida, sólo los hombres pueden votar.

Cuando Esther tenía ocho años de edad, observó cómo su madre hacía una fina costura. La aguja pasaba el hilo hacia adentro y hacia afuera, una y otra vez, dejando a su paso senderos diminutos y parejos de puntadas en la tela. Esther sintió que sus manos imitaban las de su madre. —Yo puedo hacer eso —dijo. Y así lo hizo.

Hizo ropas con algunos retazos de tela para su muñeca y, cuando sus puntadas se volvieron limpias y rectas, cosió una camisa para su papá.

Cuando Esther tenía once años, su madre murió. Por primera vez vio llorar a su padre, que reunió a sus once hijos y les dijo: —No sé qué haremos sin su madre. Confío en que cada uno de ustedes será valiente y que cuidarán uno del otro.

Esther, la octava hija de los once, también lloró, pero después dijo: —Yo puedo hacer eso, papá —y así lo hizo.

A los diecinueve años, Esther, con sus seis pies de altura, ya se ganaba sola la vida cosiendo vestidos para las damas de la alta sociedad.

Cuando las señoras querían sombreros que combinaran con sus vestidos, Esther los diseñaba y también los hacía. Pronto pensó en abrir una sombrerería para damas.

—Eres demasiado joven para dirigir un negocio —le dijeron.

—No veo por qué —respondió Esther. Y con esas palabras abrió una sombrerería en Owego, Nueva York.

Esther comenzó a asistir a las reuniones de abolicionistas de su iglesia, pero una multitud de personas que creían en el derecho de tener esclavos amenazaron con poner fin a esas reuniones, aunque tuvieran que demoler la iglesia bautista donde se llevaban a cabo.

—No pueden hacer eso —dijo Esther—. Detendré a cualquiera que lo intente.

A los veintiocho años, Esther se casó con Artemus Slack y, pocos años después, tuvo un hijo al que llamaron Archy.

Pero cuando Artemus murió en un accidente, Esther tomó una gran decisión.

—Me mudaré a Illinois —les contó a sus amigos—. Reclamaré las tierras de Artemus y criaré allí a nuestro hijo.

—¡No puedes hacer eso! —exclamaron sus amigos—. Illinois está al borde de la civilización. Está lleno de gente peligrosa y de animales salvajes.

—Sí —replicó—, sí puedo hacerlo. —Y así fue.

En Illinois, luchó larga y arduamente para reclamar las tierras de Artemus, pero se le negó su herencia porque era mujer. Entonces Esther abrió otra sombrerería.

Conoció a John Morris, un comerciante e inmigrante polaco, y se casó con él. En 1851 tuvo a los gemelos Edward y Robert.

Sin embargo, a John se le hacía difícil ganarse la vida. Por lo tanto, Esther no sólo criaba a los niños, cocinaba y lavaba la ropa, sino que también contribuía a ganar dinero.

A la edad de cuarenta y seis años, Esther acompañó a John cuando acudió a las urnas de las elecciones presidenciales y observó a través de la ventana mientras su marido votaba.

—Sabes —le dijo cuando salió—, yo puedo hacer eso.

—La política es un asunto de hombres, querida —dijo él.

—Tonterías —replicó Esther—. También es nuestro país.

Cuando estalló la guerra entre los estados del Norte y del Sur, Esther se sintió orgullosa de que Archy se uniera a la lucha victoriosa del Norte, que pondría fin a la esclavitud. Poco tiempo después, una enmienda a la Constitución les garantizó a los hombres afroamericanos todos los derechos de la ciudadanía, incluido el derecho al voto.

Cuando Esther escuchó a Susan B. Anthony hablando en público acerca de los derechos de las mujeres, Esther comenzó a tener la esperanza de que, algún día, las mujeres también pudieran votar.

DETENTE Y PIENSA

Técnica de la autora "Ganarse la vida" es un ejemplo de modismo. Significa algo diferente al significado del conjunto de las palabras. Encuentra otros modismos a lo largo de esta selección.

En 1869, a los cincuenta y cinco años de edad, Esther se mudó al recientemente formado Territorio de Wyoming junto con sus hijos, que ya tenían dieciocho años. Allí, John y Archy, que se habían mudado el año anterior, los esperaban.

Esther y sus hijos viajaron en tren, atravesando millas de pradera, y en diligencia por encima de colinas rocosas, hasta llegar a South Pass City, una ciudad polvorienta construida muy de prisa. Allí se había encontrado oro. La mayoría de las dos mil personas que vivían allí eran hombres jóvenes ruidosos.

Los Morris transportaron sus pertenencias a una pequeña cabaña de troncos y así South Pass City se convirtió en su hogar.

Archy compró una imprenta y fundó un periódico.

Esther abrió otra sombrerería.

Pero con seis hombres por cada mujer, siempre se necesitaba a alguien que curara a los enfermos y heridos, cosiera ropas, ayudara en los partos y diera consejos maternales a las pocas mujeres jóvenes de la ciudad. —Yo puedo hacer eso —dijo Esther.

Y así lo hizo.

Un día, Esther leyó una proclamación pegada en una pared: SE CONVOCA A TODOS LOS CIUDADANOS VARONES DE MÁS DE 21 AÑOS DE EDAD A VOTAR EN LAS PRIMERAS ELECCIONES TERRITORIALES. Esther miró a su alrededor y vio a aquellos jóvenes desordenados.

—Es hora de que lo haga —dijo.

Cuando los hijos de Esther la vieron marchar hacia la casa, supieron que era mucho más probable que las cosas cambiaran a que permanecieran como estaban.

Esther invitó a su casa a los dos hombres que se habían presentado como candidatos a la legislatura territorial, para que hablaran con los ciudadanos. Después envió invitaciones a las personas más influyentes del territorio: "Queda usted invitado a tomar el té y hablar con los candidatos".

Fregó su pequeño hogar desde el techo hasta el piso, lavó las cortinas y planchó su mejor vestido.

Cuando llegaron los candidatos y los invitados, Esther les sirvió el té. —Algo que me gusta de Wyoming —dijo— es que todos somos importantes. Todos somos necesarios para dirigir la ciudad, tanto las mujeres como los hombres.

—Sí —asintieron sus huéspedes.

—Y aquí la gente no tiene miedo de intentar cosas nuevas.

Sus huéspedes volvieron a asentir.

DETENTE Y PIENSA

Inferir/Predecir En la página 567, ¿por qué Esther empieza la reunión sirviendo el té y conversando sobre la gente de Wyoming? ¿Cómo lo sabes?

Esther sonrió y se dirigió a los candidatos: —Entonces, si ustedes fueran elegidos, ¿presentarían un proyecto de ley en la legislatura para que las mujeres puedan votar?

De pronto, en esa diminuta habitación llena de gente, no se oyó ni un solo sonido.

Finalmente, el coronel William Bright habló: —Sra. Morris, a mi esposa también le gustaría votar. Es inteligente y culta. La verdad es que ella sería una votante más informada que yo. Si me eligen, yo presentaré ese proyecto de ley.

Como no quería verse en desventaja, el otro candidato, Herman Nickerson, también estuvo de acuerdo.

Estallaron los aplausos dentro de la diminuta cabaña y Esther se dejó caer sobre una silla. —Gracias —dijo.

La gente le advirtió a Esther que, una vez que se presentara el proyecto de ley, los hombres de la legislatura lo tendrían que aprobar y el gobernador lo tendría que firmar. Esto no había sucedido nunca antes en ningún lado. ¿Por qué creía ella que podría suceder aquí?

Sin embargo, Esther había visto que las cosas que no era probable que sucedieran sucedían todos los días. Escribió cartas y visitó a los legisladores para asegurarse de que este proyecto de ley también se diera.

Y así fue. El 10 de diciembre de 1869, ¡el gobernador John Campbell firmó este proyecto y lo convirtió en ley! ¡LAS MUJERES DE WYOMING OBTUVIERON EL VOTO!

Las mujeres de todo el país se regocijaron por las mujeres de Wyoming.

Sin embargo, a algunas personas esto no les gustó. Sólo ocho días después, el juez James Stillman, el juez de paz del condado, presentó su renuncia. Se negó a administrar justicia en un lugar donde las mujeres contribuían a hacer las leyes.

Se corrió la voz de que se requería un nuevo juez de paz.

Los hijos de Esther se dirigieron a su madre.

—Mamá, tú puedes hacer eso —le dijeron.

Entonces Esther solicitó el cargo.

Archy, en ese entonces secretario de la corte, le tomó con orgullo el juramento a su madre. Así, la jueza Esther Morris se convirtió en la primera mujer del país en ocupar un cargo público.

Pero el juez Stillman se negó a entregarle a Esther el registro oficial de los expedientes de la corte.

—No importa —dijo—. Archy, por favor, ¿irías hasta la mercantil a comprarme un libro de actas? Comenzaré mi propio registro de casos judiciales.

Y, por supuesto, así lo hizo.

El 6 de septiembre de 1870, un año después del té en su casa, la jueza Esther Morris se puso su mejor vestido y, al lado de su esposo, John, y de sus hijos, caminó por la calle polvorienta hasta el lugar donde se encontraban las urnas electorales. Sería una de las miles de mujeres de Wyoming que votarían ese día, las primeras que obtuvieron ese derecho de modo permanente por parte de un organismo de gobierno de los Estados Unidos.

Mientras caminaban, John, quien todavía creía que las mujeres no debían votar, intentaba aconsejarla sobre los candidatos y los asuntos por los que debía votar.

Esther alzó la mano.

—Yo puedo hacer eso —dijo.

Y así lo hizo.

DETENTE Y PIENSA

Causa y efecto Revisa tu comprensión identificando los sucesos que llevaron a Esther Morris a convertirse en la primera mujer en ocupar un cargo público en el país.

Es tu turno

¡Yo puedo hacer eso!

Escribir una respuesta Frente a un desafío, Esther Morris siempre decía: "¡Yo puedo hacer eso!". Piensa en algo que hayas hecho que nadie hubiese creído que podías. ¿Cuál era el desafío y cómo lo superaste? Escribe un párrafo breve sobre esa experiencia. RESPUESTA PERSONAL

¡Esther lo hizo!

Hacer una línea cronológica Piensa en todas las cosas importantes que Esther Morris hizo en su vida. Con un compañero, hagan una línea cronológica que muestre sus logros tal como se describen en "¡Yo podría hacerlo!". PAREJAS

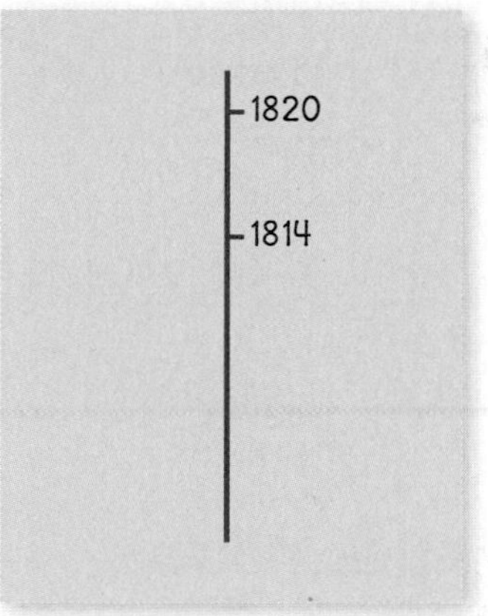

Una razón para aplaudir

Turnarse y comentar

Recuerda que una causa puede tener muchos efectos. Con un compañero, comenten cómo las acciones de Esther cambiaron la comunidad de South Pass City, Wyoming. Luego, comenten los efectos que tuvieron sus acciones en otras comunidades del país. CAUSA Y EFECTO

Conectar con la

dramatización

VOCABULARIO CLAVE

política	legislatura
inteligente	enmienda
desordenado	candidato
aprobar	informado
urna	negar

GÉNERO

Una **obra teatral** narra una historia a través de las palabras y las acciones de sus personajes.

ENFOQUE EN EL TEXTO

Las **acotaciones** de una obra teatral identifican un tiempo o un lugar, describen un escenario o indican los sentimientos o acciones de un personaje. ¿De qué manera las acotaciones atraen al lector hacia la obra?

Fijar un propósito Antes de leer, fija un propósito basado en el género y en qué quieres encontrar.

TRABAJANDO POR EL VOTO

POR ALICE CARY

PERSONAJES

Narrador	Elizabeth Cady Stanton
Harriot Stanton	Susan B. Anthony

[Escenario: La sala de la casa de Elizabeth Cady Stanton]

Narrador: Cuando Susan B. Anthony y Elizabeth Cady Stanton se conocieron en el estado de Nueva York, en 1851, se convirtieron en compañeras de política. Durante años, estas dos mujeres inteligentes trabajaron para obtener el derecho al voto para las mujeres. Susan visitaba a menudo a Elizabeth, quien tenía muchos hijos. Sin embargo, la pequeña Harriot Stanton y sus hermanos le temían un poco a la amiga de su madre.

Harriot: ¡Escóndanse! ¡Llegó la tía Susan!

Elizabeth: *[abrazando a su amiga]* ¡Me alegra verte, Susan! ¿Qué novedades hay en la legislatura de Nueva York? ¿En qué andan esos candidatos?

Susan: ¡Lo primero es lo primero, querida mía! ¡Harriot, ven aquí! ¿Cómo están esos desordenados hermanos que tienes? ¡Ya no se suben al tejado, espero!

Harriot: *[tímidamente]* No.

Susan: ¡Magnífico! Diles que apruebo su buen comportamiento. Y diles a todos que es hora de ir a la cama. Tu madre y yo tenemos que descubrir el modo de llevar a las mujeres a las urnas. Un día, tú y tu hermana podrán votar, igual que tus hermanos.

Narrador: Harriot salió de la sala pero no se alejó mucho. Su madre y Susan estaban demasiado ocupadas para notarlo.

[Harriot se esconde detrás de la puerta.]

Elizabeth: Se me ocurrió una idea para un artículo. Las personas tienen que estar más informadas sobre los derechos de las mujeres. ¡Ya se nos ha negado el derecho al voto durante demasiado tiempo!

Narrador: Las dos mujeres conversaron, discutieron y escribieron juntas, como solían hacerlo. Esa noche estuvieron ocupadas hasta que escucharon que alguien estornudaba.

Susan: *[acercándose al sonido]* ¿Harriot? ¿Qué haces detrás de esa puerta? ¡Creí que dormías!

Harriot: *[saliendo, mirando pensativamente a su madre]* Mis hermanos deben tener razón.

Elizabeth: ¿Qué quieres decir?

Harriot: Dicen que la tía Susan puede ver detrás de las paredes. Dicen que lo ve todo.

Susan: *[riendo]* Bueno, deben tener razón, ¡porque te veo votar en el futuro! Ahora vete a la cama y sueña con eso.

Narrador: Susan B. Anthony y Elizabeth Cady Stanton trabajaron por los derechos de las mujeres durante el resto de sus vidas. Ya adulta, Harriot ayudó a su madre y a Susan a escribir una historia sobre el movimiento de las mujeres. En 1920 se aprobó una enmienda constitucional que finalmente concedió a las mujeres el derecho al voto. Lamentablemente, para ese entonces Susan y Elizabeth ya habían fallecido, pero Harriot por fin tuvo la oportunidad de votar.

Hacer conexiones

El texto y tú

Escribir una carta Imagina que pudieras hablar con Esther Morris. ¿Qué le dirías? Escribe lo que piensas en una carta breve. Asegúrate de incluir el saludo, la fecha y una despedida formal.

De texto a texto

Comparar textos Piensa en otra historia que hayas leído que tenga un personaje femenino fuerte, tal como *Un caballo llamado Libertad* o *Sacagawea*. Compara las experiencias de ese personaje con Esther Morris de *¡Yo podría hacerlo!* ¿En qué se parecen? ¿En qué se diferencian?

El texto y el mundo

Conectar con los Estudios Sociales Esther Morris se esforzó mucho para que las mujeres tuvieran el derecho de votar porque pensaba que era muy importante. Con un compañero, investiga otras elecciones en tu comunidad y estado. ¿Cuál es el papel del votante individual en estas elecciones?

Gramática

Pronombres indefinidos Una palabra que da a la oración el significado de "no" se llama **negativa**. Los **pronombres indefinidos** *nadie, nada, ninguno, ninguna, ningún, nadie, nada* son negativos. Las formas negativas *nadie* y *nada* cuando preceden al verbo no necesitan de otra negación, pero si lo siguen se necesita el adverbio *no* o *nunca* antes del verbo.

Lenguaje académico

pronombre indefinido negativo

Dos palabras negativas	Una palabra negativa
No quiso hacer nada ese joven.	Ninguna mujer podía votar.
Nunca abandonó a nadie en peligro.	Nada es tan importante como votar. Ninguno de los candidatos ganó las elecciones.

Turnarse y comentar **Trabaja con un compañero para leer cada una de las siguientes oraciones y decir si contiene una o dos palabras negativas. Identifica los pronombres indefinidos negativos.**

1. Las mujeres no tenían ninguna propiedad.
2. Generalmente, no tenían nada de dinero.
3. Muchos hombres nunca quieren cambiar.
4. Esther nunca acepta una injusticia.

Convenciones Mientras revisas tu escritura, si usaste dos palabras negativas en una oración, asegúrate de haberlas ubicado en el lugar correcto.

Oración con dos palabras negativas	Oración con una sola palabra negativa
A mi tía Leona no la ha frenado ningún obstáculo.	A mi tía Leona no la frenan los obstáculos.
No hay nada imposible para ella.	Nada es imposible para ella.

Relacionar la gramática con la escritura

Cuando revises tu párrafo sobre causa y efecto, asegúrate de haber usado los pronombres indefinidos correctamente.

Escribir para informar

✔ Fluidez de las oraciones Un buen párrafo de **causa y efecto** contiene palabras de transición, como *por lo tanto, así, entonces, debido a, dado que* y *como consecuencia,* para unir ideas y oraciones en forma clara y fluida. Usa transiciones como estas cuando expliques causas y efectos. Usa la siguiente Lista de control de la escritura al revisar tu trabajo.

Joel explicó la cadena de causas y efectos que llevaron a Esther McQuigg a abrir una sombrerería. Después añadió unas palabras de transición a sus oraciones.

Lista de control de la escritura

- ✔ **Ideas** ¿Usé hechos para explicar?
- ✔ **Organización** ¿Están los sucesos en un orden lógico?
- ✔ **Elección de palabras** ¿Usé palabras y frases sensoriales?
- ✔ **Sonoridad** ¿Parecí interesado en el tema?
- ✔ **Fluidez de las oraciones** ¿Usé palabras de transición?
- ✔ **Convenciones** ¿Usé la ortografía, la gramática y la puntuación correctas?

Borrador revisado

Los sucesos que llevaron a Esther McQuigg a abrir una sombrerería comenzaron cuando ella tenía apenas ocho años. Debido a que ~~Su~~ su madre era muy hábil para coser, ~~A~~ a Esther le encantaba mirarla cuando hacía la ropa para la familia. Ella misma quiso intentarlo. Por tanto, ~~Comenzó~~ comenzó a practicar cosiendo ropa para muñecas. Como consecuencia, ~~Aprendió~~ aprendió a coser muy bien y enseguida fue lo suficientemente buena como para hacer las camisas de su padre.

Copia final

Una sombrerería para Esther

Por Joel Takahashi

Los sucesos que llevaron a Esther McQuigg a abrir una sombrerería comenzaron cuando ella tenía apenas ocho años. Debido a que su madre era muy hábil para coser, a Esther le encantaba mirarla cuando hacía la ropa para la familia. Ella misma quiso intentarlo. Por lo tanto, comenzó a practicar cosiendo ropa para muñecas. Como consecuencia, aprendió a coser muy bien y enseguida fue lo suficientemente buena como para hacer las camisas de su padre. A los diecinueve años, Esther se ganaba la vida haciendo vestidos finos. Sus clientas de la alta sociedad querían sombreros que combinaran con sus vestidos, entonces Esther comenzó a hacer sombreros también. Esto le dio una idea maravillosa. ¿Por qué no abrir una sombrerería? La gente le decía que era demasiado joven para hacerlo, pero ella no prestó atención alguna.

En mi trabajo final, usé palabras de transición. También tuve cuidado de no usar negaciones dobles.

Leer como escritor

¿Qué palabras de transición de causa y efecto usó Joel? ¿En qué lugar de tu trabajo puedes añadir transiciones?

Lección

23

recurso
denso
evaporarse
superficial
humedad
civilizado
continente
oportunidad
costumbre
independiente

Librito de vocabulario

Tarjetas de contexto

Vocabulario en contexto

1 **recurso**

Los árboles y los bosques son de los recursos, o bienes, más valiosos de la Tierra.

2 **denso**

De las ramas de un baniano crecen las raíces, densas como un bosque espeso.

3 **evaporarse**

Las hojas anchas de algunos árboles permiten al agua evaporarse fácilmente en el aire.

4 **superficial**

Algunos árboles tienen raíces superficiales: no penetran mucho en la tierra.

- Estudia cada Tarjeta de contexto.
- Usa las pistas del contexto para determinar el significado de estas palabras.

5 humedad

Más de la mitad de las especies del mundo viven en los bosques tropicales, debido a la humedad del ambiente.

6 civilizado

La mayoría de las ciudades del mundo civilizado, o avanzado, reservan lugares para que crezcan árboles.

7 continente

El continente de América del Norte tiene los árboles más altos del mundo, las secuoyas.

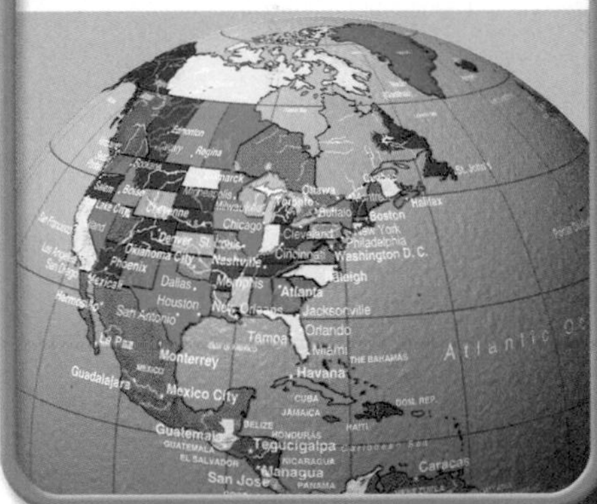

8 oportunidad

Un bosque ofrece muchas oportunidades, u ocasiones, para desarrollar una carrera o trabajo voluntario.

9 costumbre

Algunas costumbres humanas, como la práctica de talar los árboles, están arruinando muchos bosques.

10 independiente

Las personas no pueden vivir de manera independiente de los árboles. Necesitamos el oxígeno que aportan.

Contexto

VOCABULARIO CLAVE **¿El tiempo corre o avanza lentamente?** ¿Qué puedes hacer en una hora? Sin duda, has tenido oportunidades de pensar en lo que haces. Dependiendo de lo que hagas, te podría parecer que el tiempo corre o que avanza lentamente. Miremos ahora la naturaleza. Unas gotas de humedad sobre una flor pueden evaporarse rápidamente, pero las densas pasturas o los territorios de un continente parecen no cambiar con el paso del tiempo. Al parecer, el cambio en el mundo civilizado sucede rápidamente y de manera independiente del cambio en la naturaleza. Algunas costumbres cambian tan rápido que parecen superficiales, mientras que los recursos naturales cambian tan poco con el tiempo que parece que no lo hacen.

Quizás en una hora no se vean cambios en el capullo de una flor, pero en un día o dos estará en plena floración.

Comprensión

DESTREZA CLAVE Características del texto y de los elementos gráficos

Mientras lees *El árbol eterno*, fíjate en las características del texto y en los elementos gráficos de la selección. Estos incluyen símbolos, líneas cronológicas, mapas, diagramas y letra cursiva. ¿Cómo te ayudan a comprender el texto? ¿Cómo te ayudan a obtener información? Usa un organizador gráfico para anotar las características del texto y sus elementos gráficos, así como sus propósitos.

Texto o elemento gráfico	Número de página	Propósito
•	•	•
•	•	•
•	•	•

ESTRATEGIA CLAVE Verificar/Aclarar

La selección *El árbol eterno* cubre un cierto número de siglos y alterna la historia natural y la historia humana. Tu organizador gráfico te permite verificar y aclarar tu comprensión sobre los sucesos y sobre el paso del tiempo en la selección.

Selección principal

VOCABULARIO CLAVE

recurso	denso
evaporarse	superficial
humedad	civilizado
continente	oportunidad
costumbre	independiente

DESTREZA CLAVE

Características del texto y de los elementos gráficos Examina cómo las características del texto te ayudan a comprender y a ubicar la información.

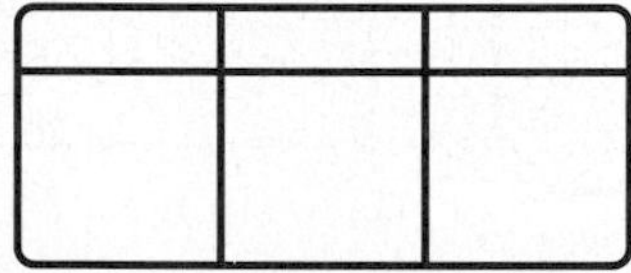

ESTRATEGIA CLAVE

Verificar/Aclarar Al leer, observa lo que sea confuso. Busca maneras de comprenderlo.

GÉNERO

Un **texto informativo** da hechos y ejemplos sobre un tema.

CONOCE A LA AUTORA

Linda Vieira

Linda usa el escribir como una manera de comprender algo. Ella hace una "escritura previa" en su mente cada mañana mientras pasea al perro. ¿Qué ocurre si no puede comenzar a escribir de inmediato? "Confío en mí misma y dejo que las ideas pasen, tomando el tiempo necesario antes de comenzar", dice.

CONOCE AL ILUSTRADOR

Christopher Canyon

¿Llegan a ser artistas solamente las personas talentosas? Este ilustrador dice que no. Él piensa que trabajar duro en tu arte es mucho más importante. "Algunas personas son talentosas por naturaleza, pero aun si no lo eres, *nunca debes renunciar* a las cosas que amas o a los sueños que tengas".

El árbol eterno

Vida y momentos de una secuoya roja

por Linda Vieira
ilustrado por Christopher Canyon

Pregunta esencial

¿Cómo se refleja el cambio en los bosques y los árboles?

Era una mañana fresca y nebulosa, en un bosque cercano al océano, cuando el pequeño árbol se asomó a la superficie de la tierra por primera vez. Había otros árboles como él en el bosque siempre verde. Algunos eran más altos, otros más anchos, otros más viejos.

Con el tiempo, los científicos llamarían a este árbol *sequoia sempervirens,* secuoya *siempre viva.* También llegaría a conocerse con el nombre de *secuoya roja costera.*

Más de 50 millones de años antes de que este árbol comenzara a crecer, distintos tipos de secuoyas crecían en todo el mundo. Vivieron en la misma época que los dinosaurios, hasta que llegaron los glaciares. Esos ríos de hielo de movimiento lento ocasionaron la extinción de muchas plantas y animales.

El bosque largo y estrecho donde crecía el arbolito se extendía 600 millas a lo largo de la costa occidental del continente norteamericano. Lindaba al este con una cordillera enorme y al oeste con el océano Pacífico.

La corriente de aire frío que soplaba desde el océano hacia las montañas protectoras salvó al bosque de los glaciares. El aire denso y frío creó bancos de niebla, muy importantes para la supervivencia del pequeño árbol.

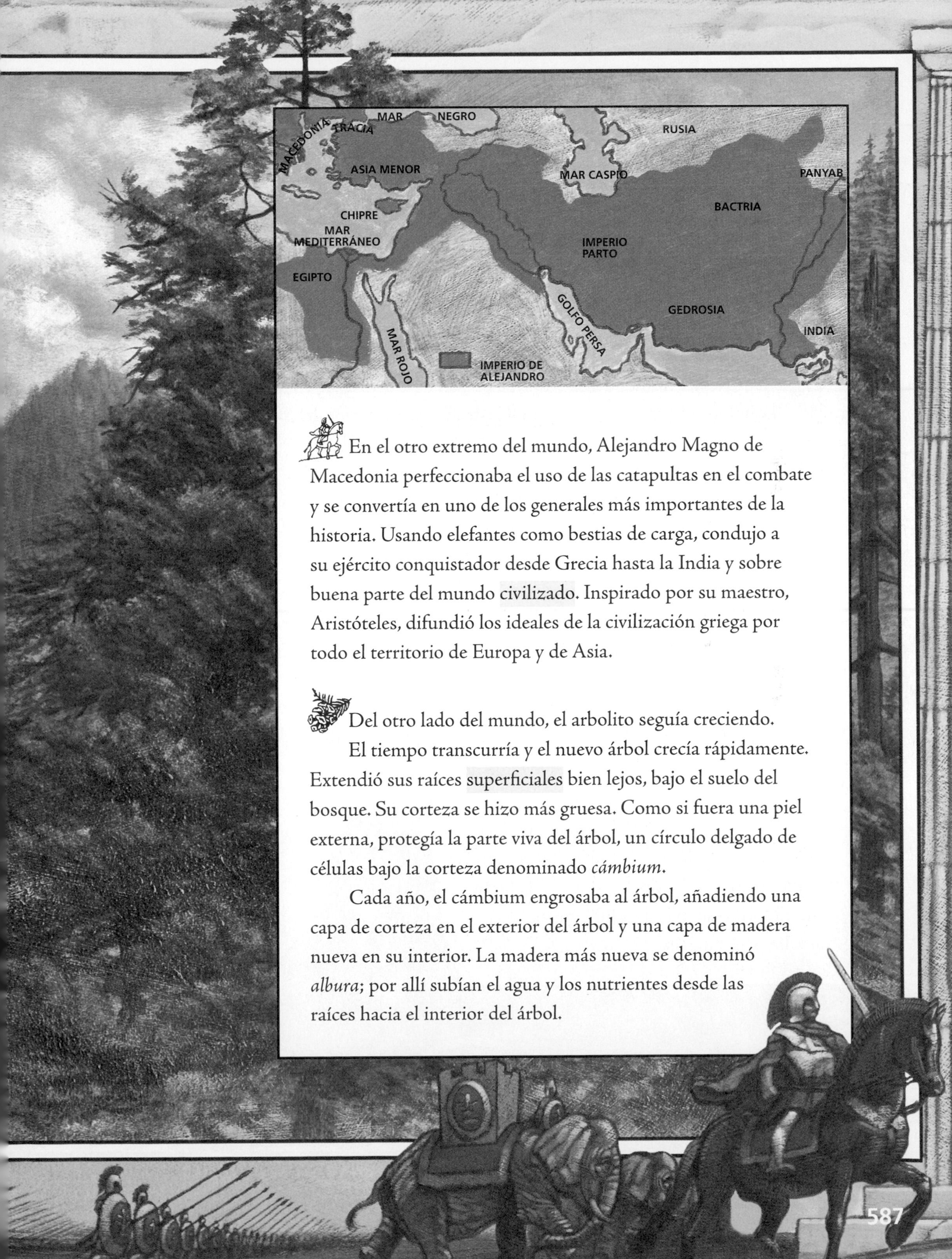

En el otro extremo del mundo, Alejandro Magno de Macedonia perfeccionaba el uso de las catapultas en el combate y se convertía en uno de los generales más importantes de la historia. Usando elefantes como bestias de carga, condujo a su ejército conquistador desde Grecia hasta la India y sobre buena parte del mundo civilizado. Inspirado por su maestro, Aristóteles, difundió los ideales de la civilización griega por todo el territorio de Europa y de Asia.

Del otro lado del mundo, el arbolito seguía creciendo.

El tiempo transcurría y el nuevo árbol crecía rápidamente. Extendió sus raíces superficiales bien lejos, bajo el suelo del bosque. Su corteza se hizo más gruesa. Como si fuera una piel externa, protegía la parte viva del árbol, un círculo delgado de células bajo la corteza denominado *cámbium*.

Cada año, el cámbium engrosaba al árbol, añadiendo una capa de corteza en el exterior del árbol y una capa de madera nueva en su interior. La madera más nueva se denominó *albura*; por allí subían el agua y los nutrientes desde las raíces hacia el interior del árbol.

El cámbium añadió más y más anillos de albura al interior del árbol, en la parte más cercana a su corteza. La albura más vieja se convirtió en el duramen del árbol. Sus cavidades fibrosas, obstruidas con desechos, ya no se usaban para transportar agua y alimento, pero el árbol aún necesitaba el duramen para mantenerse alto y derecho.

El tiempo pasó. Docenas de arañas cazadoras buscaron huecos a lo largo de la corteza desigual y gruesa. Tendieron sus telarañas por doquier. El exterior del árbol parecía un edificio de apartamentos para arañas. Las telarañas no dañaban en absoluto al árbol que, simplemente, seguía creciendo.

Al otro lado del océano, en China, los hombres comenzaron a construir un gran muro de piedra a lo largo de sus fronteras, para protegerse de sus enemigos. Construido manualmente en su totalidad, con tierra, ladrillos y piedras, se necesitaron millones de trabajadores y cientos de años para terminarlo. Finalmente, la Gran Muralla atravesó más de 1,500 millas de valles y montañas.

Miles de millas hacia el este, el pequeño árbol secuoya crecía y crecía.

El aire frío de la mañana estaba cargado de humedad, pero pronto el sol se abrió paso a través de los densos árboles hasta alcanzar el suelo del bosque. El aire se tornó más cálido y la humedad comenzó a evaporarse. El aire caliente ascendió al perder humedad y volverse más liviano. Las corrientes de aire empujaban suavemente a los insectos, cada vez más alto. Algunos quedaron atrapados en las telarañas que se hallaban a lo largo de la corteza.

Un pequeño grupo de mujeres indígenas se adentró en el bosque para recolectar bellotas, piñas, helechos y otras plantas que crecían debajo del árbol. Las mujeres pertenecían a un pueblo pacífico de indígenas llamados *ohlone*.

Aunque recogían todo lo que necesitaban del bosque de secuoyas rojas, los indígenas no vivían allí. Consideraban al bosque como un lugar sagrado, con sus árboles gigantes y sus feroces osos pardos. Realizaban su cosecha rápidamente y se marchaban, dando gracias al Gran Espíritu por tanta generosidad.

DETENTE Y PIENSA

Verificar/Aclarar ¿Qué papel desempeña el cámbium en el desarrollo de un árbol? Vuelve a leer las páginas 587-588 si fuera necesario.

Un pájaro carpintero se posó sobre el árbol, picoteó la corteza hasta hacer un pequeño agujero en ella y se comió los insectos diminutos que vivían allí.

Una ardilla gris subió corriendo por el árbol y escondió una bellota en el agujero que había dejado el pájaro carpintero. La ardilla escondió muchas bellotas ese año. Después se olvidó por completo de la bellota que había escondido en el agujero del pájaro carpintero.

Los años pasaron y el cámbium del árbol tapó el agujero con una corteza nueva. La pequeña bellota quedó completamente encerrada dentro de la corteza. El árbol siguió creciendo.

Transcurrió el tiempo. César Augusto se convirtió en el primer emperador de Roma, marcando el inicio del poderoso Imperio Romano. El Imperio Romano gobernó muchos territorios hasta fines del siglo quinto.

DETENTE Y PIENSA

Características del texto y de los elementos gráficos ¿Cuánto te ayudan a entender el texto la línea cronológica y los íconos de la parte superior de la página?

Para ese entonces, el árbol ya tenía 300 años de vida, bastante joven para una secuoya siempre viva. Su altura alcanzaba casi 200 pies y medía aproximadamente 20 pies de ancho alrededor de la base.

Un día se produjo un gran incendio en el bosque y muchos árboles se quemaron. Las llamas alcanzaron a la secuoya roja cerca del suelo. Finalmente, los elementos resistentes al fuego del duramen detuvieron el fuego, dejando una cueva ahuecada dentro de la parte inferior del árbol.

El cámbium del árbol no sufrió daños graves a causa del fuego y continuó haciendo crecer corteza nueva alrededor de la entrada de la cueva. En el transcurso de muchos años, la corteza nueva cerró casi por completo la entrada de la cueva, mientras que su interior permaneció hueco. El árbol siguió creciendo.

A casi nueve mil millas al sureste del bosque se encuentra el continente africano. En una sabana cubierta de hierba, en el límite del vasto desierto del Sahara, el reino de Kanem floreció como un importante centro de comercio. Las caravanas llevaban artículos de metal, caballos y sal desde el norte de África y desde Europa para comerciarlos allí por marfil y nueces de cola traídas desde el sur.

Muy lejos hacia el oeste, en el apacible bosque, la secuoya roja se alzaba alta y fuerte.

Pequeñas ardillas listadas subían y bajaban por el árbol. Anidaron en una rama que crecía de un modo extraño y diferente. La rama se había convertido en un nudo. Su madera se había doblado hasta formar un nudo lo suficientemente cómodo para que una ardilla listada descansara sobre él. El nudo no impidió que el árbol siguiera creciendo, cada vez más alto y más ancho. Ahora ya superaba los 250 pies de alto y medía más de 50 pies de circunferencia en su base. Crecía, crecía y seguía creciendo.

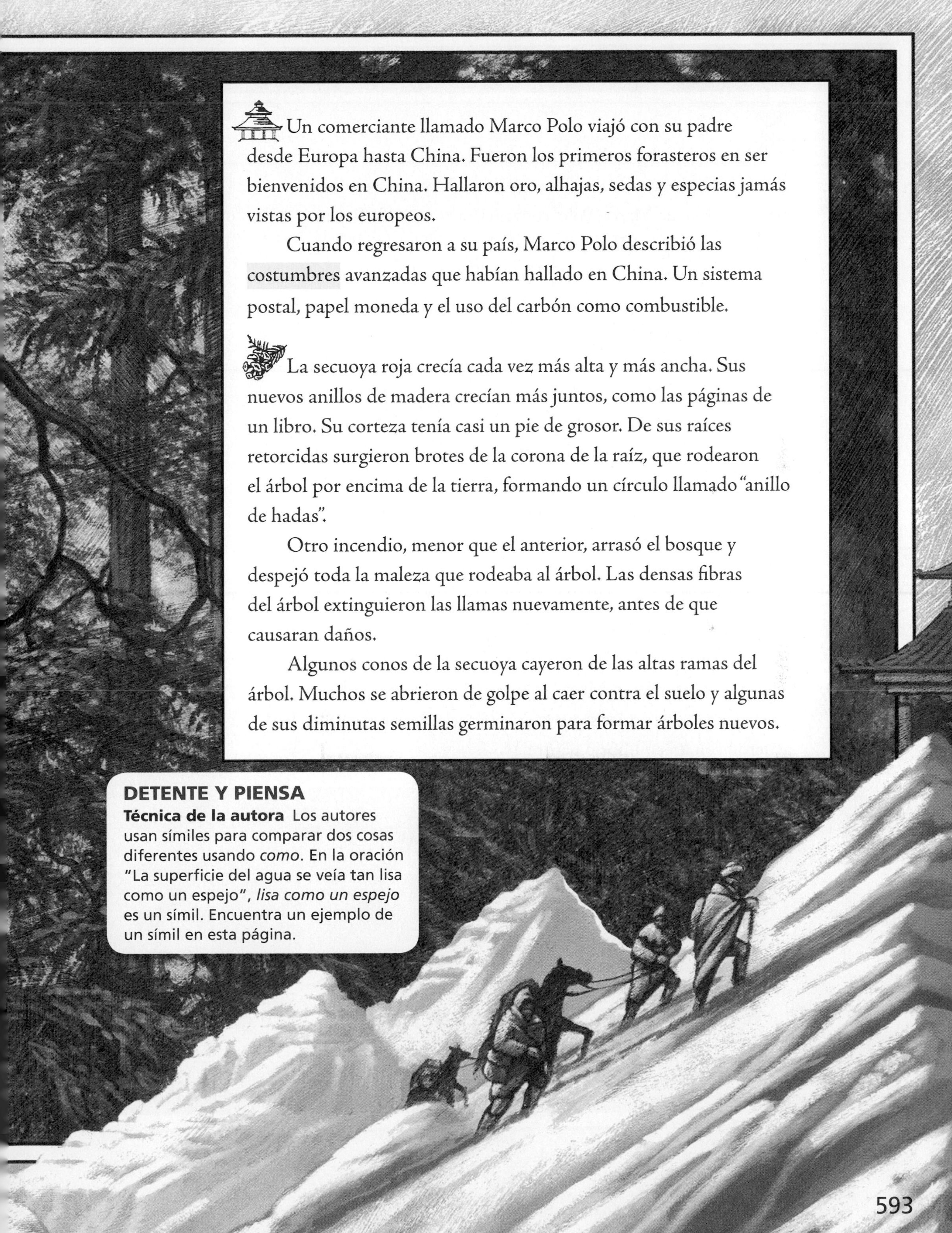

Un comerciante llamado Marco Polo viajó con su padre desde Europa hasta China. Fueron los primeros forasteros en ser bienvenidos en China. Hallaron oro, alhajas, sedas y especias jamás vistas por los europeos.

Cuando regresaron a su país, Marco Polo describió las costumbres avanzadas que habían hallado en China. Un sistema postal, papel moneda y el uso del carbón como combustible.

La secuoya roja crecía cada vez más alta y más ancha. Sus nuevos anillos de madera crecían más juntos, como las páginas de un libro. Su corteza tenía casi un pie de grosor. De sus raíces retorcidas surgieron brotes de la corona de la raíz, que rodearon el árbol por encima de la tierra, formando un círculo llamado "anillo de hadas".

Otro incendio, menor que el anterior, arrasó el bosque y despejó toda la maleza que rodeaba al árbol. Las densas fibras del árbol extinguieron las llamas nuevamente, antes de que causaran daños.

Algunos conos de la secuoya cayeron de las altas ramas del árbol. Muchos se abrieron de golpe al caer contra el suelo y algunas de sus diminutas semillas germinaron para formar árboles nuevos.

DETENTE Y PIENSA

Técnica de la autora Los autores usan símiles para comparar dos cosas diferentes usando *como*. En la oración "La superficie del agua se veía tan lisa como un espejo", *lisa como un espejo* es un símil. Encuentra un ejemplo de un símil en esta página.

Un explorador italiano llamado Cristóbal Colón quería hallar una ruta nueva hacia China. Motivado por las exploraciones de Marco Polo, convenció a la reina de España para que financiara su viaje hacia el oeste, atravesando los mares inexplorados. Si bien Colón no llegó a China, desembarcó en la región sureste de Norteamérica y la llamó Nuevo Mundo.

La secuoya roja se encontraba a unas 3,000 millas de distancia del lugar donde Colón había desembarcado. Seguía creciendo en su bosque protegido, allá lejos en el oeste.

Los venados se paseaban por los senderos del bosque y hallaban áreas escondidas para protegerse de sus enemigos, mientras pastaban en la vegetación exuberante.

En el bosque también vivían zorros grises. Algunas de sus crías nacieron en el interior de la abrigada cueva del árbol.

Las aves anidaban en las ramas más elevadas de los árboles más altos y más viejos. Mamíferos, aves, insectos y reptiles convivían y sus especies se reproducían todos los años de acuerdo con un equilibrio natural.

En la costa noreste de Norteamérica, un pequeño barco llamado *Mayflower* trajo un grupo de peregrinos al Nuevo Mundo. Muchos de ellos habían sufrido la opresión y soñaban con una tierra donde reinara la libertad religiosa. Los peregrinos lucharon por sobrevivir durante su primer y terrible invierno en el Nuevo Mundo.

En la costa opuesta, el árbol proveía un hogar a una hembra mapache y sus crías. La cueva los mantenía calientes y secos, a salvo de los osos pardos y de los pumas.

El tiempo seguía transcurriendo. La secuoya roja siempre viva continuaba creciendo cada vez más. Se erguía alta y silenciosa en el medio de su anillo de árboles más jóvenes.

En el Nuevo Mundo, los Estados Unidos de América se proclamaron una nación independiente, con sus trece colonias a lo largo de la costa este de Norteamérica. Para declarar tal independencia, el general George Washington lideró a los colonos durante la encarnizada Guerra Revolucionaria contra Gran Bretaña. Después de la guerra, el general Washington se convirtió en el primer presidente de los Estados Unidos.

La secuoya roja gigante ahora tenía más de 300 pies de altura, uno de los organismos vivos más altos sobre la faz de la Tierra.

Un día, una terrible tormenta se desató sobre el bosque. El viento y la lluvia azotaron los árboles, los truenos hicieron que los animales corrieran a esconderse. Un rayo relampagueante cayó sobre la base del árbol, en su parte más débil, cerca de la cueva. El árbol cayó de lado con un ruido estrepitoso. Su tronco enorme se quebró en pedazos cuando chocó contra el suelo.

En los territorios del oeste de Norteamérica se descubrió oro. Miles de personas atravesaron el continente en carretas tiradas por caballos. Soñaban con obtener riquezas y nuevas oportunidades.

Los pueblos y ciudades de crecimiento rápido se desarrollaron velozmente. Cazadores, leñadores, curtidores y mineros explotaron los recursos de la tierra. Poco después, un ferrocarril atravesó el continente de costa a costa. Los trenes transportaron a los colonos hacia lugares cercanos al bosque de secuoyas rojas, donde las vigorosas raíces del árbol caído seguían creciendo.

Transcurrió el tiempo. La fuerza vital de la secuoya siempre viva no moriría. Sus raíces dieron vida y energía a los árboles más jóvenes que la rodeaban. En poco tiempo, un árbol nuevo comenzó a crecer a partir del tronco quebrado.

Millones de insectos se alimentaron de la corteza del árbol. Después de muchos años, la madera comenzó a convertirse en polvo fino. Las babosas amarillas convirtieron el polvo en materia orgánica, que regresó al suelo en forma de nutriente.

En el espacio exterior, un hombre caminó sobre la luna por primera vez. Las personas lo vieron en las pantallas de televisión de todo el mundo. Los astronautas y cosmonautas de distintos países viajaron al espacio. Los científicos planearon construir una estación espacial a cientos de millas de la Tierra.

En la actualidad, las personas acampan a la sombra del árbol y los niños juegan sobre su tronco en descomposición. Están fascinados por su longitud. Es más largo que un campo de fútbol americano.

En el bosque angosto y antiguo, las secuoyas siempre vivas siguen creciendo. Se alzan como estatuas gigantescas mientras millones de visitantes de todo el mundo llegan hasta allí y se maravillan con su altura increíble.

Los diminutos árboles nuevos se asoman a la superficie de la tierra. La vida continúa en el bosque de secuoyas rojas de la costa.

Es tu turno

La red de la vida

Escribir sobre la naturaleza Usa datos de "El árbol eterno" para escribir un párrafo en el que describas de qué manera los animales y los insectos dependen de las secuoyas rojas a lo largo de su vida. Luego, cuenta de qué manera los humanos dependen de los árboles. CIENCIAS

El tiempo avanza

Agregar sucesos históricos Con un compañero, piensen en dos sucesos históricos recientes para agregar en la línea cronológica de "El árbol eterno". Escriban una descripción breve y hagan un dibujo o un ícono para cada suceso que hayan elegido. PAREJAS

Hablar sobre los elementos gráficos

Turnarse y comentar

Las líneas cronológicas, los íconos y el mapa del imperio de Alejandro Magno en "El árbol eterno" ayudan a los lectores a comprender el texto. Con un grupo, comenten el propósito de cada uno de estos elementos. Luego, comenten cuál de ellos les resultó más útil y por qué. CARACTERÍSTICAS DEL TEXTO Y DE LOS ELEMENTOS GRÁFICOS

Conectar con la

poesía

VOCABULARIO CLAVE

recurso	denso
evaporarse	superficial
humedad	civilizado
continente	oportunidad
costumbre	independiente

GÉNERO

La **poesía** utiliza el sonido y el ritmo de las palabras para sugerir imágenes y expresar sentimientos.

ENFOQUE EN EL TEXTO

La **poesía narrativa** se enfoca en relatar una historia, con frecuencia acerca de un suceso en particular. La poesía narrativa está dividida en *líneas*, y una sección de líneas se llama *estrofa*. Al leer cada poema, observa cómo cada estrofa se relaciona con el significado del poema en general.

Árboles altísimos

Los poemas que leerás a continuación tratan de personas y árboles. "Ancestros del mañana" compara a los niños con árboles que crecen, mientras que "Primer árbol de 6,000 años de edad registrado en América" y "Secuoyas gigantes" describen la majestad de unos árboles altísimos.

Ancestros del mañana

los niños son
las ramas florecientes
de los árboles

un día sus semillas
se convertirán
en las raíces

de otros árboles
que tendrán sus propias
ramas florecientes

adaptación del original
de Francisco X. Alarcón

Primer árbol de 6,000 años de edad registrado en América

El "Árbol eterno"

- Una secuoya de la costa
- Condado de Humboldt, California
- 250 pies de altura
- Unos 6,200 años de vida

Cuando la naturaleza en la tierra reinaba,
y ningún ser viviente por allí se paseaba,
un brote de secuoya comenzó a crecer
y con cada primavera volvió a renacer.

Por setecientos años, o más, día tras día,
sobre el suelo forestal orgulloso se erguía.
y cuando cerca al cielo sus ramas ondeaba,
por todo el bosque su canto se escuchaba.

Diciembre de 1977, un año de duelo,
el árbol eterno que apuntaba al cielo,
hacia la tierra sus ramas doblegó
como diciendo adiós a todos… *Y cayó.*

adaptación del original
de J. Patrick Lewis

Parque estatal de secuoyas de Humboldt

Los visitantes del Parque estatal de secuoyas de Humboldt (Humboldt Redwoods State Park), en California, tienen muchas oportunidades de ver las secuoyas. Estas son importantes recursos naturales del continente norteamericano. Mucha lluvia y una densa niebla proporcionan a las secuoyas la humedad necesaria para crecer. Las raíces superficiales de los árboles toman el agua del suelo.

Los carros pueden atravesar algunas secuoyas en el parque estatal.

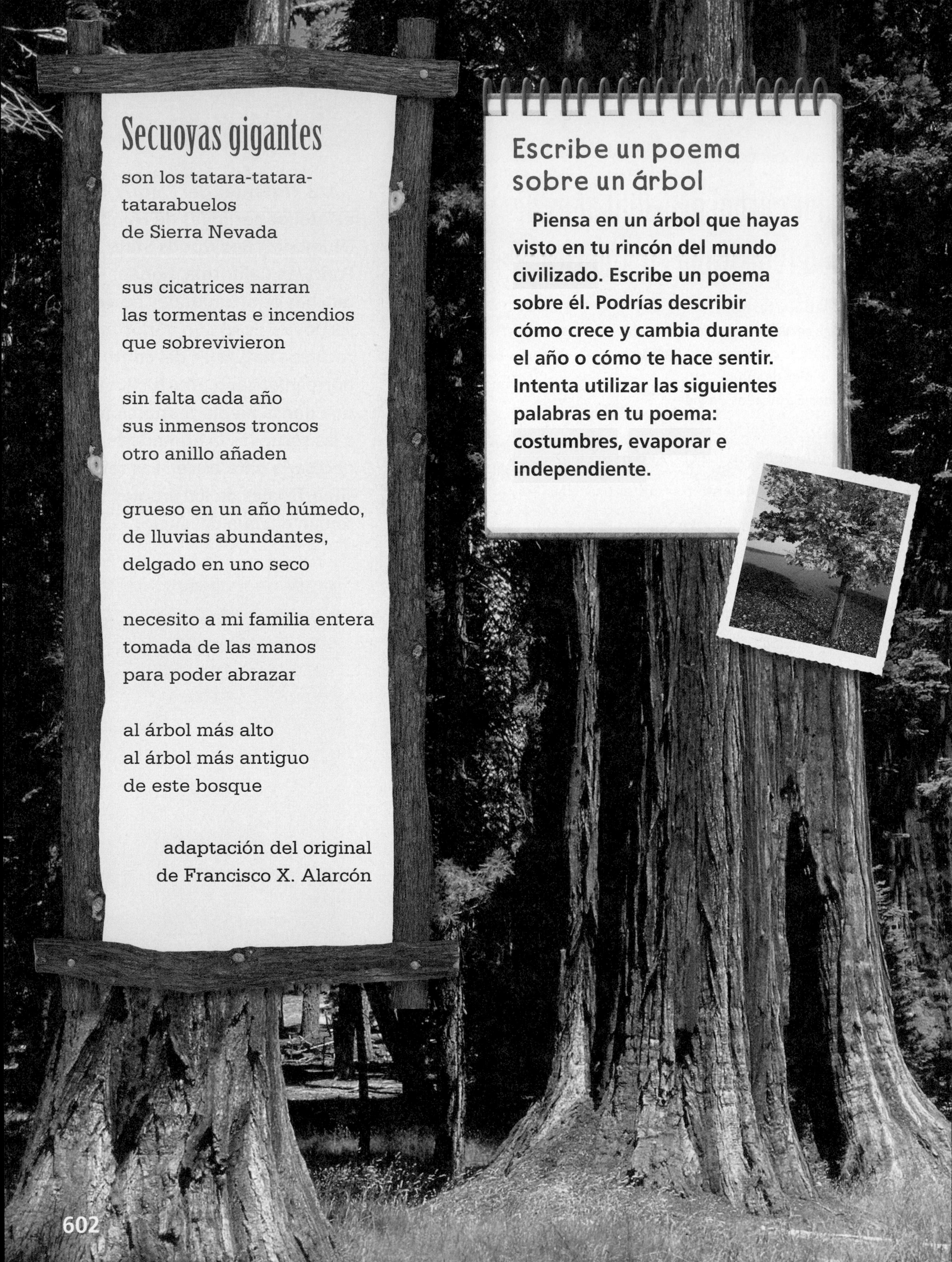

Secuoyas gigantes

son los tatara-tatara-
tatarabuelos
de Sierra Nevada

sus cicatrices narran
las tormentas e incendios
que sobrevivieron

sin falta cada año
sus inmensos troncos
otro anillo añaden

grueso en un año húmedo,
de lluvias abundantes,
delgado en uno seco

necesito a mi familia entera
tomada de las manos
para poder abrazar

al árbol más alto
al árbol más antiguo
de este bosque

adaptación del original
de Francisco X. Alarcón

Escribe un poema sobre un árbol

Piensa en un árbol que hayas visto en tu rincón del mundo civilizado. Escribe un poema sobre él. Podrías describir cómo crece y cambia durante el año o cómo te hace sentir. Intenta utilizar las siguientes palabras en tu poema: costumbres, evaporar e independiente.

Hacer conexiones

El texto y tú

Escribir una respuesta Muchos animales dependen de los árboles para sobrevivir y se quedan en el mismo árbol durante años. ¿Tienes un árbol preferido al cual te gusta trepar? Escribe un párrafo sobre la manera en que los árboles influyen en tu vida.

De texto a texto

Comparar propósitos Explica la diferencia que hay entre propósito explícito y propósito implícito. Luego usa detalles de los textos para identificar los propósitos de *El árbol eterno* y uno de los poemas de «Árboles altísimos» y anota en qué se parecen. Explica si los propósitos son explícitos o implícitos.

El texto y el mundo

Hacer una línea cronológica Investiga las fechas de los sucesos históricos mencionados en *El árbol eterno*. Luego usa esas fechas para hacer una línea cronológica de los sucesos que ocurrieron simultáneamente con la vida de la secuoya.

Gramática

Las comillas y el guión largo Cuando escribes las palabras exactas que están en un texto escrito, escribes una **cita textual**. Usa **comillas** (" ") antes y después de la cita textual. Coloca dos puntos y un espacio antes de las comillas del comienzo de la cita. Coloca un punto fuera de las comillas al final de la cita. El **guión largo** (—) se usa para indicar las palabras de un personaje en un **diálogo**, al igual que los comentarios del narrador.

Lenguaje académico

cita textual
comillas
guión largo
diálogo

Dice Leslie al comienzo de su novela: "¡Todo el verano ha estado nublado! El cielo ha estado gris y las plantas, mojadas!".

—Si fueras una secuoya, no te importaría sentir las gotas de agua sobre las ramas —dijo Simón.

Turnarse y comentar **Trabaja con un compañero. Di qué oraciones son ejemplos de citas textuales y cuáles son ejemplos de las palabras de un personaje en un diálogo.**

1. —Este árbol mide sesenta pies de contorno —anunció Laura.
2. Y de esta forma continuó Joe su descripción: "El aire húmedo de la tarde producía una sensación de cansancio que era difícil de resistir".
3. —Prepárense —ordenó la mujer—, porque vamos a recolectar bellotas.
4. Según explica Zulma en su ensayo: "Las caravanas llevaban artículos de metal, caballos y sal".

Elección de palabras Si usas palabras precisas, darás a los lectores una imagen clara de lo que quieres decir. Cuando escribas lo que dice un personaje en un diálogo, trata de usar una palabra más precisa que *dijo*. Asegúrate de usar la puntuación correcta.

Menos preciso	Más preciso
—No espantes al pájaro carpintero que está en esa secuoya —dijo Jackie.	—No espantes al pájaro carpintero que está en esa secuoya —susurró Jackie.

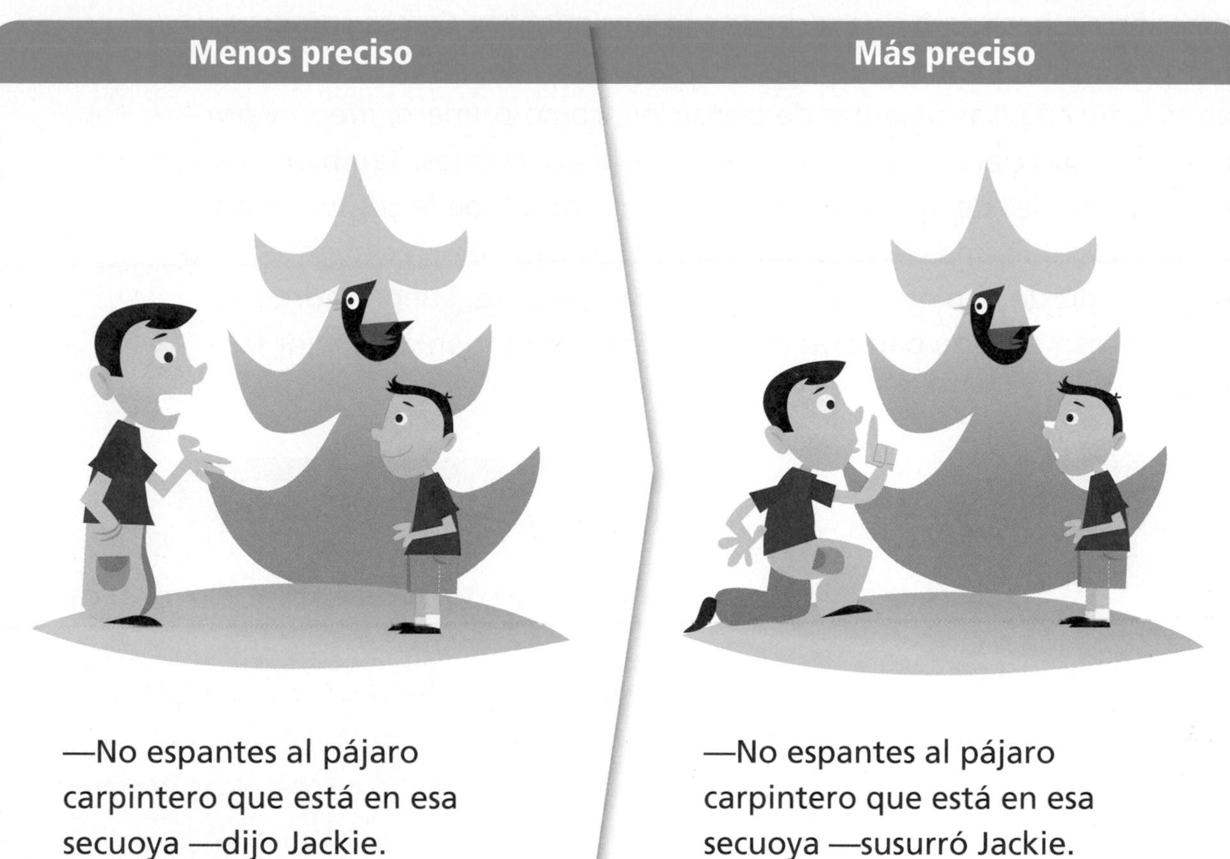

Menos preciso: —¡Eh, miren la telaraña que hay en ese tronco! —dijo Justin.

Más preciso: —¡Eh, miren la telaraña que hay en ese tronco! —exclamó Justin.

Relacionar la gramática con la escritura

Cuando revises tu escritura, asegúrate de haber usado las comillas para indicar las citas textuales y el guión largo para indicar las palabras de los personajes y el narrador en un diálogo.

Escribir para informar

Organización En una **composición sobre un proceso,** explicas una sucesión de hechos, o una serie de acontecimientos. Debes comenzar por presentar el tema. Luego explica cada paso del proceso en el orden en que sucede. Las palabras de transición, como *primero, luego* y *por último,* dejan claros los pasos del proceso a los lectores. También, los datos y detalles de apoyo aclaran la idea principal de la composición.

Erin escribió una composición sobre el proceso de crecimiento de la secuoya, desde la piña hasta el árbol joven y fuerte. Luego reordenó los sucesos y agregó palabras de transición para organizar mejor las ideas.

Lista de control de la escritura

- **Ideas** ¿Incluí suficientes datos y detalles para que quede claro el proceso?
- **Organización** ¿Expliqué los sucesos en orden? ¿Usé palabras de transición para presentar el orden con claridad?
- **Elección de palabras** ¿Definí las palabras que los lectores podrían desconocer?
- **Voz** ¿Expresé mis ideas de manera clara e interesante?
- **Fluidez de las oraciones** ¿Varié la longitud de las oraciones?
- **Convenciones** ¿Usé la ortografía, la gramática y la puntuación correctas?

Borrador revisado

Las magníficas secuoyas son coníferas de crecimiento rápido. Las coníferas son plantas que contienen sus semillas en una piña, y así es como nacen las secuoyas. Primero ~~Las~~ piñas de uno de estos árboles empiezan a abrirse. A continuación, se secan y luego desprenden las semillas. No las piñas secas brotan muchas semillas, pero las que lo hacen se llaman plántulas.

Copia final

Cómo crece una secuoya joven

por Erin Casey

Las magníficas secuoyas son coníferas de crecimiento rápido. Las coníferas son plantas que contienen sus semillas en una piña, y así es como nacen las secuoyas. Primero, las piñas de uno de estos árboles empiezan a secarse. A continuación, las piñas secas se abren. Luego, desprenden las semillas. No brotan muchas semillas, pero las que lo hacen se llaman plántulas.

Si la tierra es rica, la plántula de secuoya continuará creciendo. Mientras crece, extenderá sus raíces por el bosque. Las raíces la ayudarán a seguir creciendo. Las plántulas pueden crecer más de un pie por año y se convierten en árboles jóvenes y fuertes.

En el trabajo final, reordené los pasos del proceso y agregué palabras de transición.

Leer como escritor

¿Qué pasos reordenó Erin? ¿Qué palabras de transición agregó? Esta semana, mientras escribes tu composición sobre un proceso, busca cambios que puedas hacerle para que el orden de los sucesos sea más claro.

Lección
24

vínculo
sufrir
intruso
compañero
recinto
inseparable
embestir
principal
agotado
afecto

Librito de vocabulario

Tarjetas de contexto

Vocabulario en contexto

1

vínculo

Muchas personas tienen un vínculo, o conexión, muy fuerte con los animales.

2

sufrir

Un veterinario trata a este gato que sufrió heridas en un accidente.

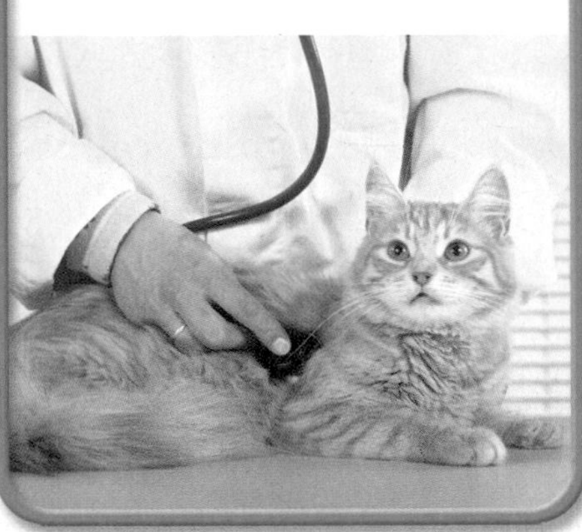

3

intruso

Los animales son cautos cuando un intruso invade su territorio.

4

compañero

Una mascota es generalmente un compañero para su amo. Ambos pasan mucho tiempo juntos.

- **Analiza cada Tarjeta de contexto.**
- **Usa un diccionario para entender el significado de estas palabras.**

5

recinto

Este peón de campo verifica que un recinto de animales sea sólido y seguro.

6

inseparable

Frecuentemente las personas y sus animales de servicio se vuelven inseparables. Nunca se apartan uno del otro.

7

embestir

Este perro embistió la pelota que lanzó su amo, o salió corriendo hacia ella.

8

principal

El principal trabajo de un biólogo marino en un acuario es instruir a los visitantes acerca de la vida en el mar.

9

agotado

A este paseador de perros le encanta su trabajo, pero al final del día estará agotado, o rendido.

10

afecto

Esta niña siente afecto, o cariño, por la oveja de la granja de su familia.

Contexto

VOCABULARIO CLAVE **¿Qué ayuda a un animal a sobrevivir en su hábitat natural?** A veces, un vínculo entre animales puede ser una ventaja. Por ejemplo, una cría joven necesita el afecto de la madre y, en ocasiones, esta necesita el cuidado de un compañero para sobrevivir. Un animal que está muy agotado o que sufrió heridas cuando otro lo embistió, se refugia en un recinto separado mientras otros lo cuidan para protegerlo de algún intruso. Esto muestra una estrecha relación entre esos animales. Los vínculos inseparables que forman los animales son generalmente el motivo principal de su existencia. Esto lo vemos en el comportamiento de los perritos de la pradera, por ejemplo.

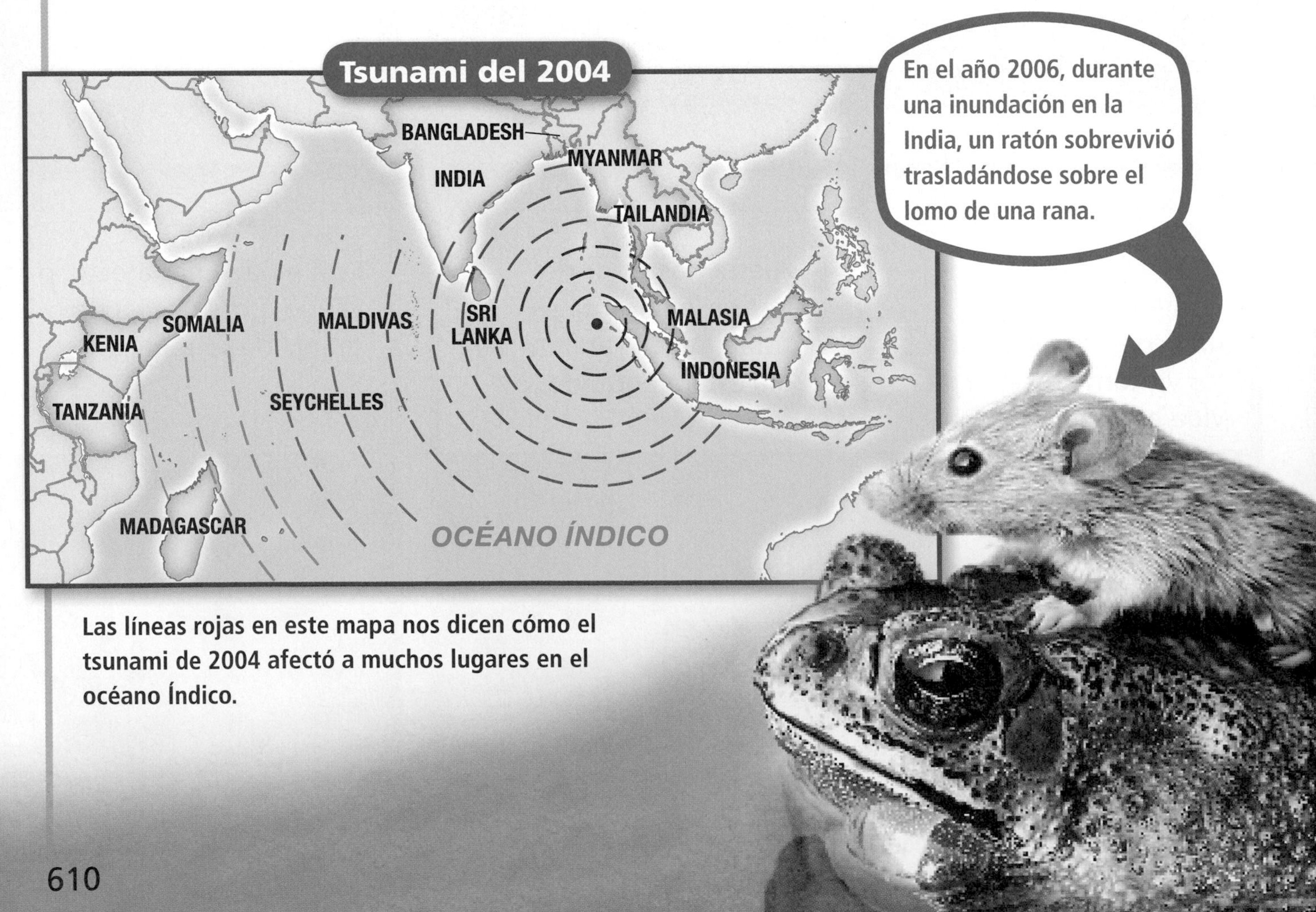

Las líneas rojas en este mapa nos dicen cómo el tsunami de 2004 afectó a muchos lugares en el océano Índico.

Comprensión

DESTREZA CLAVE Comparar y contrastar

Los autores de *Owen y Mzee* pensaron mucho en cómo organizar los hechos que presentaban sobre dos animales muy diferentes. Mientras lees la selección, busca en qué se parecen y en qué se diferencian Owen y Mzee. Usa un organizador gráfico como ayuda para anotar las semejanzas y las diferencias.

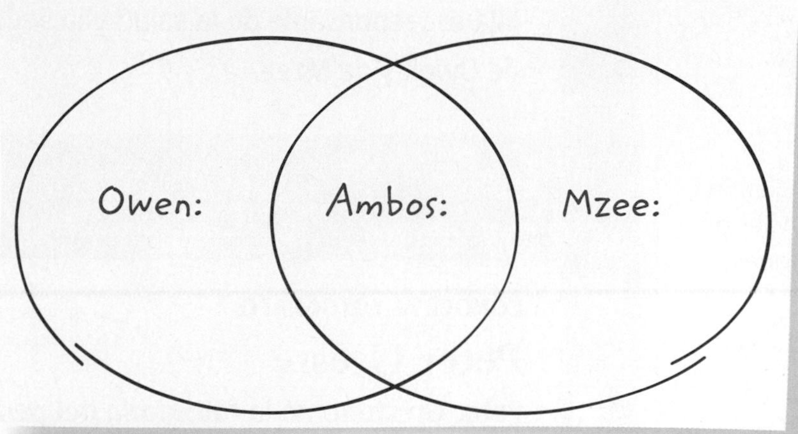

ESTRATEGIA CLAVE Analizar/Evaluar

Mientras lees, usa tu organizador gráfico como ayuda para analizar la relación entre Owen y Mzee. ¿Por qué crees que estos dos animales se hicieron amigos a pesar de sus diferencias? Mientras lees, formula preguntas que te ayuden a entender por qué la relación de Owen y Mzee es única.

Selección principal

VOCABULARIO CLAVE

vínculo	sufrir
intruso	compañero
recinto	inseparable
embestir	principal
agotado	afecto

DESTREZA CLAVE

Comparar y contrastar Examina las semejanzas y las diferencias de los personajes y de sus acciones.

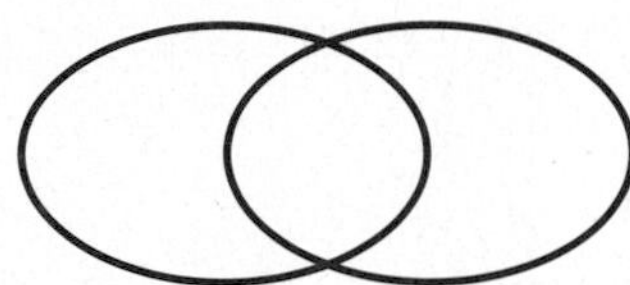

ESTRATEGIA CLAVE

Analizar/Evaluar Piensa atentamente en el texto y fórmate una opinión acerca de él.

GÉNERO

Una **narrativa de no ficción** da información basada en hechos contando una historia verdadera.

Establecer un propósito Antes de leer, establece un propósito basándote en el género y en lo que quieras saber.

CONOCE A LOS AUTORES

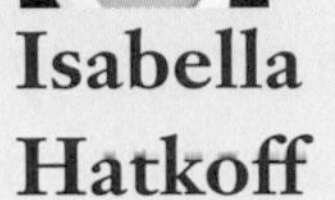

Isabella Hatkoff · Craig Hatkoff · Dra. Paula Kahumbu

Isabella Hatkoff tenía seis años cuando vio una fotografía de Owen y de Mzee en el periódico. Isabella decidió escribir sobre ellos con la ayuda de Craig, su padre.

La doctora Paula Kahumbu es ecóloga en Kenia. Ella es responsable de la salud y la seguridad de Owen y de Mzee.

CONOCE AL FOTÓGRAFO

Peter Greste

Peter Greste tomó la fotografía del periódico, que llevó a los Hatkoff y a la doctora Kahumbu a escribir *Owen y Mzee*. Greste no solo trabaja de fotógrafo, sino también de reportero radial. Viaja por el mundo cubriendo sucesos importantes.

OWEN Y MZEE

LA VERDADERA HISTORIA DE UNA AMISTAD EXTRAORDINARIA

por Isabella Hatkoff, Craig Hatkoff *y la* Dra. Paula Kahumbu
fotografías de Peter Greste

Pregunta esencial

¿Cómo puede la amistad ayudarnos a encontrar cosas en común?

Esta historia comenzó en Malindi, Kenia, en la costa oriental de África, en diciembre de 2004. Una manada de hipopótamos pastaban a lo largo de la costa del océano Índico cuando, de pronto, altísimas olas surgidas de un maremoto se precipitaron sobre la playa. Después del descenso del agua, solo quedaba un hipopótamo, varado en un acantilado. Cientos de aldeanos trabajaron durante horas para rescatar a este hipopótamo bebé de 600 libras. Finalmente, un hombre llamado Owen pudo sujetar al animal, que entonces fue bautizado con su nombre. Los socorristas envolvieron al hipopótamo en unas redes y lo colocaron en una camioneta.

Las personas que lo habían rescatado no sabían con certeza adónde llevar a Owen. Llamaron al parque Haller, un santuario para animales a unas cincuenta millas de distancia, cerca de la ciudad de Mombasa. La Dra. Paula Kahumbu, la directora, inmediatamente ofreció un lugar para que Owen viviera allí. Explicó que no podría regresar jamás a la vida salvaje. Como todavía era un bebé, no había aprendido aún a arreglárselas por sí mismo. Además, nunca sería bienvenido en otra manada de hipopótamos. Sería considerado un intruso y lo atacarían. Sin embargo, lo cuidarían muy bien en el parque Haller. La Dra. Paula se ofreció a conducir hasta Malindi para buscar a Owen y llevarlo ella misma hasta su nuevo hogar.

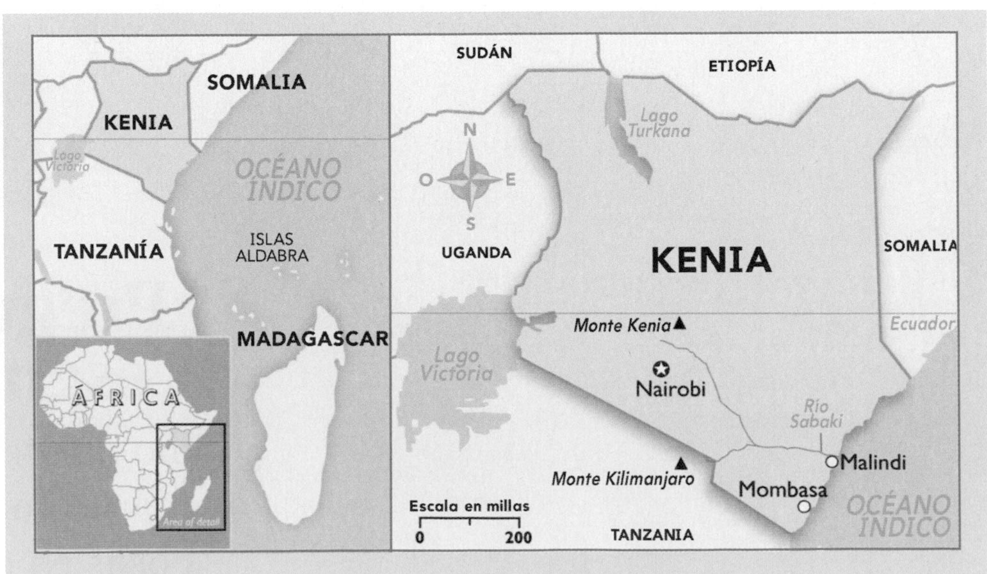

La Dra. Paula, Stephen y Sabine querían ayudar al hipopótamo huérfano.

La Dra. Paula sabía que necesitaría ayuda. Le pidió a Stephen Tuei, el guardián principal de los animales, que la acompañara. Sabía que Stephen tenía una relación especial con los animales. Algunas personas afirmaban que hasta sabía cómo hablar con ellos. Con presteza, la Dra. Paula y Stephen se pusieron en marcha en su pequeño camión y se dirigieron a Malindi.

Mientras tanto, en el parque Haller, la ecologista Sabine Baer se puso a trabajar con otras personas en los preparativos para la llegada de Owen.

Cuando la Dra. Paula y Stephen llegaron a Malindi, ayudaron a quitar las redes y a conducir a Owen fuera de la camioneta. Pero Owen se enfadó más que nunca y embistió contra las personas que lo rodeaban. Intentaron calmarlo envolviéndole una manta alrededor de la cabeza. De esa manera, no vería las cosas que lo estaban alterando. Sin embargo, esto también enfadó a Owen. Después de muchas horas, alrededor de una docena de socorristas lograron trasladar a Owen desde la camioneta hasta el camión de la Dra. Paula y lo ataron para que estuviera seguro durante el largo viaje hasta el parque Haller.

DETENTE Y PIENSA

Analizar/Evaluar ¿Por qué crees que los socorristas se esfuerzan tanto para llevar a Owen a un nuevo hogar?

Stephen le hace cosquillas a Mzee.

Mientras tanto, Sabine y otros trabajadores prepararon un gran recinto cerrado para Owen. Escogieron una sección del parque que tenía un estanque y un revolcadero de barro, así como también árboles altos y arbustos. Todo lo que un hipopótamo podría desear. El área ya albergaba una cierta cantidad de antílopes africanos, monos verdes y una tortuga gigante de Aldabra llamada Mzee.

Mzee, cuyo nombre significa "anciano sabio" en lengua swahili, era la criatura más vieja del parque. Con 130 años de edad, aproximadamente, esta tortuga había estado viva desde antes que naciera la bisabuela de Stephen. No era muy amigable, excepto con Stephen, quien parecía saber exactamente lo que le gustaba, como que le hicieran cosquillas debajo de la barbilla. Aparte de eso, Mzee era muy reservado.

Nadie podría haber adivinado de qué manera la vida de Mzee iba a cambiar.

Por fin, la Dra. Paula y Stephen llegaron con Owen, que estaba débil y agotado. Tan pronto como soltaron las cuerdas que lo amarraban, Owen se arrastró desde el camión directamente hacia donde se encontraba Mzee, que descansaba en un rincón del recinto. Owen se agachó detrás de Mzee, tal como lo hacen los hipopótamos bebés cuando se esconden detrás de sus madres para protegerse. Al principio, Mzee no estaba contento con esta atención. Le gruñó a Owen y se alejó arrastrándose; pero Owen, que podía fácilmente seguirle el ritmo a la vieja tortuga, mostrando poca vergüenza, no se rindió. Lentamente, a medida que transcurría la noche, Mzee comenzó a aceptar a su nuevo compañero. Cuando los trabajadores del parque fueron a inspeccionarlos en la mañana, Owen estaba acurrucado junto a Mzee y a Mzee no parecía molestarle.

Al principio Mzee se alejó, pero Owen no se rindió.

En el transcurso de los próximos días, Mzee continuó alejándose y Owen continuó siguiéndolo; pero, a veces, era Owen quien se alejaba de Mzee y Mzee quien lo seguía. Poco a poco, Mzee se volvió más amigable.

Al principio, Owen no quería comer ninguna de las hojas que le dejaban. Stephen y los demás cuidadores temían que se debilitara aún más. Entonces notaron que Owen se estaba alimentando al lado de Mzee, como si Mzee le estuviera mostrando cómo comer. O, quizás, era la presencia protectora de Mzee que contribuía a que Owen se tranquilizara lo suficiente como para alimentarse. Nadie lo sabrá nunca con certeza, pero estaba claro que el vínculo entre Owen y Mzee estaba ayudando al hipopótamo bebé a recuperarse después de haber sido separado de su madre y de haber quedado varado.

Con Mzee a su lado, Owen comenzó a comer.

Tanto los hipopótamos como las tortugas adoran el agua.

A medida que transcurrían las semanas, Owen y Mzee pasaban cada vez más tiempo juntos. Pronto se volvieron inseparables. Su vínculo sigue siendo muy fuerte hasta el día de hoy. Nadan juntos, comen juntos, beben juntos, duermen uno junto al otro, ¡y se frotan las narices! Owen va adelante cuando recorren las diferentes partes del recinto, después es Mzee quien va adelante. Owen, juguetonamente, frota con su nariz el cuello de Mzee y entonces Mzee lo estira hacia adelante, pidiendo más, como cuando Stephen le hace cosquillas bajo la barbilla. Ambos animales podrían lastimarse fácilmente el uno al otro, sin embargo se tratan con gentileza. Un sentimiento de confianza ha crecido entre ellos.

DETENTE Y PIENSA

Técnica de los autores Los autores emplean con frecuencia la **elección de palabras** para que formes una opinión acerca de la amistad de Owen y Mzee. Utilizan adjetivos y verbos descriptivos. Por ejemplo, usan la palabra *acurrucado* en la página 617. Busca otro ejemplo de elección de palabras en las páginas 618 y 619 y explica de qué manera forma tu opinión.

Owen hociquea el cuello cosquilloso de Mzee.

Los expertos en animales salvajes siguen sorprendidos por la manera en que surgió esta amistad improbable. La mayoría nunca había oído de un caso como éste, en que un mamífero, como lo es Owen, y un reptil, como lo es Mzee, formen un vínculo tan fuerte.

Para Owen, quizás sucedió de esta manera: los hipopótamos jóvenes como Owen necesitan a sus madres para sobrevivir. Una tortuga vieja y lenta como Mzee nunca podría proteger a Owen del modo en que lo haría una valiente madre hipopótamo. Sin embargo, como el color y la forma redondeada de Mzee son similares a los de un hipopótamo, es posible que, a los ojos de Owen, Mzee se parezca a la madre hipopótamo que necesita.

Todavía más difícil de explicar es el afecto que Mzee parece sentir por Owen. Al igual que la mayoría de las tortugas de Aldabra, Mzee siempre había preferido estar solo. Sin embargo, a veces estas tortugas viven en grupos. Quizás Mzee ve a Owen como una tortuga compañera, la primera tortuga con la que desea pasar su tiempo. O quizás Mzee sabe que Owen no es una tortuga, pero le gusta de todas formas.

Las razones no son claras, pero la ciencia no siempre puede explicar algo que nuestro corazón ya sabe: nuestros amigos más importantes a veces son aquellos que menos esperamos.

La noticia sobre la amistad de Owen y Mzee se difundió rápidamente por todo el mundo. Gente de todas partes ha llegado a amar a Owen, quien tanto tuvo que soportar y sin embargo nunca se rindió, y a Mzee, quien se convirtió en el amigo de Owen cuando el hipopótamo más necesitaba de uno. Sus fotografías han aparecido en un sinnúmero de artículos de periódicos y de revistas. Se han realizado programas de televisión e incluso una película documental sobre ellos. Los visitantes llegan al parque Haller todos los días para conocer a estos famosos amigos.

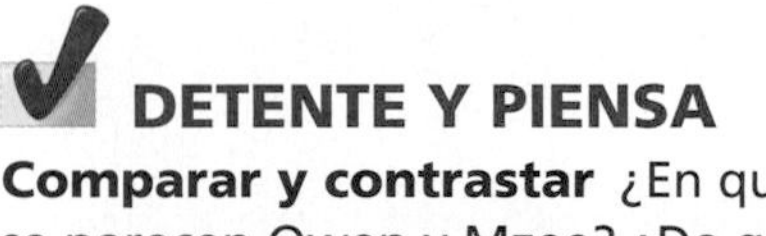

DETENTE Y PIENSA

Comparar y contrastar ¿En qué se parecen Owen y Mzee? ¿De qué formas se diferencian?

Owen y Mzee se cuidan entre sí.

El futuro de Owen es brillante.

Owen sufrió una gran pérdida, pero, con la ayuda de muchas personas solidarias y gracias a su propia resistencia extraordinaria, Owen ha comenzado una vida nueva y feliz. Lo más notable es la función que ha tenido Mzee. Nunca sabremos con certeza si Owen ve a Mzee como una madre, un padre o un muy buen amigo. Pero, en realidad, no importa. Lo que importa es que Owen no está solo, y tampoco lo está Mzee.

Esa es la verdadera historia de Owen y Mzee, dos grandes amigos.

Es tu turno

Una extraña pareja

Escribir una respuesta La extraña amistad entre Owen y Mzee sorprendió a varios observadores. ¿Alguna vez te hiciste amigo de alguien que al principio no creías que pudiera ser tu amigo, quizá por una gran diferencia de edad, de personalidad o de intereses? Escribe un párrafo breve que describa esta amistad. RESPUESTA PERSONAL

Conversación entre animales

Hacer una historieta Imagina que Owen y Mzee pueden pensar y sentir como los seres humanos. ¿Qué habrá pensado Mzee cuando Owen apareció por primera vez en el recinto? ¿Qué habrá pensado Owen cuando vio a Mzee por primera vez? Con un compañero, creen una historieta sobre el primer día que pasaron juntos. PAREJAS

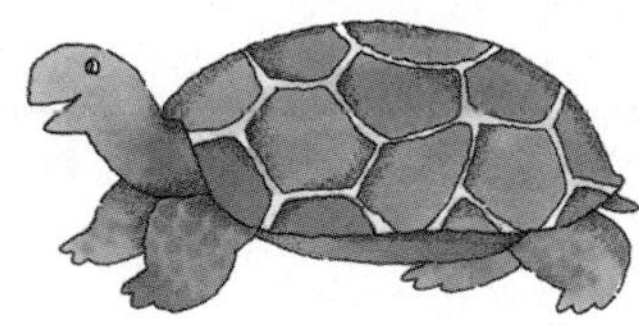

¿Cómo se forma una amistad?

Turnarse y comentar

Usa un diagrama de Venn para comparar y contrastar la interacción entre los hipopótamos y las tortugas en general y la interacción entre Owen y Mzee. Luego, comenta tu diagrama de Venn con un compañero. Recuerda usar detalles del cuento para apoyar tus ideas. COMPARAR Y CONTRASTAR

Conectar con las

Ciencias

VOCABULARIO CLAVE

vínculo	sufrir
intruso	compañero
recinto	inseparable
embestir	principal
agotado	afecto

GÉNERO

Un **texto informativo**, como este artículo científico, da información objetiva sobre un tema, organizada alrededor de ideas principales y detalles de apoyo.

ENFOQUE EN EL TEXTO

Los **mapas** y los **diagramas** ayudan a los lectores a comprender los datos de un texto informativo. ¿Qué información da el diagrama de la página 626?

RESERVA MARINA

por Rob Hale

Santuario Marino Nacional de la Bahía de Monterey

N
O
E
S
Bahía de Monterey
OCÉANO PACÍFICO

El Santuario Marino Nacional de la Bahía de Monterey tiene más de 5,300 millas cuadradas.

En la bahía de Monterey, una nutria marina halla mucha comida. A principios del siglo XX, estos animales habían sufrido una caída en su número al ser cazados por su piel. Ahora, están regresando lentamente a la zona.

Generalmente nos imaginamos que un santuario de vida silvestre es un lugar preciado en tierra que ha sido reservado para su cuidado y salvaguarda. Pero, también hay santuarios oceánicos.

El gobierno de los Estados Unidos ha preservado trece importantes áreas costeras y de mar adentro como santuarios marinos. La mayor de ellas está en el Santuario Marino Nacional de la Bahía de Monterey, en California.

Este santuario es un ecosistema, es decir, un medio ambiente cuyos elementos sin vida interactúan con los seres vivientes. Cada parte es como un compañero de la otra parte. Un ejemplo de esta interacción es un proceso denominado "flujo de mar". Las corrientes marinas y las temperaturas mixtas hacen ascender el agua fría, rica en nutrientes, hacia la superficie. Esta fuente de alimentos es la razón principal por la que tantas especies se ven atraídas hacia la bahía de Monterey. Ningún recinto o lugar cerrado las mantiene allí. ¡Lo hace la comida!

Cadena alimenticia marina

Cada planta y animal en un santuario es un eslabón de una cadena alimenticia. Existe un vínculo entre el cazador y su presa. La necesidad de alimento hizo que la orca haya embestido a un león marino. Es la misma razón por la que el león marino, después de una persecución, haya dejado agotada a su presa, el pez de roca. Uno depende del otro para poder vivir.

Reserva marina Flower Garden Banks

Se puede decir que los arrecifes de coral y las aguas del océano son inseparables. Se pueden encontrar arrecifes de coral a 110 millas de las costas de Texas y Luisiana. Están protegidos por el Flower Garden Banks, un santuario de 36,000 acres marinos.

Los arrecifes de coral yacen sobre dos cúpulas de sal, antiguas montañas submarinas. En la actualidad el santuario Flower Garden Banks es el hogar de 23 tipos de coral. Cualquiera que sienta afecto por las criaturas marinas va a encontrar muchos animales allí. Se pueden ver tortugas, mantarrayas o el extraño intruso, el inmenso tiburón ballena.

Predadores y presas

Un medio ambiente saludable mantiene a cada uno de los miembros de la cadena bien alimentados.

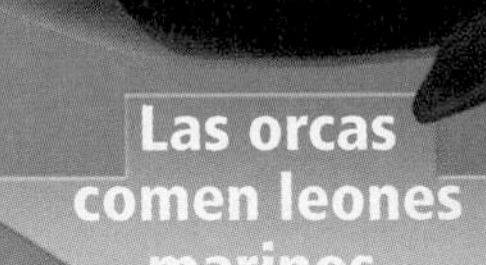

Las orcas comen leones marinos.

Los leones marinos comen peces de roca.

Los peces de roca comen krill.

El krill come el diminuto plancton.

Hacer conexiones

El texto y tú

Escribir sobre un animal Piensa en algún momento en el que hayas visto un animal en su hábitat natural, en el zoológico o en un acuario. Describe al animal y su hábitat. Cuenta cómo interactuaba con los otros animales.

De texto a texto

Comparar textos de no ficción Tanto *Owen y Mzee* como «Reserva marina» son textos de no ficción. Con un compañero, haz un diagrama de Venn para comparar y contrastar las dos selecciones. Incluye información sobre la organización de los textos, los tipos de gráficos y fotografías que se usaron y el propósito del autor.

El texto y el mundo

Conectar con las Ciencias Piensa en alguna otra parte del mundo donde una reserva natural podría ayudar a proteger a las especies o los hábitats amenazados. Con un compañero, investiga en Internet o en otras fuentes para hallar más información sobre ese animal o sobre su hábitat. Muestra tus hallazgos a la clase.

Gramática

Otros usos de la coma Se escriben entre **coma** las palabras que se usan para llamar la atención, como *ay de mí, ay, oh* y *bah*. Es conveniente escribir coma delante de *excepto*, *salvo* y *menos*. Cuando se expresa una oposición o una idea contraria, se debe escribir coma antes de *pero*, *mas*, *aunque* y *sino*.

Me han pedido encontrar al hipopótamo, ¡ay de mí!, ¿podré encontrarlo?

¡Oh!, qué bien, lo encontramos cerca de Malindi.

Hazlo si quieres, pero no me digas que es muy difícil.

Todo está bien, excepto la soledad de este lugar.

Se usa la coma en las instrucciones después de los adverbios *primero, después, por último* y palabras semejantes.

Primero, escribe las palabras que van con mayúscula.

Después, subraya los adjetivos.

Escribe las oraciones en una hoja aparte y marca las comas según corresponda.

1. ¡Ay! me pisaste los dedos.
2. A Iván le gusta todo menos el aguacate.
3. Puedes comerlo pero no te quejes de dolor de estómago.
4. Por último revisa tu trabajo.

Fluidez de las oraciones Cuando escribas, presta atención al uso de la coma. De esa forma, tus oraciones serán más fáciles de leer.

Oraciones sin coma	Uso correcto de la coma
Bah eso no es cierto.	Bah, eso no es cierto.
Primero encuentra los errores.	Primero, encuentra los errores.
Me gusta mi cuarto pero es muy pequeño.	Me gusta mi cuarto, pero es muy pequeño.
Me gustan los libros de misterio aunque me asustan.	Me gustan los libros de misterio, aunque me asustan.

Relacionar la gramática con la escritura

Cuando corrijas tu informe de investigación, asegúrate de haber usado las comas correctamente.

Taller de lectoescritura: **Preparación para la escritura**

Escribir para informar

Ideas Cuando planees un **informe de investigación,** investiga para contestar tus preguntas sobre el tema. Toma notas en tarjetas de fichero. Luego haz un esquema de tus notas. Cada tema principal de tu esquema será un párrafo de tu informe. Usa la siguiente Lista de control del proceso de escritura como ayuda para planear tu trabajo.

Maya tomó notas para responder a sus preguntas sobre los hipopótamos. Después organizó todas sus notas en un esquema.

Lista de control del proceso de escritura

▶ **Preparacion de la escritura**

- ✔ ¿Elegí un tema que le interesará a mis lectores y a mí?
- ✔ ¿Hice preguntas interesantes sobre mi tema?
- ✔ ¿Usé fuentes confiables para hallar datos?
- ✔ ¿Tomé notas sobre datos suficientes?
- ✔ ¿Organicé mi esquema con temas principales y secundarios?

Hacer un borrador

Revisar

Corregir

Publicar y compartir

Explorar un tema

¿Cuál es el hábitat de los hipopótamos?

-en África, junto a ríos y lagos, "pasan gran parte del día en el agua, porque el calor intenso puede deshidratarlos rápidamente"

Langston, Kate: "Hippo Facts" ("Datos sobre hipopótamos") Nature for Kids (Naturaleza para niños) mayo de 2003: párrafo 1. www.onfourfeet.org/mammals/hippo el 7 de noviembre de 2010.

¿Qué comen los hipopótamos?

-principalmente, plantas

-comen de noche en las praderas

-aproximadamente 80 libras de alimento por día

Deets, Wayne. The Hippopotamus (El hipopótamo). New York: Kite Tail Books, 2009. pág. 14.

Esquema

I. **Hábitat acuático de los hipopótamos**

A. Viven junto a los ríos y los lagos de África.

B. Pasan el día en el agua porque "el calor intenso puede deshidratarlos rápidamente".

C. En el agua pueden estar atentos al peligro; ojos ubicados cerca de la parte superior de la cabeza.

D. Caminan por el fondo del río o del lago; pueden retener la respiración unos 5 minutos.

II. **Qué comen los hipopótamos**

A. Comen en tierra de noche.

B. Principalmente, plantas.

C. Arrancan el alimento con los labios; los dientes filosos son solo para luchar.

D. Comen unas 80 libras por día; cantidad pequeña para su tamaño.

III. **Cómo cuidan los hipopótamos a sus crías**

A. Solo nace uno a la vez.

B. Pueden amamantar bajo el agua.

C. La madre no come hasta que la cría esté suficientemente fuerte como para ir a tierra.

En mi esquema, agrupé mis datos por tema. Los anoté en un orden lógico.

Leer como escritor

¿De qué manera los datos de Maya apoyan sus temas principales? En tu esquema, ¿dónde puedes añadir datos interesantes y específicos?

Lección

25

progreso
calcular
contradecir
siglo
avanzado
participar
desperdicio
inspector
mecánicamente
promedio

Librito de vocabulario

Tarjetas de contexto

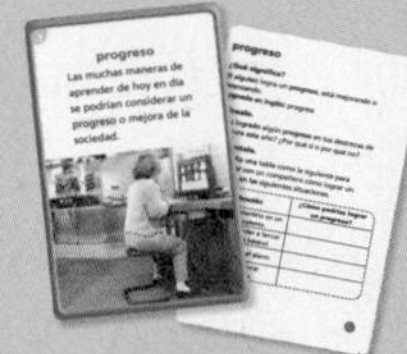

Vocabulario en contexto

1

progreso

Las muchas maneras de aprender de hoy en día se podrían considerar un progreso o mejora de la sociedad.

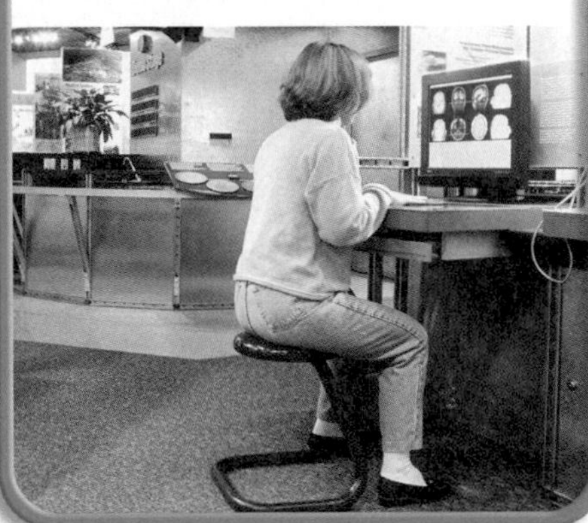

2

calcular

Muchas personas resuelven problemas de matemáticas con máquinas de calcular o calculadoras.

3

contradecir

La gente contradice que la televisión no tiene valor alguno. Algunas personas sostienen que puede ser educativa.

4

siglo

Durante siglos, o cientos de años, hemos aprendido mucho de los libros.

- **Estudia cada Tarjeta de contexto.**
- **Separa en sílabas las palabras más largas. Usa un diccionario para comprobar tu trabajo.**

5

avanzado

En un curso avanzado de geografía, los niños usan Internet para buscar información.

6

participar

Con esta cámara, fotógrafos aficionados pueden participar o tomar parte en un concurso de fotografía.

7

desperdicio

Es un desperdicio enorme tirar las computadoras viejas. Se pueden reciclar.

8

inspector

Este inspector examina un disco compacto para asegurarse de que funciona correctamente.

9

mecánicamente

Hoy en día, muchos trabajos peligrosos se hacen mecánicamente usando robots.

10

promedio

Probablemente, los lectores comunes o promedio prefieren los libros impresos a los libros electrónicos.

Contexto

VOCABULARIO CLAVE **Imaginar el futuro** Los escritores de ciencia ficción crean mundos ambientados muchos años en el futuro, incluso siglos. Algunos pueden imaginar una sociedad cuyo progreso la ha llevado a un estado muy avanzado. Crean máquinas que podrían realizar las tareas que son un desperdicio de tiempo para el promedio de los seres humanos. Otros escritores podrían imaginarse personajes extraños en sus libros. Imagínate a un inspector del gobierno que calculaba cuánto aire se debía permitir que respirasen las personas. Debía contradecir a los que no consideraban a los robots como alternativa para hacer los trabajos mecánicamente. El tema del libro sería la actitud de las personas que no quieren participar en la idea de una sociedad futurista.

Un ilustrador gráfico se imaginó que una ciudad futurista luciría como esta.

Comprensión

DESTREZA CLAVE Propósito del autor

Mientras lees *Cuánto se divertían*, piensa en las razones que tuvo el autor para escribir el cuento. ¿Quiere entretenerte, informarte o persuadirte? Para encontrar pistas, observa el argumento y los detalles de los personajes. Un organizador gráfico como el siguiente puede permitirte encontrar el propósito del autor.

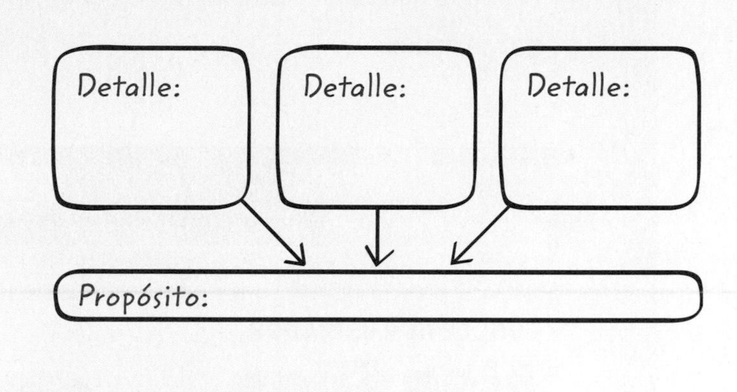

ESTRATEGIA CLAVE Preguntar

Mientras anotas los detalles del cuento *Cuánto se divertían*, pregúntate por qué el autor incluyó estos detalles. Hacerte estas preguntas te ayudará a comprender cuál es el tema del cuento y a descubrir el propósito del autor al escribirlo.

Selección principal

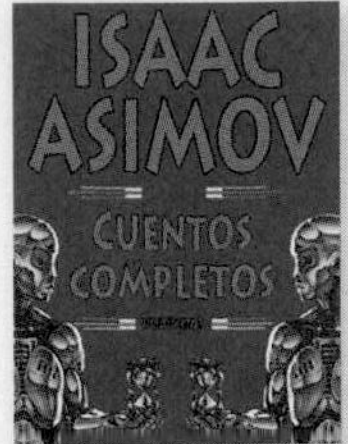

VOCABULARIO CLAVE

progreso	calcular
contradecir	siglo
avanzado	participar
desperdicio	inspector
mecánicamente	promedio

DESTREZA CLAVE

Propósito del autor Usa detalles del texto para entender las razones que tuvo el autor para escribirlo.

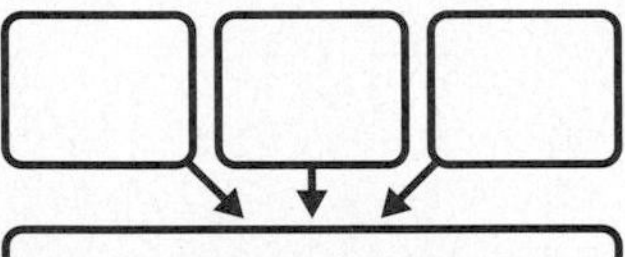

ESTRATEGIA CLAVE

Preguntar Haz preguntas antes, durante y después de leer.

GÉNERO

La **ciencia ficción** es un tipo de cuento fantástico cuyo argumento depende con frecuencia de ideas científicas.

Establecer un propósito Antes de leer, establece un propósito basándote en el género y en lo que tú quieres descubrir.

CONOCE AL AUTOR

Isaac Asimov

Isaac Asimov es uno de los escritores de ciencia ficción más conocidos del mundo. Gracias a su trabajo, la gente ha tomado la ciencia ficción más en serio. Isaac vio por primera vez una revista de ciencia ficción en la tienda de golosinas de su padre. Después de escribir sus primeros trescientos libros, dijo: «Escribir es más divertido que nunca. Cuanto más escribo, más fácil se me hace».

CONOCE AL ILUSTRADOR

Alan Flinn

Alan Flinn ha sido ilustrador por más de veinte años. Con el escritor Jim Sukach, creó un libro de cuentos de detectives llamado *Elliott's Talking Dog and Other Quicksolve Mysteries (El perro parlanchín de Elliot y otros misterios de rápida resolución)*. También ha ilustrado *Constellations (Constelaciones)*, un libro de astronomía que brilla en la oscuridad.

Cuánto se divertían

de Cuentos Completos de Isaac Asimov

por Isaac Asimov
selección ilustrada por Alan Flinn

Pregunta esencial

¿Qué motivos podría tener un autor para escribir sobre el cambio?

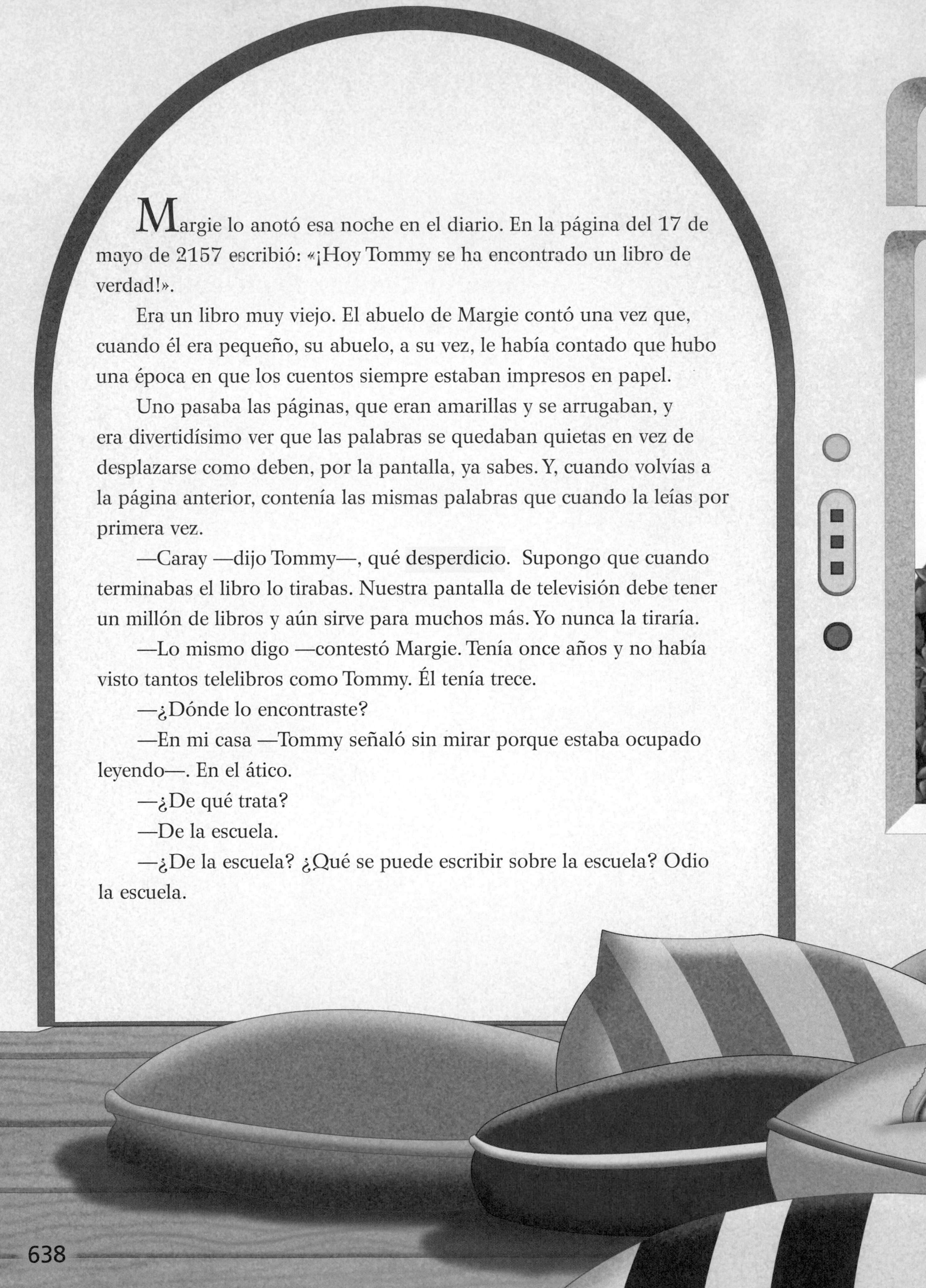

Margie lo anotó esa noche en el diario. En la página del 17 de mayo de 2157 escribió: «¡Hoy Tommy se ha encontrado un libro de verdad!».

Era un libro muy viejo. El abuelo de Margie contó una vez que, cuando él era pequeño, su abuelo, a su vez, le había contado que hubo una época en que los cuentos siempre estaban impresos en papel.

Uno pasaba las páginas, que eran amarillas y se arrugaban, y era divertidísimo ver que las palabras se quedaban quietas en vez de desplazarse como deben, por la pantalla, ya sabes. Y, cuando volvías a la página anterior, contenía las mismas palabras que cuando la leías por primera vez.

—Caray —dijo Tommy—, qué desperdicio. Supongo que cuando terminabas el libro lo tirabas. Nuestra pantalla de televisión debe tener un millón de libros y aún sirve para muchos más. Yo nunca la tiraría.

—Lo mismo digo —contestó Margie. Tenía once años y no había visto tantos telelibros como Tommy. Él tenía trece.

—¿Dónde lo encontraste?

—En mi casa —Tommy señaló sin mirar porque estaba ocupado leyendo—. En el ático.

—¿De qué trata?

—De la escuela.

—¿De la escuela? ¿Qué se puede escribir sobre la escuela? Odio la escuela.

Margie siempre había odiado la escuela, pero ahora más que nunca. El maestro robótico le había hecho un examen de geografía tras otro, mecánicamente, y los resultados eran cada vez peores. La madre de Margie había sacudido tristemente la cabeza y había llamado al inspector del condado.

Era un hombrecillo regordete y de rostro rubicundo, que llevaba una caja de herramientas con perillas y cables. Le sonrió a Margie y le dio una manzana; luego, desmanteló al maestro. Margie esperaba que no supiera ensamblarlo de nuevo, pero sí sabía y, al cabo de una hora, allí estaba de nuevo, grande, cuadrado y feo, con una enorme pantalla donde se mostraban las lecciones y aparecían las preguntas. Eso no era tan malo. Lo que más odiaba Margie era la ranura donde debía insertar las tareas y las pruebas. Siempre tenía que redactarlas en un código que le hicieron aprender a los seis años, y el maestro robótico calculaba mecánicamente la calificación en un instante.

El inspector sonrió y acarició la cabeza de Margie.

—No es culpa de la niña, señora Jones —le dijo a la madre—. Creo que el nivel del sector de geografía estaba demasiado avanzado. A veces ocurre. Lo he sintonizado a un nivel promedio para los diez años de edad. Pero su patrón general de progreso es muy satisfactorio —y acarició de nuevo la cabeza de Margie.

Margie estaba desilusionada. Había abrigado la esperanza de que se llevaran al maestro. Una vez, se llevaron al maestro de Tommy durante todo un mes porque el sector de historia se había borrado por completo.

DETENTE Y PIENSA

Preguntar ¿Qué detalles en esta sección te ayudan a saber lo que es un sector?

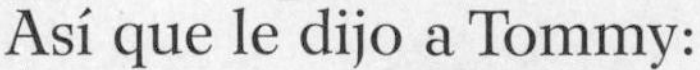

Así que le dijo a Tommy:

—¿Quién querría escribir sobre la escuela?

Tommy la miró con aire arrogante.

—Porque no es una escuela como la nuestra, tonta. Es una escuela como la de hace cientos de años. —Y añadió altivo, pronunciando la palabra muy lentamente:— Siglos atrás.

Margie se sintió dolida.

—Bueno, yo no sé qué escuela tenían hace tanto tiempo. —Leyó el libro por encima del hombro de Tommy y añadió:— De cualquier modo, tenían maestro.

—Claro que tenían maestro, pero no era un maestro *normal*. Era un hombre.

—¿Un hombre? ¿Cómo puede un hombre ser maestro?

—Él les explicaba las cosas a los estudiantes, les daba tareas y les hacía preguntas.

—Un hombre no es lo bastante listo.

—Claro que sí. Mi padre sabe tanto como mi maestro.

—No es posible. Un hombre no puede saber tanto como un maestro.

—Te apuesto a que sabe casi lo mismo.

Margie no estaba dispuesta a contradecir eso.

—Yo no querría que un hombre extraño viniera a casa a enseñarme.

Tommy soltó una carcajada.

—No sabes mucho, Margie. Los maestros no vivían en la casa. Tenían un edificio especial y todos los chicos iban allí.

—¿Y todos aprendían lo mismo?

—Claro, siempre que tuvieran la misma edad.

—Pero mi madre dice que a un maestro hay que sintonizarlo para adaptarlo a la edad de cada niño al que enseña y que cada chico debe recibir una enseñanza distinta.

—Pues antes no era así. Si no te gusta, no tienes por qué leer el libro.

—No he dicho que no me gustara —se apresuró a decir Margie. Quería leer todo eso de las extrañas escuelas.

Aún no habían terminado cuando la madre de Margie llamó: —¡Margie! ¡Escuela!

Margie alzó la vista.

—Todavía no, mamá.

—¡Ahora! —chilló la señora Jones—. Y también debe de ser la hora de Tommy.

—¿Puedo seguir leyendo el libro contigo después de la escuela? —le preguntó Margie a Tommy.

—Tal vez —dijo él con petulancia, y se alejó silbando, con el libro viejo y polvoriento debajo del brazo.

DETENTE Y PIENSA

Técnica del autor El autor usa diálogo y detalles graciosos para crear un **tono** humorístico en el cuento. Por ejemplo, cuando Margie y Tommy miran el libro por primera vez, su reacción es graciosa. Encuentra otros detalles humorísticos en las páginas 642 y 643.

Margie entró en el aula, que estaba al lado del dormitorio, y el maestro robótico se hallaba encendido ya, esperando. Siempre se encendía a la misma hora todos los días, excepto sábados y domingos, porque su madre decía que las niñas aprendían mejor si estudiaban con un horario regular.

La pantalla estaba iluminada.

—La lección de aritmética de hoy —habló el maestro— se refiere a la suma de quebrados propios. Por favor, inserta la tarea de ayer en la ranura adecuada.

Margie obedeció, con un suspiro. Estaba pensando en las viejas escuelas que había cuando el abuelo del abuelo era un chiquillo. Asistían todos los chicos del vecindario, se reían y gritaban en el patio, se sentaban juntos en el aula, regresaban a casa juntos al final del día. Aprendían las mismas cosas, así que podían participar en clase, ayudarse con los deberes y hablar de ellos.

Y los maestros eran personas de…

La pantalla del maestro robótico centelleó.

—Cuando sumamos las fracciones ½ y ¼…

Margie pensaba que los niños debían de adorar la escuela en los viejos tiempos. Pensaba en cuánto se divertían.

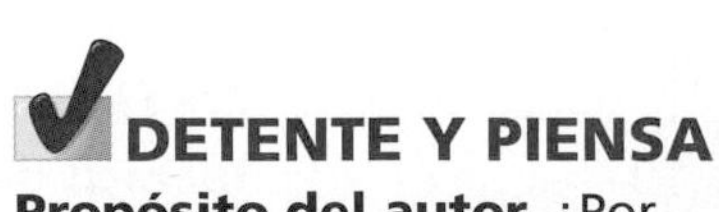

DETENTE Y PIENSA

Propósito del autor ¿Por qué crees que el autor escribió este cuento? Recuerda que fue publicado por primera vez en 1951.

Es tu turno

Hoy y mañana

Escribir una respuesta ¿En qué se parecen la escuela del futuro que imagina el autor y la escuela actual? ¿En qué se diferencian? Escribe tus ideas en un párrafo. Usa tu propia experiencia y detalles del cuento para apoyar tus respuestas. ESTUDIOS SOCIALES

La diversión del futuro

Dibujar una escena Para Margie y Tommy, la escuela es muy distinta de lo que es para los niños hoy en día. Con un grupo, hagan una lista de otras cosas que podrían ser diferentes en las vidas de Margie y Tommy. ¿Dónde se encontrarían con sus amigos después de la escuela? ¿Cómo se moverían por el vecindario? Luego, hagan dibujos que muestren las actividades que incluyeron en la lista. GRUPO PEQUEÑO

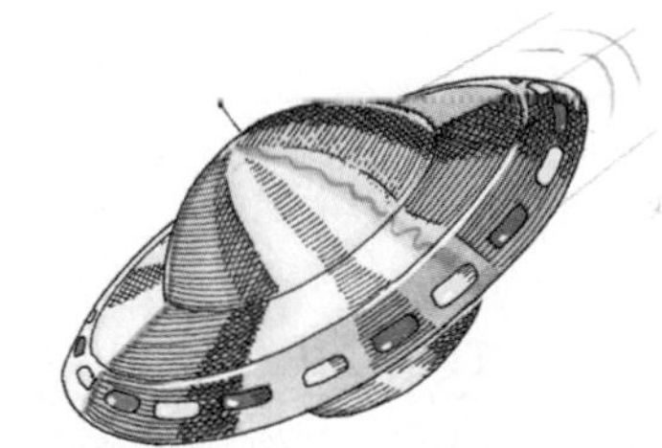

¿Lo nuevo siempre es mejor?

Turnarse y comentar

El autor imaginó un futuro en el que la escuela sería muy diferente de la de hoy en día. ¿Cómo crees que se sentía el autor con respecto a la idea de aprender sólo a través de una máquina? Con un compañero, comenten cuál creen que era el propósito del autor al escribir sobre este tipo de cambio. Usen datos del texto para apoyar sus ideas. PROPÓSITO DEL AUTOR

Conectar con las

Ciencias

VOCABULARIO CLAVE

progreso	**calcular**
contradecir	**siglo**
avanzado	**participar**
desperdicio	**inspector**
mecánicamente	**promedio**

GÉNERO

Un **texto informativo**, como este artículo de revista, proporciona datos y ejemplos sobre un tema.

ENFOQUE EN EL TEXTO

Diagrama Un texto informativo puede incluir un diagrama, esto es, un dibujo que explica cómo funciona algo o cómo las partes de algo se relacionan entre sí. ¿Cómo se relaciona con el texto el diagrama de la página 647?

Tecnología para todos los estudiantes

por Mia Vosic

Los estudiantes, cada año, pierden muchas semanas de clase por estar enfermos. Se ha calculado que anualmente más de seiscientos mil niños se enferman en los Estados Unidos. Estos niños se enfrentan a desafíos que el promedio de los niños no tienen. El no ir a la escuela es un desperdicio de tiempo valioso. Además, estos estudiantes echan de menos estar en clase con sus amigos.

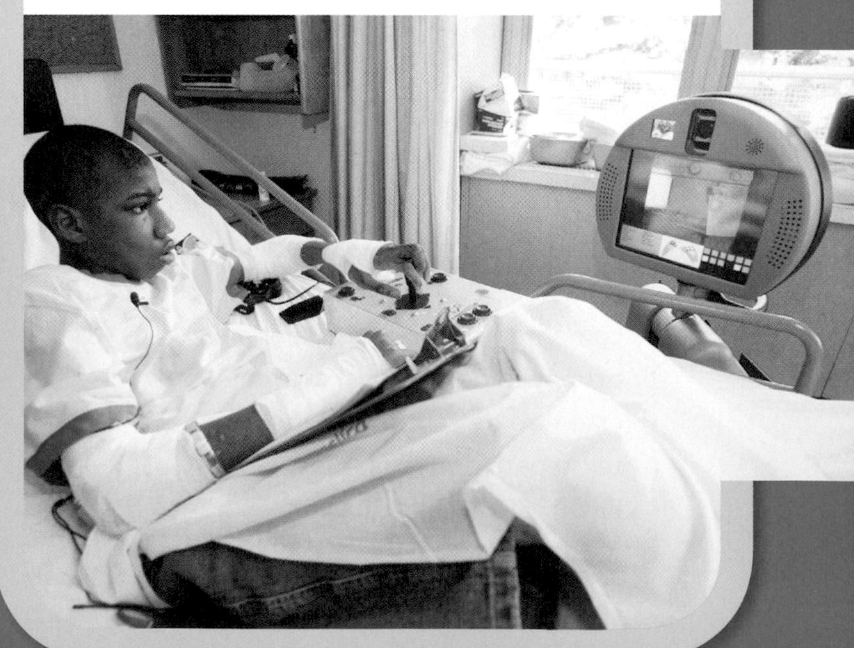

DE LAS PÁGINAS DE WEEKLY READER

WR™

Conoce a PEBBLES

Un sistema robótico denominado PEBBLES hace participar electrónicamente a estudiantes enfermos en sus salones de clase, de modo que su educación sea de avanzada. PEBBLES significa «brindar educación llevando el aprendizaje a los estudiantes» *(Providing Education by Bringing Learning Environments to Students).*

PEBBLES emplea dos robots pequeños conectados a través de Internet. Un robot se coloca junto al estudiante y el otro, en el salón de clases. A través de Internet se emite audio y video en tiempo real. Así, el estudiante ausente, el maestro y los demás estudiantes pueden comunicarse entre sí. Incluso hay una mano que se puede levantar mecánicamente para hacer preguntas. La máquina también tiene un escáner y una impresora conectados para enviar e imprimir tareas.

El robot PEBBLES

Pantallas de video

El estudiante puede ver lo que está sucediendo en el salón de clases. El maestro y los compañeros de clase también pueden ver al estudiante.

Cámara

Mano robótica

El estudiante puede hacer levantar la mano del robot en el salón de clases para hacer una pregunta.

Micrófono

Parlantes

El estudiante, el maestro y los compañeros de clase pueden escucharse unos a otros a través de los parlantes.

Tablero de control

A través del tablero de control el estudiante puede controlar la cámara ubicada en la cabeza del robot del salón de clases para obtener una vista mejor.

Tecnología que escucha y habla

Para los estudiantes que no pueden mover los brazos ni las piernas, teclear en una computadora es imposible. Un programa de computadora que se activa con la voz proporciona una solución. Convierte las palabras pronunciadas en un texto que aparece en la pantalla de una computadora, lo cual permite que los estudiantes "escriban" con la voz. La persona que habla debe mirar la pantalla y actuar como un inspector para asegurarse de que no haya errores.

Otro aparato ayuda a los estudiantes que tienen problemas para hablar convirtiendo el texto en lenguaje oral. El estudiante usa un teclado para escribir un mensaje de texto y luego una voz devuelve ese texto como mensaje hablado. También puede convertir dibujos y símbolos para los niños que aún no han aprendido a leer.

Otros tipos de tecnología ayudan a tomar notas en braille a los estudiantes que no pueden ver. Braille es un sistema de escritura para personas que tienen problemas visuales. También hay videoteléfonos para los estudiantes que tienen problemas para oír.

Mirando al futuro

En siglos pasados, los estudiantes con discapacidades no iban a la escuela. En la actualidad es difícil contradecir el hecho de que la tecnología contribuye al progreso, y también a que todos los estudiantes obtengan una buena educación.

Aparatos como este teclado en braille ayudan a las personas con discapacidades visuales a utilizar computadoras.

Hacer conexiones

 El texto y tú

Escribir una respuesta Piensa en algún producto tecnológico que uses con frecuencia. ¿Qué pasaría si este producto nunca se hubiera inventado? Escribe un párrafo y cuenta cómo sería diferente para ti la vida si este producto no existiera.

 De texto a texto

Comparar personajes Tanto Opal en *Gracias a Winn-Dixie* como Margie en *Cuánto se divertían* aprendieron algo que había sucedido en el pasado: Opal, de la señorita Franny y Margie, del libro antiguo. Compara y contrasta cómo reaccionan a lo que aprendieron.

 El texto y el mundo

Aprender sobre la tecnología en la escuela ¿Qué tecnología pueden usar los estudiantes de tu escuela como ayuda para el aprendizaje? Trabaja con un grupo para hacer una lista de toda la tecnología que se usa en tu clase y en la escuela. Comenta si crees que se podrían usar otros tipos de tecnología en la escuela.

Gramática

Normas de escritura Las normas de escritura son reglas que se deben seguir para escribir correctamente. El **punto** cierra oraciones. Los **dos puntos** anuncian lo que viene a continuación. Los **puntos suspensivos** indican suspenso, vacilación o algo inacabado. Los **signos de interrogación** encierran preguntas. Los **signos de exclamación** encierran exclamaciones que expresan alegría, pena o rechazo. Los signos de interrogación y exclamación son siempre dos; uno al principio de la oración y otro al final.

Lenguaje académico

punto
dos puntos
puntos suspensivos
signos de interrogación y exclamación

Cada año vamos al Amazonas. Allí encontramos muchas plantas.

Los países de todo el mundo están de acuerdo en que estas plantas son muy importantes.

Tocaban a la puerta. Pedro dijo: "yo abro la puerta", la abrió y... era su hermano.

¿Es este tu chiste? ¡Qué divertido!

¡Inténtalo! **Escribe cada oración en una hoja aparte. Añade la puntuación que haga falta y usa las mayúsculas si es necesario.**

1. La fiesta se celebró en el campamento vinieron todos los invitados
2. Es un libro sobre las selvas tropicales de la tierra
3. Los recursos importantes son las plantas, los animales y el agua
4. Vienes al Amazonas? Sí, qué increíble

Convenciones Cuando escribas, asegúrate de usar las mayúsculas y los signos de puntuación correctamente. Así, el lector podrá entender lo que quieres decir con mayor facilidad.

Normas de escritura

Uso incorrecto de las mayúsculas	Uso correcto de las mayúsculas
El último cuento de mi hermana se llama "el río más extraño" Es sobre un mamífero llamado ornitorrinco ¿Qué piensas de un animal que parece un cruce de castor y pato	El último cuento de mi hermana se llama "El río más extraño". Es sobre un mamífero llamado ornitorrinco. ¿Qué piensas de un animal que parece ser un cruce de castor y pato?

Relacionar la gramática con la escritura

Cuando corrijas tu informe de investigación, asegúrate de haber usado los signos de puntuación correctamente.

Escribir para informar

✔ Elección de palabras En un **informe de investigación,** los buenos escritores no coplan a otros autores. Escriben los hechos con sus propias palabras. Mientras revisas tu informe, asegúrate de expresar de otra manera las partes que copiaste de tus notas. Puedes usar sinónimos —palabras diferentes que tienen el mismo significado— para expresar los hechos de otra forma. Usa la siguiente Lista de control del proceso de escritura al revisar tu trabajo.

Cuando Maya revisó su informe, volvió a escribir una oración que había copiado sin querer. También hizo otros cambios.

Lista de control del proceso de escritura

Preparación para la escritura

Hacer un borrador

▶ **Revisar**

- ✔ **¿Presenté mis ideas principales de manera interesante?**
- ✔ **¿Di hechos, no opiniones, y usé mis propias palabras?**
- ✔ **¿Escribí un párrafo para cada tema principal?**
- ✔ **¿Se resumen mis ideas principales al final?**
- ✔ **¿Di una lista precisa de fuentes?**

Corregir

Publicar

Compartir

Borrador revisado

Debido a que el cuerpo se les seca con rapidez en el sol fuerte, los hipopótamos permanecen en el agua durante muchas horas al día.

Los hipopótamos son animales enormes. que Están emparentados con los cerdos. Su nombre significa "caballo de río" y, en muchos sentidos, parecen animales más acuáticos que terrestres.

El hábitat de los hipopótamos está junto a los ríos y los lagos de África. ~~Los hipopótamos pasan gran parte del día en el agua porque el sol intenso puede deshidratarlos rápidamente.~~

Copia final

El asombroso hipopótamo

por Maya Landon

Los hipopótamos son animales enormes que están emparentados con los cerdos. Su nombre significa "caballo de río" y, en muchos sentidos, parecen animales más acuáticos que terrestres.

El hábitat de los hipopótamos está junto a los ríos y los lagos de África. Debido a que el cuerpo se les seca con rapidez en el sol fuerte, los hipopótamos permanecen en el agua durante muchas horas al día. Pueden vigilar los peligros que hay sobre el agua aún cuando están la mayor parte del tiempo sumergidos. Esto se debe a que tienen los ojos, las orejas y la nariz ubicados cerca de la parte superior de la cabeza. Los hipopótamos también pueden sumergirse hasta el fondo del río o del lago y caminar bajo el agua. No tienen que subir a tomar aire hasta que pasan unos cinco minutos.

En mi trabajo final, escribí los hechos con mis propias palabras. Además, combiné las oraciones cortas para hacer más fluida mi escritura.

Leer como escritor

¿De qué otra forma podría haber expresado Maya la oración que copió? Busca una manera distinta de expresar las partes copiadas de tu trabajo.

Lee las dos selecciones. Piensa cuál es el mensaje del autor en cada una.

El picapedrero

un cuento popular japonés

Había una vez un picapedrero que vivía en una casita en el campo. Estaba feliz con su vida. Sin embargo, un día de invierno, mientras estaba en la ciudad, vio una casa más hermosa que la suya.

—¡Cómo desearía tener una casa como esa! —exclamó.

Cuando el picapedrero regresó a su hogar, su casita había desaparecido. En su lugar, había un palacio. El picapedrero apenas podía creerlo. Sin embargo, pronto llegó el verano. El sol estaba cada vez más fuerte. Incluso en su hermoso palacio, el picapedrero no soportaba el calor.

—Soy rico, pero el Sol es más poderoso que yo —exclamó—. ¡Desearía ser el Sol!

Al instante, el picapedrero se convirtió en el Sol. Se sentía fuerte y poderoso. Sus rayos brillaban sobre la Tierra hasta que secaron los cultivos de arroz en el campo y broncearon las caras de ricos y pobres por igual.

Pero un día, una nube tapó la cara del Sol. El sol gritó:

—Soy poderoso, ¡pero esta nube es más poderosa que yo! ¡Desearía ser una nube!

Entonces el picapedrero se convirtió en nube. Llovió sobre la Tierra e hizo que todo volviera a ser verde. Continuó lloviendo torrencialmente hasta que las inundaciones arruinaron los campos de arroz y los pueblos enteros. Solo la gran montaña seguía firme y fuerte.

Al ver esto, la nube gritó:

—Soy poderosa, ¡pero la montaña es más poderosa! ¡Desearía ser una montaña!

De pronto, el picapedrero se convirtió en montaña. Era alta y orgullosa, y no la molestaba ni el Sol ni la lluvia. Los días se hicieron semanas. Las semanas, meses. Los meses, años. La montaña estaba sola.

—Desearía ser un hombre —dijo la montaña con pesar.

Así fue que el picapedrero volvió a ser hombre, a vivir de nuevo en su casita. Y ya nunca deseó ser nadie ni nada más que lo que era.

Cambio de canto

Había una vez un pájaro llamado Tuiter. Tuiter amaba cantar. Cantaba todo el día. Tenía una voz muy rara, diferente a la de los otros pájaros.

—¡T-t-t-uitt! ¡T-t-t-uitt! —gorjeaba.

Un día, Tuiter dejó de cantar. Escuchó los cantos de los otros pájaros y pensó que eran mejores que su propio canto. Llegó a la conclusión de que el suyo no le gustaba. Entonces, decidió cambiar su canto y cantar igual que los demás pájaros.

Tuiter estaba en un árbol. Escuchó el canto de otro pájaro y decidió copiarlo:

—¡Ta-uiii! ¡Ta-uiii! —cantó en voz alta.

Justo en ese momento, una urraca se posó a su lado. Era la amiga de Tuiter, Silvi.

—¡Hola! —le dijo Tuiter a Silvi—. ¡Qué bueno verte!

—¿Tuiter? —preguntó Silvi—. ¿Eres tú? No suenas como siempre. Pensé que era otro pájaro el que cantaba.

—Es porque hoy estoy cantando como mi amigo Kiwi —respondió Tuiter—. Mañana cantaré como Paloma. Y pasado mañana, como Marcela.

Hizo una pausa.

—¡Escucha, Silvi! ¡Puedo cantar como tú!

Dio un grito chillón y burlón, que le hizo doler la garganta y toser, pero sonó exactamente como Silvi.

—¡Ah! ¡Eso estuvo bien! —chilló Silvi—. Pero, ¿por qué imitas a otros pájaros? ¿Por qué no cantas como siempre?

—Me gustan los cantos de otros pájaros —respondió Tuiter. Y agregó con tristeza—: Suenan mejor que el mío.

—Eso no es cierto —dijo Silvi—. Siempre pensé que tu canto era el mejor.

—¿En serio? —preguntó Tuiter, incrédulo.

—¡Sí, en serio! —respondió Silvi.

Tuiter pensó en lo que había dicho Silvi. ¿Sería cierto? Pensó que tratar de imitar a otros pájaros le había hecho mal a la garganta. Extendió un ala hacia Silvi:

—¡Gracias! —le dijo—. Voy a cambiar mi canto… ¡volveré a cantar como yo mismo!

Y de ahí en más, Tuiter cantó con su dulce gorgorito:

—¡T-t-t-uitt! ¡T-t-t-uitt!

Conclusión de la Unidad 5

Gran idea

La amistad Las amistades pueden cambiar la vida de las personas, como ocurrió con Owen y Mzee. Los amigos pasan tiempo juntos y también aprenden uno del otro. Escribe sobre una amistad que haya cambiado tu vida. Explica de qué manera la cambió. Haz un dibujo para ilustrar el cambio.

Escuchar y hablar

Una entrevista En la Unidad 5, leíste sobre muchos tipos de cambios. Entrevista a una persona mayor que conozcas y pregúntale cómo era la vida cuándo tenía tu edad. Empieza por escribir cinco preguntas que te gustaría que responda. Después de hacer la entrevista, compara tus conclusiones con las de tus compañeros.

Glosario

En este glosario encontrarás las palabras clave del libro. Las definiciones se dan según el contexto en que las palabras aparecen en las lecturas.

A

a-ba-lan-zar-se v. Lanzarse sobre algo: *No deben* ***abalanzarse*** *sobre la comida.*

a-com-pa-ñar v. Ir con alguien: *Desde hoy tengo que* ***acompañar*** *a mi hermanita a la escuela.*

a-cu-rru-car-se v. Hacerse muy juntos: *Los niños* ***se acurrucan*** *debajo de la mesa para que no los encuentren.*

a-dop-ción s. Brindar el cuidado y amor de un hijo aunque no esté relacionado biológicamente: *Mis amigos tuvieron tres hijos por* ***adopción***.

a-fec-tar v. Causar un cambio: *Los ruidos fuertes* ***afectan*** *el vuelo de los murciélagos.*

a-fec-to s. Sentimiento de cariño hacia una persona: *Le tengo mucho* ***afecto*** *a la mamá de mi mejor amiga.*

a-go-ta-do adj. Completamente cansado: *No podía caminar de lo* ***agotado*** *que estaba.*

a-go-ta-mien-to s. Cansancio extremo: *Tanto entrenar me ha producido* ***agotamiento***.

al-bo-ro-to s. Ruido fuerte, causado por varias personas: *¡Tanto* ***alboroto*** *por un simple ratón!*

a-ler-ta adj. Que está atento para prevenir el peligro: *Si vas a conducir, debes estar* ***alerta***.

a-li-men-tar v. Promover la vida, el crecimiento o el desarrollo: *Los cuentos del abuelo* ***alimentaban*** *nuestra imaginación.*

al-ma-ce-na-mien-to s. Espacio o lugar para almacenar cosas: *Hay que traer la mercancía de la tienda desde el* ***almacenamiento***.

almacenamiento

án-gu-lo s. Puntos de vista: *Para observar el cuadro hay distintos* ***ángulos***.

an-he-lo s. Algo que se desea intensamente: *Mi* ***anhelo*** *es viajar al extranjero.*

a-nun-ciar v. Hacer avisos publicitarios: *Los periódicos* ***anuncian*** *el estreno de la ópera.*

a-plas-tar v. Caerse o hacer fuerza sobre algo como para romperlo: *La botella de jugo* ***está aplastando*** *el pan. El señor vio la cucaracha y la* ***aplastó*** *con su bota.*

a-po-yo s. Comprensión y ayuda que le damos a alguien: *Un amigo siempre te dará su **apoyo**.*

a-pre-ciar v. Agradecer algo o darle valor: *Es bueno que hagas **apreciar** tu trabajo. Me gusta que **aprecies** lo que hago por ti.*

a-pre-su-rar-se v. Moverse o actuar rápidamente: *Me **apresuré** cuando escuché la alarma. Nos pidieron que **nos apresuráramos** en llegar al hospital.*

a-pro-bar v. Estar de acuerdo con algo oficial: *El Congreso debe **aprobar** hoy cinco leyes. Yo no **apruebo** esa declaración.*

ar-duo adj. Muy difícil: *Las 16 horas de viaje son una **ardua** jornada.*

a-rran-car v. Tirar de algo de manera súbita: *Le **arranqué** el papel de las manos antes de que lo arrojara al fuego. El señor **arrancó** el periódico del estante como si fuera el último.*

a-rre-glo s. Forma de ordenar cosas; preparativos para una actividad: *Haré los **arreglos** necesarios para la fiesta. Puedes hacer un **arreglo** en forma de corazón con esas flores.*

a-so-cia-ción s. Grupo de personas que se reúnen con un propósito común: *Para que el profesor reciba su pensión debe dirigirse a la **asociación**.*

a-tra-er v. Hacer que alguien se acerque ofreciéndole algo que lo tienta: *Con ese olor a chocolate vas a **atraer** a todos los niños.*

a-van-za-do adj. Muy complejo o adelantado: *El nivel de ese libro es muy **avanzado,** es para quinto grado.*

a-yu-dar v. Cooperar con alguien: *Los amigos se **ayudan** unos a otros.*

B

ba-ta-lla s. Lucha entre ejércitos enemigos durante la guerra: *Al final no se supo quién ganó la **batalla**.*

bien-ve-ni-do adj. Persona o cosa que se recibe con agrado cuando viene: *La navidad era la época del año más **bienvenida**.*

bio-ló-gi-co adj. Que se refiere a los seres vivos: *No se puede controlar una respuesta **biológica**.*

blo-que s. Un pedazo plano y con forma cuadrada de algo como piedra, pan, carne: *El edificio estaba construido con pequeños **bloques**.*

bri-llan-te adj. Que tiene o parece tener luz propia: *Había una estrella muy **brillante**.*

bu-lla s. Un ruido fuerte y molesto: *Estos fanáticos hicieron **bulla** toda la noche frente al hotel.*

C

cal-cu-lar v. Hallar un resultado de una operación matemática: *Mi mamá **calculaba** el presupuesto de cada semana. ¿Cómo sabes cuánto necesitas si no lo has **calculado**?*

cá-ma-ra s. Espacio cerrado o compartimiento: *La colmena de las abejas está formada por pequeñas **cámaras**.*

can-di-da-to s. Una persona que se postula para un cargo u honor: *Había tres **candidatos** para la Alcaldía.*

ca-pi-to-lio s. Edificio donde funciona la legislatura de un estado: *La ley se firmará hoy en el **capitolio**.*

cap-tu-rar v. Atrapar por la fuerza o por habilidad algo o a alguien: *Al final, los fugitivos fueron **capturados**. El cazador **capturó** al oso ayer por la tarde.*

ca-rac-te-rís-ti-co adj. Cualidad que distingue a una persona o cosa de las demás: *Las ballenas hacen ese sonido **característico.***

car-gar v. Transportar algo levantándolo con la propia fuerza: *No puedes **cargar** esas cajas tan pesadas. El bebé no va a caminar porque siempre lo están **cargando**.*

ce-los s. Envidia o malos sentimientos hacia alguien que es competidor: *Tienes **celos** de Juan porque corre más rápido que tú.*

cen-trar-se v. Concentrarse en algo: *Los científicos **se centran** en un solo problema a la vez.*

ce-re-mo-nia s. Acto formal que se realiza para una ocasión especial: *La **ceremonia** del matrimonio fue muy elegante.*

ci-vi-li-za-do adj. Que tiene una sociedad y una cultura avanzadas: *En ese país todos van a la universidad, es muy **civilizado**.*

cla-ra adj. Brillante, que tiene mucha luz: *Era una **clara** noche de luna.*

com-bi-na-ción s. Unión, mezcla: *Agua y aceite no son una buena **combinación**.*

co-mo de-be ser Forma correcta de hacer algo: *Los niños se van a la cama a las 8 y así es **como debe ser** siempre.*

con lás-ti-ma Pesar, tristeza: *Se fue a trabajar **con lástima** por no ir al hospital.*

com-pa-ñe-ro s. Amigo o socio: *José fue mi **compañero** durante 11 años en el colegio.*

con-cluir v. Formarse una opinión: *El científico **concluyó** que el agua estaba contaminada.*

capitolio

Concluir
Un significado de ***concluir*** es terminar, cerrar, llevar a término. Concluir proviene del latín: el prefijo *con-* más la palabra cludĕre "cerrar". Cuando decides algo, concluyes o llegas a una conclusión, "cerrando" tus pensamientos. La palabra *incluir* proviene de la misma raíz latina. Cuando incluyes a alguien, lo estás "encerrando".

continente

consulta

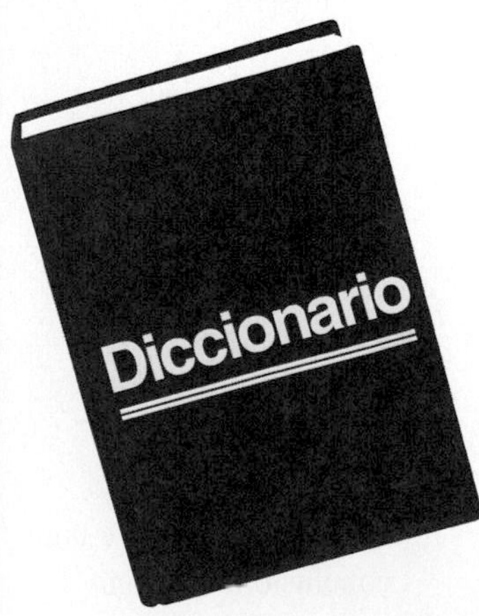

con-di-ción s. Estado físico general: *Puedes correr la maratón porque estás en excelentes **condiciones**.*

con-fe-sar v. Admitir que se hizo algo malo o ilegal: *Cuando se siente enferma, la niña **confiesa** que se comió todo el pastel.*

con-fian-za s. Certeza o seguridad acerca de alguien o algo: *Te cuento este secreto porque te tengo **confianza**.*

con-flic-to s. Desacuerdo de ideas, sentimientos o intereses: *El **conflicto** político entre esos dos países los puede llevar a la guerra.*

con-so-lar v. Aliviar a alguien triste: *Cuando se murió su mascota no había quien la **consolara**.*

cons-truir-se v. Crear algo al unir las piezas: *Con esos bloques **se construyeron** cinco edificios. Los barcos deben **construirse** antes del invierno.*

con-sul-ta s. Libro que da información especial: *Utiliza un texto de **consulta** para tu ensayo.*

con-tar v. Estar seguro de alguien o de algo: *El profesor **contaba** con que le prestarían el auditorio.*

con-ti-nen-te s. Una de las masas de tierra principales del planeta: *África es conocido como el **continente** negro.*

con-tra-de-cir v. Debatir, decir lo contrario de lo que alguien opina: *No lo digas solo por **contradecir** a tu papá, discute tus opiniones.*

con-tra-tar v. Emplear a alguien, darle trabajo: *¡La empresa me **contrató** por un año!*

cos-tum-bre s. Algo que hacen usualmente los miembros de un grupo: *Una de nuestras **costumbres** es tomar café después del almuerzo.*

cre-cer v. Aumentar de tamaño o cantidad; desarrollarse: *¡Mira cómo está **creciendo** nuestro pueblo! Ya tiene dos mercados.*

crí-ti-co s. Persona que juzga el trabajo artístico de otros: *Los **críticos** escriben columnas en los diarios.*

cuer-po s. Grupo de personas que trabajan juntas: *Mi hermano se unió al **cuerpo** de bomberos.*

cul-pa s. La responsabilidad de un error o falta: *El niño que pateó el balón tiene la **culpa**.*

D

de-but s. La primera presentación de una obra: *Hoy es el **debut** de Juan en el papel de Romeo.*

de-di-car v. Prestar toda la atención a hacer una cosa especial: *Para decorar toda la casa hay que **dedicar** mucho tiempo y dinero.*

de-fen-der v. Mantenerse en una posición con argumentos: *A pesar de que todos estaban en contra de la construcción, el alcalde **defendió** su proyecto.*

de-li-be-ra-da-men-te adv. Que se hace con intención clara: *El muchacho le arrojó la piedra al profesor **deliberadamente**.*

den-so adj. Espeso o formado por elementos muy apretados; algo muy concentrado o con mucho contenido: *Cuando va a llover puedes ver las **densas** nubes en el cielo.*

de-sa-ni-mar v. Perder el aliento o el entusiasmo: *Al ver el día tan gris, el pintor **se había desanimado** por completo. No hay que **desanimarse** al primer contratiempo.*

de-sa-pa-re-cer v. Volverse invisible: *El dinero de repente **desapareció** de la caja fuerte. Nadie sabe dónde está la mascota, **ha desaparecido**.*

des-ma-yar-se v. Perder el conocimiento: *Fue tal el susto que **se desmayó**. Mis amigas son tan fanáticas que en todos los conciertos **se han desmayado**.*

de-so-be-de-cer v. No hacer caso: ***Desobedecer** las señales de tránsito es un grave riesgo.*

des-per-di-cio s. Lo que sobra y no tiene utilidad: *¿Cómo pueden caminar entre tanto **desperdicio**?*

de-sor-de-na-do adj. Alguien que no se comporta de acuerdo con las reglas: *En el ejército no aceptan jóvenes **desordenados**.*

di-mi-nu-to adj. Muy pequeño: *Esas hormigas viven en cámaras **diminutas**.*

di-rec-ta-men-te adv. Derecho; en línea con algo o alguien: *Para ese permiso tienes que hablar **directamente** con el coordinador.*

dis-cul-par-se v. Decir que lo sientes: *Tuve que **disculparme** por llegar tan tarde. Esos jóvenes siempre hacen un desorden y nunca **se disculpan**.*

Desobedecer

El prefijo *des-* tiene varios significados, pero básicamente el sentido es la negación o inversión de la palabra base. Así, ***desobedecer*** significa no obedecer y deshacer es lo contrario de hacer. *Des-* proviene del adverbio latino *dis* que significa "aparte". *Des-* es un prefijo importante que se encuentra con frecuencia en palabras en español, tales como desconfiar, deshacer, descansar.

E

e-char-se a per-der Dañarse sin que se puede reparar: *Toda la comida se* ***había echado a perder*** *por el calor.*

e-jem-plo s. Algo bueno que se debe imitar: *Sigan el* ***ejemplo*** *de Pedro, él ya terminó sus tareas.*

em-bes-tir v. Atacar; abalanzarse sobre alguien con fuerza: *El toro* ***embistió*** *al torero y lo hizo caer. El corral quedó caído después de que fue* ***embestido*** *por todo el rebaño.*

e-mi-tir v. Expresar algo en voz alta: *El padre, dormido,* ***emitía*** *un sonido que parecía un león. Debes pedir que* ***no emitan*** *ese comercial en la radio.*

e-mo-cio-nan-te adj. Que causa emoción: *La montaña rusa es la más* ***emocionante****.*

en-fren-ta-mien-to s. Discusión o debate frente a frente: *Este año hay más* ***enfrentamientos*** *entre los trabajadores y los dueños de las fábricas.*

en-mien-da s. Cambio que se hace para mejorar, corregir o agregar algo: *La* ***enmienda*** *de la Constitución aumentó las penas para los delincuentes.*

en-se-gui-da adv. Que se hace sin demora: *Le daré tu mensaje* ***enseguida****.*

en-tre-te-ni-do adj. Que es agradable o divertido de ver: *Ese acto estuvo muy* ***entretenido.***

e-rup-ción s. Explosión de un volcán con lava y fuego. *El volcán hizo* ***erupción*** *pero nadie salió herido.*

es-ca-bu-llir-se v. Escaparse entre la gente o las cosas: *El niño logró* ***escabullirse*** *con el pastel entre los invitados. El conejo se* ***escabulló*** *entre los arbustos.*

es-ca-sez s. Cuando algo no es suficiente: *Los niños están enfermos debido a la* ***escasez*** *de alimentos.*

es-ca-so adj. Que no es suficiente para algo: *Durante el verano el alimento es muy* ***escaso****.*

es-com-bro s. Materiales que sobran de una construcción o ruinas: *El constructor tiene que retirar los* ***escombros*** *de la calle.*

es-fuer-zo s. Fuerza física o mental para vencer un obstáculo: *Subir todas esas escaleras me costó un gran* ***esfuerzo****.*

es-pan-to-so adj. Que es muy feo y causa miedo: *El disfraz de vampiro es* ***espantoso****.*

es-pe-cial-men-te adv. Específicamente o en una forma especial: *Este vestido fue diseñado* ***especialmente*** *para ti.*

escombro

Enmienda

La base de la palabra ***enmienda*** es el verbo enmendar que proviene de la palabra latina "emendare" (corregir). La palabra *remendar*, que significa arreglar o coser, proviene de la misma raíz latina. Cuando haces enmiendas, corriges o remiendas un error que alguien cometió.

es-pe-cie s. Grupo de animales o plantas que son similares y pueden reproducirse: *¿Cuántas **especies** diferentes de insectos hay en ese bosque?*

es-pe-cu-lar v. Reflexionar, pensar detenidamente: *El director **ha especulado** sobre alargar las horas de clase.*

es-plén-di-do adj. Muy hermoso, espectacular: *El paisaje en ese desierto es **espléndido**.*

es-tán-dar s. Norma, modelo, patrón: *Los pantalones se fabrican de acuerdo con los **estándares** de la fábrica.*

es-tu-dio s. Lugar donde trabajan los artistas: *El escultor tiene su **estudio** en su propia casa.*

e-va-po-rar-se v. Convertirse los líquidos en vapor; desaparecer: *El agua no tardará en **evaporarse** bajo el sol. Hay que **evaporar** el agua para obtener la sal marina.*

ex-ce-so s. Más de lo necesario o acostumbrado: *Comerte toda la caja de galletas es un **exceso**.*

ex-po-si-ción s. Una exhibición pública de algo: *Debo llevar la pintura a la **exposición**.*

F

fa-ma s. Valor que le dan otros a algo o alguien: *Esa profesora tiene **fama** de ser muy estricta.*

fa-vor s. Un acto de ayuda para alguien: *Cuando le llevó los libros, le hizo un gran **favor**.*

fes-tín s. Banquete, comida elegante: *A los invitados les habían preparado un **festín**.*

festín

frac-tu-rar v. Romper, partir: *Esta pierna está **fracturada** y hay que enyesarla.*

fron-te-ra s. Límite entre un área, como un país o estado, y otra: *Algunas veces la **frontera** está delimitada por un río.*

G

ge-ne-ra-do adj. Producido como consecuencia de una causa: *Las inundaciones fueron **generadas** por las lluvias fuertes.*

gi-gan-tes-co adj. Tan grande o fuerte que se compara con un gigante: *Ese fósil de dinosaurio es **gigantesco**.*

gi-ra s. Recorrido que hace un espectáculo: *Este año las **giras** del ballet comenzarán en California.*

graduarse

Graduarse

La palabra ***graduarse*** proviene de la raíz latina *gradus*, que significa "paso". La palabra *grado* (inclinación que cambia poco a poco) también proviene de la misma raíz. *Gradual* (algo que sucede en pequeños pasos a lo largo del tiempo), es otra palabra relacionada.

gra-duar-se v. Recibir un título o grado: *Solo espera **graduarse** para irse al extranjero.*

gran-dio-so adj. Sobresaliente, magnífico: *Estos rascacielos son **grandiosos**.*

gue-rre-ro s. Alguien que lucha en una guerra: *Decían que la amazona era una gran **guerrera**.*

H

ha-ber v. Existir, encontrarse en alguna parte: ***Había** diez sillas vacías en el teatro.*

há-bi-tat s. Lugar donde vive un animal o una planta en la naturaleza: *El hombre ha destruido muchos **hábitats**.*

ha-cer-se car-go Encargarse de algo o de alguien: *Luis quiere que me **haga cargo** del gato. Me gustaría que usted se **hiciera cargo** de la pintura y los arreglos generales.*

ha-cer-se querer v. Lograr que los demás le tengan cariño: *El perrito **se hizo querer** desde que lo vimos en la tienda.*

ho-nor s. Reconocimiento especial o respeto: *Le dieron una medalla de **honor** por ser el mejor estudiante del estado.*

ho-ra-rio s. Programación de clases o de eventos: *El **horario** dice que a las 9:30 hay descanso.*

ho-ri-zon-te s. Línea donde parece que se unen la tierra y el cielo: *Esta tierra es tan plana que no se ve nada desde aquí hasta el **horizonte**.*

ho-rro-ri-za-do adj. Sorprendido y asustado: *Mis amigos estaban **horrorizados** con el color de mi pelo.*

hu-me-dad s. Evaporación de agua en el ambiente: *Después de la lluvia se sentía la **humedad** por todas partes.*

I

im-pac-to s. Choque, golpe: *El **impacto** de la caída partió el avión en dos.*

in-ci-den-te s. Un evento que causa problemas: *Estacione bien su vehículo para que no tenga otro **incidente**.*

in-cluir v. Poner algo dentro de un grupo: *Asegúrate de que el almuerzo **incluya** una bebida.*

in-cre-du-li-dad s. Dificultad para creer en algo: *La noticia sobre las inversiones generó **incredulidad** en los bancos.*

in-de-pen-dien-te adj. Que no depende de alguien o de algo: *Ahora que eres **independiente** tienes más responsabilidades.*

in-for-ma-do adj. Que tiene conocimiento o información: *Esa reportera está muy bien **informada**.*

in-jus-ti-cia s. Desigualdad en el trato a otra persona: *No dejar que tu amiga te explique lo que sucedió es una **injusticia**.*

in-men-so adj. Muy grande o extenso: *Mira al cielo y verás que el universo es **inmenso**.*

i-no-cen-te adj. Quien no es culpable de una falta: *Yo lo rompí, mi hermanita es **inocente**.*

in-se-pa-ra-ble adj. Que no se puede separar o partir: *Los mejores amigos son **inseparables**.*

in-sis-tir v. Exigir: *Tu mamá **insistió** en venir con nosotros al juego. Esta vez sí **han insistido** en solicitar la identificación.*

ins-pec-tor s. Persona que hace inspecciones: *El **inspector** le hizo preguntas a todos los sospechosos.*

in-tac-to adj. Que no se ha tocado o alterado: *Esa comida está **intacta**, nadie la probó.*

in-te-li-gen-te adj. Que tiene habilidad para aprender, pensar, comprender y saber: *El niño aprendió a leer a los 3 años porque es muy **inteligente**.*

in-ter-cam-bio s. Dar una cosa por otra: *Con mis amigos siempre hacemos **intercambios** de videojuegos.*

in-tér-pre-te s. Alguien que traduce o interpreta lo que se está hablando: *El profesor extranjero solicitó un **intérprete** para su conferencia.*

in-tru-so s. Persona que entra en un edificio con intenciones criminales: *El **intruso** llevaba una máscara.*

in-vi-si-ble adj. Que no se puede ver: *El rey pensaba que su vestido era **invisible**.*

Invisible
La palabra ***invisible*** proviene del prefijo latino *in-* (no) y la raíz latina *vis*, que significa ver. Las palabras *visual* (relativo al sentido de la vista); *visible* (que puede ser visto); *previsión* (imaginación) y *televisión* (aparato que recibe y reproduce imágenes visuales), contienen la raíz *vis*.

J

juz-gar mal v. Equivocarse: *El jugador **juzgó mal** la distancia y perdió el lanzamiento.*

L

le-gis-la-tu-ra s. Grupo de personas con el poder de hacer y cambiar las leyes: *Cada cuatro años se nombra una nueva **legislatura**.*

lo-cal adj. Que pertenece a una zona o área determinada: *Puedes recuperar tus documentos con la policía **local**.*

lu-gar de re-fe-ren-cia Objeto o edificio que sirve para identificar un sitio: *Nos encontramos en la heladería, es nuestro **lugar de referencia**.*

lú-gu-bre adj. Que causa tristeza o luto: *La casa es tan oscura que se siente un poco **lúgubre**.*

Ll

lle-var v. Acompañar a alguien: *El novio **llevó** a María hasta la casa.*

miniatura

M

ma-de-ra s. Material para construcción que proviene de los árboles: *Utilizaremos esta **madera** para el techo.*

ma-ri-ne-ro s. Persona que trabaja en el mar: *El capitán llamó a bordo a sus **marineros**.*

me-cá-ni-ca-men-te adv. Relacionado con máquinas o herramientas: *Esos bocadillos se pueden hacer **mecánicamente** y toma menos tiempo.*

me-mo-ra-ble adj. Que merece ser recordado: *La interpretación de la orquesta fue **memorable**.*

men-cio-nar v. Hablar o escribir brevemente sobre algo: *¿Ya te **mencioné** que la casa tiene un patio grande? Me lo habías **mencionado** en tu carta.*

me-re-cer v. Tener derecho a un mérito o reconocimiento: *Realmente **mereces** el aumento. Luisa no **merecía** que la despidieran.*

mi-nia-tu-ra s. Representación de un objeto en tamaño pequeño: *Me trajeron de regalo un barco igual al Titanic pero en **miniatura**.*

mi-rar v. Dirigir la vista hacia un lugar o un objeto: *Él **mira** a la gente que pasa por la calle.*

N

ne-bli-na s. Polvo fino o vapor de agua que flota en el aire: *Esa mañana, la* ***neblina*** *no dejaba ver nada.*

ne-gar v. No darle algo a alguien; rehusarse: *Por no asistir, el jefe le* ***negó*** *el pago de su salario. Nadie se* ***ha negado*** *a asistir a la fiesta.*

ne-gar-se v. No hacer o no dar algo: *Mi tía* ***se negó*** *a cantar en la fiesta. El doctor siempre* ***se negaba*** *a venir.*

ne-ga-ti-vo adj. Persona que no tiene cualidades positivas como la esperanza y el entusiasmo: *Rosa es muy* ***negativa,*** *piensa que todo va a salirle mal.*

noc-tur-no adj. Que se refiere a la noche: *El doctor está agotado porque trabajó el turno* ***nocturno***.

nu-me-ro-so adj. Que incluye un gran número de personas o de cosas: *Los animales eran tan* ***numerosos*** *que no cabían en el refugio.*

O

ob-ser-var v. Decir algo con énfasis: *¡Tu trabajo es muy bueno! –****observa*** *el profesor.*

obs-tá-cu-lo s. Algo que bloquea: *Vamos a participar en la carrera de* ***obstáculos***.

o-la s. Movimiento del agua en el mar: *No dejes que te arrastren las* ***olas***.

o-por-tu-ni-dad s. Una buena posibilidad de mejorar: *Cuando termines de estudiar vas a tener muchas* ***oportunidades*** *de trabajo.*

or-ga-nis-mo s. Forma de vida individual: *Hay miles de* ***organismos*** *en una gota de agua.*

P

pa-cien-te-men-te adv. Soportar problemas o molestias sin quejarse: *Tuvimos que esperar dos horas* ***pacientemente*** *por el almuerzo.*

par-ti-ci-par v. Hacer parte de una actividad: *Me encantaría* ***participar*** *en el día de campo.*

pen-sar v. Planear algo: *Ella* ***piensa*** *llamarte esta noche.*

per-der-se v. No encontrar el camino o la salida de un sitio: *Cada vez que Luisa va al aeropuerto,* ***se pierde*** *en el estacionamiento.*

per-mi-so s. Autorización para hacer algo: *¿Pediste* ***permiso*** *a tus papás para ir a la fiesta?*

per-te-nen-cia s. Lo que es de una persona: *Cuando regrese de la piscina, no olvide retirar sus* ***pertenencias*** *del casillero.*

plan s. Diseño de algo que se va a hacer: *El* ***plan*** *que tenían para escaparse no les funcionó.*

po-lí-ti-ca s. Ciencia, arte o trabajo de gobernar: *Se necesita conocer mucho la historia del país para trabajar en* ***política****.*

pre-fe-rir v. Tener mayor predilección por una cosa que por otra: *Yo* ***prefería*** *al perro de la finca y mi mamá al gato.*

pre-o-cu-par-se v. Estar ansioso por algo que puede suceder: *La mamá* ***se preocupa*** *por el examen de su hijo.*

pre-pa-rar v. Alistar algo: *La cantante se* ***preparó*** *con meses de anticipación para dar este concierto.*

pre-sen-cia s. El hecho de encontrarse presente: *Por su perfume notabas su* ***presencia****.*

pre-sen-tar v. Poner a alguien o algo nuevo en conocimiento de otras personas: *¿Me* ***presentas*** *a tus nuevos amigos? Cada año nos* ***presentan*** *otros proyectos.*

prin-ci-pal adj. Más importante que otro de la misma especie: *En la escuela, el problema* ***principal*** *es la falta de orden en el comedor.*

pro-e-za s. Un logro que se alcanza por fuerza, destreza o valentía: *Atravesar ese río nadando es toda una* ***proeza****.*

pro-gre-so s. Avance, adelanto: *Con tantas construcciones, se nota el* ***progreso*** *en esta ciudad.*

pro-hi-bir v. Evitar que se haga algo, declarando que es ilegal hacerlo: *Los vecinos pidieron a la policía* ***prohibir*** *las fiestas en el barrio.*

pro-me-dio adj. Que está dentro de lo común: *La casa* ***promedio*** *tiene una planta y solo dos habitaciones.*

pro-mo-cio-nar v. Hacer publicidad a algo para que se vuelva popular: *El productor se encarga de* ***promocionar*** *la película después de filmarla.*

pro-po-ner v. Sugerir o poner algo en consideración: *El jefe me* ***propuso*** *que trabaje medio tiempo. Los invitados no* ***han propuesto*** *nada para el menú.*

pro-vi-sio-nes s. Cosas que se almacenan para usar después: *Cuarto grado es el encargado de traer las* ***provisiones*** *para el campamento.*

pro-vo-car v. Tener deseos de algo o de hacer algo: *Con ese calor, me* ***provocaba*** *comerme un helado.*

prue-ba s. Evidencia de que algo es cierto: *Necesito una **prueba** de que me dices la verdad.*

pu-bli-ci-dad s. Información que se da con el fin de hacer que algo tenga la aceptación del público: *Esa entrada sucia es muy mala **publicidad**.*

R

ra-dia-ción s. Energía en forma de ondas o rayos que viaja por el espacio: *La **radiación** ultravioleta es la más peligrosa para la piel.*

ras-tro s. Una cantidad muy pequeña: *Ese chocolate contiene **rastros** de maní.*

re-a-li-zar v. Hacer, llevar a cabo: *Todos los años se **realiza** el reinado de belleza.*

re-cin-to s. Un área cerrada: *Los jurados se encuentran en el **recinto** tomando la decisión.*

re-com-pen-sar v. Dar un premio o recompensa: *Él sabía que lo iban a **recompensar** por entregar al perrito perdido. Espero que te **recompensen** tanto trabajo.*

re-cor-dar v. Hacer memoria de algo o de alguien: ***Recuerdo** con gran cariño los pasteles de la abuela.*

re-cur-so s. Algo que sirve como fuente de bienestar para un país: *La flora y la fauna son los mayores **recursos** naturales.*

re-for-zar v. Hacer que algo sea más fuerte: *Vamos a **reforzar** el equipo con dos jugadores más. El granjero **reforzaba** su cerca con madera de pino.*

res-ba-lo-so adj. De textura lisa o que se desliza: *¡Cuidado, la pista está **resbalosa**!*

res-ca-tar v. Salvar a alguien del peligro: *El salvavidas debió **rescatar** a todos los que estaban en la playa.*

ri-co s. Alguien que posee mucho dinero y propiedades: *Ese castillo pertenece a un hombre muy **rico**.*

ro-bo s. Delito que se comete al entrar a una casa o edificio para llevarse las propiedades de alguien: *Durante las vacaciones hay muchos **robos**.*

ro-zar v. Tocar algo o a alguien levemente cuando se pasa muy cerca de él: *La brisa suave del mar me **rozaba** la cara mientras caminábamos. Me despedí de ella **rozando** suavemente su mejilla con mi mano.*

ru-di-men-ta-rio adj. Tosco; que se ha hecho sin mucho cuidado: *Ese recipiente de barro se ve muy **rudimentario**.*

rui-na s. Restos que quedan de un edificio que se ha destruido: *Después del terremoto, todo el pueblo quedó en* ***ruinas****.*

ru-ta s. Camino que se sigue para ir de un lugar a otro: *La* ***ruta*** *más corta es a través de las montañas.*

S

sa-car v. Retirar algo que se encuentra en un recinto o recipiente: *Casi no puedo* ***sacar*** *los lápices de la mochila.*

sal-var v. Evitar que le suceda algo malo a alguien: *Los bomberos lograron* ***salvar*** *a muchas personas del fuego.*

sa-tis-fe-cho adj. Complacido o gratificado: *La comida estaba deliciosa, me siento* ***satisfecha****.*

se-gre-ga-ción s. Acción de separar o segregar unas personas o cosas de otras: *La* ***segregación*** *de estudiantes según su raza es injusta.*

se-gu-ro adj. Sin dudas: *¿Estás completamente* ***seguro*** *de que quieres ir?*

sen-si-ble adj. Persona que se siente herida fácilmente: *Te sientes triste porque eres muy* ***sensible.***

se-quí-a s. Periodo en que llueve muy poco o nada: *La* ***sequía*** *acabó con todas las cosechas.*

si-glo s. Periodo de 100 años: *La Independencia de muchos países se dio en los* ***siglos*** *XVIII y XIX.*

sím-bo-lo s. Algo que representa una cosa: *El anillo es un* ***símbolo*** *de la unión.*

sin-ce-ro adj. Honesto, que dice la verdad: *Yo sé que tus disculpas son* ***sinceras****.*

si-tua-ción s. Circunstancias determinadas: *Aprovecha ahora que tienes una buena* ***situación*** *económica.*

so-bre-pa-sar v. Estar más allá en algo, ser el mejor: *Nadie pensó que* ***sobrepasarían*** *los 5 metros en el salto. Todos los autos* ***sobrepasaban*** *la velocidad permitida.*

so-cia-ble adj. Quien vive en comunidades o grupos: *Una persona solitaria es muy poco* ***sociable****.*

sos-pe-cho-so s. La persona que se cree que es culpable de un delito o falta: *El* ***sospechoso*** *salió corriendo de la tienda.*

sue-ño s. Un deseo muy profundo: *El* ***sueño*** *de mi vida es viajar por todo el mundo.*

su-frir v. Sentir dolor o angustia: *Enrique* ***sufrió*** *dos meses más después de la caída. No sabíamos que los soldados habían* ***sufrido*** *tanto.*

su-ge-rir v. Insinuar o recomendar a alguien una idea: *Yo* ***sugiero*** *que mejor veamos la película en casa. Mis amigos me* ***sugieren*** *ahorrar el dinero en lugar de ir al viaje.*

su-pe-rar v. Conquistar o superar lo máximo: *El alpinista finalmente logró* ***superar*** *el Everest.*

su-per-fi-cial adj. Que no es profundo: *Esas plantas crecen en aguas* ***superficiales***.

sur-co s. Marca o raya: *Ahora con tu uña haces un* ***surco*** *en la pintura.*

T

ta-len-to s. Habilidad natural para hacer algo bien: *Mi primo realmente tiene* ***talento*** *para la música.*

ta-re-a s. Algo que se debe hacer: *La* ***tarea*** *para mañana es terminar de leer el libro.*

tem-blar v. Agitarse: *Tenía tanto frío que no paraba de* ***temblar***.

te-ner en men-te v. Fijar un objetivo o propósito: *Para empezar a trabajar primero díganme qué* ***tienen en mente***.

ten-ta-do adj. Que desea algo: *Estamos* ***tentados*** *de ir a comernos uno de esos pasteles.*

ter-co adj. Que no cede en sus ideas: *Con él no se puede discutir, es tan* ***terco*** *como su padre.*

te-rri-to-rio s. Área o región: *Ese* ***territorio*** *pertenecía a los indígenas.*

trai-cio-nar v. No ser fiel u honesto con alguien: *Su socio lo* ***había traicionado*** *y le robó todo el dinero. Tú me* ***traicionaste*** *cuando contaste mi secreto.*

trans-por-tar v. Llevar algo de un lado a otro: *Esos camiones* ***transportan*** *vacas. Mi tío* ***transportaba*** *muebles.*

Transportar
El prefijo *trans-* proviene de la preposición latina *trans* que significa "al otro lado" o "a través". Muchas palabras comunes del español comienzan con *trans-* y tienen palabras base del latín: transferir, transmitir, transpirar y ***transportar***. Otras palabras contienen *trans-* en combinación con adjetivos, como *transatlántico*, *transcontinental* y *transoceánico*, en donde significa "a través" o "al otro lado" de un elemento geográfico particular.

triun-fo s. Éxito, victoria: *Solo terminar la carrera ya era un* ***triunfo*** *para ella.*

U

un-ta-do adj. Que se mancha o se cubre con un líquido que se pega: *¡La mermelada me quedó toda* ***untada*** *en la corbata!*

ur-na s. Recipiente donde se depositan los votos: *Ramón votó en la misma* ***urna*** *que el presidente.*

V

va-ler la pe-na Justificar el esfuerzo por lograr o conseguir algo: *Este paisaje es tan bonito que **vale la pena** hacer el largo viaje. En realidad no **valía la pena** pagar tanto por esa camisa.*

va-rie-dad s. Diferentes cosas que están en el mismo grupo para elegir: *Hoy había gran **variedad** de frutas en el mercado.*

vas-to adj. Muy grande o extenso: *El desierto del Sahara es uno de los más **vastos** del mundo.*

ves-ti-gio s. Restos de una construcción: *En la excavación se observaban los **vestigios** de una pirámide.*

vín-cu-lo s. Fuerza que une, lazo: *Tú y yo tenemos un **vínculo** de amistad.*

vio-len-cia s. Uso de la fuerza física para causar daño: *La puerta fue abierta con **violencia** por los ladrones.*

vi-sión s. Imagen mental de algo que imaginamos: *Esa niña era tan hermosa que parecía una **visión** de un ángel.*

vi-vien-da s. Construcción adecuada para que vivan las personas: *La creciente del río está amenazando con llevarse estas **viviendas**.*

Main Literature Selections

"Ancestors of Tomorrow/Futuros ancestros" from *Iguanas in the Snow and Other Winter Poems/Iguanas en la nieve y otras poemas de invierno* by Francisco X. Alarcón. Copyright © 2001 by Francisco X. Alarcón. Reprinted by permission of the publisher, Children's Book Press, San Francisco, CA, www.childrensbookpress.org.

Antarctic Journal: Four Months at the Bottom of the World written and illustrated by Jennifer Owings Dewey. Copyright © 2001 by Jennifer Owings Dewey. Reprinted by permission of Kirchoff/Wohlberg, Inc.

Because of Winn-Dixie by Kate DiCamillo. Copyright © 2000 by Kate DiCamillo. Reprinted by permission of the publisher Candlewick Press Inc., and Listening Library, a division of Random House, Inc.

"Over 5,000 attend Chinatown Center's 1-Year Anniversary & Moon Festival Celebration." Copyright © 2007 by Tan International Group, Ltd. Reprinted by permission of Red Velvet Events, Inc. on behalf of Tan International Group, Ltd.

Coming Distractions: Questioning Movies by Frank E. Baker. Copyright © 2007 by Capstone Press. All rights reserved. Reprinted by permission of Capstone Press.

Dear Mr. Winston by Ken Roberts. Copyright © 2001 by Ken Roberts. Reprinted by permission of Groundwood Books Limited, Toronto.

"The Dream Keeper" from *The Collected Poems of Langston Hughes* by Langston Hughes, edited by Arnold Rampersad with David Roessel, Associate Editor, copyright © 1994 by The Estate of Langston Hughes. Reprinted by permission of Alfred A. Knopf, a division of Random House, Inc., and Harold Ober Associates, Inc.

"Dreams" from *The Collected Poems of Langston Hughes* by Langston Hughes, edited by Arnold Rampersad with David Roessel, Associate Editor, copyright © 1994 by The Estate of Langston Hughes. Reprinted by permission of Alfred A. Knopf, a division of Random House, Inc., and Harold Ober Associates, Inc.

The Earth Dragon Awakes: The San Francisco Earthquake of 1906 by Laurence Yep. Copyright © 2006 by Laurence Yep. All rights reserved. Reprinted by permission of HarperCollins Publishers and Curtis Brown, Ltd.

Ecology for Kids, originally published as Ecologia para ninas, by Fedrico Arana. Text copyright © 1994 by Federico Arana. Text © 1994 by Editorial Joaquin Mortiz, S.A. DE C.V. Reprinted by permission of Editorial Planeta Mexicana, S.A. DE C.V.

The Ever-Living Tree: The Life and Times of a Coast Redwood by Linda Vieira, illustrations by Christopher Canyon. Copyright © 1994 by Linda Vieira. Illustrations copyright © 1994 by Christopher Canyon. All rights reserved. Reprinted by permission of Walker & Company.

"First Recorded 6,000-Year-Old Tree in America" from *A Burst of Firsts* by J. Patrick Lewis. Published by Dial Books for Young Readers. Copyright © 2001 by J. Patrick Lewis. Reprinted by permission of Curtis Brown, Ltd.

The Fun They Had by Isaac Asimov. Copyright © 1957 by Isaac Asimov from Isaac Asimov: The Complete Stories of Vol. 1 by Isaac Asimov. Reprinted by permission of Doubleday, a division of Random House, Inc.

"Giant Sequoias/Secoyas gigantes" from *Iguanas in the Snow and Other Winter Poems/Iguanas en la nieve y otras poemas de invierno* by Francisco X. Alarcón. Copyright © 2001 by Francisco X. Alarcón. Reprinted by permission of Children's Book Press, San Francisco, CA, www.childrensbookpress.org.

Cosechando Esperanza: La Historia De Cesar Chavez by Kathleen Krull, illustrated by Yuyi Morales. Text copyright © 2003 by Kathleen Krull. Illustrations copyright © 2003 by Yuyi Morales. Spanish translations copyright © 2003 by Harcourt, Inc Reprinted by permission of Houghton Mifflin Harcourt Publishing Company.

Cuando tia Lola vino de visita a quedarse. Copyright © 2001 by Julia Alverez . Published by Dell yearling , an imprint of Random House Books for Children. Reprinted by permission of Susan Bergholz Literary Services, New York, NY and Lamy, NM. All rights reserved.

I Could Do That! Esther Morris Gets Women to Vote by Linda Arms White, illustrated by Nancy Carpenter. Text copyright © 2005 by Linda Arms White. Illustrations copyright © 2005 by Nancy Carpenter. Reprinted by permission of Farrar, Straus & Giroux LLC.

José! Born to Dance by Susanna Reich, illustrated by Raúl Colón. Text copyright © 2005 by Susanna Reich. Illustrations copyright © 2005 by Raúl Colón. Reprinted by permission of Simon & Schuster Books for Young Readers, an Imprint of Simon & Schuster Inc. All rights reserved.

The Life and Times of the Ant written and illustrated by Charles Micucci. Copyright © 2003 by Charles Micucci. All rights reserved. Reprinted by permission of Houghton Mifflin Harcourt Publishing Company.

"Lightning Bolt" from *Flicker Flash* by Joan Bransfield Graham. Copyright © 1999 by Joan Bransfield Graham. Reprinted by permission of Houghton Mifflin Harcourt Publishing Company.

Excerpt from "Lines Written for Gene Kelly to Dance To" from Wind Song by Carl Sandburg. Copyright © 1960 Carl Sandburg and renewed 1998 by Margaret Sandburg, Janet Sandburg, and Helga Sandburg Crile. Reprinted by permission of Houghton Mifflin Harcourt Publishing Company.

Me and Uncle Romie: A Story Inspired by the Life and Art of Romare Bearden by Claire Hartfield, illustrated by Jerome Lagarrigue. Text copyright © 2002 by Claire Hartfield. Illustrations copyright © 2002 by Jerome Lagarrigue. Reprinted by permission of Dial Books for Young Readers, a Division of Penguin Young Readers Group, A Member of Penguin Group (USA) Inc., 345 Hudson Street, New York, NY 10014. All rights reserved.

Moon Runner by Carolyn Marsden. Copyright © 2005 by Carolyn Marsden. Reprinted by permission of the publisher Candlewick Press Inc.

My Brother Martin: A Sister Remembers Growing Up with the Rev. Dr. Martin Luther King Jr. by Christine King Farris, illustrated by Chris Soentpiet. Text copyright © 2003 by Christine King Farris. Illustrations copyright © 2003 by Chris Soentpiet. Reprinted by the permission of Simon & Schuster Books for Young Readers, an imprint of Simon & Schuster Children's Publishing Division.

Once Upon a Cool Motorcycle Dude by Kevin O'Malley, illustrated by Kevin O'Malley, Carol Heyer, and Scott Goto. Text copyright © 2005 by Kevin O'Malley. Illustrations copyright © Kevin O'Malley, Carol Heyer, and Scott Goto. All rights reserved. Reprinted by permission of Walker & Company.

Owen and Mzee by Isabella Hatkoff, Craig Hatkoff, and Dr. Paula Kahumbu, photographs by Peter Greste. Copyright © 2006 by Turtle Pond Publications, LLC and Lafarge Eco Systems, Ltd. Photographs copyright © 2006, 2005 by Peter Greste. All rights reserved. Reprinted by permission of Scholastic Press, an imprint of Scholastic Inc.

"Race Day" excerpted from *Ice Marathon 2006*, by Evgeniy Gorkov. Text and photographs © 2006 by Evgeniy Gorkov. http://run.gorkov.org/antarctica2006.html. Reprinted by permission of the author.

Riding Freedom by Pam Muñoz Ryan. Text copyright © 1998 by Pam Muñoz Ryan. Reprinted by permission of Scholastic Press, a division of Scholastic Inc.

The Right Dog for the Job: Ira's Path from Service Dog to Guide Dog by Dorothy Hinshaw Patent, photographs by William Muñoz. Copyright © 2004 by Dorothy Hinshaw Patent. Photographs copyright © 2004 by William Muñoz. All rights reserved. Reprinted by permission of Walker & Company.

Sacagawea by Lise Erdrich, illustrated by Julie Buffalohead. Text copyright © 2003 by Lise Erdrich. Illustrations copyright © 2003 by Julie Buffalohead All rights reserved. Reprinted by permission of Carolrhoda Books, a division of Lerner Publishing Group, Inc.

"The Screech Owl Who Liked Television" from *The Tarantula in My Purse and 172 Other Wild Pets* by Jean Craighead George. Copyright © 1996 by Jean Craighead George. Reprinted by permission of HarperCollins Publishers and Curtis Brown, Ltd.

"The Song of the Night" by Leslie D. Perkins from *Song and Dance*, published by Simon & Schuster.

"Stormalong" from *American Tall Tales*, by Mary Pope Osbourne. Text copyright © 1991 by Mary Pope Osbourne. Reprinted by permission of Alfred A. Knopf, a division of Random House, Inc.

"Three/Quarters Time" from *Those Who Rode the Night Winds* by Nikki Giovanni. Copyright © 1983 by Nikki Giovanni. Reprinted by permission of HarperCollins Publishers.

"To You" from *The Collected Poems of Langston Hughes* by Langston Hughes, edited by Arnold Rampersad with David Roessel, Associated Editor, copyright © 1994 by The Estate of Langston Hughes. Reprinted by permission of Alfred A. Knopf, a division of Random House, Inc., and Harold Ober Associates, Inc.

"Weather" from *Always Wondering* by Aileen Fisher. Copyright © 1991 by Aileen Fisher. Reprinted by permission of the Boulder Public Library Foundation, Inc., c/o Marian Reiner, Literary Agent.

"Weatherbee's Diner" from *Flamingos on the Roof* by Calef Brown. Copyright © 2006 by Calef Brown. Reprinted by permission of Houghton Mifflin Harcourt Publishing Company and Dunham Literary as agent of the author.

The World According to Humphrey by Betty G. Birney. Copyright © 2004 by Betty G. Birney. Reprinted by permission of Nancy Gallt Literary Agency.

Credits

Photo Credits

Placement Key: (t) top; (b) bottom; (l) left; (r) right; (c) center; (bg) background; (fg) foreground; (i) inset.
15 (c) Charles Bowma/age fotostock; **16-17** (c) Michael Pole/Corbis; **18** Juan Silva/Getty Images; **18** Butch Martin/Alamy; **18** Image Source Black/Getty Images; **18** Creatas Images/Jupiter Images; **19** tl Blend Images/Alamy; **19** tc (c) Myrleen Ferguson Cate/PhotoEdit; **19** tr (c) Brian Pieters/Masterfile; **19** bl (c) Hill Street Studios/ AgeFotostock; **19** bc Terry Vine/Getty Images; **19** br (c) Terry Vine/age fotostock; **20-21** (c) Andersen Ross/Blend Images/Corbis; **22** (c) Kate DiCamillo; **23** "BECAUSE OF WINN- DIXIE"(c)2005 Twentieth Century Fox. All rights reserved.; **24** "BECAUSE OF WINN- DIXIE"(c)2005 Twentieth Century Fox. All rights reserved.; **27** "BECAUSE OF WINN- DIXIE"(c)2005 Twentieth Century Fox. All rights reserved.; no information; **29** "BECAUSE OF WINN- DIXIE"(c)2005 Twentieth Century Fox. All rights reserved.; no information; **31** "BECAUSE OF WINN- DIXIE"(c)2005 Twentieth Century Fox. All rights reserved.; **32** "BECAUSE OF WINN- DIXIE"(c)2005 Twentieth Century Fox. All rights reserved.; **34** br Purestock/Getty Images; **34** tl Yellow Dog Productions/Getty Images; **35** Yellow Dog Productions/ Getty Images; **36** (c) Houghton Mifflin Company/School Division; **37** (c (c) Frank Siteman / PhotoEdit; **37** (t) Getty Images/Stockdisc Premium; no information; **41** Masterfile (Royalty-Free Div.); **42** (c) Steve Schapiro/Corbis; **42** (c) SÈbastien DÈsarmaux/Godong/Corbis; **42** Danny Lyon/ Magnum Photos; **42** JUPITERIMAGES/ Brand X / Alamy; **43** tl (c) Patrick Durand/CORBIS SYGMA; **43** tc (c) Kevin Dodge/Corbis; **43** tr (c) Robert Maass/CORBIS; **43** bl (c) Steve Schapiro/Corbis; **43** bc (c) Andrea Thrussell / Alamy; **43** br (c) Dennis MacDonald / PhotoEdit; **44-45** bl ASSOCIATED PRESS; **44** bkgd (c) Steve Schapiro/ Corbis; **46** t Getty Images; **46** b Michael Tamborinno/ Mercury Pictures; **60** b (c) CORBIS; **60-61** bkgd (c) Bettmann/CORBIS; **62** (c) Blend Images/Alamy; **63** (c) Flip Schulke/CORBIS; **67** Masterfile (Royalty-Free Div.); **68** (c) Myrleen Ferguson Cate / PhotoEdit; **68** Todd Warnock/Getty Images; **68** Masterfile (Royalty-Free Div.); **68** (c) Roy Ooms / Masterfile; **69** tl Asia Images Group/ Getty Images; **69** tc Gary Houlder/Getty Images; **69** tr (c) Masterfile (Royalty-Free Div.); **69** bl (c) Kayte M. Deioma/ PhotoEdit; **69** bc (c) Big Cheese Photo LLC / Alamy; **69**

br Masterfile (Royalty-Free Div.); **70** c (c)Ellen B. Senisi/ The Image Works; **70-71** bkgd Ryan McVay; **72** Courtesy Davkd Diaz; **82** bkgd (c) Mapi/age fotostock; **82** tl (c) Mapi/age fotostock; **84** br (c) David Young-Wolff/ PhotoEdit; **84-85** bkgd Michael Goldman/Getty Images; **89** Masterfile (Royalty-Free Div.); **92** (c) Peter Arnold, Inc./Alamy; **112** tl (c) SHOUT/Alamy; **112-113** (c) SHOUT/Alamy; **113** tr Jean Louis Aubert/Getty Images; **114** tr Warren Bolster/Getty Images; **122** James Brereton/ Getty Images; **141** (c) RubberBall/SuperStock; **147** tl (c) Christie's Images/CORBIS; **147** tc Radius Images / Alamy; **147** tr (c) Sean Justice/Corbis; **147** bl Fine Art Photographic Library, London / Art Resource, NY; **147** bc (c) Paul Hardy/Corbis; **147** br (c) Photos 12/Alamy; **148-149** (c) Kevin Jordan/Corbis; **148-149** (c) Kevin Jordan/Corbis; **150** tl Courtesy Kevin O'Malley; **150** c Courtesy Carol Heyer; **150** cr Courtesy Scott Goto; **164** tc Courtesy of Diane Ferlatte; **164** tl Diane Ferlatte; **165** Courtesy of Diane Ferlatte; **166** Courtesy of Diane Ferlatte; **171** Masterfile (Royalty-Free Div.); **173** tl Peter Beavis/Getty Images; **173** tc (c) Rob Wilkinson / Alamy; **173** tr Eric O'connell/Getty Images; **173** bl (c) moodboard/Corbis; **173** bc (c) Photodisc / Alamy; **173** br (c) Purestock/AgeFotostock; **174** c (c) Creatas/SuperStock; **174-175** bkgd (c) Randy Faris/Corbis; **176** Courtesy Frank W. Baker; **188** tl Three Lions/Getty Images; **188-189** b Three Lions/Getty Images; **189** cr SOTHEBY'S/AFP/ Getty Images; **189** tr SOTHEBY'S/AFP/Getty Images; **190** tr (c) TWPhoto/Corbis; **195** (c) Image Source Pink / SuperStock; **197** tl (c) neal and molly jansen / Alamy; **197** tc Shalom Ormsby/Getty Images; **197** tr (c) The Photolibrary Wales / Alamy; **197** bl (c) Farinaz Taghavi/ Corbis; **197** bc (c) Photodisc/AgeFotostock; **197** br (c) Michael Mahovlich / Masterfile; **198** cl Art Resource, NY; **198** cr AP Photo/F. Ruesch; **198-199** bkgd (c) Bettmann/ CORBIS; **200** Courtesy Jerome Lagarrigue; **223** tl (c) Big Cheese Photo/AgeFotostock; **223** tc (c) Layne Kennedy/ Corbis; **223** tr (c) Tony Freeman / PhotoEdit; **223** bl (c) JUPITERIMAGES/ Comstock Premium / Alamy; **223** bc (c) George Disario/CORBIS; **223** br (c) Bryan Allen/ CORBIS; **224** bl (c) Houghton Mifflin Company/School Division/Ray Boudreau; **224** br (c) 1997 PhotoDisc, Inc. All rights reserved. Images provided by (c) 1997 C Squared Studios; **224-225** bkgd (c) Brownstock Inc./Alamy; **226** t Courtesy House of Anansi Press and Groundwood Books; **226** b Courtesy Andy Hammond; **238** tl Alan and Sandy Carey/Photo Researchers Inc.; **238-239** bkgd Craig Brewer/Getty Images; **239** tr Suzanne L. Collins/Photo Researchers Inc.; **239** br Alan and Sandy Carey/Photo Researchers Inc.; **240** tr blickwinkel/Alamy; **240** inset (c) Photospin; **240-241** bkgd (c) Atlantide Phototravel/Corbis; **245** Steven Puetzer/Getty Images; **247** tl (c) Robbie Jack/ Corbis; **247** tc (c) Joseph Sohm/Visions of America/Corbis; **247** tr Alamy; **247** bl (c) Yukmin/AgeFotostock; **247** bc (c) image100 / Alamy; **247** br (c) Anthony Cooper; Ecoscene/ CORBIS; **248-249** (c) Julie Lemberger/Corbis; **248-249** (c) Julie Lemberger/Corbis; **250** t Courtesy Susanna Reich; **250** c Courtesy Morgan Gaynin; **262** tl (c) Robbie Jack/ Corbis; **262-263** bkgd (c) Robbie Jack/Corbis; **263** br Time & Life Pictures/Getty Images; **264-265** bkgd (c) Corbis Premium RF/Alamy; **275** tl GERRY ELLIS/Minden Pictures; **275** tc Renee Morris / Alamy; **275** tr M.Varesvuo /Peter Arnold Inc.; **275** bl (c) Getty; **275** bc (c) James L. Amos/CORBIS; **275** br (c) Comstock; **276-277** (c) Charles Campbell/Alamy; **276-277** (c) Charles Campbell/Alamy; **278** t Courtesy Harper Collins; **278** b Courtesy Tim Bowers; **301** tl (c) Photodisc / Alamy; **301** tc (c) CORBIS; **301** tr (c) Mark Richards / PhotoEdit; **301** bl (c) Lloyd Cluff/CORBIS; **301** bc Chuck Franklin / Alamy; **301** br (c) Lloyd Sutton/Masterfile; **302** bl (c) Bettmann/CORBIS; **302-303** b (c) David Sailors/CORBIS; **304** t Courtesy Harper Collins; **304** b Courtesy of Yuan Lee; **316-317** (c) Carolyn Mary Bauman/epa/Corbis; **318** (c) Timothy Bethke/Alamy; **325** tl (c) Steven J. Kazlowski / Alamy; **325** tc (c) image**100**/Corbis; **325** tr (c) Terrance Klassen / Alamy; **325** bl (c) Emilio Ereza / Alamy; **325** bc KONRAD WOTHE /Minden Pictures; **325** br (c) Momatiuk - Eastcott/Corbis; **326** cr (c) Eye Ubiquitous/Alamy; **326-327** b (c) Jorge Fernandez/Alamy; **340-341** c Mike King/www.icemarathon.com; **340-343** border (c) 1997 PhotoDisc, Inc. All rights reserved. Images provided by (c) 1997 Don Farrall, LightWorks Studio; **340-341** c Mike King/www.icemarathon.com; **340-343** border (c) 1997 PhotoDisc, Inc. All rights reserved. Images provided by (c) 1997 Don Farrall, LightWorks Studio; **342** Panoramic Images/Getty Images; **342** t Courtesy of Evgeniy Gorkov; **349** tl Tony Herbert / Alamy; **349** tc Nick Servian / Alamy; **349** tr CorwinJim/Jupiter Images; **349** bl (c)GERALD HINDE/ABPL / Animals Animals; **349** bc Pat Bennett / Alamy; **349** br (c) Paul Conklin/ PhotoEdit; **350-351** (c) Antonio LÛpez Rom*n/age fotostock; **350-351** (c) Antonio LÛpez Rom·n/age fotostock; **352** Peggy Micucci; **376** b Daan Kloeg/Getty Images; **376** inset (c) Randy Faris/2007/ Corbis; **378-379** Ryan McVay/Getty Images; **380-381** (c) 2008 George Greuel/Getty Images; **382** (c) Paul A. Souders/CORBIS; **383** (c) Wayne Lawler; Ecoscene/ CORBIS; **384-385** (c) Gary Bell/zefa/Corbis; **386-387** (c) Bettmann/CORBIS; **388-389** Ingmar Wesemann/Getty Images; **403** tl (c) Robert Estall/CORBIS; **403** tc (c) Digital Vision; **403** tr (c) J.C. Leacock/Alamy; **403** bl (c) North Wind Picture Archives / Alamy; **403** bc dk / Alamy; **403** br North Wind Picture Archives / Alamy; **404** E.J. Baumeister Jr./Alamy; **425** (c) Bananastock/age fotostock; **427** tl (c) Ashley Cooper/Corbis; **427** tc Daniel Dempster Photography/Alamy; **427** tr (c) Juniors Bildarchiv/Alamy; **427** bl (c) Blend Images/Alamy; **427** bc (c) tbkmedia.de / Alamy; **427** br (c) Fred Lord / Alamy; **428** t altrendo images/Getty Images; **428** c (c) Frank Siteman/PhotoEdit; **428** b (c) ARCO/De Meester/age fotostock; **430** Courtesy Dorothy Hinshaw Patent; **449** Masterfile (Royalty-Free Div.); **451** tl (c) Patrik Giardino/CORBIS; **451** tc (c) PhotoStockFile / Alamy; **451** tr (c) Michael Prince/Corbis;

451 bl (c) Ted Grant/Masterfile; **451** bc (c) Aflo Foto Agency/Alamy; **451** br (c) SW Productions/Brand X/ Corbis; **452** c Richard Hutchings/Photo Edit; **452-453** b Sascha Pflaeging /Getty Images; **454** t Courtesy Carolyn Marsden; **454** b Courtesy Cornelius Van Wright; **466-467** (c) Hugh Gentry/Reuters/Corbis; **467** b (c) Corbis/Veer; **468-469** (c) So Hing-Keung/Corbis; **473** Houghton Mifflin Company/School Division/Ray Boudreau; **475** tl (c) Hulton-Deutsch Collection/CORBIS; **475** tc (c) Horacio Villalobos/Corbis; **475** tr (c)Marilyn Humphries/ The Image Works; **475** bl (c) Richard Hutchings / PhotoEdit; **475** bc (c) Gary Crabbe/ Alamy; **475** br Masterfile (Royalty-Free Div.); **476** c AP Photo/Sakuma; **476-477** bkgd (c) Gary Crabbe/Alamy; **478** t Ken Krull; **478** b Courtesy Yuyi Morales; **490** cl (c) Iconotec; **490** bc C Squared Studios; **490** tl (c)Jeff Greenberg/ The Image Works; **490** bkgd tl Oote Boe Photography / Alamy; **490-491** bkgd Oote Boe Photography /Alamy; **491** br Jeff Greenberg/The Image Works; **491** tc C Squared Studios; **492** c D. Hurst / Alamy; **492** tc C Squared Studios; **492-493** bkgd Yoshio Sawargai/Getty Images; **497** (c) RubberBall/SuperStock; **499** tl MARK SPENCER/AUSCAPE/Minden Pictures; **499** tr (c) Jeremy Woodhouse/age fotostock; **499** bl KATHERINE FENG/ GLOBIO/Minden Pictures; **499** bc (c) PhotoDisc; **499** br Peter Barritt/Alamy; **500-501** b (c) Purestock/Alamy; **500-501** b (c) Purestock/Alamy; **502** (c) Bettina Strauss; **518** tl (c) Buddy Mays/Corbis; **518-519** bkgd (c) Buddy Mays/Corbis; **519** br The Print Collector/Alamy; **520-521** bkgd Digital Vision; **525** (c) RubberBall / SuperStock; **531** tl (c) Don Mason/Corbis; **531** tc (c) Robert Pickett/ CORBIS; **531** tr Gary Gerovac / Masterfile; **531** bl Juniors Bildarchiv / Alamy; **531** bc Steve Lyne/Getty Image; **531** br Martin Harvey/Getty Images; **532** br (c)Digital Vision Ltd./SuperStock; **532** bc (c) Burke/Triolo Productions/ Brand X/Corbis; **532-533** b (c) Photospin; **557** tl (c) Mike Blake/Reuters/Corbis; **557** tc Terry Farmer/Jupiter Images; **557** tr (c) Bettmann/CORBIS; **557** bl (c)John Berry / Syracuse Newspapers / The Image Works; **557** bc (c)WireImageStock/Masterfile; **557** br (c) Beathan/ Corbis; **558** (c) Bettmann/CORBIS; **560** Courtesy Linda Arms White; **574** bl Michael Ventura/Alamy; **574** bc (c) Bettmann/CORBIS; **574** br (c) Bettmann/CORBIS; **579** (c) Rubberball Productions; **581** tl Papilio / Alamy; **581** tc (c) CORBIS; **581** tr Cartesia/PhotoDisc Imaging; **581** bl (c) Bob Rowan; Progressive Image/CORBIS; **581** bc (c) Jack Fields/CORBIS; **581** br Leland Bobbe/Getty Images; **582** bl Adam Jones/Photo Researchers, Inc.; **582** br Adam Jones/Photo Researchers, Inc.; **582** bc Adam Jones/Photo Researchers, Inc.; **582-583** bkgd b (c) Getty; **600** br Image Farm Inc./Alamy; **600** tl James Randklev/ Getty Images; **600-01** bkgd James Randklev/Getty Images; **601** tr (c)1995 PhotoDisc, Inc. All rights reserved. Images (c)1995 PhotoLink; **601** br Andre Jenny/Alamy; **601** bkgd (c) Digital Stock; **601** cl Image Farm Inc./Alamy; **602** cr (c)1995 PhotoDisc, Inc. All rights reserved. Images (c)1995 PhotoLink; **602** tl Image Farm Inc./Alamy; **602-603** bkgd (c) Digital Stock; **609** tl (c) Kelly Redinger/age fotostock; **609** tc (c) Thierry Prat/Sygma/Corbis; **609** tr Tim Platt/ Getty Images; **609** bl (c)SHAEN ADEY/ABPL / Animals Animals; **609** bc (c) GoGo Images/age fotostock; **609** br Jupiter Images; **610-611** REUTERS/Pawan Kumar; **624** tl Norbert Wu/Getty Images; **624-625** Norbert Wu/ Getty Images; **631** (c) Photodisc/SuperStock; **633** tl Brand X Pictures; **633** tc Elvele Images / Alamy; **633** tr (c) Don Mason/Corbis; **633** bl Jeremy Trew, Trewimage / Alamy; **633** bc (c) Liba Taylor/CORBIS; **633** br George Doyle/ Getty Images; **634** b (c) Carol & Mike Werner/SuperStock; **636** t Getty Images; **636** b Courtesy Alan Flinn; **646** bc AP Photo/Karen Vibert-Kennedy; **646** tl Courtesy of the Pebbles Project, www.pebblesproject.org; **647** Courtesy of the Pebbles Project, www.pebblesproject.org/; **648** b (c) Najlah Feanny/Corbis; **653** (c) Photodisc/SuperStock.

Illustration

Cover Brandon Dorman. **5** (bl) © Scott Goto; **7** (tml) Ann Boyajian; **8** (ml, b) Peter Grosshauser, (b) Tim Bower; **9** (ml) Gerardo Suzan, (bl) Linda Bronson; **10** (bl) Lisa Perrett; **12** (ml) Jackie Stafford-Snider, (bl) Renee Graef, (bc) Alan Flinn. **17** Sally Vitsky; **38–39** Rob McClurken; **63** (mr) Kristine Walsh; **63** (tr) Lesley Withrow; **64** Rob McClurken; **72–81** David Diaz **83** Lesley Withrow; **85** Lesley Withrow; **86** Rob McClurken; **115** LesleyWithrow; **116** Rob McClurken. **116** Rob McClurken; **122** Ortelius Design Inc; **134–137** © Scott Goto; **138** Rob McClurken **143** Sally Vitsky; **144** Tim Johnson **148** Argosy **168–169** Rob McClurken **191** Ken Bowser; **192** Rob McClurken **214–217** Ann Boyajian **218–219** Rob McClurken **226–237** Andy Hammond **241** Tim Johnson **242–243** Rob McClurken **265** Lesley Withrow **266** Rob McClurken **270** Sally Vitsky. **272** Sally Vitsky; **278–291** Tim Bowers **292–295** Peter Grosshauser **296–297** Rob McClurken; **304–315** Yuan Lee. **316–317** Patrick Gnan; **318–319** Patrick Gann; **320–321** Rob McClurken; **326** Susan Carlson. **341** Ortelius Design Inc; **343** Daniel Delvalle; **344–345** Rob McClurken; **366–368** Gerardo Suzan; **370** Rob McClurken; **390–391** Linda Bronson. **392** Sally Vitsky; **394–395** Rob McClurken; **398** Sally Vitsky; **400** Sally Vitsky; **404** Peter Bull; **406–417** Marc Scott; **422** Steve Mack; **442–444** Lisa Perrett; **445.** Kristine Walsh; **446-447** Rob McClurken. **454–465** Cornelius Van Wright; **470–471** Rob McClurken; **494–495** Rob McClurken; **500** Susan Carlson; **521** Kristine Walsh; **522** Rob McClurken. **526** Sally Vitsky; **528** Tim Johnson; **534–546** Teri Farrell-Gittins; **548–550** Jackie Stafford-Snider; **551** Tim Johnson; **552** Rob McClurken. **553** Rob McClurken; **572–575** Renee Graef. **576–577** Rob McClurken; **604** Rob McClurken; **610** Ortelius Design Inc; **624** Rob McClurken. **624** Robert Schuster; **628** Rob McClurken; **636–645** Alan Flinn. **650-651** Rob McClurken. **654-655** Sally Vitsky.

All other photos Houghton Mifflin Harcourt Photo Libraries and Photographers.